世界史

古代史编

上卷

- 主编 吴于廑 齐世荣
- 本卷主编 刘家和 王敦书
- 高等教育出版社·北京

内容简介

本书(上、下卷)为原国家教委规划组织编写,属"八五"国家级重点书,系吴于廑、齐世荣主编6卷本《世界史》的前两卷。它全面阐述人类起源至1500年的世界历史行程,注重史论结合,构筑新的编撰体系,力求体现已故著名学者吴于廑关于世界从分散走向一体的学术思想,对世界各地区的经济、文化交往有所加强,并将中国史纳入世界史体系。本书是大学师生、专业工作者和社会读者值得一读的世界史著作。与本书配套的是《世界史·近代史编》(上、下)、《世界史·现代史编》(上、下)。

图书在版编目(CIP)数据

世界史:古代史编.上卷／吴于廑,齐世荣主编.
—北京:高等教育出版社,2011.1(2025.5重印)
ISBN 978-7-04-031549-3

Ⅰ.①世… Ⅱ.①吴…②齐… Ⅲ.①世界史:古代史-高等学校-教材 Ⅳ.①K10

中国版本图书馆 CIP 数据核字(2010)第 251325 号

| 策划编辑 | 王方宪 张 林 | 责任编辑 | 王方宪 | 封面设计 | 刘晓翔 | 版式设计 | 余 杨 |
| 责任校对 | 刘 莉 | 责任印制 | 赵 佳 |

出版发行	高等教育出版社	咨询电话	400-810-0598
社　　址	北京市西城区德外大街4号	网　　址	http://www.hep.edu.cn
邮政编码	100120		http://www.hep.com.cn
印　　刷	涿州市星河印刷有限公司	网上订购	http://www.landraco.com
开　　本	787mm×960mm　1/16		http://www.landraco.com.cn
印　　张	21.25	版　　次	2011年1月第1版
字　　数	400千字	印　　次	2025年5月第26次印刷
购书热线	010-58581118	定　　价	42.30元

本书如有缺页、倒页、脱页等质量问题,请到所购图书销售部门联系调换
版权所有　侵权必究
物　料　号　31549-00

出版前言

本套教材含《世界史·古代史编》上下卷、《世界史·近代史编》上下卷和《世界史·现代史编》上下卷，通称《世界史》六卷本，是由原国家教委规划组织编写的"八五"国家级重点教材，由我国世界史著名学者吴于廑和齐世荣教授担任总主编，各分卷主编也由相关领域知名学者担任。该套教材自1992年陆续出版以来，受到广大用书单位一致好评，并获国家教委优秀教材一等奖。该套教材因其基础知识扎实，全面体现总主编关于世界史纵向—横向发展的全局史观，展现世界各地区从相互隔绝走向交往、逐渐融为一体的历史发展总格局，在学术上具有严谨的科学性和前瞻性，其教学理念的先进性已得到广泛认可，受到历史学界和广大高校历史教学者的肯定，至今仍是世界史方面的优秀教材。为了满足读者的需要，经与各书主编协商沟通，我们决定对现有教材已显陈旧的封面、版式和开本进行调整。这套教材是一定历史阶段的作品，作者们大都年事已高，有的已去世，不可能再作修改，故此次重印在内容上基本保持原貌，仅在某些地方做了核正，相应地，按有关规定对改版后教材的书号和出版时间予以调整。我们希望这样的调整能给用书单位和读者带来一定的便利。

高等教育出版社
2011年1月

目　　录

总序
前言
第一章　人类的史前时代 ……………………………………… 1
　第一节　人类的起源 ………………………………………… 1
　　　人类在自然界的位置 …………………………………… 1
　　　从猿到人的过渡 ………………………………………… 2
　　　最早的人属 ……………………………………………… 4
　　　直立人 …………………………………………………… 5
　　　早期智人 ………………………………………………… 5
　　　晚期智人 ………………………………………………… 6
　第二节　旧石器时代的采集狩猎者 ………………………… 6
　　　旧石器时代 ……………………………………………… 6
　　　采集和狩猎生活 ………………………………………… 7
　　　人类向美洲及澳洲的迁徙 ……………………………… 8
　　　氏族制度的形成 ………………………………………… 9
　第三节　新石器时代的农业革命 …………………………… 10
　　　从旧石器时代到新石器时代 …………………………… 10
　　　新石器时代的农业革命 ………………………………… 11
　　　畜牧业的起源 …………………………………………… 11
　　　农业革命的影响 ………………………………………… 12
　　　新石器时代的特征 ……………………………………… 12
　第四节　文明的产生 ………………………………………… 14
　　　金属的冶炼 ……………………………………………… 14
　　　社会大分工 ……………………………………………… 14
　　　由母权制向父权制的转变 ……………………………… 15
　　　私有制和阶级的形成 …………………………………… 16
　　　国家的产生 ……………………………………………… 17
　第五节　史前文化 …………………………………………… 18
　　　宗教的萌芽 ……………………………………………… 18
　　　史前艺术 ………………………………………………… 19
　　　科学知识的萌芽 ………………………………………… 20

I

文字的产生 ······ 21

第二章 最初的文明（上）（公元前 4000 年代后期至公元前 2000 年代前期） ······ **22**

第一节 早期埃及 ······ 22

一、埃及文明的发生 ······ 22
自然环境和居民 ······ 22
文明的发生 ······ 23
早王朝时期 ······ 24

二、古王国时期和第一中间期 ······ 26
古王国时期的社会经济状况 ······ 26
古王国时期的君主专制 ······ 27
金字塔的建造 ······ 29
古王国的衰落和第一中间期 ······ 31

三、中王国时期和第二中间期 ······ 32
中王国时期王权和地方势力的关系 ······ 32
社会经济状况 ······ 34
中王国的衰落 ······ 36
喜克索斯人的入侵 ······ 37

第二节 两河流域的最初文明 ······ 38

一、苏美尔文明的发生 ······ 38
自然环境和居民 ······ 38
向文明的过渡 ······ 39

二、苏美尔城邦 ······ 40
社会经济状况 ······ 40
政治制度 ······ 41
城邦争霸战争和内部阶级斗争 ······ 42

三、阿卡德王国 ······ 44
阿卡德王国的统一 ······ 44
政治和经济状况 ······ 44

四、乌尔第三王朝 ······ 45
乌尔第三王朝的建立和王权的加强 ······ 45
社会经济状况 ······ 45

五、古巴比伦王国 ······ 46
巴比伦尼亚的统一 ······ 46
汉谟拉比的专制统治 ······ 47

  　　汉谟拉比法典 ································· 48
  　　等级制度 ····································· 48
  　　奴隶制度 ····································· 49
  　　土地制度 ····································· 49
  　　租赁制、雇佣制与自由民的分化 ··············· 50
  　　古巴比伦王国的衰亡 ··························· 51
  　六、苏美尔·巴比伦文化 ························· 51
  　　文字 ··· 51
  　　文学 ··· 51
  　　科学知识 ····································· 52
  　　建筑和雕刻 ··································· 52

第三章　最初的文明（下）（公元前4000年代后期至公元前2000年代前期） ·································· **54**
  第一节　印度河流域文明 ··························· 54
  　　古代印度的自然环境和居民 ··················· 54
  　　哈拉巴文化的发现 ··························· 54
  　　社会经济生活 ······························· 55
  　　城市国家 ··································· 56
  　　哈拉巴文化的衰亡 ··························· 57
  第二节　爱琴文明的发生 ··························· 58
  　　希腊和爱琴海地区的自然环境 ················· 58
  　　早期居民和向文明的过渡 ····················· 59
  　　克里特城市国家的兴起 ······················· 60
  　　克里特文明的繁荣 ··························· 61
  第三节　黄河流域的夏王朝 ························· 62
  　　关于中国文明的起点 ························· 63
  　　文献中的夏史梗概 ··························· 63
  　　考古学中的夏文化的曙光 ····················· 64

第四章　早期文明的盛衰（上）（公元前15世纪—前9世纪） ·································· **65**
  第一节　西亚诸国 ································· 65
  　　早期亚述和中期亚述 ························· 65
  　　赫梯的兴衰 ································· 66
  　　加喜特人统治下的巴比伦尼亚 ················· 69
  　　腓尼基 ····································· 70
  　　以色列犹太国家 ····························· 73

第二节　新王国时期的埃及 …… 75
反喜克索斯人的斗争和再统一 …… 75
帝国的形成和统治 …… 76
社会经济状况 …… 79
王权与神权的关系 …… 82
埃及与赫梯的争霸 …… 85
新王国的衰落 …… 87
埃及文化 …… 88
埃及宗教 …… 91

第五章　早期文明的盛衰（下）（公元前15世纪—前9世纪） …… 92
第一节　吠陀时代的印度（约公元前1500—前600年） …… 92
吠陀和雅利安人 …… 92
早期吠陀时代 …… 93
后期吠陀时代 …… 94
第二节　迈锡尼文明和荷马时代 …… 98
迈锡尼文明的兴起和繁荣 …… 98
多利亚人的迁徙与迈锡尼文明的灭亡 …… 100
荷马史诗 …… 100
史诗时代的社会经济生活 …… 101
第三节　商周时期的中国 …… 103
商代历史概况 …… 103
西周的盛衰 …… 104
西周的分封制度与宗法制度 …… 105
西周时期的敬天保民思想 …… 107
商周时期的中国和当时的世界 …… 107

第六章　上古西亚帝国 …… 109
第一节　亚述帝国 …… 109
亚述帝国的强盛 …… 109
社会经济状况 …… 111
亚述帝国的灭亡 …… 112
第二节　亚述帝国解体后的西亚与北非 …… 113
后期古代埃及 …… 113
新巴比伦王国 …… 113
吕底亚王国 …… 116
米底王国 …… 117

第三节　波斯帝国 ··· 118
　　　波斯的兴起 ··· 118
　　　高墨达暴动 ··· 119
　　　大流士改革 ··· 120
　　　波斯帝国的社会经济状况 ··· 121
　　　文化和宗教 ··· 122
　　　波斯与希腊的矛盾 ·· 124
　　　波斯帝国与西亚北非古代文明的终结 ·································· 125

第七章　印度的列国时期和孔雀帝国（公元前6世纪—前2世纪）······ **128**
　第一节　列国时期 ··· 128
　　　列国的形势 ··· 128
　　　政治制度 ·· 129
　　　社会经济状况 ·· 130
　　　阶级矛盾的尖锐化 ·· 132
　　　反婆罗门教思潮的兴起 ··· 133
　　　耆那教 ··· 134
　　　早期佛教 ·· 136
　第二节　孔雀帝国的兴衰 ··· 138
　　　摩揭陀的兴起 ·· 138
　　　马其顿亚历山大的入侵与孔雀帝国的建立 ···························· 139
　　　阿育王的统治与宣扬"圣法" ··· 140
　　　帝国的解体 ··· 142
　　　土地制度 ·· 143
　　　奴隶制和种姓制的发展 ··· 145
　　　古代印度文化 ·· 146

第八章　希腊城邦的形成和古典时代 ·· **149**
　第一节　希腊城邦的形成 ··· 149
　　一、城邦的形成和殖民 ··· 149
　　　希西阿德时期 ·· 149
　　　海外殖民 ·· 150
　　　早期僭主政治 ·· 152
　　　早期希腊文化 ·· 153
　　二、斯巴达城邦及其强盛 ·· 155
　　　斯巴达来库古改革的传说 ·· 155
　　　美塞尼亚战争和制度的强化 ··· 157

政治制度与社会风尚 158
伯罗奔尼撒同盟 159
三、雅典城邦的形成 159
早期雅典及其贵族统治 159
梭伦改革 161
庇西特拉图僭主政治 162
克利斯提尼改革 164
第二节 希腊古典时代(上) 165
希腊波斯战争 165
雅典海上同盟 168
雅典民主政治 169
公元前5世纪希腊的社会经济状况 172
第三节 希腊古典时代(下) 175
伯罗奔尼撒战争 175
公元前4世纪社会经济状况 177
城邦内部矛盾的发展 177
城邦间的争霸斗争 178
希腊古典文化 179

第九章 马其顿的兴起和马其顿—希腊的扩张 **185**
第一节 马其顿的兴起 185
马其顿的兴起 185
雅典亲马其顿派与反马其顿派的斗争 186
希腊落入马其顿控制之下 187
第二节 亚历山大帝国及其后继者 188
亚历山大的东侵 188
帝国的建立和分裂 190
托勒密埃及王国 192
塞琉古王国与帕加马王国 194
马其顿王国及其控制下的希腊 196
希腊化时期的文化 198

第十章 罗马的兴起 **202**
第一节 伊达拉里亚文明和王政时代的罗马 202
意大利的自然环境和居民 202
伊达拉里亚文明 203
南意大利的希腊城邦 204

　　　　罗马城的起源和王政时代 ………………………………………… 205
　　　　塞尔维乌斯改革 …………………………………………………… 207
　　第二节　早期罗马共和国 ……………………………………………… 208
　　　　共和国的建立 ……………………………………………………… 208
　　　　平民和贵族的斗争 ………………………………………………… 210
　　　　对意大利的征服及其统治政策 …………………………………… 211
　　　　罗马军队 …………………………………………………………… 213
　　　　政治制度 …………………………………………………………… 214

第十一章　春秋战国时期的中国与同时期的世界 …………………… 217
　　第一节　中国古代史上的一个剧变时期 ……………………………… 217
　　　　春秋战国历史概况 ………………………………………………… 217
　　　　经济的发展和社会结构的变化 …………………………………… 219
　　　　由"封建"而郡县 ………………………………………………… 221
　　　　夷夏界限的变化 …………………………………………………… 222
　　　　士的活跃与百家争鸣 ……………………………………………… 223
　　第二节　公元前8世纪至公元前3世纪的世界 ……………………… 225
　　　　古代世界的巨大转变 ……………………………………………… 225
　　　　三个古典文化中心的出现 ………………………………………… 226

第十二章　公元前2世纪至公元2世纪的帝国（上）………………… 229
　　第一节　罗马在地中海区域的统治与社会后果 ……………………… 229
　　　　布匿战争与对西地中海地区的征服 ……………………………… 229
　　　　对东地中海地区的征服 …………………………………………… 231
　　　　行省制度 …………………………………………………………… 233
　　　　奴隶制的发展 ……………………………………………………… 234
　　　　社会经济结构和阶级关系的变化 ………………………………… 235
　　第二节　罗马共和国的危机与覆亡 …………………………………… 238
　　　　西西里奴隶起义 …………………………………………………… 238
　　　　格拉古兄弟改革 …………………………………………………… 239
　　　　马略军事改革 ……………………………………………………… 241
　　　　同盟者战争 ………………………………………………………… 243
　　　　苏拉独裁 …………………………………………………………… 245
　　　　斯巴达克起义 ……………………………………………………… 246
　　　　前三头同盟与凯撒独裁 …………………………………………… 248
　　　　后三头同盟与共和国的覆灭 ……………………………………… 251
　　　　共和时期文化 ……………………………………………………… 253

第三节　罗马帝国的繁荣 ······ 255
　　　　元首制的建立 ······ 255
　　　　屋大维的内外政策 ······ 257
　　　　专制统治的加强和各地人民的反抗斗争 ······ 258
　　　　行省地位的提高和帝国的鼎盛 ······ 260
　　　　帝国前期经济的发展 ······ 262
　　　　奴隶制危机的征兆和隶农制的发展 ······ 264
　　　　帝国前期的文化 ······ 266

第十三章　公元前2世纪至公元2世纪的帝国（下） ······ **269**

第一节　伊朗和中亚的帝国 ······ 269
一、安息帝国 ······ 269
　　　　安息国家的独立 ······ 269
　　　　公元前2世纪时帝国的建立 ······ 269
　　　　安息与罗马的斗争 ······ 270
　　　　安息帝国的特点 ······ 270
　　　　安息帝国的衰亡 ······ 271
二、大夏王国和贵霜帝国 ······ 271
　　　　大夏王国 ······ 271
　　　　月氏的西迁与贵霜的兴起 ······ 272
　　　　迦腻色迦时期的贵霜帝国 ······ 272
　　　　贵霜帝国时期的佛教 ······ 273
　　　　贵霜帝国的衰亡 ······ 274

第二节　秦汉时期的中国 ······ 275
　　　　秦汉历史概况 ······ 275
　　　　汉代中国及其同时的世界 ······ 278

第十四章　古代世界的衰落 ······ **284**

第一节　罗马的3世纪危机和基督教的兴起 ······ 284
　　　　奴隶制的危机 ······ 284
　　　　政治危机 ······ 285
　　　　人民反抗斗争和大批蛮族入境 ······ 287
　　　　基督教的产生 ······ 288
　　　　基督教的发展和演变 ······ 289

第二节　罗马帝国的衰亡 ······ 291
　　　　戴克里先的专制统治 ······ 291
　　　　君士坦丁的统治和基督教的质变 ······ 292

罗马帝国在人民起义与蛮族入侵中衰亡 …………………… 294
　第三节　魏晋时期的中国 ………………………………………… 296
　　历史概况 …………………………………………………………… 296
　　民族的冲突与融合 ………………………………………………… 297
　　儒学和佛教 ………………………………………………………… 298
后记 …………………………………………………………………… **301**

总　　序

吴于廑

　　世界历史是历史学的一门重要分支学科,内容为对人类历史自原始、孤立、分散的人群发展为全世界成一密切联系整体的过程进行系统探讨和阐述。世界历史学科的主要任务是以世界全局的观点,综合考察各地区、各国、各民族的历史,运用相关学科如文化人类学、考古学的成果研究和阐明人类历史的演变,揭示演变的规律和趋向。

　　在中国,约从20世纪50年代初开始,主要由于历史专业的分工,人们习惯于把中国史和世界史对举,几乎把世界历史作为外国历史的代称。实际上,世界历史绝非把中国历史排除在外的域外史,而中国历史也和所有其他国家历史一样,是人类历史发展为世界历史全过程的组成部分。

　　关于世界历史的分期,至今还没有完全一致的意见。早在文艺复兴时期,西方就已有了把历史分为"古代"、"中世纪"和"近代"的说法。这种主要基于欧洲历史的分期,在西方史学界长期沿用。有不少史学家又在三时期之后加上"当代"或"现代",从而形成四阶段分期法。马克思主义史学也采用四阶段分期法,其基础是历史唯物主义关于社会经济形态发展的理论,与以政治兴替或其他"重大事件"为分期标准者有本质的不同。马克思主义历史学家对世界史的分期,一般都以"古代"相当于原始社会及奴隶社会阶段,"中世纪"相当于封建社会阶段,"近代"相当于资本主义社会阶段,而"现代"则是指以俄国十月社会主义革命为开端的一个新的时期。有的学者认为"中世纪"一词只适用于西欧历史,没有世界历史上的普遍意义,所以改用"中古"一词标示"古代"和"近代"之间的阶段。这种分期法从理论上说是完全可行的。但是人类历史的发展并不平衡,世界各不同地区进入某一社会经济形态有早有迟,在某一社会经济形态中经历的时间也有长有短。特别是自历史进入文明时期以后,很少看到绝对纯粹属于这一阶段或那一阶段的社会经济形态,也很少看到绝对整齐的、单一发展的由低级社会经济形态逐层向高级社会经济形态的过渡。因此在世界史的分期断限问题上,目前仍然存在着分歧。

古今历史学家对世界历史的不同认识

　　远在古代,历史学家就已经把记述历史的范围扩大到他们当时已知的世界。

由于世界历史在当时还远远没有像后代那样形成一门专门的学科,即使是视野扩及全部已知世界的历史学家,一般也不会对所写历史标名为世界历史,也不会完全意识到是在写作当时已知世界的历史。但是,他们毕竟把已知的地理范围视为一个世界,并且把发生在这个范围内的历史记录了下来。在这个意义上,他们为这个已知地理范围所写的历史,就是他们各自所处时代的世界历史。古希腊历史学家希罗多德所著《历史》9卷,主题在于记述希波战争中希腊人的胜利,但其涉及的范围,包括地中海地区、多瑙河外、两河流域、波斯,以及在此以北的草原地带,这大体上就是希腊人当时所知道的世界。因此可以说,希罗多德的《历史》,就是当时希腊人已知世界的历史。比希罗多德晚出的中国古代历史学家司马迁所著《史记》,全书的主体是汉天子统治之下的中国。但其所记史事的地理范围,却扩及公元前2世纪中国人所知道的世界。司马迁沿用中国古代的习惯说法,笼统地称这个已知的世界为"天下"。这个"天下"东起朝鲜,西迄大夏、安息,几乎是亚欧大陆的一半。对于为这样一个广阔的地理范围记载史事的史书,把它视为一部当时中国人已知世界的历史,看来并不为过。罗马时代的希腊人波利比奥斯著有《历史》40卷,现存前5卷及一些残篇,记述的中心是正在扩张中的罗马。但中心之外,所记范围还包括公元前212—前146年期间地中海的周边世界。波利比奥斯在《历史》的第1卷第3节中说,他以第140届奥林匹克大会(公元前220—前216年)为全书叙述的起点,在此以前,"世界上的行动是分散的",而在此以后,"意大利、阿非利加同希腊、亚细亚的局势联结了起来",由此"历史就成为一个有机的整体"。波里比奥斯对当时罗马周围世界由分散而联系为一的历史认识,十分可贵。

  随着生产和交往的发展,人们所能知道的世界的范围日益扩大。但是历史家笔下的世界,却受到这样或那样的局限。4世纪基督教神学家圣·奥古斯丁关于历史的终极是"上帝之国"在人间实现的思想,支配着中古时代的西欧史学。基督教史学的世界,等于基督教传播所及的世界。这个世界以欧洲为主体,外于此者,按基督教教理,除了圣地巴勒斯坦,都是应受天谴的异教土壤,理应排斥在沐受神恩的这个世界之外。因此,中古欧洲的所谓世界历史,实际上是起自上帝创世,以希伯来为序幕,以欧洲为主体的基督教世界的历史。12世纪德意志历史家弗赖辛的主教奥托(约1114—1158年)所作《年代记》是这一类历史著作的代表。以此为代表的世界史观,在欧洲一直沿续到17、18世纪。法国人J.B 博叙埃(1627—1704年)所著《世界历史通义》以及A. A. 卡尔梅特(1672—1757年)所著《教俗世界史》均属此类。

  中古时代与基督教世界并立的是伊斯兰世界。伊斯兰历史学家在编纂他们当时已知的世界历史时,和同一时代基督教历史学家一样,往往也受宗教意识的支配。塔巴里(838—923年)所著《历代先知与帝王年代记》,伊本·赫勒敦

(1332—1405年)所著《阿拉伯人、波斯人及柏柏尔人史》,都以当时最渊博的"世界史"著作见称,其内容则是以信奉伊斯兰教的阿拉伯诸国为主体。伊斯兰历史学家心目中的世界,实际是伊斯兰教传播所及的世界。其周围地区,不过是这个世界的化外而已。

中国自司马迁之后,从班固的《汉书》开始,所修的正史都属中国的断代史。但是历代史家大都继承了司马迁的传统,在撰写本国史的同时,还记叙了其他国家和民族的历史。他们著述的范围固然详于本国,薄于"蛮夷",但毕竟包括了同时代已知的世界。而且,与中古西方基督教史学不同,中国史学著作所记述的是以人为主体的活动,人在一定社会环境里的个体和群体的活动,可以称作以人为本的历史。它们所记叙的世界或"天下",是个体或群体的人从事活动的世界或"天下"。这种把当时已知世界历史视为人的活动过程而非神意展现过程的思想,是中国古代史学的优良传统。

在15世纪、16世纪人类对世界的认识空前扩展之前,历史学家们所写的已知世界的历史,无论是古代的还是中古时代的,无论是东方的还是西方的,都存在着局限,首先是地理知识上的局限。当时历史学家所知道的世界,远非16世纪以后人们所知道的世界:或者是地中海周围,或者是亚洲东部和中部,或者是亚欧大陆及其附近的北非等,总之,不出世界的某一局部。因此,他们没有也不可能写作包括全部世界在内的世界历史。其次是民族或宗教意识上的局限。历史学家把属于本民族的或属于同一宗教地区的历史作为历史的主体或中心,忽视或蔑视即使已有所知的异族或异教地区的历史。于是或以罗马为中心,或以汉帝国为中心,或以基督教世界为中心,或以伊斯兰教世界为中心,以及如是等等。就中古西欧史学和阿拉伯史学而言,所受宗教意识的局限尤为明显。

具有近代意义的世界历史著述开始于西欧文艺复兴时期和稍后的启蒙运动时期。这是与资本主义生产方式在西欧的发生和迅速发展以及由此出现的在经济、政治和思想文化上一系列历史性的重大转折相联系的。15世纪、16世纪以后海上交通的空前发展,东西方之间和各大陆之间闭塞状态的打破,大大丰富了人们的地理知识,使人们对世界的认识大为开阔。对中世纪教会和神学思想的批判以及近代自然科学的发展,又逐步把人们从宗教思想束缚中解放出来。这些都为西方近代资产阶级历史学家克服前人的某些局限,把世界历史著述推向一个新的阶段创造了条件。

文艺复兴时期威尼斯人文主义历史学家A. 萨贝利科(1436—1506年)著《恩奈阿德》,记述了古代到16世纪的世界历史。这是具有近代意义的世界史著述的开端,特点是一反欧洲中世纪史学的神本思想,开始把世界历史理解为一个世俗的、以人为本的演变过程。到了18世纪,法国启蒙思想家伏尔泰著《风教通义》(或译《论各民族的风俗与精神》),不仅进一步突破基督教神学对史学的束缚,而且突破自古以来传统史学以局部世界为全部世界的局限,试图勾画一幅新的、完整的世界历史图景。从纵的方面说,伏尔泰废洪水创世之说,从他当时认为最远古的中国讲起。从横的方面说,他跨出欧洲的狭隘范围,把欧、亚、非、美几个大洲的国家和民族都写入历史。他嘲讽西方的传统史学,说"历史号为世界史",而实际是"在我们西方造作的"。在这些方面,伏尔泰确实为后来世界史的编著开辟了道路。继此之后,德意志受启蒙运动理性主义思潮影响的格丁根学派历史学家,也致力于世界历史的著述,如 J. C. 加特勒尔(1727—1799年)的《世界历史要览》以及 A. L. von 施勒策尔(1735—1809年)的《世界历史概略》等等。19世纪中叶,德国兴起了由 L. von 朗克首倡的客观主义批判史学。朗克晚年编著、身后由其弟子据遗稿补足的《世界历史》7卷,是一部以拉丁、日耳曼六大民族为主体的世界史。这部世界史反映了西方殖民大国在近代世界日益上升的支配地位,由此形成西方史学中的"西欧中心论",借朗克批判史学的权威而广泛扩散影响。把各国历史汇编为世界史的作法,开始于18世纪中叶。1736—1765年,英国 J. 坎普贝尔等人辑集了一部《自远古迄今的世界历史》,全书多达38卷。德国格丁根学派曾译出30卷,终因其体例驳杂而中止全译。此后,新的大型汇编相继出现。其中最著名的有英国的"剑桥三史",即《剑桥古代史》、《剑桥中古史》和《剑桥近代史》以及法国的《人类文明进化史》等。参与这类新型汇编的历史学家,既有近代发现和搜集的大量文物、文献和历史遗迹为依据,又重视和运用近代实证科学的方法。由他们的著作辑集起来的大型汇编,在学术界有很大影响。但也存在着缺陷:第一,在总的倾向上,仍然以欧洲尤其是西欧为世界历史的中心,把欧洲以外的地区视同陪衬;第二,没有把世界历史作为一个由分散发展为整体的过程,分区分国的编列体系在专题专章的记述中依然可见;第三,忽视物质生产是历史发展的基础,因而也就难以从最根本方面探索和阐明历史发展为世界历史的规律和趋向。

  中国学者直到鸦片战争前后才把视野扩大到整个世界。鸦片战争前夕,林则徐在广州禁烟时主持译刊《四洲志》,内容包括五大洲30多个国家的地理和历史。后来魏源在《四洲志》稿本的基础上,广泛搜集有关的史志和中外著述,写成《海国图志》50卷,于1842年出版,1847年增为60卷,1852年又扩充到100卷。这部书比较系统地介绍了世界许多国家的历史、地理、政治、经济以及船械制造等,是当时东方国家中最为详备的列国志式的世界历史与地理巨著。与魏源同时代的徐继畬所著《瀛环志略》,对各国的史地沿革,社会演变,也作了比较详细的论述。不过,两书的作者都没有摆脱中国传统的史学观念。魏源以为"万里一朝,莫如中华";徐继畬认为"坤舆大地,以中国为主",而万方对中国则"仰之如辰极"。这一传统史观到19世纪后期资产阶级改良派和革命派历史家的笔下开始发生变化。这两派历史家都从外国历史寻求变法或革命的借鉴,因之所写外国历史多偏重于各国之治乱兴衰,目的是说明变法和革命及国家强弱存亡之关键。但他们还没有能够用变革的思想编写综合性的世界历史,据以编写某些外国历史的蓝本又多半是出于西方学者的著述。在西方近代史学的影响下,他们对中国中心论的传统史观提出异议,力斥"中华外夷"乃千年之谬论。

20世纪初期,"欧洲中心论"在西方史学中的统治地位开始动摇。对资本主义前景暗淡的忧虑促使一些西方史学家对前一个世纪的历史信念提出疑问,因而开始以新的眼光对待欧洲历史以外的历史和西方文明以外的文明。另一方面,随着西方史学向专门化的发展,对各国、各地区、各时代、各历史事件和人物的日益深入缜密的研究,也必然要提出在此基础上对人类历史进行综合考察的问题。形态学派历史学家适应这一发展,从历史的综合比较研究中得出他们不同于朗克的世界历史的观点。O. 施本格勒(1880—1936年)和 A.J. 汤因比(1889—1975年)把世界历史看做是多种文明的生长和衰灭的历史,而非单一文明发生和扩散的历史,这在一定意义上是对"欧洲中心论"的突破。20世纪40年代,G. 巴勒克拉夫在他的文集《变动世界中的历史》里提出西方史学必须放弃"西欧中心论",并须重新定向。他后来主编的《泰晤士世界历史地图集》和集中由许多历史家执笔的文字说明,也都体现出同一倾向。与此同时,对分国编列式的世界史体系,也有学者提出不同看法。L.S. 斯塔夫里阿诺斯近年出版的《全球历史》,就试图打破分国、分地区的编列方法,更多地注重不同时代世界各地区的共同形势以及各文明之间的相互关系。但是,近代西方史学的缺陷并没有因此得到根本克服。唯心史观,基于民族偏见或文化偏见而形成的关于东方历史即将消逝或必然长期停滞的宿命观点,仍然阻碍着世界历史这一学科的发展。

苏联科学院于20世纪50—60年代出版了多卷本《世界通史》,这部通史具有和西方同类编著相区别的明显特色。它以社会经济形态作为划分历史阶段的标准,重视人民群众在历史上的作用,重视被压迫、被侵略民族的历史,并且力求在物质生产发展的基础上探讨历史发展的规律。苏联学者的这一著作,深化了人们对世界历史的认识,为世界历史这一学科的发展迈出了重要的一步。但是这部巨著也存在着缺点:它没有完全从"欧洲中心论"的陈旧观念以摆脱出来,仍然以欧洲历史的分期决定世界历史的分期。在这个分期的框架之下,它多少是按社会经济形态依次发展的模式分述各民族、各国家和各地区的历史,以此突出客观历史规律的统一。关于历史如何发展为世界历史的问题,在全书中不占主导地位,因而没有得到作为一个学科主题应当得到的全面和高度的重视。

在中国,辛亥革命之后的三四十年间,世界历史研究的进展很慢。40年代初周谷城开始把世界历史作为一个整体进行教学和研究,于1949年出版了《世界通史》三册。这部书首先在中国打破用国别史编列为世界史的旧框架,反对以欧洲为中心,从全局来考察世界历史。周谷城认为写世界历史应该诸区并立,重视各个地区的相互交往、相互渗透、相互竞争,但又不排斥某一时期以某一区域为重点。对于中国世界史学科的发展,这些观点不仅足资参考,而且因其蕴蓄甚广,也富于启发意义。

中华人民共和国成立后,中国的世界史研究有了很大的进步,40年来出版了许多国别史、地区史、断代史、人物传记及各种专著。中国社会科学院世界历史研究所编辑出版的《世界历史》、《史学理论研究》等刊物,成为中国世界史学者发表研究成果、开展学术讨论的重要园地。1962年周一良、吴于廑主编的《世界通史》出版,这是中华人民共和国成立以来第一部综合性的世界历史著作。这部书从马克思主义的基本原理出发,以时间的延续为经,以地区的分布为纬,比较系统地叙述了整个世界从人类的起源到第一次世界大战结束的历史,体现了中国学者当时对世界史的认识和研究水平。近些年来,还陆续出过几部世界史,各有改进。如何运用正确的理论和方法对世界历史的发展进行全局的而非割裂的、唯物主义的而非唯心主义的考察,是中国当代历史学家面临的方在开端的任务。

世界历史的纵向发展和横向发展

近代资本主义的大工业和世界市场,消除了以往历史形成的各民族、各国的孤立闭塞状态,日益在经济上把世界连成一个整体,从而"首次开创了世界历史"①。马克思、恩格斯在他们的著作中对世界历史所作的论述,最早地、也是最为鲜明地突破西方资产阶级史学的唯心史观和民族偏见,因而"在整个世界史观上实现了变革"②。根据马克思、恩格斯的世界史观,世界历史不是各民族、各国家、各地区或者按形态学派的说法各文明历史的堆积,而是其自身有规律地发展的结果。

人类历史发展为世界历史,经历了一个漫长的过程。这个过程包括两个方面:纵向发展方面和横向发展方面。这里说的纵向发展,是指人类物质生产史上不同生产方式的演变和由此引起的不同社会形态的更迭。马克思主义者根据人类社会内部生产力与生产关系基本矛盾的不同性质,把人类历史发展的诸阶段区分为原始公社制、奴隶制、封建制、资本主义制和共产主义制五种生产方式和与之相应的五种社会形态。它们构成一个由低级到高级发展的纵向序列。这个纵向序列并非一个机械的程式,不是所有民族、国家或地区的历史都一无例外地

---

① 《马克思恩格斯选集》第1卷,人民出版社1995年版,第114页。
② 《马克思恩格斯选集》第3卷,人民出版社1995年版,第334页。

按着这个序列向前发展。有的没有经历某一阶段；有的长期停顿于某一阶段；即使属于同一阶段，其发展形式又往往互有差异。但是不同民族、国家或地区在历史上的多样性，和世界历史的统一性并非互不相容的矛盾。总的说来，人类历史由低级社会形态向高级社会形态的更迭发展，由原始的无阶级社会到直接生产者遭受不同形式奴役和剥削的阶级社会，又由阶级社会到未来共产主义没有奴役和剥削的无阶级社会，尽管形式各异，先后不一，这个纵向发展的总的过程，却仍然具有普遍的、规律性的意义。基于这一理解，马克思主义史学在阐明人类历史的纵向发展方面已经作出了不少可贵的成绩。

所谓世界历史的横向发展，是指历史由各地区间的相互闭塞到逐步开放，由彼此分散到逐步联系密切，终于发展成为整体的世界历史这一客观过程而言的。马克思、恩格斯在《德意志意识形态》中指出："各个相互影响的活动范围在这个发展进程中越是扩大，各民族的原始封闭状态由于日益完善的生产方式、交往以及因交往而自然形成的不同民族之间的分工消灭得越是彻底，历史也就越是成为世界的历史"①。在史前时代，处于原始状态的人类以氏族部落或村落为单位，分散地生活在地球的各个点上。尽管考古学家以实物证明，这些分散的点并不是完全彼此孤立和隔绝的，曾经有过某些偶然性的接触，但是，由于当时物质生产水平极端低下，各个点都还不可能有多大程度的分工，不可能有多大程度的彼此交换和交往，也不可能有多大范围的开拓活动。因此，点与点之间基本上是相互闭塞的，其横向联系几乎没有，即有也极其有限。在进入农耕和畜牧之后，随着物质生产力的发展，私有财产的形成，一些地区先后出现阶级社会。这就突破了原始氏族部落的极端狭小的孤立状态，开始结成有一定领域范围的国家。在国家与国家之间，地区与地区之间，也开始出现较多的交往，包括和平的和暴力的交往。但是，在阶级社会的前资本主义诸阶段，即使在经济发展比较先进的农耕地区，基本上都还是自给自足的经济。社会分工和交换虽有所发展，但毕竟有限，手工业和商业都还处于附属的、补充的地位。只要生产没有超出自然经济的范围，各民族、各国、各地区间相对闭塞的状态就依然存在。到了15世纪、16世纪，资本主义在西欧萌芽滋长。随着"地理大发现"，西方国家的海外殖民扩张，以及世界市场的形成，过去长期存在的各国、各地区、各民族间的闭关自守状态才在越来越大的程度上被打破，整个世界在经济、政治、文化等各方面也才逐步形成为密切联系的、互相依存又互相矛盾的一体。马克思曾经指出："世界史不是过去一直存在的；作为世界史的历史是结果"②。这个历史结果是经历了15世纪、16世纪以来一系列重大转折之后才出现的。前资本主义时代"不

---

① 《马克思恩格斯选集》第1卷，人民出版社1995年版，第88页。
② 《马克思恩格斯选集》第2卷，人民出版社1995年版，第28页。

是……一直存在"的世界历史,直到这时才真正开始了它的存在。

推动历史从原始人类分散生活的各个点到最后联结为世界一体的这一横向发展过程的决定力量,同样是物质生产的不断发展。在物质生产不断发展的基础上,人们对新地区的开拓,与相邻地区的交换和交往,必然不断扩大。这种扩大必然导致彼此之间闭塞状态的突破,彼此闭塞状态逐步突破的过程,也就是历史逐步发展成为世界历史的过程。尽管各地区在不同发展阶段打破闭塞状态的程度和先后并不一致,历史的横向发展过程仍然具有理论上的普遍规律性的意义。

在历史发展为世界历史的漫长过程中,纵向发展和横向发展并不是平行的、各自独立的。它们互为条件,最初是缓慢地、后来是越来越急速地促成历史由分散的发展到以世界为一整体的发展。纵向发展制约着横向发展。纵向发展所达到的阶段和水平,规定着横向发展的规模和广度。处于较低社会发展阶段的人类,不可能形成复杂的社会分工,不会有程度较深的生产社会化和专业化。与此相应,人们就不可能在较广阔的范围内进行经济上的以及其他方面的交往。不达到较高的物质生产水平,没有程度较深和方面较广的生产社会化和专业化,历史就只能是各个地区相互闭塞的历史,而非联系密切的、结为一体的世界历史。这是历史在前资本主义时期诸社会发展阶段中的基本状态,尽管诸阶段的闭塞程度因物质生产发展水平不同而存在着差别。只有当生产方式日益完善、社会形态走向较高阶段即资本主义时期,物质生产的发展才使愈来愈互相依存的社会分工、地区分工和民族分工成为必要,人们对社会的依赖也就愈来愈超越过去对自然的依赖。由此造成的密切而频繁的交换和交往,也就愈来愈超越地区、国家和民族的界限。一旦物质生产发展到这样的水平,历史也就"在愈来愈大的程度上成为全世界的历史"。从这个意义上说,历史从野蛮到文明、从低级社会阶段向高级社会阶段的纵向发展,制约着它从部落到国家、从分散的各地区到联结为一体的世界的横向发展。

横向发展一方面受纵向发展的制约,一方面又对纵向发展具有反作用。横向发展与一定阶段的纵向发展相适应,就往往能促进和深化纵向发展。希腊人的早期城市公社发展到一定水平,便开始向周围地区移民,广泛建立移民点。这些移民点和许多由之分出的城市公社之间,存在着各种联系,特别是扩大奴隶来源方面的联系,而这类联系又促进了希腊城市公社向更高水平的发展。公元3世纪及稍后,中国北部的鲜卑、拓跋诸族,欧洲的日耳曼诸族,当他们有了铁器、知道农耕,开始进入阶级社会,从而具有一定向外扩张条件的时候,或者和平迁徙,或者暴力侵犯,向与他们邻近的先进农耕地区扩展。这在他们的历史上,是适应纵向发展的横向发展。这个横向发展不仅在一定程度上打开民族之间的闭塞局面,而且加速了他们向先进的封建社会形态过渡。这就是说,横向发展促进了历史的纵向发展。在历史向资本主义过渡的时代,横向发展对纵向发展的反作用表现得尤其明显。这个时代西方国家的海上商业扩张和殖民活动,导致世界各地区间前所未有的密切交往。而这种世界性的密切交往,又转过来促进资本的原始积累,促进资本势力对封建农业体系的侵蚀瓦解直至后来资本主义大工业的出现。如果一个地区缺少与其他地区的横向联系,其纵向发展必然迟滞。美洲的玛雅文明,虽曾达到较高的水平,而且创造了文字,但在横渡大西洋的欧洲人到达美洲以前,和外界处于完全隔绝的状态。玛雅文明之所以长期停滞,缺少与纵向发展相适应的横向发展,无疑是一个重要原因。

由上可见,历史的纵向发展和横向发展是历史发展为世界历史过程中的两个基本方面。它们共同的基础和最终的推动力量是物质生产的进步。马克思、恩格斯说:"历史向世界历史的转变,不是'自我意识'、宇宙精神或者某个形而上学怪影的某种抽象行为,而是纯粹物质的、可以通过经验确定的事实,每一个过着实际生活的、需要吃、喝、穿的个人都可以证明这一事实"①。这是马克思主义关于世界历史发展理论的唯物主义基础。物质生活资料生产的发展,是决定历史纵向和横向发展的最根本的因素,它把历史的这两个方面结合在一个统一的世界历史发展过程之中。

世界历史全局概览

人类的历史,从早期人类的出现,直到当前的世界,是历史纵向和横向发展由极端缓慢到加速前进的结果。

大约距今300万—350万年前,地球上出现了人类。人类历史的史前时期,是人类社会发展的第一个阶段,即原始社会阶段。原始社会的绝大部分时间属于旧石器时代,人类在这一时期中经历了能人、直立人、早期智人和晚期智人等阶段,最后完成了从原始人向现代人的转化。旧石器时代原始公社内的劳动产品绝少剩余,因而没有剥削,没有阶级,也绝少交换,不同原始公社之间极端闭塞。然而随着地理气候的变化和寻找新的食物采集基地的需要,早期人类不得不分支向新地区移徙。从已知的考古发现来看,处于能人阶段的人类主要只是活动在东非和南非。到了直立人阶段,人类分布的范围除了非洲中部偏南之外,已经扩大到亚欧大陆的广大地区。到了智人特别是晚期智人阶段,人类移徙的范围进一步扩大,一部分由西伯利亚极东跨过当时可能存在的陆桥进入美洲,一部分由印度支那、印度尼西亚进入大洋洲。人类的这种移动是非常缓慢的,大约经历了300多万年之久,但毕竟是对原始孤立状态的一种松动。在移动的过程

---

① 《马克思恩格斯全集》第3卷,人民出版社1960年版,第52页。

中,人类把自己的原始生产技术和社会组织等从一个地方带到了另一个地方,这是历史向世界历史发展的最初起步。

距今1万年左右,人类进入新石器时代。从采集植物果实和猎取动物的实践中学会了栽培植物和驯化动物,发明了原始农耕和畜牧,从而由食物的采集者转变成为食物的生产者。这是人类物质生产史上第一次历史性的飞跃。从此,气候和土壤适宜种植谷物的地区逐渐以农耕为主,干旱而牧草间生的地区则以畜牧为主。农耕的发生,使人类有可能逐步转入相对定居的生活,形成村落。从公元前8000—前7000年起,在西亚、东亚和东南亚、中美、南美以及非洲内陆,先后形成几个各有特色的农业中心。农耕所特具的优越性以及由此而来的农耕地区人口的增长,使各农业中心必然不断向周围扩散。美索不达米亚最早培育的小麦和大麦,在3000多年中先后沿东西两大方向扩散到欧洲和亚洲偏南直到印度的广大地区。中国和东南亚培育的水稻,中美、南美培育的玉米,也逐步向各自的周围地带扩散。于是,就亚欧大陆而言,中国由黄河至长江,印度由印度河至恒河,西亚、中亚由安那托利亚至波斯、阿富汗,欧洲由地中海沿岸至波罗的海之南,由不列颠至乌克兰,乃至与亚欧大陆毗连的地中海南岸,都先后不一地成为农耕和半农耕地带。由此构成一个绵亘于亚欧大陆东西两端之间的、偏南的长弧形的农耕世界。在这个农耕世界之北,是宜于游牧和半游牧的地区。随着游牧和半游牧的不断扩展,东起西伯利亚,经中国的东北、蒙古、中亚、咸海、里海之北、高加索、南俄罗斯,直到欧洲中部,也形成自东而西横亘于亚欧大陆偏北的游牧世界,与偏南的农耕世界并列。在其他各洲,也先后出现农耕地带与游牧地带的区分。

人类自从进入新石器时代并从事农耕和畜牧以来,剩余产品日益增多,私有财产随之出现。至新石器时代之末,金属器时代之初,氏族公社原始共产制趋于解体。在农耕地带,生产增长率和人口增长率都较高。食物丰饶以后,有更多的可能分出劳动力从事农耕以外的活动,如手工制造、金属开采和冶炼、河渠开凿、土木建筑、社会管理、宗教祭祀等等。因而农耕地区的阶级分化较快,也较早地出现了公共权力,诞生了文明。约在公元前第4千纪后期,西亚两河流域首先突破原始公社各自孤立的状态,在较大范围内形成并加强村落与村落之间的横向联系,出现了居民密集的聚落,由此兴起了很多以城为中心的小国。稍后,尼罗河流域、印度河流域、黄河流域、爱琴海地区等,都先后诞生了文明,出现与两河流域类似的、并立的小国。历史从此步入阶级社会,同时开始在更大范围内的横向发展。在游牧地带,由于生产增长率较低,社会分化相对缓慢,因此原始部落牢固存在,长期停留在淳朴而落后的状态。由此而后的亚欧大陆,南方农耕,北方游牧,南方富庶而发展较快,北方贫穷而发展迟滞,这是直到近代资本主义大工业出现以前长时期中的基本形势。

亚欧大陆各农耕中心进入阶级社会之后,在世界历史上划分奴隶制阶段和封建制阶段，是一个复杂的问题。从许多专门研究可以看出，古代世界物质财富直接生产者被奴役、被剥削的方式，生产资料的占有制，包括残存的原始公社共有制，不同地区存在着明显的差别。完全丧失自由的奴隶、半自由的处于依附地位的劳动者以及自由劳动者在各自社会经济中所占的比重，各地也不一致。这种情况不仅在通常以公元5世纪为下限的古代世界是这样，5世纪之后，在中古时代封建制下的直接生产者被奴役、被剥削的方式，以及依附农民与自由农民在经济中的各自比重，也是这样。因此，前资本主义的两个阶级社会，即奴隶制社会与封建制社会，都很难以某一地区历史实例作为典型，也很难以某一实例所达到的发展阶段作为世界历史上划分两个社会形态的标准。而且，古代社会生产关系中处于依附地位的劳动者，与中古时代的封建依附农民，往往不易分清界限。两种依附劳动者在各自所属时代的存在，并非一个是偶然的，一个是普遍的，而是各自在其所属时代都占有相当的比重。诚然，这种比重也因地而异。不仅依附劳动者是这样，将分别存在于古代世界和中古时代的自由劳动者作相互对照，其情况也是这样。这就使在世界历史上区分奴隶制社会和封建制社会成为十分复杂的问题。像通常那样，采取统一的、超越地区差别的划分界限，把早于此限的纳入奴隶制，晚于此限的纳入封建制，看来无助于问题的解决。因为，非常明显，除了少数如西方古典奴隶制的一些中心而外，这个划限的方式很难说明前于此限的依附劳动者和自由劳动者怎样一越此限，就成为后于此限的依附农民和自由农民。他们为什么一个时期打上了奴隶制的烙印，另一个时期又涂上了封建制的色彩？在目前，这仍然是马克思主义史学必须深入探讨的重要课题。

但是，这个问题之暂难解决，并不能构成一种难以逾越的障碍，使对人类进入阶级社会后的前资本主义的历史进行概略性的横向考察成为不可能，或者说，成为学术上一种无所依据的徒劳。

在整个前资本主义时期，即15世纪、16世纪以前，进入文明的、阶级对立社会的亚欧大陆农耕世界，一般都是以农为本，农业是奴隶制社会的基础，也是封建制社会的基础。马克思在《〈政治经济学批判〉导言》中说："在从事定居耕作（这种定居又是一大进步），而且这种耕作像在古代社会和封建社会中那样处于支配地位的民族那里，连工业、工业的组织以及与工业相应的所有制形式都多少带着土地所有制的性质。"①这也无异说，不论是奴隶社会，还是封建社会，都是以农为本。既然两者在经济上都是以农为本，那么，虽然世界上各民族、各地区奴隶制社会形态和封建制社会形态还不能一一清楚地划分，也无妨就其具有共性的历史发展问题作通贯前资本主义时期的考察。

前资本主义时期阶级社会农本经济的根本特点，是在最大限度上实行自给

---

① 《马克思恩格斯选集》第2卷，人民出版社1995年版，第25页。

自足，为谋生而非为牟利，为消费而非为交换，因而必然具有闭塞性。手工业和商业同在当时整个社会经济中占绝对优势的农业相比，是末，不是本。它们当时所达到的发展水平，终究不能改变农耕世界以农为本的这一根本状态。前资本主义时期各民族、各国、各地区之间的互相闭塞，是附随这一根本状态而必然存在的现象。在与农耕地带并列的游牧地带，除了在大移徙、大冲击浪潮中形成多部族的广泛联合而外，各部落、部族之间，也是基本上处于闭塞状态，生活很少越出狭小牧地的范围。因此，在孕育人类最初文明社会的亚欧大陆及其毗连的北非，包括农耕和游牧两大地带，在资本主义出现以前，闭塞状态是普遍存在的。不打破普遍存在的闭塞状态，历史也就不能发展为世界历史。

闭塞状态的打破，有待于不同地区、不同民族之间交往的增多。交往是随着经济和政治的发展而日渐增多的，社会经济发展的水平是交往增多的决定性因素。由于农耕经济比游牧经济先进，所以各民族、各国、各地区之间的交往，首先而且主要地是在亚欧大陆偏南的农耕地带逐步频繁起来的。古代文明中心小国林立的状态演变为大国统一和大国之间彼此对峙的局面之后，特别是西亚、北非和东部地中海地区，不论是在中心范围以内或中心与周边地带之间，闭塞的状态都因交往频繁而打开了孔道。经常的交往一般都是通过和平的途径。生产技术、各地特有物产、艺术品以及文字、科学知识、思想、宗教信念等，都在日益扩大的范围内通过商人、使节、游历者、学问家、求道和布道者而直接、间接地交流，并逐渐地向中心凝聚。人们的活动空间和视野都因此而渐渐开阔了起来。分散在周边的许多孤立的点，也渐渐与文明中心发生微弱的、却又有发展前景的联系。但是和平交往并非交往的唯一方式。一个民族或国家的势力强大之后，往往因开拓土地、移殖人口、掠夺资源、控制商路而与邻近国家、部族发生冲突，以暴力的方式进行交往，这在大国并立的形势下尤其如此。暴力交往不可能成为经常采取的方式。它是间歇的，具有破坏性的，但又具有和平方式所不具有的冲击力量。一次猛烈的冲击过后，随之而来的，往往是对闭塞状态的重大突破。马其顿王亚历山大东侵以后，从爱琴海地区到印度河流域，经济文化发生了范围空前广阔的交往。13世纪蒙古军横越亚欧大陆，随着帝国的建立，东西陆上交通为之大开。历史上这两次破坏力甚大的暴力交往，都起了重大突破闭塞的作用。

亚欧大陆的古典文明世界，从黄河流域到地中海沿岸，是以最长距离分隔着的东西两极。在这两极之间，自古就断续发生了分段而又相连接的交往。陆上，逐渐形成了丝绸之路，由中国西部进入中亚，然后经大夏、波斯同波斯帝国遗留下来的驿道和通向黑海的道路相连，辗转通往罗马。在大夏境内，南通印度的道路也与之相接。丝绸之路的形成，从历史的发展看，其意义的重要不在于丝绸的转运，而在于有了这条通达的道路之后，人类物质文明和精神文明的创造可以随着时代的演进而络绎往返。佛教和佛教艺术、波斯工艺图案、伊斯兰教和阿拉伯的星历医药,先后经由此道或假道它的一段传入中国。中国的造纸和印刷两项对后世文化发展影响极大的工艺,可能还有凿井法以及其他技术,也循此道传入中亚和西亚,后来造纸术和印刷术又转传欧洲。海上,据记载应是罗马皇帝马可·奥勒留的使者,于中国东汉桓帝延熹九年(公元166年),自日南徼外来献珍物。从历史的发展来看,这一事件最足引人注意的,不在于东西方的皇帝之间有了最早的通聘,也不在于来者究竟是商人还是使臣,而是在于自红海、阿拉伯海、经孟加拉湾以迄中国的南海,在这时已经形成了联结东西方的海上通道。此后阿拉伯商人之活跃于唐宋时期的中国东南沿海,明代郑和西航遍历自东南亚迄东非30余国,都使人不得不追忆这条海道的最初开辟。中国在亚欧大陆几个文明中心之中,所处的方位是比较僻远的,能够较早地和其他中心发生陆上和海上的交往联系,说明古代各地区之间的闭塞只具有相对的意义。印度孔雀王朝与叙利亚塞琉西王国以及远至希腊、埃及之间,也是较早地就有了经济和文化交往,同样说明闭塞是相对的这一历史事实。逐步打开这种相对的闭塞,是从古就已开始的历史发展的趋势。

但是,不能对历史上这种横向发展估计过高。不论是陆上或海上,当时交换的物产较多是贵重珍品,数量不大,来往也不多,海上交往则更加有限。15世纪末以前,海上交往大都局限于近海,或者附岸航行,或者逐岛跨渡,离陆地都不远。腓尼基人和希腊人在犹如一个大湖的地中海的活动是这样,中国人、印度人、稍后阿拉伯人在东南亚和南洋诸岛的经商、移民和传教布道也无不是这样。中国和日本之间,因为海面较阔,往来受到很大的限制。北魏之际及以前,日本人来中国必须经朝鲜遵陆而行。7世纪末至8世纪,当遣唐使全盛时期,才由日本横渡东中国海,到达长江口。但是因风漂失以至舟覆人亡的事故时有发生,因之往来仍然有限。在航海和造船技术有较大的改进以前,除了印度洋上因季候风的发现可作季节性的跨海航行而外,海上交往只能限于近海。就长距离而言,海路只能处于陆路的补充地位。这种补充不经常、不稳定,因之不可能充分发挥海运载量大、行程远的优势。渡越大海的航行,在前资本主义时期,不能说完全没有。北欧的诺曼人、维金人,曾经到达冰岛,漂过北大西洋到达格陵兰。但这是偶有的例外,对历史上的横向发展没有多大的实质意义。这样,依靠骆驼、马、人力的陆上交往,在古代和中古的亚欧大陆农耕世界,仍然是沟通各地区的主要通道。距离越远,行程的连续性越难保持,打开经济上互相闭塞的作用也就越有限度。离开亚欧大陆及与之毗连的部分非洲,远洋以外的世界就更一无所知。陆海交通的发展水平也限制着暴力的交往。任何古代的强大国家,不论是奴隶制帝国如罗马,或封建大帝国如唐代中国和阿拉伯帝国,其所进行的对外扩张,都不得不受农本经济发展水平所能提供的对军事的支持能力的限制,包括交通技术上的限制。而且,即使在这些强大国家统治所及的范围之内,占支配地位的也仍然是闭塞性的农本经济。农本经济不发生根本性的变化，这种闭塞状态就不会仅仅由于发生了和平或暴力交往而被彻底打破。

值得注意的是，在前资本主义闭塞状态中的亚欧大陆，随着陆上和海上的有限交往，各种思想意识和宗教信念却四向传播，分别在相当广泛的地区内移植、生根，留下长期的不可磨灭的影响。起源于西南亚一隅之地的基督教，逐步向西方广泛传播，在一个长时期内在全欧洲成为支配社会生活的精神力量。中国儒家思想也传遍东亚，在朝鲜、日本、越南的地位，直到近代以前，几乎和在中国不相上下。印度的佛教在缅甸、斯里兰卡以及东南亚其他国家被普遍接受，传入中国后形成中国化的佛教，又由中国传到了日本。伊斯兰教因阿拉伯人的扩张而传遍中亚、西亚和北非，后来又进入南亚与东南欧，形成与欧洲基督教世界并峙的伊斯兰世界。狭隘的、地方性的、相互闭塞的农本经济，在亚欧大陆各个主要地区，却支撑着越出国家和民族界限的三大宗教信仰和一个起着近似宗教作用的伦理思想体系。这是农耕世界不同地区间在横向联系中积累起来的一项极有历史意义的后果。

在游牧世界和农耕世界之间，也进行着和平的、有时是暴力的交往。游牧世界需要农耕世界的粮食、布帛和金属工具，农耕世界需要游牧世界的马匹和皮革。双方都要通过和平互市来满足各自的需要。但也存在着矛盾：游牧世界的各族，其中包括趋向农耕的部族，有时要进入富庶的农耕世界；农耕世界的统治者有时也要开边拓土，略取游牧世界的土地。从公元前第2千纪中叶起，迄公元13世纪，游牧世界各部族先后对农耕世界掀起了三次历时长久的移徙和冲击浪潮。最初的一次断续绵延到公元前第1千纪，进入农耕世界的主要是来自偏西北方的印欧种人，东至印度河，西至爱琴海，中部至两河流域和小亚细亚。也有闪米特人，进入两河流域和埃及，他们带来马驾的双轮战车，稍后南下的还使用了骑兵。第二次浪潮始于公元2世纪、3世纪，直到7世纪。最早发动的主要是匈奴人、突厥人，后来还有进入黄河流域的鲜卑和拓跋诸部，进入波斯和印度的嚈哒，在匈奴压力下冲入罗马帝国的日耳曼各族以及稍后的斯拉夫各族。游牧的阿拉伯人则于公元7世纪冲入西亚和中亚，以后扩张到北非和西南欧洲。最后一次浪潮起于13世纪。主要入侵者是蒙古人及与之联合的突厥人，冲击的范围最广，遍及亚欧大陆，但延续的时间却最短，到14世纪仅余尾声。自此而后，历经3000多年的游牧世界与农耕世界的矛盾大体定局。游牧世界各族在入侵时期的军事优势，一当他们进入农耕地带，就在各自农耕化或进一步农耕化的过程中逐渐消失。农耕世界一次又一次地把入侵的游牧、半游牧、趋向农耕的各部族吸收到自己的经济文化体系中来。三次移徙、冲击浪潮的结果，是游牧世界的缩小，农耕世界的扩大。亚欧大陆农耕世界以农为本的相对闭塞的经济，在与游牧世界的长期矛盾运动中，显示了它的优越性和韧性。彻底打破植根于农本经济的各民族、各国、各地区间的闭塞状态，还有待于新的历史力量，有待于跨入一个新的阶段的历史纵向和横向发展。

当亚欧大陆农耕世界即将进入一个新的历史转折时期的前夕，撒哈拉以南的非洲内陆，美洲的中部和南部，都已兴起了文明和国家，其基础也在于农业。撒哈拉以南的非洲国家和北非伊斯兰诸国进行穿越撒哈拉大沙漠的贸易，用黄金、象牙换取手工业品，在交往中接受了伊斯兰教。它们在经济和文化上都已发展到相当高的水平。美洲中部和南部的阿兹特克人和印加人国家则处于完全和外界隔绝的状态。他们的远祖是从亚洲移去的，但他们和亚欧大陆的文明却没有联系。古代中国人远渡墨西哥之说，目前不能论定，即使属实，也对15世纪以前美洲的闭塞状态无所裨补。中国在商朝已经有车有马。美洲印第安人在和西班牙殖民者最初接触的时候，还无车无马，连在同一大陆上的两大中心之间的交往都有困难，更不用说同美洲以外的文明发生横向联系了。孤立、闭塞，必然造成文明的停滞。

从15世纪、16世纪开始，历史进入一个新的转折时期。亚欧大陆农耕世界的相对闭塞，撒哈拉以南非洲与亚欧大陆之间在更大程度上的闭塞，美洲、大洋洲与世界其他地区的完全隔绝——这些现象都逐步发生全面改观。15世纪、16世纪是历史发展为世界历史的重大转折时期。转折之所以发生，是因为在亚欧大陆农耕世界的内部，首先在西欧，社会经济发生了前所未有的根本变化。人类历史的前资本主义时期因这个变化而归于结束，资本主义开始以其新的生产力和生产关系出现在历史的地平线上。

资本主义在西欧的萌芽和发展，不断侵蚀以农为本的自然经济。资本主义通过市场交换以实现利润的经济和闭塞的农本经济两不相容。资本主义一经产生，就必定不断扩大市场交换的范围，伸入并占有原来封闭的农本经济的阵地，无止境地向可能达到的各个角落扩展。它突破地理的自然界限和国家疆域，最大限度地为销售其商品而开拓市场。由中古后期积累起来并得到改进的航海和造船技术，适应西欧新兴资产阶级的需要，为他们的海外扩张提供了必要手段。哥伦布打开大西洋的航线之后，西方资产阶级走遍全球，凡海水所及之处，几乎无处没有他们的踪迹。于是，世界不再是亚欧大陆加上地中海南岸的世界。南北美洲、撒哈拉以南非洲的东西两岸，稍后还有大洋洲，都加入以亚欧大陆为主体的文明世界。世界的范围空前扩大了。与此同时，由于各民族、各地区之间在经济上的联系越来越密切，闭关自守状态越来越彻底地被打破，世界也变得更为紧缩了，由分散的世界渐渐成为一个初见其全貌的整体世界。历史发展到这个时期，才开始成为世界的历史。这是从原始人类为寻求食物分支向地球各地移动直到资本主义开辟世界市场这一经历悠远行程的历史发展的结果。历史的横向发展，到这时达到空前未有的广度。

约自16世纪起，资本主义萌发较早的西欧国家一反农本的传统，采取重商主义政策，借以促进海外贸易和殖民活动，鼓励资本原始积累，扶植为适应国外市场的工业生产。由农本而重商,是资本主义发展初期西欧国家在经济上的重大转变。在同一时期,亚欧大陆东部几个发展水平即使不超过但也绝不低于西欧的国家,包括中国和日本,却故步自封,限制甚至放弃海上活动,以闭关自守为得策,维护传统的农本经济。在西欧,尤其是在英国,资产阶级推翻封建统治取得政权以后,重商政策有力地促进了资本主义的发展。到18世纪中叶,英国首先发生以大机器生产和广泛采用蒸气动力为标志的工业革命。这是人类物质生产史上继农耕和畜牧的发生亦即人类由食物采集者转变为食物生产者之后的又一次意义深远的飞跃。

英国发生工业革命之后,法国以及西欧其他国家跟踪而起,工业产量和对外贸易大幅度增长。从此,原来亚欧大陆农耕世界东西两端发展水平大体相当的局面,最后失去了平衡。西方经过重商主义阶段实现了工业革命,摆脱了传统的农本经济,从而对固守农本的其他国家取得了决定性优势。这个优势是新涌现的工业世界对农耕世界的优势。西方资本主义国家挟此优势向世界各个地区实行了猛烈的血与火的扩张,任何闭关的壁垒都在这个优势的冲击下失去抵制的能力,到处门户洞开,成为资本主义的国际市场、原料和劳动力供应地、投资牟利的乐园。美洲、非洲、西亚、南亚、西南太平洋诸岛、大洋洲,先后沦为殖民地,虽则美洲由白人及其后裔居留的部分殖民地稍后取得了独立。其他地区,包括很多欧洲国家,都不得不在西欧工业巨大优势的影响和压力之下,先后不一地作出反应。反应是曲折的,但其主要内容总不出两点:第一,推倒或改造建立在农本经济基础上的封建统治;第二,实现工业化。

反应的总的结果是新兴工业世界范围的扩大。中欧、南欧、北欧、东欧、包括沙皇统治下的俄国,最先步武西欧的后尘,或者在资产阶级取得政权之下,或者适应资产阶级的要求,实现资本主义工业化。农业也脱离封建主义农本经济的旧轨。在经营方式上,在操作技术上,开始了与资本主义工业化相适应的发展。由此而东,亚洲的几个主要国家奥斯曼帝国、萨非王朝的伊朗、莫卧儿王朝的印度、清朝统治下的中国、幕府统治下的日本,也各自作出不同的、后果不一的反应。日本的反应取得很显著的效果。封建的幕府被迫还政天皇。通晓西方经济和政治制度的改革家与日益壮大起来的商人、企业家相结合,实行资产阶级革命性质的维新,迅速把日本引向资本主义工业化的道路。中国建立在农本经济上的专制统治已经有了2000多年的历史,农民反封建反殖民侵略的斗争遭到它的镇压。在日本维新30年后,中国一部分力量微弱的开明派也推动维新,但是"百日"而已,转瞬失败。19世纪,奥斯曼帝国也先后进行了改革,发生过政变,但其短促命运与中国清末的维新相去无几。萨非王朝的伊朗和莫卧儿王朝的印度也在19世纪发生过反封建、反殖民统治的人民起义和各种改良运动,但同样以失败结局。这些国家的革命和民族独立,到20世纪还要经历一番曲折的过程。在西方殖民主义者的控制或直接支配之下,这些东方国家的民族工业虽多少有所发展,但在日益扩大的、以西方为中心的工业世界中仍处于一种依附的、无自主权的地位。亚欧大陆农耕世界自莱茵河以东迄日本列岛,各国对西欧新兴工业世界的冲击所作的不同反应,经历了新旧制度、新旧社会阶级、新旧思想意识的批判和斗争,是近200年世界历史横向发展的一大主题。

两个多世纪以来,资本主义工业世界经历了自由资本主义、垄断资本主义以至国家垄断资本主义诸阶段。它以工业革命和现代科技的巨大动力,实现了人类历史空前未有的纵向和横向发展,不论是发展速度或规模,前资本主义的任何时代都无与伦比。但在不断扩大和发展的同时,它面临着难以解救的矛盾。首先是资本主义制度的内在矛盾,即生产社会化和生产资料私人占有的矛盾。这个矛盾不断表现为无产阶级对资产阶级的斗争,斗争有张有弛,矛盾却从未消失。不仅如此,与资本主义势力国际化的形势相应,这个斗争又发展为国际化斗争,形成有完整政治纲领的、联合全世界无产者的国际共产主义运动。其次是殖民地附属国与殖民主义宗主国之间的矛盾。这个矛盾遍及亚、非、拉美诸大洲,发展为殖民地民族解放运动与国际共产主义运动的广泛结合,形成对资本主义工业世界国际秩序的巨大威胁。同时,存在于各大殖民主义国家之间的矛盾,还曾引起多次的殖民争霸战争,在不到半个世纪的时间里,爆发为两次世界大战,更番削弱了各殖民大国的统治势力。以殖民主义大国为核心的资本主义工业世界,其历史支配地位并不巩固。

第一次世界大战期间俄国十月革命的胜利和第二次世界大战后许多中欧、东欧、亚洲国家人民民主革命,特别是中国革命的胜利,开创了世界历史的新局面。由此开始,历史上就出现一个与资本主义工业世界相对立的、以实现生产资料公有、消灭阶级剥削为特征的、方在新生阶段的社会主义工业世界。这对于在近两个多世纪以来一直居于支配地位的资本主义工业世界,是一个无可回避的历史性冲击。是资本主义工业世界的继续存在和发展,还是社会主义工业世界的成长壮大以至最后代之而起,成为当代世界全局性矛盾的焦点。人类已有的历史智慧还不能断言,这个全局性的矛盾将怎样解决,要经历多少代人才能解决。不过,随着近若干年来形势的推移,有一点可以说已初见端倪:两个世界正在由对抗转向对话、并存和互相竞争的局面,亦即从经济、政治、文化诸方面不断较量彼此实力、影响力高低胜负的局面,已在逐步形成。人所共知,以现有的条件,并存的任何一方都不可能以军事手段一举而消灭对方。所以可以预期,这个并存和互相竞争的局面虽然会有这样、那样的变化,但是作为一个历史过程来观察,这个多变化的局面将不会短暂。并存与竞争是相联系的,并存的任何一方为求得和保持超越对方的优势,必将采取各种改善自己所处地位的措施:资本主义工业世界各国将实行缓和自身矛盾的改革,社会主义工业世界各国也将实行完善自身体制的改革。在并存和竞争的长过程中,任何一方实施的变革都将不可避免地受到另一方的制约和影响。因之可以设想,两个世界并存、竞争的局面,同时也是两个世界在相互制约、相互影响下不断发生变革的局面。

社会主义工业世界各国建国的历史还很短,取得革命胜利和建立社会主义制度最早的至今也不到四分之三世纪。它们原有的经济基础都比较薄弱,现代工业化水平不论在深度或广度上都还难以和有较长工业化历史的资本主义发达国家相比。生产力发展水平的高低,决定着社会主义工业世界对资本主义工业世界冲击力的强弱。迄今为止,新生的社会主义工业世界所能加于资本主义工业世界的冲击力,还不足以比拟当年新生资本主义工业世界所曾加于传统农耕世界的冲击力。社会主义工业世界还远没有像当年资本主义工业世界那样,在向对立一方的冲击中取得压倒的优势。不仅如此,近几年在欧洲方面,还一再遭受严重的挫折。但是,从历史的长期趋势说,目前存在的两个世界力量的差距,不会到此就成定局。随着两个世界并存和竞争局面的持续存在,在不断变革中的双方力量的对比,必将不断发生改变现存状况的变化。如果历史学家可以稍稍越出既成的历史,略一展望资本主义工业世界和社会主义工业世界的未来,那么,对于两个世界在长期并存、竞争局面下各自面临的问题、形势所要求的变革倾向以及由变革导致的可能前景,都不妨作一概然的、趋向性的估计。

从长期而论,资本主义工业世界必须面对的根本问题,仍然是生产社会化与生产资料私有制之间的矛盾,亦即劳动者与资本家之间的矛盾。自前一世纪以来,资本主义国家即已为缓和这一矛盾采取了改革措施,如运用立法手段实行劳动者权利和生活福利保障的社会化、资本的部分所得的社会化、文化和教育设施的社会化等。可以说,资本主义世界各国的这类改革,已经比较明显地具有社会化的倾向。未来两个世界长期并存和竞争的局面,对于资本主义国家的这类改革,无疑将会给予新的推动。改革社会化的倾向不仅将持续下去,而且还会出现这样的可能,即一旦社会主义工业世界在改革中取得了显著的进展,资本主义国家内部的社会多数对抑制资本强化了要求,这类变革就可能迫于竞争的形势,不得不越出已有的范围,进一步向所有制领域延伸。近些年来某些资本主义国家在大企业国有化方面屡进屡退,不只是当政者在政策上摇摆不定的反映,也是变革生产资料所有制在资本主义国家已非禁区的反映。资本主义制度是历史上较有弹性的制度,它能包容和承受一些开明的或出于社会下层要求的社会化变革。一旦这类变革深入到资本所有制的领域,由此引起资本所有制发生多层次的变化,以至突破资本主义制度所能包容和承受的限度,那就势将在所有制这个规定社会阶级结构的根本问题上向资本主义制度的临界线外跨越。由此而来的可能前景,将是实现资本主义制度对其自身否定的历史蜕变。一个国家发生这样的蜕变,很可能,跟着就会在情况类似的其他国家产生连锁反应。实现这一历史蜕变的方式,将取决于各国社会化变革的历史积累和阶级关系,以及未来世界的历史环境。应当看到,资本主义国家社会化变革的历史积累,以及由此可能导致的资本主义制度自身的蜕变,是估计未来世界的一个很重要的方面。

社会主义工业世界面临的问题和资本主义工业世界有本质上的区别。它并非出于社会主义制度自身所固有的不可解救的矛盾,亦非社会主义理想不合社会多数的利益,而是历史遗留下来的非短期所能克服的困难:一是工业化起步晚、水平低;一是历史传统负荷重,经济和政治体制不健全、不完善,人为失误以及纠正失误机制的缺陷,不能适应现代工业化的要求。当前,社会主义国家进行的改革,总的倾向是消除历史遗留的困难,有选择地吸取资本主义工业世界的科学技术、管理方法和市场机制等经验,以此加快现代工业化的进度。在未来两个世界长期并存的局面下,这一改革倾向势将持续。不如此,不足以强化与资本主义工业世界竞争、较量的能力。这一改革越持续深入,越是在改变束缚经济活力和劳动创造力的僵化体制方面、在以公有制为主体、多种所有制经济共同发展方面,①在扩大政治民主、确定公私权益界限和健全法制方面,以及在更新全社会思想意识和文化素质方面,都一一取得成效,社会主义工业世界吸取人类历史经验并且创造性地用于自身发展的能力就越强,在工业化水平上赶上以至超过资本主义工业世界的可能性也就越大。由此而来的可能前景,将是社会主义制度的逐步成熟和完善,不仅在生产资料公有制方面,而且在生产力发展水平方面,都将显示出优越于资本主义制度。一旦社会主义工业世界出现了一个或几个领先的国家,在工业化的主要方面赶上并超过资本主义工业世界的发达国家,两个世界的力量对比就必将随之发生根本变化,整个世界的形势也将大为改观。曾经徘徊于两个工业世界之间的、基本上还滞留在传统农耕世界的国家,将会更多地倾向社会主义,经由不同途径走上社会主义工业化的道路。社会主义国家坚持无产阶级政党领导和坚持社会主义道路的经济政治制度在不断改革中趋向成熟和完善,以及由此引起的对世界历史的深远影响,是估计未来世界的一个更为重要的方面。

当代两个世界的问题,比以上所概述的远为复杂。在两个世界并存和相互竞争的局面下,两种社会制度的矛盾和斗争不会自然消失。资本主义世界的敌视社会主义势力,在反对其内部变革的同时,仍然会以政治、经济和文化的手段,以公开或隐蔽的方式,向社会主义国家渗透,甚至伺机颠覆,借以实现其"和平演变"的战略意图。面临这种形势的社会主义国家,为巩固自身的存在、发展改革的成果,必将采取相应的反渗透、反颠覆、反"和平演变"的措施,对国际和国内敌对势力实行遏制和反击。两个世界各有许多历史不同、现状互异的国家,在

---

① 初版此句为"在以公有制经济为主,其他成分经济为辅方面。"

历史新旧嬗递之际,各国变革的轻重缓急、进退成败,将呈现出纷繁多变、风波迭起的局面。但就历史发展的趋势和前文估计所及而言,两个世界间的这一局面,经过一段适应和稳定,历经战乱的人类理性,会逐步作出历史的选择:竞争和交流会日居主导,较量与敌对会趋向缓和。在长期的、不能预见其断限的演变之后,有较多可能会引向资本主义制度实现其自身的蜕变,社会主义制度实现其自身的完善。这两大历史性变化一旦成为现实,整个世界就会出现一个全新的趋势:资本主义工业世界将由此趋向收缩;社会主义工业世界将由此趋向扩大。世界历史的纵向和横向发展,也将由此进入一个更高层次的新的时代。

当前的人类社会,正在面临能源日渐枯竭、环境严重污染和破坏等巨大难题的困扰。世界历史新时代的来临,必将使科学技术的发展纳入为全人类而不是为私有资本服务的正轨。对困扰人类社会的难题也将有可能在全世界的通力协作之下,排除因私有资本维护其既得利益造成的障碍,求得合理而有效的解决途径。当前多数贫国与少数富国之间加速扩大的差距,也将随着各种公开的、隐蔽的殖民剥削方式的废除和社会主义工业化的广泛发展而逐步缩小以至消灭。世界历史的合理未来——合理地生产、合理地分配、合理地应用科学技术、合理地满足人类群体和个体不断提高的物质生活和精神生活的需要,不在于资本主义工业世界的补苴延续,而在于社会主义工业世界的更新继起,在这个更新继起之中,也包括资本主义制度自身的蜕变。历史是很少直线发展的。资本主义工业世界的削弱、收缩,以至蜕变,社会主义工业世界的成长、扩大以至最后遍及整个世界,必然要经历悠长的、曲折艰难的道路。但是,悠长、曲折、艰难都改变不了人类历史发展的总趋向。黄河九曲,终将流归沧海。

世界历史这门学科正在发展之中。既然历史在不断的纵向和横向发展中已经在越来越大的程度上成为世界历史,那么,研究世界历史就必须以世界为一全局,考察它怎样由相互闭塞发展为密切联系,由分散演变为整体的全部历程,这个全部历程就是世界历史。把分国、分区的历史集成汇编,或者只进行分国、分区的研究,而忽视综合的全局研究,都将不能适应世界历史这门学科发展的需要。世界从15世纪、16世纪起就已跨进了一个崭新的阶段,以世界历史为研究对象的这门学科,也要相应地跨入一个新的阶段。

* * * *

注:本书"总序"系作者根据他在《中国大百科全书·外国史卷》发表的"世界历史"一文稍作修改而成。文中第一部分关于19世纪后期和中华人民共和国成立前后中国学者在外国历史及世界史方面的编著和研究工作的论述,由杭州大学毛昭晰教授撰写。

本次重印根据新版《马克思恩格斯选集》核改了少量引文,并对个别提法作了修改。

前　言

　　《世界史·古代史编》分上、下两卷,包括自远古有人类以来直至1500年左右的世界历史,把中国的历史也写入有关章节,以显示世界历史发展的完整性。上、下两卷的分界,则大致为公元1世纪开始直到5世纪、6世纪方始结束的横贯亚欧大陆东西的民族大迁徙运动。这一迁徙导致亚欧大陆南部文明地区政治格局的巨大变化,有些地方则伴以社会形态的更迭——奴隶社会的终结和封建社会的开始,所以选择它作为上、下两册的分野。

　　世界古代史经历了漫长的发展过程,长达几百万年。在这几百万年的大部分时期内,人类只能使用粗笨的石器,过着采集与渔猎的生活,和严酷的大自然进行斗争,改造自然也改造人类本身,一点一点地积累着进步,由食物采集者向食物生产者过渡。

　　从公元前8000年—前7000年起,在西亚、东亚和东南亚、美洲、非洲诸地,先后形成几个各具特色的农业中心,并逐步向自然条件合适的地带扩展。在沙漠、半沙漠、草原地带,则形成游牧区域。亚欧大陆上由之渐分为北方的游牧区和南方的农耕区。这两大地区人群的交往、碰撞、冲突,在人类历史上曾发生了不小的影响。

　　农耕的发展、金属工具的使用、剩余产品的出现,导致人类先进地区原始公社制度解体,产生了阶级,开始形成国家。最早的国家大都出现于亚、非、欧诸大河流域或海滨地区,且多为一种以城(防御设施)为中心的小国。经过相互攻伐、兼并,有的转为王国、帝国,有的衰落瓦解。古代史上各国家的组织结构多有不同,大小也不一样。有中央集权的专制主义大帝国,也有分裂割据、诸侯争雄的王国,还有共和制或寡头制的城市国家——城邦。各国的历史命运不同,发挥的作用也有差异。本书注意描述在古代史上起重要作用的国家、民族线索,对一些小国则有所删略,以免芜杂过甚,不便学生使用。

　　在本书所叙述的范围内,大多数国家都是以农业经济为主。但商品生产、商业也同时存在,在某些地区的某个时代,商业甚至达到相当的发展。不过细小的农耕生产仍是这一时期占统治地位的经济,这决定了古代国家之间的相对孤立闭塞、交往较少的局面。随着经济、政治的发展,各国之间的交往日益增加,交往的范围也日益扩大。交往的方式多种多样。不同民族、国家之间的战争、征服与被征服,这种激烈的暴力的交往方式,会在短时期内改变政治地理面貌,有助于打破孤立闭塞的局面。但各国之间的商旅往来、文化的交流,正如春风化雨,润物无声,对推动人类进步起着更为重要的作用。亚历山大的东征,罗马帝国的扩张,阿拉伯帝国的征服,蒙古人在亚欧大陆的纵横驰骋,无疑是古代史上突破相互孤立隔绝的重大事件。但横贯亚欧大陆丝绸古道上的商队来往,联系太平洋西海岸、印度洋、地中海、北海、波罗的海诸航路的船只航行,对传播生产技术、文化知识于古代世界各地也许是更为重要的。正是因为古代世界在孤立闭塞中仍存在着不绝的交往,所以我们看到当时重大的文化,如儒家文化、古典文化、印度文化都在不断向外扩散,而佛教、基督教、伊斯兰教三种宗教更形成世界性的宗教。本书在叙述时力图从纵向上讲清世界经济、政治的发展脉络,也注意说明各民族、国家横向上的各种联系与交往,以显示这是一部世界史,而不是国别史的堆砌。

古代世界各国在原始公社瓦解后大都发展出奴隶制、封建制,但有一些民族、国家未经过奴隶社会、封建社会的连续发展过程。各国的奴隶社会、封建社会各具特点,有时差别甚大,存在时间也不一致。有的一个社会内有多种经济形态并存,又有多种身份不同的依附劳动者,难以确定以何者为主。根据目前历史学界的研究水平和认识水平,本书上、下卷的划分只能说明是世界上古、中古史的分界,而不是世界史上的奴隶制时代与封建制时代的分界。这样也许更符合历史的实际。

世界历史的发展是不平衡的。在古代世界,这种不平衡尤为明显。总的来看,是亚洲的发展要比欧洲、非洲大陆以及孤悬海外的美洲迅速,有更高的经济水平和更光辉灿烂的文明。到了本编所述时代的末尾,生产力发展加速,人类交往日益频繁,海道渐通,世界逐渐向连成一体前进。这时的欧洲——特别是西欧的前进步伐开始加快,预示着一个新时代的到来。

第一章 人类的史前时代

原始社会是人类社会发展的第一个阶段,为人类的史前时代。它始于人类的出现,终于国家的产生。根据已发现的古猿和古人类化石材料,最早的人类可能出现在距今300万年或400万年之前。而国家产生的时间则各地不一,有的地方甚至直到今天还处在原始社会的阶段。

在原始社会,生产工具简陋,生产力十分低下,劳动产品只能满足最迫切的生活需求。由于不能创造出剩余产品,因此不可能有人剥削人的现象,人们必需集体劳动,平均分配,才能维持集体的生存,这就决定了生产资料的公有制。到原始社会末期,生产力提高了,产品有了剩余,于是私有财产,阶级剥削和阶级压迫也就随之而来,以公有制的生产关系为基础的原始社会也就逐步解体。国家的诞生,标志着原始社会的终结。

原始社会是没有文字的史前时代,对原始社会的研究,只能依靠古人类学、考古学、民族学、古生物学、古气候学等多种学科所提供的材料。古生物学和古气候学使人们得以了解原始人类生存的环境及其对古人类产生的影响。古人类学和考古学不但为人们提供了原始人类体质形态和物质文化发展的证据,并且为当时人类的社会关系和精神文化面貌提供了有益的线索。而民族学则可以帮助人们了解原始社会某一阶段的社会生活、家庭形态、婚姻制度、宗教信仰以及生产发展的状况。马克思和恩格斯吸取了前人的成果,用历史唯物主义的方法,揭示了原始社会发展的基本规律,为原始社会史的科学理论奠定了基础。近几十年考古学和人类学的新发现和各国学者所进行的研究,丰富了原始社会史的材料,使原始社会史的研究达到了前所未有的水平,但在许多问题上还存在着较大的分歧和难点。

第一节 人类的起源

人类在自然界的位置 人类不是超自然的存在物,它的历史和自然界的历史有着紧密的联系。

根据地史学和古生物学的研究,地球发展的初期阶段可能在60亿年之前,到距今46亿年前形成了地壳。从那时开始,地球的历史可分为五个代,即:太古代(约46亿年前至25亿年前)、元古代(约25亿年前至6亿年前)、古生代(约6亿年前至2.25亿年前)、中生代(约2.25亿年前至7000万年前)、新生代(7000万年前至今)。每个代又分为若干纪,每个纪又分为若干世。

最原始的生物出现在太古代的地层中。到元古代的末期出现了原始的腔肠动物、软体动物和节肢动物等多细胞的生物。到古生代，出现了生活在水里的最早的脊椎动物，这些原始的脊椎动物后来发展成鱼类。鱼类分化为许多分支，其中一支演化成为两栖动物。两栖动物中的一个分支又演化为爬行动物。爬行动物在中生代特别繁盛，其一部分演化为各种各样的恐龙。最早的哺乳动物及鸟类在中生代也已出现了。

人类起源于新生代。新生代又分为第三纪和第四纪。第三纪分为古新世、始新世、渐新世、中新世、上新世；第四纪分为更新世和全新世。第三纪是哺乳动物发达的时代，在第三纪的始新世开始出现最早的灵长类。到了渐新世，从原始的灵长类中又先后出现了猴类和猿类，最早的人类就是从古猿演化而来的。

从动物进化的过程，可以看出人类在自然界的位置。人属于动物界。现代人在动物界属于脊索动物门，脊椎动物亚门，哺乳动物纲，灵长目，人科，人属，智人种。

在现存的动物中，体质构造与人类最接近的是现代类人猿，包括长臂猿、猩猩、大猩猩和黑猩猩。它们的骨骼、肌肉和内脏器官的排列方式，胚胎发育的过程都和人类相似。它们还有和人类相似的血型，这是其他任何动物所没有的。近年来分子生物学的研究也证明人类和现代类人猿有着亲缘关系。一般认为长臂猿与人的关系较远，黑猩猩和大猩猩与人类的关系比较接近。不过现代类人猿并不是人类的祖先，它们也不可能进化成人。人类的祖先是某种早已灭绝的古猿。

从猿到人的过渡　1859年英国学者达尔文出版了《物种起源》一书，根据动植物演变的大量科学资料，揭露了生物进化的规律。1871年他又出版了《人类起源与性的选择》，指出人类和现代的类人猿出自共同的祖先。1876年恩格斯写了《劳动在从猿到人转变过程中的作用》一文，他在这篇论文中运用辩证唯物主义的观点，揭示了人类起源和人类社会产生的规律，提出了劳动创造人的理论。他认为古代的类人猿最初成群地生活在热带和亚热带的森林中，后来一部分古猿下到地面寻找食物，逐渐学会用两脚直立行走，而前肢则解放出来使用天然的石块和木棒，并采集植物，捕捉小动物，最后终于发展到能够制造工具。脚的直立和手的进化影响到身体构造上的一系列变化，而大脑和感觉器官也日益发展，终于出现了人类的各种特征。恩格斯在这一著名的论文中提出了三个关于人类起源和发展的科学概念，即"攀树的猿群"、"正在形成中的人"和"完全形成的人"。攀树的猿群是生活在树上的古猿，正在形成中的人是指从猿到人过渡期间的生物，而完全形成的人则是已经能够制造工具的人类。

猿类从猴类分出，是在第三纪的渐新世。现在所知的最早的古猿是原上猿，其化石在1911年发现于埃及的法雍，生存年代为3500万—3000万年前。

1966—1967年在法雍又发现了另一种古猿的化石,有一个完整的颅骨,命名为埃及古猿,生存年代约为2800万—2600万年前。比埃及古猿更晚的化石古猿是森林古猿,1856年首次发现于法国,后来在欧、亚、非三洲陆续皆有发现,其生存年代大约距今2300万—1000万年前,地质年代属第三纪的中新世,一部分跨入上新世。原上猿、埃及古猿和森林古猿都是林栖动物,是成群生活在树上的攀树的猿群,它们用四足行走而能臂悬行动。在攀援时前肢和后肢已经有了不同的用途,为手脚的分化创造了条件。

森林古猿后来分化出巨猿、西瓦古猿和腊玛古猿,其中腊玛古猿的体质形态和人类比较接近,所以有些学者认为腊玛古猿可能是最早的从猿到人过渡期间的生物。

腊玛古猿的生存年代约为1400万—700万年之前。最早的化石是1932年美国学者刘易斯在印度北部西瓦立克山地发现的,这是一块右上颌骨碎片,刘易斯认为它具有人类的特征,是人类的祖先。他的意见遭到当时人类学界一些权威学者的反对。到20世纪60年代之后,在肯尼亚的特南堡、匈牙利的路达巴尼亚、希腊的庇尔戈斯、土耳其的山迪尔、巴基斯坦的波特瓦尔高原以及我国云南的禄丰等地都发现了同类化石,于是腊玛古猿问题重新引起学术界的重视。腊玛古猿的特点是:吻部短缩,齿弓向后张开,牙齿排列紧密,犬齿小,颊齿齿冠宽短,下颌第一前臼齿为双尖型,臼齿釉质厚。这些特点与人类相似,因此20世纪60年代和70年代许多学者认为腊玛古猿是从猿到人过渡期间的早期代表。但是70年代有人根据分子生物学的方法提出人和猿的分化距今不过400万—500万年,因而腊玛古猿不是人类的祖先。也有人认为腊玛古猿是猩猩的祖先。我国一些学者对禄丰发现的材料进行了细致的研究,认为禄丰腊玛古猿和西瓦古猿在形态上表现出是同一个种的雌雄差别,其学名应修订为禄丰古猿禄丰种,从其形态看,可能是南方古猿和非洲古猿的祖先,而土耳其和巴基斯坦的腊玛古猿可能是猩猩的祖先。目前对腊玛古猿的系统地位还没有统一的意见。

在腊玛古猿之后出现了南方古猿。这是已经可以确定的从猿到人的过渡期间的生物。最早于1924年在南非汤恩发现一个幼儿头骨,后来在东非和南非的其他一些地方也发现了不少南方古猿化石。在亚洲,有一些被认为是属于南方古猿的化石,由于材料太少,很多学者对此持否定态度。

南方古猿的体质特征和人类接近,齿弓呈抛物线形,门齿和犬齿比猿小得多,犬齿不突出,没有齿隙;拇指能和其他四指对握,可以使用天然工具;骨盆比猿类宽,表现能直立行走;头骨比大多数黑猩猩长和高,平均脑容量接近500毫升,虽然比人类小得多,但其结构比较复杂,可能已有语言的能力。

已发现的南方古猿至少可分为三个种,即南方古猿非洲种(又称纤细种)、南方古猿粗壮种和比粗壮种更为粗壮的南方古猿鲍氏种。1973年美国学者

D. C. 约翰逊在埃塞俄比亚阿法地区的哈达尔发现了一个膝关节的股骨下端和胫骨上端的两段化石,与猿类相比有明显进步。1974 年约翰逊等又发现了一具人科动物化石,全身骨骼保存达 40%,是一个 20 岁左右的女性,被称为"露西女士",约翰逊把这些化石定名为南方古猿阿法种。

南方古猿如何进化为人类,众说不一,归纳起来主要有下述几种:(1)认为阿法种是最早的南方古猿,到 200—300 多万年前分化为两支,一支向人的方向发展,另一支演化为纤细种、粗壮种和鲍氏种,并于 100 万年前灭绝。(2)也认为阿法种是最早的南方古猿,后来演化成为纤细种,纤细种中的一支演化为人类,另一支在南非演化为粗壮种,还有一支在东非演化为鲍氏种。(3)认为阿法种不是一个新的种,而应归入南方古猿纤细种。(4)认为阿法种已经是最早的人属,他们和南方古猿并存。和腊玛古猿一样,南方古猿的问题有待于更多化石材料的发现和更深入的研究来解决。

从猿到人的过渡时期,如果从腊玛古猿算起,大约经过了 1000 多万年。如果从南方古猿的出现算起,也有二三百万年的时间。在这漫长的时间里,从猿到人过渡期间的生物在长期使用天然工具的过程中终于学会了制造工具。工具的制造意味着经过思考的有意识的活动,这种自觉的能动性是人和动物的最重要的区别,是从猿到人转变过程中的飞跃,它标志着从猿到人过渡时期的结束。从此,人类的发展进入了完全形成的人的阶段。

最早的人属 从猿到人的过渡阶段结束后,人类的体质形态仍在发展。目前国内外学者对这一发展过程主要采用两种分期法。一是分为南方古猿、直立人、智人三个阶段,智人又分为早期智人和晚期智人。另一种分法是把能够制造工具的早期的人与不会制造工具的南方古猿区别开来,单独列为一个阶段,称为最早的人属(或最早的人类),其后的阶段则和前一种分期法相若,分为直立人、早期智人、晚期智人。两者相较,后者比较妥善。

最早的人属成员,一般是指直立人之前的人类,首先是"能人"。能人化石最早是 1960 年起在坦桑尼亚奥杜瓦伊峡谷陆续发现的,1964 年定名为"能人",其脑容量为 680 毫升,比南方古猿大,手骨及足骨与现代人相似。在发现能人的层位还发现一些由熔岩砾石制成的大型工具,主要是砍砸器,数量很多。此外还有一些小型工具,多用石英制成。在奥杜瓦伊还发现用石块堆成的圆圈,类似窝棚的地基,可能是能人住所的遗迹。能人生活的年代距今约 180 万年前。

1972 年在东非肯尼亚图尔卡纳湖东岸的库彼弗拉发现了一个头骨的 150 多块碎片,经复原后按登记号码称为"KNM-ER1470 号头骨",定年为 290 万年前。脑容量约为 775 毫升。由于这个头骨没有突出而相连的眉脊,所以它在进化系统中的位置还有争议。

从 1974 年开始,英国人类学家 M. D. 李基在坦桑尼亚的莱托利尔地层发现了一些人类化石,主要是一个5岁左右的小孩的部分骨骼及一些成年人的上下颌碎片及牙齿。1978年在莱托利尔地层中发现了留在火山凝灰岩中的人类足印,其年代测定为380万年至360万年前之间。足印属一大一小两个个体,小的脚印长度为18.5厘米,大的为21.5厘米。脚印有凸起的足弓,圆形的足跟,大足趾与其他四趾并列位于足前方,这些都是人类的特征。莱托利尔地层的化石可能是目前所知的最早的人属化石材料。

直立人 在中国,习惯上把直立人称为猿人。其生存年代距今约170万年或150万年前至30或20万年前。地质时代属更新世早期至中期。

直立人的化石最早是1890年荷兰解剖学家杜布瓦在印度尼西亚爪哇的特里尼尔附近发现的,是一个具有许多猿的性状的头盖骨及一枚牙齿。1892年又在同一地方发现一根与现代人相似的大腿骨。杜布瓦认为头骨和大腿骨属于同一个个体,定名为直立猿人。这一发现引起一场激烈的争论,有人认为这是畸形人的骨骼,也有人认为是现代人的骨骼。到1929年中国周口店发现了北京猿人(北京直立人)的第一个头盖骨,这一争论才告结束。在北京猿人的遗址发现了约40来个个体的直立人化石,还发现了用火遗迹以及几万件石器,说明北京猿人是人而不是猿。

直立人的化石分布在欧、亚、非三洲。除上述两处外,在非洲有肯尼亚的KNM-ER3733号人、KNM-ER992号人、KNM-ER3228号人、坦桑尼亚奥杜瓦伊峡谷的OH9号人、OH28号人、阿尔及利亚和摩洛哥的毛里坦人等,欧洲有德国的海德堡人、比尔钦斯勒本人、匈牙利的维特沙洛斯人等。我国发现的直立人已有十多处,除北京人之外,还有元谋人、蓝田人、和县人等。

直立人头骨扁平,骨壁厚,眶上脊粗壮,脑子明显增大,脑容量大约从800毫升到1 200毫升,脑量的增大是直立人体质进步的最大特点,一些人类学家认为直立人已有人类的有声语言。直立人身高平均为160厘米,比南方古猿的平均身高140厘米增加很多,其下肢结构与人类十分相似,说明原始人类发展到这一阶段其直立行走的姿势已很完善。

早期智人 早期智人过去曾称为古人,生活于距今25万年至4万年前,地质时代属更新世中期至晚期。最早引起人们注意的早期智人化石是1856年在德国杜塞尔多夫城附近尼安德特河谷的一个洞穴中发现的,因此过去曾把这一阶段的人类统称为尼安德特人,简称尼人。

早期智人的体质形态已和现代人接近,其脑容量达1 300~1 750毫升,但仍保留了一些较原始的特点,如眉脊发达、前额低斜、鼻部扁宽、颌部前突、颏部不明显等等。一般认为早期智人是由直立人演化来的。

早期智人的化石比直立人要多,目前在欧、亚、非三洲已发现的早期智人化石产地达70多处。生存年代最早的是德国的斯坦因海姆人和英国的斯旺斯孔布人,前者定年在20万—30万年前,后者定年在25万年前。有些学者认为他们是直立人和尼安德特人的中间环节,但是也有人指出他们的形态比一般尼人更为进步,可能是现代人的直接祖先,因此把他们称为"进步的尼安德特人",或"前尼安德特人"。而把其他尼安德特人称为"典型的尼安德特人",并且认为典型的尼安德特人是人类发展系统中的一个灭绝的旁支。

晚期智人 晚期智人也称现代智人,过去曾称为新人。从解剖结构上说,它包括现代人类,但从古人类学的角度说,晚期智人是指距今四五万年前至1万年前的化石人类。

晚期智人的眉脊减弱,颅高增大,颌部退缩,下颏明显,其体质特征与现代人类已没有多大差别。他们的化石不仅分布于欧、亚、非三大洲,而且在大洋洲也有发现。

欧洲的晚期智人化石已发现很多,重要的有法国的克罗马农人、库姆尔佩尔人、捷克的普雷德莫斯特人等,其中1868年发现的克罗马农人是最早被发现的晚期智人。这些化石的体质形态都很像现代的欧洲人。

在非洲,南非的弗洛里斯巴人、边界洞人、克莱西斯河口人以及东非坦桑尼亚的加洛巴人、埃塞俄比亚的奥莫人,形态显示出非洲黑人的特征。

在中国发现的柳江人、资阳人、山顶洞人、河套人等,脸部较宽,鼻子不高,可以看出是蒙古人种的特征。

这些具有不同体型特征的化石,说明晚期智人出现的时候,现代人种也形成了。人类学者把现代人类分为三大人种,即蒙古利亚人种、欧罗巴人种和尼格罗人种。

人种形成的原因十分复杂,一般认为是自然环境和历史条件长期影响的结果,在长时间自然条件的影响下,生活在不同地区的人们在身体的某些部分产生了对自然的一定的适应性,某些历史因素对人种的形成也有一定的影响。人种的差异,表现在身体外在形态的特征上,如肤色、发型、眼型、鼻型、身材的比例等。这些外表的差异并不影响人类的基本解剖生理特点和智力的发展,因此不能认为不同的人种有优劣之分。

第二节 旧石器时代的采集狩猎者

旧石器时代 人类最初使用的工具主要是石器,考古学者把使用石器的时代称为"石器时代"。根据生产技术水平的发展,石器时代又可分为旧石器时代、中石器时代和新石器时代。

旧石器时代在地质上属更新世,生产工具以打制石器为主,也使用木器、骨器和角器。它又可分为中、早、晚三期。早期自最早的石器出现至二三十万年之前,中期自二三十万年前至约四五万年前,晚期自约四五万年前至15000年前。

旧石器时代早期大致相当于最早的人属和直立人的阶段。目前所知最早的石器是1977年在非洲埃塞俄比亚的哈达尔地区发现的,年代距今250—270万年前,虽然目前还没有发现比这更早的石器,但旧石器时代很可能在300万年前或更早就已开始。

最初的石器只是砾石打制的砍砸器,制作方法十分简单,仅在砾石的一端打出几个锋利的缺口。此外也有一些粗糙的无定形的石片。这种石器在非洲的埃塞俄比亚、坦桑尼亚、肯尼亚和南非都有发现。

到直立人阶段,石器制作的技术较以前进步。在欧洲,最有代表性的石器是舍利文化和阿舍利文化的手斧。舍利文化因最早发现于法国的舍利而得名。手斧已经有明显的形状,样子呈扁桃形或椭圆形,一端尖锐,一端钝厚,使用时用手握住钝厚的一端。无定形的石器也仍被使用,可能是作为切割工具。继舍利文化之后出现了阿舍利文化,也因最早的发现地而得名,阿舍利文化与舍利文化没有很大差别,只是手斧变得较小,制作更为精致,口刃更为锐利。手斧是一种多用途的工具,它既可用来切削东西,也可用来挖掘块根或打击野兽,所以有人称之为"万能工具"。在中国,这一时期的石器以单面打击为主,多为砍砸器和石片。

在旧石器时代早期,人类已能用火。最早的用火遗迹发现于非洲肯尼亚的切萨瓦尼亚,有40块烧过的黏土小碎块,可能是篝火的遗迹,其年代约为142万年前。欧洲最早的用火遗迹是法国马赛附近的埃斯卡尔洞穴,在这里发现了75万年前的木炭和灰烬。中国的北京猿人已知用火,洞穴中留下了大量用火的遗迹。

旧石器时代中期相当于早期智人阶段。这时石器形状更为规整和多样,制作的技术也有进步,发明了利用石砧打制石器的方法。在欧洲,典型的石器是穆斯特文化的小型尖状器和刮削器,而在中国的丁村文化则以大型的砍砸器为主。骨器的使用还比较少。

旧石器时代晚期相当于晚期智人阶段。石器制作技术有了新的发展,形状更加精确美观,用狭长的石叶制作的工具占了很大的比例。这种石叶是在石片上进行琢削和压削等第二次加工制成的,使用这种技术可以制造各式各样的工具和武器,如切割器、刮削器、端刮器、雕刻器、石矛、石刀等。磨制石器的方法也在这时出现,但磨制部位仅仅在锋刃。骨角器如鱼叉、鱼钩、骨针等已大量使用。还出现了投矛器。特别重要的是复合工具和复合武器的广泛传播,这是技术发展的重要成就。

采集和狩猎生活 旧石器时代的人类以采集现成的天然产物为主,他们的基本食物是最容易得到的果实、块根,以及昆虫、蜥蜴等小动物,后来也猎取大动物。在英国旧石器时代早期的克拉克当遗址中曾经发现一段紫杉木的木矛,德国莱林根阿修尔文化层中也曾发现一根用石器削制的紫杉木矛。由于木制工具不易保存,这样的实物显得特别珍贵。它说明早在直立人时代,原始人类就已经用木矛进行狩猎了。

有的人类学者调查了现代采集狩猎部落的生活情况,认为旧石器时代的远古人类也像这些部落一样,用围猎的方法来猎取大动物。这种方法是用石头、木矛、火把、喊叫来惊吓野兽,使它们不断奔跑,得不到喘息的机会,最后力竭倒下。或者把野兽赶向悬崖,让它们摔死,用这种方法甚至可以猎取到成群的大动物。在欧洲旧石器时代一些大崖壁下的遗址中曾经发现成百成千的大动物遗骨,这显然是当时的狩猎者围猎的结果。

利用陷阱来捕捉野兽的办法大约到旧石器时代晚期才开始,这在法国方哥默的洞穴壁画中得到了证实。

狩猎是原始人最大的肉食来源,它使人们得到蛋白质、脂肪和碳水化合物等重要的营养物质,促进大脑和体质的发展。但是采集在经济生活中仍占有重要的位置,因为狩猎的成功带有偶然的因素,而采集则可提供相对稳定的食物来源。考古学者根据石器类型的分化,推测旧石器时代中期就有了性别的分工,男子从事狩猎,妇女则从事采集。

对旧石器时代的采集狩猎者来说,火的使用具有极其重要的意义。火不但可以用来猎取大动物,变生食为熟食,还可以用来照明,用来取暖,使人类能够到寒冷的地区生活,从而扩大了人们的活动范围。最早使用的火是天然火,人工取火的发明始于何时还没有定论。

在旧石器时代的一些洞穴里曾发现很厚的灰烬堆积,说明当时的采集狩猎者把洞穴作为他们居住的地方,岩厦也是天然的遮蔽所。在旧石器时代中期,除了洞穴之外,还发现棚屋的遗迹。比较有名的如法国尼斯附近30万年前的德拉·阿马特居住遗址,这一遗址有几个长8—15米,宽4—6米的椭圆形棚屋,棚顶由一些直径约7厘米的树干搭成,基部还有一圈石块加固,棚屋里面有柱子作为支撑,中央还有火塘。有的考古学家认为这是季节性的营地。类似的居住遗址在旧石器时代晚期也有发现,基辅附近的梅日里奇遗址发现了15000年前的五间房屋,由猛犸的长牙和肋骨搭成人字形的屋架,然后盖上猛犸皮,屋内也有火塘。顿河边上的柯斯钦基房屋遗址也是很有名的。

旧石器时代晚期还发现有骨针,说明人们已能缝制衣服以御寒。

人类向美洲及澳洲的迁徙　　生产技术的进步和生存条件的改善,导致了人类活动范围的扩大。到旧石器时代晚期,美洲和澳大利亚已经有人居住了。

19世纪中叶,有人根据美洲印第安人的神话和传说,认为美洲最早的居民是从亚洲东北部经白令海峡进入美洲东北部的。现在绝大多数人类学家和考古学家同意这一意见,但对人类进入美洲的具体时间还有不同的看法。

20世纪二三十年代,在美国南加利福尼亚发现的圣地亚戈人,定年在2万年前。1961年加拿大艾伯塔省的塔布尔发现一个幼儿头骨,定年在4万年前。而北美威斯康星冰期大约在4万至35000年前和25000年前至14000年前出现,当时的海平面比今天低100米,白令海峡存在着干燥的陆桥。亚洲大陆古代的猎人为了追捕猛犸那样的大型哺乳动物,可能在4万年前跨过陆桥来到北美,然后从阿拉斯加越过加拿大,徙居到北美平原。也有一些学者怀疑塔布尔头骨化石定年的可靠性,认为人类来到北美是在25000年前至1万年前这段时间,但是也不排除比这更早的可能性。

澳大利亚最早的人类化石发现于新南威尔士西部干涸的蒙戈湖中,有一男一女两具骨骼,定年在32000年前。和蒙戈湖化石人类年代相近的有凯洛人,为一男性头骨,定年在3万年前。在澳大利亚其他一些地方发现了年代较晚的人类化石。

对澳大利亚最早人类的来源也有不同的意见。有人认为他们是爪哇直立猿人的后裔,也有人认为凯洛头骨与中国柳江人相似。现在较多的人认为人类移居到澳大利亚至少是在5万年前,甚至可以提早到7万年前。比较可能的途径是从中国的华南地区经东南亚逐渐迁入的,那时海平面比现在要低,澳大利亚、新几内亚连接成片。但从东南亚到澳大利亚和新几内亚仍旧需要渡过海洋,所以澳大利亚的原始居民很可能是世界上最早的航海者。

氏族制度的形成　关于最早的人类社会,没有任何直接的证据可以说明,只能通过间接的材料进行推测。一些学者认为杂交的原始群(或原始人群)就是人类最早的组织形式。但是另一些学者认为杂交的原始群是从猿到人的过渡群体,人类的第一个社会组织形式应是血缘家族。在血缘家族中,婚姻按班辈划分,所有的兄弟姊妹,包括从兄弟姊妹之间都互为夫妻,而亲子之间的婚姻则被禁止。一个血缘家族就是一个集体,一个公社。其存在的时间大致相当于旧石器时代早期和中期。

血缘家族这种社会组织形式是19世纪美国学者摩尔根根据夏威夷人的亲属称谓提出的设想,在考古材料中尚得不到实际的例证,所以有的学者不同意摩尔根的推论。

真正有考古材料作为证据的原始社会组织,是母系氏族社会。在旧石器时代晚期的一些遗址中发现有占地几十或几百平方米的居住遗址,这些遗址和民族学资料中母系氏族的集体住所,特别是易洛魁人的长屋十分相似。由此可以推想旧石器时代晚期也存在着易洛魁人那样的氏族组织。这种组织必定是母系的。第一,旧石器时代的社会发展水平很低,又实行群婚,人们只知其母,不知其父,所以血亲的系统只能按母系计算。第二,旧石器时代晚期的遗址中发现许多妇女小雕像,说明女性在社会生活和社会观念中占有特别重要的地位。第三,在民族学的资料中,绝大多数父系氏族保留着母系氏族的遗迹,但在母系氏族中却从未发现过父系氏族的遗迹,这说明母系氏族的产生必然早于父系氏族。

母系氏族是一个坚固的血族集团,是在人类生产获得初步发展能维持较定型群体生活并产生族内近亲通婚禁忌的基础上形成的。其成员不可能在氏族内部找到通婚的对象,他们必须和另一个氏族的成员通婚,因此母系氏族出现的时候,族外的群婚也产生了。人们通过这种方式使各个原始集团之间发生一定的联系。互通婚姻的氏族组成了早期的部落。

第三节　新石器时代的农业革命

从旧石器时代到新石器时代　约15000年前,旧石器时代开始向新石器时代过渡。这一过渡时期称为中石器时代。从这时起,人类的经济活动又有了进一步发展。

在中石器时代,全球气候和生态环境发生显著变化。随着第四纪最后一次冰期(北欧为魏舍尔冰期,阿尔卑斯山区为伏尔姆冰期,北美大陆为威斯康星冰期)的结束,冰河开始溶化、冰川后撤、全球气候转暖。欧亚两洲的冰原地区被森林和草原所取代,在非洲,全球冰期时的多雨气候转为干旱气候。植被和动物群也发生变化。旧石器时代的不少大型动物灭绝,数量大为减少,适于森林草原地区生活的中小动物和鸟类增多。这时,不仅人类狩猎的对象发生变化,而且经济活动的内容扩大,江河湖海地区,渔猎经济有了发展。

经济活动的变化促使生产工具发生变革。石器制作技术提高,普遍出现细小石器,如石箭头、石刀、雕刻器等。这些细小石器通常镶嵌在复合工具上使用。在渔叉、投掷尖矛、标枪等复合工具广泛使用的基础上,人类发明了可供远射的弓箭。弓箭是携带方便、命中率较高的远射程武器。它的制造,促进了狩猎的发展,这是原始社会技术显著进步的一个标志。德国北部汉堡附近的斯坦尔莫,发现人类最早使用弓箭的证据,时代约为公元前8500年。

中石器时代文化,在欧洲南部以法国、西班牙的阿齐尔文化为代表(公元前9000—前8000年),居民使用带双尖的石叶,带倒刺的鱼叉。北部以马格尔莫斯文化(公元前6000年)为代表,其分布范围是从波罗的海向西跨西北欧到英国。居民以渔猎采集为生,制造的细石器以斜钝边尖状器最为常见,单列排刺的骨制鱼叉是典型的渔猎工具。在非洲、北美都出现过以细小石器和弓箭为特征的中石器文化。如南非的威尔顿文化和斯密斯菲尔德文化,中非的奇托利文化,北美北极地区的"细石叶传统"文化。我国的中石器文化,以黄河流域的遗存比较重要。中石器时代在各地出现和持续时间不一,中石器时代文化的特征在不同地区表现的程度也有所不同。

新石器时代的农业革命 新石器时代,人类发明了农业、畜牧业。农业的产生是人类历史上的一次巨大革命。这场革命被称为农业革命或新石器革命。

人们在长期的实践中,逐步观察和熟悉了某些植物的生长规律,慢慢懂得了如何栽培作物。世界各地区的人民,在采集经济的基础上,积累了经验,各自独立地发明了农业。由于各地经济发展的差异,农业出现的时间很不一致,大约为从公元前8000年到公元前3500年。有些氏族和部落在新石器时代仍长期以采集和渔猎为生。

世界上主要的早期农耕中心有三个地区,即西亚、东亚(包括南亚)、中南美洲。

西亚的扎格罗斯山区、小亚细亚半岛南部、东地中海沿岸的约旦、巴勒斯坦、黎巴嫩等地,是世界上最早的农业发源地,也是大麦、小麦、小扁豆等栽培作物的原产地。对伊朗西部阿里·库什、盖·达勒、伊拉克的耶莫、土耳其的恰约尼、巴勒斯坦的耶利哥等遗址的考古发掘表明,公元前8000年代末,这些地区的居民已从事原始农业并驯养动物。

东亚的早期农业发源地主要分布在中国、印度和泰国。中国黄河中上游、长江中下游很早就种植粟和水稻。公元前5300多年的河北磁山遗址中有粟的堆积。公元前4900年,浙江河姆渡的居民已种植水稻。古印度约于公元前4500年开始栽培水稻。公元前7000年,泰国北部已种植豆类、葫芦、黄瓜等作物,至迟于公元前3500年已学会种稻。

中南美洲的墨西哥、秘鲁、玻利维亚分别是玉米、豆类、马铃薯等作物的原产地。

现代的许多主要栽培作物,如大麦、小麦、稻、粟、玉米、马铃薯、甘蔗、豆类、甘蓝、向日葵等,在新石器时代已为不同地区的居民种植。早期农业极为原始,最早的农具仅仅是一根一端削尖的木棒。人们用木棒、开叉的树枝、极简陋的石犁、木锄来开垦,然后播种。也用砍倒树木、焚烧树林的办法来扩大耕地。早期农耕阶段,采集、狩猎在经济生活中仍占有一定地位,人们在农耕的同时,还辅之以采集狩猎活动。

畜牧业的起源 新石器时代还出现了畜牧业。早在中石器时代或更早些时候,人们已开始驯养与人类经济活动和生活关系较密切的某些小动物。狗和绵羊是最早被人驯养的动物。伊拉克的帕勒高拉洞穴遗址内发现公元前1万年家养狗的骨骸。土耳其的恰约尼、英国的斯塔卡遗址都存在人类早期驯化狗的证据。根据伊拉克的萨威·克米·沙尼达遗址及附近沙尼达洞穴遗址的考古发掘材料,早在公元前9000—8500年,这一地区的居民已开始驯养绵羊和山羊,但这时驯养的绵羊在骨骼形态上与野生羊无多大区别。把野生动物驯化为家畜是一个漫长的过程。

真正的畜牧业是从新石器时代开始的。它在狩猎的基础上,随着农业和定居的出现而产生。世界不同地区的居民在各自的生活环境和劳动实践中把几种主要的动物驯化为家畜。伊朗西部阿里·库什等遗址的动物骨骼表明,公元前7000年前后,西亚已饲养绵羊和山羊。与此同时,西亚和欧洲的希腊等地还开始饲养猪。土耳其的恰约尼遗址是最早饲养猪的地点。西亚和希腊也是最早饲养牛的地区。土耳其的恰塔尔·休于,希腊的尼阿·尼科美弟亚、阿吉萨等地都发现早期家养牛的骨骼。距今7000年,我国河姆渡的居民已饲养猪、狗等家畜。人们饲养马要晚得多,乌克兰草原是最早养马的地区,时代约为公元前4000年。南美印第安人驯化了骆马和羊驼。

农业革命的影响 新石器时代的农业革命具有十分深远的意义。农业、畜牧业的产生,使人类的经济以旧石器时代以采集、狩猎为基础的攫取性经济转变为以农业、畜牧业为基础的生产性经济。人类从食物的采集者转变为食物的生产者。这一获得食物方式的转变,改变了人与自然的关系。农业和畜牧业的发生标志着人类对自然界认识的一个飞跃,标志着人类在"生活资料即食物、衣服、住房以及为此所必需的工具的生产"方面,从较多地依靠、适应自然转为利用、改造自然。农业畜牧业的全部生产活动要求人类更多地认识、改造自然界,利用自然资源为人类的经济服务。在农业生产的基础上,人们开始对日月星辰的活动、对水土的特点、气候现象进行观察,积累经验,从而产生初步的天文地理和数学知识,把人类对客观世界的认识推到一个新的高度。

农业革命促使人类生活方式发生根本性的变化。农业生产的周期性劳动,要求人们较长时间居住在一个地方,以便播种、管理、收获。这样,人类从旧石器时代的迁徙生活逐渐转为定居生活。

农业革命为以后一系列的社会变革创造了物质基础。在狩猎采集经济下,人们难以获得超过维持劳动力所需的食物,即使在短暂时期内获得,也无法长期储存。人类从事农耕和畜牧后,才可能比较稳定地获得较丰富的食物来源,而且第一次有可能生产出超过维持劳动力所需的食物并储存它。这就使人口得以较大的增长,并可使一部分人去从事维持生存以外的活动,从而产生新的社会分工和物品的交换,还使某些人有可能积聚财富。

新石器时代的特征 新石器时代,社会生产力有了巨大进步。陶器的广泛使用和磨光石器的流行,是工具制造和生产力发展的新标志。出现各类打制磨光的刀、斧、槌子、箭头、矛头、镰、磨等工具。磨制的石器,器面较光滑、刃部锋利,使用效率较高。早在新石器时代之前,个别地区已懂得制陶。日本南部半定居的狩猎采集者于公元前11000年已制造饰以简单点纹的圆锥形陶罐,作为炊器。这是迄今已知最早生产陶器的证明。随着农业革命的发生和人类转入定居生活,陶器在世界各地普遍制造和使用。陶器作为必不可少的炊器和容器进入人们的日常生活。

考古学上通常把磨光石器的流行和陶器的使用作为新石器时代的标志。但在西亚和希腊都曾有过已出现早期农业和畜牧业,尚未制造、使用陶器的时期。考古学上称之为无陶新石器时代,或前陶新石器时代,把无陶或前陶文化归入新石器时代文化。大约公元前6000年西亚地区已普遍使用陶器。在欧洲,公元前6000多年希腊、多瑙河中游也已使用陶器。多瑙河中游的线纹陶文化以圆底线形刻纹陶器而闻名。我国新石器时代早期的裴李岗文化、磁山文化和大地湾文化都已使用陶器,年代约在公元前6000年至公元前5000年。在东南亚,属于新石器时代和平文化的泰国仙人洞遗址,发现手制绳纹陶片,是这一地区最早使用陶器的证明。在美洲,大约到公元前3000年至公元前2500年,哥伦比亚、厄瓜多尔等地才开始制造、使用陶器。

早期陶器用手制,把黏土做成陶坯后,焙烧制成,陶质疏松,器形比较简单,单色,少纹饰。后来发展为轮制,出现彩陶,饰以各种图案纹饰,器形美观。陶器的出现和普遍使用,加速了农业生产的发展,也促使人类的定居生活更加稳固。

新石器时代,随着农业革命发生,人类转入较稳定的定居生活后,出现了聚居的村落并开始建造适于较长时间居住的房屋。居民就地取材,建造住处。土耳其恰塔尔·休于遗址反映了新石器时代早期人类定居公社的建筑情况。这一遗址占地32公顷,住房由土坯砌成,每一房屋由一面积为5米×4米的起居室和一个至几个附属房间组成。房屋平顶,在两根大梁和许多小梁上铺苇草和干砖。屋内置炉灶,另有供坐卧的平台和长凳。我国新石器时代的居民,已懂得选择背坡面水,河谷阶地和沼泽边缘建立村落,以适应生活和生产用水的要求。住房有半地穴居址、地面建筑和架空居住面的干栏式建筑等建筑式样。

新石器时代是母系氏族公社的全盛时期。由于生产力的发展,氏族人口不断增加,族外群婚已变得难以维持,于是逐渐出现了对偶婚。对偶婚由一对较为确定的夫妻组成,但结合并不牢固,容易离散。对偶并不构成独立的经济单位,所生的孩子留在妻方的氏族内。社会的基本经济细胞是母系氏族。对偶婚的发展经过几个阶段。起初,对偶婚的配偶并不居住在一起,而是各自居住在自己母亲的氏族里,婚姻采取丈夫对妻子拜访的形式,这就是"望门居"。随着对偶婚的发展和巩固,丈夫迁往妻方氏族居住,称为"从妇居"。氏族首领往往由年长的妇女担任,也有的氏族有男族长。氏族的最高权力机关是氏族议事会,由全体成年男女参加,他们享有平等的权利。

第四节 文明的产生

金属的冶炼 新石器时代末期,人类已知使用金属。最早使用的金属是金、铜等以纯粹形式存在于自然界的物质。在土耳其的恰约尼遗址,发现用铜矿石直接打制的钻孔珠、扩孔锥、别针,这是迄今所知最早的铜器,年代为公元前7500年。后来人类学会冶炼铜(又叫红铜),但纯铜质地柔软,制成的工具不及石器坚硬,所以金石并用,石器在生产上仍占主要地位。考古学上把这一时期称为金石并用时代,又称铜石并用时代。

人类在冶炼铜的实践中,逐渐学会冶炼铜和锡的合金青铜。由于青铜的熔点较纯铜低,硬度比纯铜高,易于锻制。在相当长时间里,青铜成为制造各种工具、器皿和武器的重要材料。所以真正的金属器时代是从冶炼和使用青铜器开始的。公元前3000年,两河流域,多瑙河流域出现青铜器,至公元前3000年代,两河流域、印度河流域已普遍使用青铜器。

人类很早就认识铁这种金属。大约公元前4000年代,在埃及和两河流域出现镶在金子上的陨铁珠子,后来,人们也偶然提炼磁铁矿,但这种铁数量少,而且只能做装饰品。很长时间里,对于人类来说铁是一种稀少的贵金属。世界上最早发明炼铁技术的,是位于两河流域北部的米坦尼王国,时间为公元前1400多年。公元前1370年,米坦尼王国被赫梯王国征服后,赫梯垄断冶铁术并禁止任何铁器出口达近两个世纪之久。后来冶铁术才传入两河流域和埃及。欧洲铁器时代是从公元前1000年代初的哈尔施塔特文化开始的。非洲南部和撒哈拉地区,直至公元前1世纪才进入铁器时代。中国商代中、晚期人们已对铁有所认识,商代藁城台西遗址和平台刘家河商墓中,发现过刃部用陨铁锻制的铜钺。掌握冶铁技术并使用铁器是在春秋中晚期以后。

从金石并用时代开始,原始社会进入解体阶段。由于各地历史和生态环境等具体条件不同,原始社会解体和阶级社会形成的时间和情况也很不一致。两河流域、埃及、中南美洲在金石并用时代氏族制度已解体并出现国家。中国、印度、希腊爱琴海地区在青铜时代进入阶级社会,而罗马和世界大部分地区则到铁器时代才进入文明社会。

社会大分工 从金石并用时代到铁器时代,社会生产力有了很大的增长。农业方面从锄耕变为犁耕,从使用木犁或石犁到使用金属犁,人类改造自然的能力有显著提高。在适宜经营农业的地区产生了一些以农业生产为主要经济活动的部落,在适宜进行畜牧业的地方出现以放牧饲养畜群为主要经济活动的游牧部落。恩格斯指出:"游牧部落从其余的野蛮人群中分离出来——这是第一次社会大分工。"①

这一时期生产力的发展,使从事农业和畜牧业的部落,生产出超过维持本集团人口所必需的食物总量。在氏族部落内部开始有了剩余产品和积累。由于经济已分为两个不同的部门,为了生产和生活的需要,农业和畜牧业部落间出现经常性的交换,以自己多余的产品换取自己不生产而又需要的产品,如畜牧部落用牲畜、肉类、兽皮换取农业部落的谷物和农副产品。以前由于产品过少,并且不存在社会的大分工,所以交换是偶然发生的,且带有氏族间馈赠的性质。这时则因社会大分工后的需要以及存在可供交换的剩余产品,从而使交换成为部落间不可缺少的经常性活动。最初的交换形式是以物易物,往往通过氏族的首长来进行。久而久之,执行交换任务的氏族代表往往把经营的氏族财富,攫为己有。在游牧部落中最先出现私有财产。

社会大分工和交换的需要,促进了手工业生产的发展。人类转入定居生活后,逐渐学会了纺织、制砖、制陶、建屋等手工业活动。但手工业生产是与农业相结合的,没有形成独立的部门。随着农业、畜牧业的发展和定居生活的稳定,手工业生产日趋复杂,出现制陶、纺织、酿酒、榨油等活动,尤其是金属器的出现,冶炼、加工、制造金属工具需要专门的技巧和设备。"如此多样的活动,已经不能由同一个人来进行了;于是发生了第二次社会大分工:手工业和农业分离了。"②

由母权制向父权制的转变 第一次社会大分工后,母系氏族开始转变为父系氏族。生产力的增长是由母权制向父权制过渡的基础。在采集狩猎经济中,唯一的社会分工是性别的分工,男子从事狩猎,女子从事采集。女子的生产劳动对生活较有保障,因而她们的地位也高,在氏族中受到高度的尊敬。自从社会大分工以后,无论是在农业生产还是在放牧管理牲畜的生产中,都需要较强的劳动力,男子的劳动逐渐占了主导地位。妇女转为主要从事家务劳动。男女性别间出现了新的分工。"妇女的家务劳动现在同男子谋取生活资料的劳动比较起来已经失掉了意义;男子的劳动就是一切,妇女的劳动是无足轻重的附属品"③。原来以母系为中心的母权制氏族转变为以父系为中心的父权制氏族。

从母权制向父权制的转变,是通过新的婚姻和家族形式而实现的。母系氏族全盛时期,对偶婚下的从妇居,到这时已与男子所开始拥有的经济和社会地位不可调和。私有制的萌芽和个人财富的日益增加,促使男子要求改变旧的传统,打破原有的婚姻秩序,把他的妻子带到家中居住,以便自己的亲生子女能继承自己的财产。这样,对偶婚的"从妇居"转变为"从夫居"。家事的发展要求夫妻间

---

① 《马克思恩格斯选集》第4卷,人民出版社1972年版,第156页。
② 《马克思恩格斯选集》第4卷,人民出版社1972年版,第159页。
③ 《马克思恩格斯选集》第4卷,人民出版社1972年版,第158页。

有持久的结合,不稳定的对偶婚逐步过渡为一夫一妻婚。由此,家族也发生深刻变化,母系家族彻底变为父系家族,家属及亲属由从母系计算改为从父系计算法,氏族也由母系转为父系。恩格斯指出:"母权制的被推翻,乃是女性的具有世界历史意义的失败"①。从此,妇女成为父权制家族中料理家事的不自由的劳动力。

由母权制向父权制的过渡,是十分复杂、时间很长的一个过程,在这一过程中,母权制的不少残余在长时间内被保存着。

父系氏族公社仍保留着氏族社会的民主性质,它由若干个家长制大家族组成。家长制大家族是父系氏族社会的基本社会经济细胞。它往往包括三四代的男系亲属,集体耕种属于氏族的土地,在大家族内共同消费。

私有制和阶级的形成　在原始社会,因为生产力水平十分低下,产品没有剩余,没有私有财产,人类也没有私有观念。人们只有共同劳动,共同消费,才能维持生存。从农业革命起,社会产品有了剩余,这就为私有制的产生创造了条件。氏族部落的首长和家族长利用自己对公共财产的管理和分配权,或利用对外交换产品的方便,把一些集体的财富攫为己有。游牧部落中的畜群最早变为私有财产,产生私有经济。

第二次社会大分工后,出现了直接以交换为目的的商品生产。原先以物换物时,人们没有价值的观念,没有要求被交换的物品在价值上应相等。随着生产的发展和日趋专门化,交换的东西越来越多,交换不仅仅局限于双方,有时还涉及第三、第四方,为了使交换的各方都能获得需要的物品,出现了等价交换物。最初的等价交换物,是在某一地区内大家公认的牲畜或某种物品,如金属、贝壳、盐等。后来有了货币。接着出现了一个不从事生产而只从事产品交换的阶级——商人。商品生产和商人的活动加速了私有制的发展。

随着私有制的出现,阶级也产生了。为了生产出更多的剩余产品,减轻自己的劳动,人们要求吸收新的劳动力。人们不再把战争中的俘虏杀死,而是把他们变成奴隶。起初,奴隶只是生产劳动中的助手,是集体的财产,待遇和主人也不是相差很大。随着劳动生产率的增长,人的劳动力价值的提高,奴隶劳动在生产中的地位上升,主人对奴隶的剥削和奴役也愈益加重,奴隶被成批赶到田野和工场去劳动。奴隶制成为社会制度的一个本质的组成部分。

私有制的产生和发展,使氏族内出现财产分化,产生了富人和穷人的差别。有的家族利用传统的优越地位,占有较好的土地,或较多的牲畜、奴隶,成为氏族内的"名门"、"望族"。这些富有家族往往掌握氏族、部落内部的权力,形成氏族贵族。这样,在氏族社会中,不仅存在自由人和奴隶的差别,还出现富人和穷人

---

① 《马克思恩格斯选集》第4卷,人民出版社1972年版,第52页。

的区别。

劳动生产力的提高,使生产趋向个体化。以前需要大家族集体力量耕种的土地,这时可由少数人耕种并获得所需的生活资料。个体生产的可能性和私有财产制的发展,以及私有观念的加强,使大家族发生分裂。以一夫一妻制为基础,由夫妻及其子女所组成的个体家庭,从大家族中独立出来。个体家庭的出现,瓦解了作为父系氏族基本社会经济细胞的家长制大家族。某些个体家庭迁居到别处和与他们没有血缘关系的人杂居,形成以地域关系结合起来的农村公社。农村公社破坏了氏族的血缘关系,同时又保留着公有制的残余,比如土地、森林、牧场等是公有的,定期分配给家庭使用,它是生产资料公有制向私有制过渡阶段的社会组织。

国家的产生　在氏族公社制度解体到国家产生的过程中,出现了军事民主制。军事民主制保留了氏族制度的某些因素,同时存在着军事首长的个人权力。

由于私有财产和奴隶劳动的存在,使战争频繁发生。过去氏族和部落间仅为血亲复仇或疆域争执而战。这时则以掠夺他人财富、奴隶为战争目的。这样,领导部落对外进行战争的军事首领地位日益上升,个人权力也不断加强,但这种权力还没有达到国家统治的程度。

由各氏族部落的酋长所组成的议事会仍起着作用,但它的成员逐渐变为由氏族贵族担任并世袭承继,议事会也变为氏族部落内有势力的人操纵的权力机构。

原来由全氏族成年男女参加的氏族议事会,已转变为只有全体武装男子参加的人民大会。在军事民主制的初期和全盛时期它还起着一定的作用,如对议事会的议案作出决定。随着军事首长个人权力的扩大,人民大会的作用愈益减弱。

私有制和奴隶制的发展,使得为掠取财富、奴隶的战争频繁发生,战争又进一步促进了社会的分化。掠夺战争带来的财富首先落到首长、贵族等氏族上层分子手里,担任社会公职的人物逐渐从氏族中独立出来,由社会的公仆变成了社会的主人,并结成一个统治阶级。氏族内出现奴隶主和奴隶、富人和穷人的尖锐对立和矛盾,原先经济利益一致、地位平等的氏族成员分裂、分化为不同的阶级和社会集团,为了自身的阶级利益而斗争。面对社会分裂为阶级以及阶级斗争的出现,除舆论外没有任何强制手段的氏族制度已无能为力。氏族制度已经过时,它被阶级之间的冲突所炸毁。为了调节阶级之间的利益冲突,使社会生存下去,必须建立一个强制机关,这就是国家。

以军事首领、氏族贵族为代表的奴隶主阶级,经过长期斗争夺取了全部权力。军事首领成了一国之王。"整个氏族制度就转化为自己的对立物:它从一个自由处理自己事务的部落组织转变为掠夺和压迫邻人的组织,而它的各机关也相应地从人民意志的工具转变为旨在反对自己人民的一个独立的统治和压迫机关了。"①

国家是从氏族组织的废墟上产生的,但它和氏族有着根本的不同:国家按地域来划分它的国民,而氏族是以血缘关系为纽带组织起来的。国家设有公共权力的暴力机关,如军队、警察、宪兵、法庭、监狱等,而氏族完全没有这些凌驾于社会之上的公共权力机关。

第五节 史前文化

在原始社会阶段,人类不仅创造了物质文化,也创造了精神文化。文化作为社会的意识形态,是社会上层建筑的一部分,它的存在和发展,取决于经济生产的发展,并随着经济基础的变更而变更。在原始时代,社会的上层建筑对于经济基础的依赖性更为明显和直接,加之完全形成的人出现后直到晚期智人阶段,人类的体质形态、生理机能还在不断进化发展,所以人们的精神活动领域相应也比较狭窄。

宗教的萌芽 宗教是最古老的意识形态之一。在原始社会时期,人类无论对自身还是对自然界的认识都很幼稚,慢慢在意识中形成了一种观念,相信在现实世界之外还存在着超自然、超人间的神秘境界和力量,它支配着自然界和人类的命运,原始人对它表示敬畏和崇拜,这可能是最早的宗教。

根据现在所知的考古材料,宗教大约是在旧石器时代中期萌芽的。这一时期,出现了埋葬死人的风俗。旧石器时代中期尼安德特人的岩棚遗址、洞穴遗址内,如法国的圣沙贝尔、莫斯特、拉·费拉西、巴勒斯坦的厄斯·斯虎尔、乌兹别克斯坦的切舍克·塔什,发现了最古的墓葬。他们把一些动物、小饰物、工具与死者一起埋葬。法国拉沙佩勒—欧赛恩茨遗址的埋葬中,在一具尼安德特人骨骼的胸膛上放置着野牛的腿骨,周围放着许多兽骨和燧石工具。莫斯特遗址内埋葬的一个尼安德特人,头部枕在一堆燧石片上,手边放着手斧,周围是野牛骨。这表明,在旧石器时代中期,原始人已产生一种虚幻的灵魂观念和朦胧的信仰,认为人死后他的灵魂,似乎还活着,还需要食物、工具和其他物品。

自然崇拜是最原始的宗教形式之一。在生产力水平十分低下的情况下,原始人对自然现象不理解,对许多自然物(河流、山岳、日、月)和自然力(风雨、雷电)既有所依赖,又有所畏惧。他们把自然物和自然力看作具有生命、意志及能力的对象而加以崇拜。各原始民族对自然的崇拜往往因周围自然环境和生产力水平的不同而有差异。

---

① 《马克思恩格斯选集》第4卷,人民出版社1972年版,第161页。

图腾崇拜产生于旧石器时代晚期,它也是最古老的宗教形态之一。图腾是标志或象征某一群体或个人的一种动物、植物或其他物件。图腾一词源于北美印第安人奥季布瓦族方言,原意为"它的亲属"。这种古老的宗教是旧石器时代晚期人类社会经济生活的反映。当时人们生活在一定的氏族中,氏族全体成员都是有血缘关系的亲属,另一方面,人们的生活来源是植物和动物。原始人不能正确认识自然,因而把某种在经济上与自己有密切关系的动物或植物当作自己的亲属,认为它和自己有着共同的血缘关系,或认为氏族一切成员都起源于某种动物或植物,而对它表示崇拜,氏族也往往以它命名,这种宗教崇拜就是图腾崇拜。

巫术是一种原始的宗教现象。原始人不能理解各种自然现象的客观规律及其因果关系,幻想出自然界对于人存在着一种不可见的影响,而人也可以按照自己的愿望采取相应的方式影响自然界和人,这样就产生了巫术。巫术种类很多,最普遍的形式是比拟和模仿。如要天下雨,就用口含水,喷向四方,作出霖雨的象征。旧石器时代晚期法国尼奥洞穴遗址的壁画画着中矛负伤的野兽,诺克斯洞穴内的野牛壁画,在野牛侧面画着刺入躯体的矛头。这些壁画都作于洞穴深部、不易观赏的岩壁上,是原始人为施行摹拟巫术所作。各种巫术活动后来演变为各种宗教仪式。

此外,原始人还有祖先崇拜、死人崇拜、巨石崇拜、动物崇拜、性器官崇拜等等宗教观念。

氏族社会末期,被崇拜的神越来越多,宗教观念也愈益复杂。氏族内部分化出专司宗教事务的僧侣和僧侣集团,他们中有些人在氏族制度向阶级社会的过渡中成为新兴奴隶主阶级在宗教上的代言人。

史前艺术 艺术和其他形式的社会意识形态一样,也是现实生活的反映。人类在长期的集体劳动的过程中发展了思维、语言、感官能力,手达到高度的完善,有了审美意识和按照自己的预想把某一件物体的形象复制出来的能力,同时产生表达自己思想感情的要求。艺术正是从这种要求中产生出来的。艺术大约萌芽于旧石器时代中期。约5万年前,尼安德特人已用赤鹿的趾骨、狐狸的犬齿和牛肩胛骨串成垂饰,用手在石板上涂抹红色条纹和点纹。这些可能是人类最早的艺术品。

大量的艺术作品是在旧石器时代晚期出现的。

绘画、雕刻、装饰、音乐舞蹈是原始艺术的重要形式。

原始绘画大多发现于洞穴内或岩石上。最常见的题材是日常狩猎的各种野兽。这些绘画不仅刻画出动物的静止状态,也表现出动物的动态,神态逼真,反映出作者对动物的形态和习性十分熟悉。绘画风格也经历由简到繁的过程,从较早的单色画发展为具有明暗色调的单色画和彩画。法国拉斯科洞穴的壁画尺幅巨大，线条粗犷，动物形象栩栩如生。法国的方哥默、尼奥、诺克斯、佩什·梅勒、西班牙的阿尔塔米拉等都是重要的原始壁画遗址。撒哈拉沙漠中部的岩画，是非洲最古老的绘画，所绘题材多为象和水牛。中国尚未发现旧石器时代的绘画，新石器时代仰韶文化的彩陶已显示高度的造型和绘画艺术成就。

雕刻也是一种古老的艺术形式。世界各大洲都发现原始人的雕刻作品，有的刻在岩壁上，有的雕刻在石头、骨头或兽骨上。按表现手法可分两类。一类是用雕刻器，在石板、工具、饰物上刻画线条状符号或图案，有深线刻、浅线刻、轮廓线刻等不同类型。法国拉·费拉西遗址和勒斯·厄伊泽埃地区一些遗址内画在石板上的图案和符号，是已知最早的这类艺术作品，属欧洲旧石器时代晚期奥瑞纳文化期，时代约为距今3万年。澳大利亚孔纳达洞穴遗址内的雕刻是一些呈平行和三角形的深浅不同的槽，时代为距今18000年前。另一类雕刻艺术包括浮雕、立雕和透雕，尤以石头或象牙刻成的妇女小雕像最为著名。雕像突出女性特征，有特别肥大的乳房、臀部和腹部。妇女偶像的出现，反映女子在当时社会的特殊地位①。太平洋波利尼西亚群岛中复活节岛的石雕巨人像，共有600余个，高一般为3—6米，背部刻有表示文身的记号，石像的神态既庄严又神秘，具有宗教性质，属当地新石器时代。

原始人的装饰大体可分三类：一类是涂饰，在身体上涂颜料和花纹；第二类是固定的装饰，如文身、割痕、耳鼻唇饰；第三类是活动的装饰，如佩戴的手镯、项链等。旧石器时代晚期，人类已懂得装饰自己，18000年前中国的山顶洞人妇女已制作穿孔的石珠、兽牙，然后用植物纤维串起来佩戴。

音乐、舞蹈也起源于原始时代。最初的歌唱只是同一呼声或言辞的重复，后来才有了旋律，器乐比声乐出现得要晚。舞蹈在原始人的生活中有着重要作用，原始舞蹈往往以艺术形式再现那个时代的生活和生产。狩猎、出征前常常跳舞以鼓励士气。原始舞蹈常具有巫术的意义，举行宗教仪式活动时常伴以舞蹈。

科学知识的萌芽 长期的劳动实践中，原始人用思维、语言及其他在集体生活中交流思想的方法，积累起经验，发展自己的推理能力，产生抽象概念，对自然界的某些因果联系有了初步的了解，逐渐扩大知识领域。原始人的知识完全受生产力的发展水平所制约，有很大的局限性，但文明时代的科学知识正是从这里开始萌芽的。

原始人已经具有初步的地理知识，他们的生活条件迫使他们去熟悉自己的生活地区以及周围的自然界。他们能够记住所到过的每一个地点，并给每一条小溪、山丘、悬崖以一定的名称。

原始语言具有具体性的特点，它有着相当丰富的表示具体事物的称谓，然而

---

① 有的学者认为，突出女性性特征的雕像，表现出一种性崇拜，是原始人对自身繁衍的祈望。

缺乏反映综合概念的词汇。民族学的材料证明,近代许多原始部落的语言中,可以有表示当地生长的许多种树木特称的词,却没有"树木"这样一个概括的名词。原始语言的另一特征是每句话所包含的词数很少。随着人们社会实践活动的扩大和思维的发展,连贯言词的各种形式的句法才发展起来。

原始人的数学知识比较落后,最初并没有抽象计数的观念,只知"多"和"少",以后慢慢学会用具体物件作为计数工具,最后形成抽象的数的概念,一般说,计数和数字概念尚处于萌芽状态。

文字的产生 文字是保存和传达语言的一种书写符号,它扩大了语言在时间和空间上的交际作用,促进了人类的文明。文字的产生经历过一个长时期的发展过程。文字产生以前的许多万年中,语言始终是原始人的主要交际工具。随着生产的发展和生活内容的增多,不留痕迹的语言已不能满足社会需要,于是需要把语言记录下来,将信息传达给生活在不同空间与时期的人们,这样慢慢产生了记录语言和含义的符号和文字。

为了把信息传到远方,并且达到记忆的目的,原始人常用刻痕和结绳的办法。在中非发现带有一组组刻痕的骨块,每组具有3—21个不等的刻痕,时代为公元前6500年。世界各地都曾找到刻画有点、线的骨块,时代为2万—3万年前。虽然我们还不了解这些刻痕的意义,但它表明,早在旧石器时代晚期,原始人可能已尝试贮存某些信息,帮助记忆。民族学的资料中有许多刻木、刻竹、刻箭记事的例子。结绳也是一种特殊的传达信息和帮助记忆的符号。古代中国、日本、波斯、埃及、墨西哥、秘鲁都曾盛行结绳记事。其中古代秘鲁印加印第安人的结绳记事最为发达。他们使用一种打结的绳,叫做"魁普",意思就是"结子"。绳子和结子的数目、大小、颜色,以及结与结之间的距离都有一定的含义。

无论是结绳还是刻痕记事,一般只能表达数量,而无法反映事物的特点和性质,后来原始人发明了图画文字,用图画来表现思想,记载事实。图画文字约产生于新石器时代,它常常以一整套图画刻画在树皮、石、骨或皮革上,来表现某种完整的事件或思想。北美印第安人、爱斯基摩人、西伯利亚北部一些部族、美拉尼西亚人、密克罗尼西亚人都擅长图画文字。图画文字一般只能反映所要叙述的内容,而不反映语言的形式,也难以表现抽象和复杂的概念,它介于图画和文字之间,是文字产生的第一阶段。图画文字进一步发展,产生了象形文字。象形文字是用一定物体的形象符号来表示一定意义的文字,有一定的读音,它已是真正的文字。文字发展的很关键的一步是符号不仅表示一定的意义,而且代表一定的发音。象形文字后来又演进为表意文字,在表意文字中,形象逐渐为定形化的符号所代替,并且与一定的读音相联系。

最早的文字产生于公元前4000年代末,在西亚的塞姆语区,创造者是苏美尔人。

第二章 最初的文明(上)

(公元前4000年代后期至公元前2000年代前期)

第一节 早期埃及

一、埃及文明的发生

自然环境和居民 埃及位于东北非洲。它北临地中海,东濒红海,南邻努比亚(今埃塞俄比亚和苏丹),西接利比亚。从地理上看,埃及的东西两面均为沙漠,南边有几个大险滩,同外界交往甚难,只有通过东北端的西奈半岛与西亚来往较为方便。所以,古代埃及具有较大的孤立性。

纵贯埃及全境的尼罗河,由发源于非洲中部的白尼罗河和发源于苏丹的青尼罗河汇合而成。流经森林和草原地带的尼罗河,每年7月至11月定期泛滥,浸灌了两岸干旱的土地;含有大量矿物质和腐殖质的泥沙随流而下,也在两岸逐渐沉积下来,成为肥沃的黑色土壤。古代埃及人因而称自己的国家为"凯麦特"(意为"黑土地")。古希腊历史学家希罗多德说"埃及是尼罗河的赠礼。"

自远古时代起,埃及在地理上就分为狭窄的河谷地区(上埃及)和地势较为开阔、平坦的尼罗河三角洲地区(下埃及)。埃及的河谷地区几乎常年无雨,气候十分干燥,生产和生活用水全靠尼罗河供给。只有北部三角洲地区受地中海季候风影响才降雨。

埃及西部的干旱地区,从前大概是水草丰美而适于居住的。19世纪时,一位名叫布拉肯霍尔恩的德国科学家曾根据埃及西部沙漠中存在大量古代的砾石而推测,那里以前可能有一条大河,那些砾石乃是一条古河道。近年来的航空摄影发现,在埃及西南部确有一条古河道的痕迹。人们推测这可能是尼罗河的古河道。可是在冰期以后,这个地区因气候变得干燥而逐渐沙漠化,于是人们逐渐移到现在的尼罗河边来定居。

古代埃及文明的创造者是由讲哈姆语的北非土著和讲塞姆语的来自西亚的人种融合而成的,其语言属于哈姆-塞姆语系。至于他们何时开始融合,则至今尚无定论,不过这种融合显然开始得很早而经历了很长一个历史过程。

从古代埃及留下来的大量雕刻和绘画可以看出,古代埃及人的特征是:高身材,黑头发,低额头,密睫毛,黑眼珠,直鼻子,宽脸型,阔肩膀,黑皮肤,体魄健壮。

他们的体形、外貌与古代的利比亚人和努比亚人不同,也与古代的亚细亚人不同,而具有自己的特征。

文明的发生　埃及是人类文明发源地之一,它经历了自己的旧石器时代和中石器时代。埃及的新石器文化(三角洲西部边缘的梅里姆达文化、中部埃及的法雍文化、塔萨-巴达里文化等)都是农牧业混合型的文化。虽然埃及的农业起源于何时何地尚有争论,但公元前 6000—前 5000 年代,其农业文化已相当发达,并已使用铜器,这为其文明的较早出现奠定了基础。

在其后的埃及前王朝 I 时期,即涅伽达文化 I 时期(又称阿姆拉特时期,约公元前 4000—前 3500 年),埃及出现了私有制和阶级关系的萌芽。在属于这个时期的一些墓穴里发现的陶器上,刻有一些符号;各个墓中都有其自己的统一符号,这大概是其私有权的记号。在这个时期之末,涅伽达地方 1610 号墓中的一个黑顶陶罐上,发现了作为王权标志之一的红冠形象(以眼镜蛇作为其标志)。在属于涅伽达文化 I 时期与涅伽达文化 II 时期之交的一个墓中(涅伽达 1540 号墓)发现的一块陶片上,画着一个象征王衔符号的荷鲁斯鹰神的形象(这也是王权的标志之一)。这说明王权也已萌芽。在狄奥斯波里·帕尔弗,还发现一段城墙的模型,这表明了社会不安定因素的增长,甚至战争的存在。

到前王朝 II 时期,即涅伽达文化 II 时期(又称格尔塞时期,约公元前 3500—前 3100 年),在埃及,私有制逐步确立,阶级逐渐形成。从这时的墓葬情况可以看出,在一些地方,阶级分化十分激烈。在涅伽达和希拉康波里两地,发现了与普通人的十分简陋的墓极不相同的画墓。如希拉康波里的画墓,用砖坯砌成,在墓墙上有绘画,其内容是有关战争(水陆战)的场面,可能反映了墓主人(学者们认为可能是国王)生前的某些活动。从格伯林发现的一块纺织品残片上的绘画,也反映了阶级分化的情况。这块纺织品上画了一些船,一些人在划桨,还有一人端坐于其上,此人显系贵族。在蝎王权标头上,国王头戴象征王权的白冠(以鹰为其标志)、腰系牛尾,其形象比普通人高大得多。这时留下来的象牙板上有被捆着双手的战俘的形象,这些战俘将沦为奴隶。在蝎王权标头上,还有奴隶劳动的情景。此权标头上的旗帜上吊着的田凫,学者们认为是表示平民的表意符号。在涅伽达文化 II 时期出现了文字,不过还很原始。

在涅伽达文化 II 后期,随着私有制的确立和阶级的形成,在埃及出现了国家。这时的国家很小,人口也不多,埃及人称这种小国家为斯帕特,其象形文字符号为𓇿,表示一块灌溉渠道交织的土地。在当时的埃及,这样的小国家有若干个。在这些小国家里,有一个以政府机关、王宫、神庙为中心的城市,其象形文字符号为𓊖。它表示城市建在交通要道上,由城墙围护起来,成为一个要塞。反映这个时期存在战争的雕刻和绘画不少,除了上面提到的画墓中的水陆战图外,还有阿拉克出土的象牙刀柄上的水陆战图、战场调色板等。这时,王权已经形成,如蝎王权标头上的蝎王,可能既是行政首脑,又是军事首领,并兼任祭司长,主持祭祀,领导农业,兴修水利。不过,这时埃及国家刚刚形成,贵族的势力必定还很强大,国王的权力大概还要受到贵族的约束,国王还不是专制君主。

在希拉康波里,发现了前王朝末期两个国王蝎王和卡王的文物。关于蝎王,在北方今开罗附近的图拉也发现了有他名字的文物。结合蝎王权标头上的图刻内容,学者们推测,他可能对北方进行过征伐,甚至可能控制了这个地区,这是最早的有关埃及统一的证据。

附:前王朝埃及考古文化表

年代 (公元前)	上 埃 及	下 埃 及
4000	阿姆拉特(涅伽达文化Ⅰ)	奥马里A(?)
3500	早期格尔塞(涅伽达文化Ⅱ)	奥马里B(?)
3300	晚期格尔塞(涅伽达文化Ⅱ)	晚期格尔塞(马阿迪)
3100	早王朝	早王朝

按:学者们对前王朝时期埃及各文化的年代有不同看法,此表根据霍夫曼《法老前的埃及》一书绘制。见该书第16页。

早王朝时期 据曼涅托(生活于公元前4—前3世纪之交的一个埃及祭司)记载,古代埃及国王美尼斯创建了第一王朝,此后,埃及经历了31个王朝(到希腊人征服以前)。近代的埃及学家又将古代埃及历史划分为若干时期,每个时期又包括了曼涅托的若干王朝。其中早王朝时期包括第1—2王朝,时间约为公元前3100—前2686年。

据曼涅托记载,美尼斯不仅是第一王朝的建立者,而且是埃及国家的建立者和统一者。他在南方建立了自己的国家后,征服了北方的三角洲地区。为了巩固对北方的统治,他在河谷和三角洲交界的地方建立了一个要塞城市——孟斐斯(原名白城,孟斐斯是希腊人对该城的称呼),其守护神是普塔赫神(世界创造者、艺术和手工业的保护神)。现代考古学未发现有关美尼斯存在的任何物证。因此,现代埃及学家常把有文物证据的纳尔迈或阿哈与美尼斯视为一人,也有的学者怀疑美尼斯存在的真实性。

19世纪末20世纪初,考古学家在希拉康波里、阿卑多斯等地进行的发掘,20世纪30年代至50年代初在开罗附近尼罗河西岸的萨卡拉进行的发掘,为研究早王朝时期的历史提供了丰富的文物资料。这些资料反映了埃及的统一和君主专制的建立是逐步完成的。

在希拉康波里发现的纳尔迈调色板和纳尔迈权标头,反映了纳尔迈国王对北方三角洲进行过胜利的战争,带回了大批战俘和其他虏获物(包括牛、羊等)。如在纳尔迈权标头上刻着他从北方俘获了 12 万人、40 万头大牲畜和 142 万头小牲畜。还有一个利比亚贡赋调色板,反映了纳尔迈对利比亚进行过胜利的战争。在纳尔迈调色板的正面,这位国王头戴象征上埃及王权的白冠,在调色板背面,他又戴着象征下埃及王权的红冠,也表示了他对南部和北部的统治权力。但是,纳尔迈实际上并未完成对北方的征服而完全统一整个国家。

在纳尔迈以后的第一王朝其余诸王留下的文物中,有一些是与他们进行过统一战争有关的。例如,阿哈国王的一件文物上刻着俘虏的场面,并有"得到上下埃及"的铭文;阿哈还在三角洲地方建立了一个为舍易斯诺姆所崇拜的涅特女神的神庙。又如,第一王朝第五个国王登统治时期的雕刻中,国王登的头上同时戴着象征上下埃及王权的白冠和红冠,还第一次采用了象征上下埃及王权的双重王衔,他大概是想以此表明他已是上下埃及之王。

但是,直到第二王朝末期,一位名叫哈谢海姆的国王雕像的基座上,还刻着他杀死"北方的敌人 47 209 人"和"48 205 人"的字样,表明了对北方战争的巨大规模和残酷性。大概他通过这些战争,才最后征服了北方,统一了全国。因此,他的继承者哈谢海姆威(有学者认为这两个国王是一个人)才采用了"荷鲁斯和塞特"双重王衔,他的较完整的名字后都附加有"在其中的,两个神和睦相处",这显然意味着埃及传说中的两个部分(以塞特为代表的上埃及和以荷鲁斯为代表的下埃及)的统一。

统一是当时埃及政治、经济和文化发展的要求和必然结果。统一使尼罗河成为加强埃及南北交流的纽带,也有利于在更大的规模上利用尼罗河、发展灌溉农业,从而大大促进埃及经济、文化的发展。《帕勒摩石碑》中对尼罗河水每年涨水情况的记载就是一个证据。

随着国家的统一和阶级矛盾的加剧,原来小国寡民的国家机器过于薄弱,已远不能适应统治阶级的需要。因此,在早王朝时期,埃及新设置了许多国家机关。这些新设立的国家机关明显地是以国王为中心的,这表明了王权的逐步加强。君主专制在逐渐形成:王位世袭制出现了,王权神化明显加强了,国王聚敛了大量土地和财富(在国王阿哈的墓中,发现有一个王室地产模型可以为证),组成了王室经济。现代学者一般把第一王朝及其以后的埃及国王称为法老(不过,有的学者认为,严格地说,可能要到新王国时期埃及的国王才称为法老),即把他们视为专制君主。

早王朝时期出现的马斯塔巴式王墓和贵族墓,明显地反映了君权的扩大以及国家财富的日益集中于以国王为首的统治阶级手中。前王朝时期王墓发展的最后形式是涅伽达和希拉康波里的画墓,这两个地方发现的画墓都只有一个墓室,而且没有地上建筑;但第一王朝时的王墓和贵族墓——马斯塔巴,则不仅在地下有许多个墓室,而且还有地上建筑(其形状如同现代阿拉伯人院子中名叫马斯塔巴的长凳,故名)。马斯塔巴墓中众多的墓室,不仅用以放置国王的尸体,还放置陪葬者的尸体:国王的妻妾、近臣、奴仆,有的多达一二百人。此外,还有用以放置食物、用具、衣服等物的墓室。古代埃及人认为,可以通过魔法使这些东西继续为死者享用。第一王朝一个名叫海马卡的墓占地达1 500多平方米,其规模超过了许多国王的墓。尤其值得注意的是,第一王朝的国王大多有两个墓(一个在阿卑多斯,一个在萨卡拉)。至于何者是真墓,何者是纪念性的假墓,还有不同意见。

二、古王国时期和第一中间期

古王国时期的社会经济状况 古王国时期包括第3—6王朝,时间约为公元前2686—前2181年,建都于孟斐斯。金字塔的修建开始于此时期,而且最大的金字塔也修建于此时期,所以,古王国时期又被称为金字塔时期。

古王国时期是古代埃及的奴隶制经济得到重大发展的时期。国家的统一为社会经济的发展造成了一个较为安定的环境;水利灌溉系统在更大范围内的修建为农业的发展提供了重要条件,后代在埃及种植的所有主要作物(如大麦、小麦、亚麻、葡萄、无花果等),在古王国时期都已种植。在农具方面,奴隶主的经济中使用了由两头牛牵引的重犁,这比用简单的木犁耕地要先进得多。从贵族墓中的画里可以看出,农业技术总的来说还很原始,但因尼罗河泛滥后沉积下来的淤泥十分肥沃,粮食产量仍可供养古王国时期庞大的统治阶级的国家机器和广大的手工业者。

农业生产的发展为手工业的发展提供了重要条件。古王国时期埃及的手工业门类已经不少:建筑、采矿、冶金和金属加工、造船、制陶、酿酒、纺织、艺术手工业等都很发达。近年来在第五王朝国王乌舍尔卡弗的金字塔入口处发掘出的数百尊青铜雕像表明,古王国时期的手工业水平很高,可能这时埃及已进入青铜时代。金字塔及其附属建筑物(神庙)不仅说明了这时建筑业的高超水平,而且说明了采矿业和运输业的发展。从西奈地方留下的古王国时期一些国王的名字可以看出,至少在这时,埃及人已到西奈开采铜矿。

以饲养猪、羊、牛、驴为主的畜牧业,在古王国时期的经济中占有一定的地位。特别是在水草丰美的三角洲地区,畜牧业的发展有着良好的条件。

国家的统一和社会经济的发展,为国内外贸易的发展提供了条件。但是,古王国时期的国内贸易还处在以物易物的水平上。一个贵族墓中所画的一幅市场上以物易物的情景可以为证。这时留下的一分买卖房屋的契约也是这种情况的例证。手工业者的工资都以实物支付,如油、面包、蔬菜、衣物等,偶尔也付给铜,但不是作为货币,而是如同其他实物一样,这在许多贵族墓中的铭文里皆有提及。对外贸易控制在国家手中,国家或国王常常派出商队到国外去。这种对外贸易往往是同对外掠夺相结合的。

在古王国时期的经济中,王室经济、神庙经济、官僚贵族奴隶主的经济占有极大的比重,可以说是占了支配地位。它们占有大量的土地和劳动力,拥有极为雄厚的经济实力。在他们的经济中,既包括了农业,也包括了手工业、畜牧业、渔业、园艺业等部分,基本上是一个自给自足的整体,他们很少需要到市场上去购买物品,同市场绝少联系。

古王国时期的土地占有情况大致如下:国家(包括诺姆)占有的土地、国王占有的土地、神庙占有的土地、官僚贵族占有的土地等。关于小生产者或农村公社的情况,没有直接资料说明。生活于第3—4王朝之交的大官梅腾墓铭文讲到他从"尼苏提乌"("国王的人们")那里,用酬金获得200斯塔特耕地(1斯塔特等于2 375平方米),人们推测这些尼苏提乌或许是小生产者或公社成员,但因缺乏更多资料,还不能说出什么肯定的意见。

国家(包括诺姆)占有的土地,其收入应是用于行政开支,至于官吏薪金和军队的给养是给予土地,还是发给实物(当时还无货币),尚不得而知。国王的土地用于供养王室家族。神庙土地则既用之于祭祀,也用作祭司的报酬。官僚贵族的土地大致来源于继承、购买、赏赐和新开垦的土地等,其收入基本用于自身消费(除用之于日常的衣食住行外,大量的财富被用之于修建坟墓和祭祀)。资料表明,国家、国王、神庙、官僚贵族等占有大量的土地。《帕勒摩石碑》上记载国王(可能是代表国家)一次就赠给神庙1 700多斯塔特耕地;大官梅腾至少拥有260斯塔特耕地;诺马尔赫伊比除自己原来占有的大量土地外,国王还赐给他203斯塔特土地。各类奴隶主占有的土地不一定集中在一处,而是散在各地。为了经营地产、监督和管理劳动者,他们使用了大批的书吏、管家等。

各类奴隶主除了剥削奴隶外,还剥削丧失了生产资料的其他劳动者,在古王国时期,主要是剥削一种名叫麦尔特的劳动者。由于经济的发展以及其他方面的原因,大批劳动者失去土地,或者到奴隶主的土地上去劳动,以领取口粮和衣物等,或租种奴隶主的土地,交租纳税。贵族墓中有农民因交不起租税而被捆绑吊打的情景,可见劳动者的处景十分悲惨。古王国时期的农民还要服劳役和兵役,其负担必定是很沉重的。

古王国时期的君主专制　古王国时期,埃及的君主专制开始确立,这从许多方面可以看出来。

国王对行政权力的控制:古王国时期,国王是国家权力的象征和代表。国王之下有一宰相(现代埃及学家借用阿拉伯语称之为维西尔),主持日常政务,主管行政、司法、经济和宗教事务,拥有相当大的权力。但决策权并不在维西尔手中,而是在国王手中。军权也不在维西尔手中。维西尔是由国王任命的,其他高级官吏也是如此。这些官吏都对国王负责,并对国王的宠惠感恩戴德。

  国王对国家经济的控制:古王国时期的国王不仅直接占有了大量的土地、劳动力以及其他财富,而且还控制了国家的土地、灌溉系统和对外贸易,一切战利品也都归国王。《帕勒摩石碑》及其他铭文记载了古王国时期国王把土地和劳动力捐赠给神庙,并把土地赠给贵族的情况。国王们甚至可动用全国的人力和物力给自己、给自己的亲属修建金字塔。朕即国家,在经济方面的表现就是将全国财政置于国王的控制之下。

  国王对军队的控制:古王国时期有一支相对来说是强大的军队,这是君主专制统治的主要物质力量。这支军队既用之于对内镇压和统治,也用之于对外征战。军队由国王直接统率,战时国王常常御驾亲征,有时虽派人率军远征,也要经常向国王报告情况,或向国王请示。军队大概由常备军和临时征召的部队两部分组成。驻守在边境要塞的多半是常备军。战时临时征召部队,在《大臣乌尼传》中有明确的记载。

  国王对司法权力的控制:古代埃及没有法典之类的法律文献传世,虽然在一些资料中提到有法律纸卷、法律皮卷之类,但现代的人们从未见过。在古代埃及,国王的话就是法律。国王可颁布相当于法律的敕令,涉及古王国末期神庙经济的若干敕令保留了下来。古代埃及有两种法庭:世俗法庭和神庙法庭。世俗法庭由维西尔担任最高法官,一般的重大案件由他审理。但国王可插手司法审判,他可越过维西尔自行任命法官审理一些案件,《大臣乌尼传》中就说到国王任命乌尼为法官审理内宫的秘密案件。神庙法庭一般只处理一些不很重要的民事纠纷。

  国王对地方行政的控制:古王国时期地方上的最重要的行政单位是诺姆(州),其行政长官为诺马尔赫(州长)。州长既有世袭的,也有由国王任命的。世袭的州长可能也要在形式上由国王任命或批准。有的人可担任两个诺姆的诺马尔赫。诺马尔赫管理地方行政、统率地方上的军队、维持地方治安、代收国家赋税、管理在该诺姆中的王室经济和国家地产、管理地方神庙事务、维持地方上的灌溉系统等。古王国时期的诺马尔赫多半是地方上的旧贵族,他们在本诺姆中的势力和影响都很大。古王国初期,王权还能控制住他们;到古王国末期,君主专制大为削弱,王权要在很多方面依靠他们,从他们中选拔高级官吏,有的地方贵族甚至与国王联姻,担任维西尔等高级官职。因此,有的诺马尔赫表现了极大的分离主义倾向,他们甚至靠削弱王室经济以自肥。在诺姆与中央政府之间,在第5王朝末设有上埃及官邸,大臣乌尼就担任过上埃及官邸的长官。有的研究者认为,下埃及官邸的设立较晚,可能要到第11王朝时期,但在《大臣乌尼传》中提到过上下埃及各首长、上下埃及的僧侣首长的官职,似乎表明在古王国时也已设立了下埃及官邸。上埃及长官显然是由国王任命的。从乌尼的情况看,其权限包括:代国家征税,战时统率地方上临时征召的军队等等。可能也起代国王监视地方诺马尔赫的作用。

王室家族控制朝政:古王国时期的君主专制不仅表现在国王个人直接控制国家的主要权力,还表现在王室家族控制朝政,高官显宦多为王室家族成员。第4王朝时,维西尔一职多为王子担任,即使到第5—6王朝时,也有王子担任维西尔的。在萨卡拉地方的第5—6王朝时的6个王子墓中,就有一位担任过维西尔;有两人担任过王室事务监督和军队司令官的职务。在古王国末期,王权削弱,地方贵族势力抬头,有的地方贵族担任了维西尔,如第6王朝时一个名叫扎乌的维西尔,原来就是个地方贵族。不过扎乌之所以能担任维西尔之职,可能与他的两个姐妹成了王后有关。

国王对其臣民有无限权威:在古代埃及,国王凌驾于国家之上,一切臣民似乎都成了他的奴仆。臣民见了国王只能吻他脚前的尘土,一位驸马被允许吻国王的脚,就会感到莫大荣幸。第5—6王朝时的一些官吏(如乌尼等人)的铭文中反映的对国王奴颜婢膝的态度,充分说明了当时君臣关系的性质。不过,梅腾墓铭文中反映的第3—4王朝之交的官吏与国王的关系似乎并非如此,第5—6王朝时的亨库和伊比等人的铭文似乎表明地方贵族与国王的关系也并非如此。可能,像乌尼这样的人,是国王一手提拔起来的亲信,因此,他们对国王的态度同地方贵族有很大的区别。

王权被进一步神化:君主专制利用神权以强化王权、强化奴隶主阶级的统治。古王国初期及其以前,鹰神荷鲁斯是王权的主要保护神。第4王朝哈佛拉国王的一个雕像,就是由荷鲁斯展开双翅保护着他的头。那时的国王还有一个荷鲁斯名(王衔名)。但是,在古王国时期,对太阳神拉的崇拜逐渐发展起来,并在第5王朝占了上风。据魏斯特卡尔纸草说,第5王朝头三个国王都宣称自己是拉神之子,即拉神的后代。从第3王朝时起,国王的名字被写在一个椭圆形的框子里。这个框子象征的是太阳照耀的区域,也是表示国王受到太阳神的保护。古王国时期,许多国王的名字的末尾都有拉的名字。为了得到神权势力的支持,古王国时期的国王们捐赠给神庙大量的土地和劳动力。神化王权既是王权本身的要求,也是当时统治阶级的需要。王权的神化也意味着奴隶主阶级政权的神化。因此,它也为奴隶主阶级所容忍。为此,古代埃及奴隶主豢养了整整一个祭司集团。

金字塔的建造 金字塔是古代埃及国王的坟墓,因其形似汉字的"金"字,中国人称之为"金字塔"。金字塔的建造始于第3王朝第一个国王乔赛尔。当时,他让著名的建筑设计师伊蒙霍特普为他设计一个坟墓,伊蒙霍特普最初设计建造了一个巨大的石造马斯塔巴,地点在萨卡拉。但乔赛尔和伊蒙霍特普自己都不满意,觉得不够庄严雄伟。于是伊蒙霍特普便在它上面又加了五个一层比一层小的马斯塔巴,这就成了现在仍可见到的乔赛尔的层级金字塔,它高61.2米,底边东西长123.3米,南北长107.4米。在金字塔的底下有走廊和墓室,在金字塔旁建有祭庙,整个建筑群则用围墙围了起来。

第4王朝第一个国王斯涅弗鲁时,建造了三个金字塔。他的第一座金字塔在麦杜门,原为一个层级金字塔。后来将各层阶梯填平,成为一个角锥体的金字塔;其后,他又命人在达淑尔为其建造一座真正角锥体的金字塔,但由于设计上的误差,建到一半时发现角度太大,不得不改变角度,从而成了一座菱形金字塔,或称弯曲形金字塔。对此,斯涅弗鲁当然不满意,于是他又命人在达淑尔建造了另一座真正角锥体的金字塔。可以说,斯涅弗鲁时期是从层级金字塔向真正角锥体金字塔转变的时期。

最大的金字塔是第4王朝的胡夫国王(希腊人把他叫做齐奥普斯)时修建的,其建筑师是胡夫的兄弟海米昂,地址被选在孟斐斯附近的尼罗河西岸的基泽。该金字塔高146.5米,每边边长约为230米。据说该金字塔用了约230万块大小不等的石头,平均每块重约2.5吨。墓室原建在塔底,后又在塔内的中部建了墓室。此金字塔的入口在塔北面离地面13米处,呈三角形,从而使塔身的重量均匀地散开,不致将通道口压垮。

据希罗多德说,修建胡夫的金字塔共用了30年的时间,头10年是修筑运石头的道路和修建地下墓室,后20年用于修建金字塔本身,每年用工10万人。

在胡夫的金字塔旁,还有该王朝的哈佛拉(希腊人把他叫做齐夫林)和孟卡拉(希腊人把他叫做麦凯林努斯)两个国王的金字塔。在哈佛拉金字塔前不远处有该国王的一个狮身人面像(司芬克斯),高20米左右,长50米左右,用一整块石头雕成,据说其面部是按哈佛拉的像雕成的。古埃及人认为,狮子是进入天国门户的守护者。

在这些金字塔四周,还分布着许多贵族的马斯塔巴,这象征性地反映了君主专制对其臣属的至高无上的地位。

古代埃及国王为什么要将坟墓修建成金字塔的形式呢?这有两种说法。传统认为,这种坟墓形式是埃及王陵形式自然发展的结果,即从前王朝的画墓,到早王朝的马斯塔巴,到乔赛尔的层级金字塔,最后发展成角锥体的金字塔。英国学者爱德华兹在其《金字塔》一书中提出了另外一种解释。他认为,金字塔的修建,与古埃及的宗教崇拜有关。因为,古埃及人相信人死后灵魂会升天,而层级金字塔的阶梯就是国王灵魂上天的天梯。1954年在胡夫金字塔旁的地下发现的大木船,也是用作运载国王灵魂升天的;而角锥体的金字塔则象征了对太阳神的崇拜,因为金字塔的四条棱线就形似太阳的光芒。他认为,斯涅弗鲁时期是这两种不同的宗教观念的转换时期。

古埃及的金字塔现存约80座,起自第3王朝,止于第二中间期(新王国时期王墓不再用金字塔的形式,而是采用了岩墓的形式)。它们分布于孟斐斯附近尼罗河西岸。

金字塔是古埃及文明的象征,是古埃及人民智慧的结晶。但是金字塔的修建加重了人民的负担,耗费了国家的人力和财力,加剧了国内的阶级矛盾,削弱了君主专制的实力。希罗多德和狄奥多拉都记载说,人民对修建金字塔满怀愤怒,甚至可能爆发过人民起义。第5王朝就可能是在人民起义后建立起来的,无怪乎新王朝更加依赖神权势力来维护其统治。

古王国的衰落和第一中间期 古王国末期,由于阶级矛盾的激化,王权更加依赖神权势力和地方贵族。国王们把越来越多的土地、劳动力和其他财富给予神庙和地方贵族,豁免神庙的赋税,使神庙和地方贵族的势力更加膨胀,而王权更加速了衰落。第6王朝国王培比二世的长期统治(据说他六岁登基为王,活了一百多岁)后,古王国的统一局面终于不能维持,君主专制也不复存在。第7王朝时,埃及陷入分裂混乱局面。据曼涅托残篇23所记,第7王朝的70个王只统治了70天(而且他们中的许多人可能是同时并立,而非互相承袭的);而据其残篇24,则为5个国王统治了75天。残篇记载的混乱和分歧反映了当时实际局面的混乱。从第7王朝起,埃及实已小国林立,几乎一个诺姆就成了一个小国家。每个诺马尔赫都感到自己是不再受制于人的独立王国的国王,是自己独立城市的统治者。他们往往把地方神的名字放在自己的称号之中。为了扩大自己统治的地盘,他们彼此争战不已,使局势更为混乱。

由于统一局面的不复存在,战乱频仍,灌溉系统遭到破坏,许多良田变成芦苇丛生的沼泽地。正如《聂菲尔涅胡预言》中所描述的:"土地缩小,(但是)它的行政人员却很多,土地荒凉不毛,(但)税却很重,只有很少的谷物,但量斗却很大,而且量时总是满得上了尖。"

沉重的剥削,不断的战乱,经济的破坏,使人民处于水深火热之中,因而阶级矛盾十分尖锐。《聂菲尔涅胡预言》说:"大地像陶钧一样翻转了起来。""没有武器的人(现在)变成占有武器者。人们(恭敬地)向以前鞠躬行礼的人鞠躬行礼。""那最下面的人到了顶上,他的变动就像我的腹背的转动一样大。人们住在坟场上,穷人发了财……穷人吃着供祭的面包,仆役们在欢乐。希利奥波里州,这个众神的出生之地将不存在于世上。"《祭司安虎同自己心灵的谈话》中也说:"我沉思着大地上所发生的事情,变化发生了。与往年不同了。一年比一年困难了。国内叛乱了。国家蒙受创痛。到处在忧伤。许多州和城市陷于悲痛之中。"这些话表明,这时可能发生过大规模的人民起义。

从《聂菲尔涅胡预言》以及《对美里卡拉王的教训》中还可看出,这时埃及曾遭到外族入侵,这就是来自西亚的贝督英人游牧部落的入侵。

小国林立,政局混乱的局面,不利于社会经济的发展。位于中部埃及的赫拉克列奥波里逐渐地强大起来,统一了北部三角洲和中部埃及的广大地区,建立了第9—10王朝。该王朝努力开发法雍地区,发展农业生产,因而称雄于一时,大有由它重新统一埃及之势。但是,赫拉克列奥波里内有人民起义、贵族叛乱;外有贝督英人入侵,尤其有兴起于南方的底比斯的争霸。为了巩固自己的地位,赫拉克列奥波里的第10王朝国王阿赫托伊给他的儿子美利卡拉留下一分政治遗嘱,即著名的《对美利卡拉王的教训》。在这个教训中,阿赫托伊阐述了新国王应采取的国内外政策,包括对贵族、平民、军队、人民起义和贵族反叛的政策,对贝督英人和底比斯的政策,尤其对如何加强王权作了较多的论述。

随着古王国的瓦解,君主专制不复存在,君权神授的理论破产,再也不能令人信服。第一中间期的现实也表明,君权并非神授,而是谁有实力谁就可以称王称霸。因此,上述教训虽然也还在鼓吹君权神授的理论,但更值得注意的却是它强调王权存在的必要性、合理性,以及国王对臣民尽义务的思想。在《教训》中,王权的伟大不是被理解为豪华的仪式或国王的超人的力量,而是被理解为为臣民服务。它还特别强调王权加强同贵族的关系的必要性,说明贵族仍是王权依靠的主要阶级基础;同时《教训》也注意到正在兴起的平民阶层——涅杰斯(小人)的作用。《教训》强调要加强军队,给他们以土地和其他财产,从物质上厚待军队。

但是,赫拉克列奥波里王朝未能重新统一埃及。在它的南方,底比斯依靠自己有利的地理位置,联合了它周围的地区,对赫拉克列奥波里统治下的各诺姆采取了刚柔并举的政策。经过长期斗争,底比斯打败了站在赫拉克列奥波里王朝一边的喜乌特诺姆,争取了强有力的赫尔摩波里诺姆,夺取了提尼斯,使赫拉克列奥波里王朝受到严重打击。底比斯建立了第11王朝。在该王朝中叶,底比斯终于战胜了赫拉克列奥波里的第10王朝,重新统一了埃及。埃及开始了中王国时期。

三、中王国时期和第二中间期

中王国时期王权和地方势力的关系 中王国时期(公元前2040—前1786年)包括第11—12王朝,首都底比斯,主要崇拜的神祇为阿蒙神。

在第11王朝中期的孟图霍特普二世时期,底比斯完全战胜了赫拉克列奥波里王朝,完成了重新统一埃及的重任。第19王朝时期的11个王表中把他同第一王朝的建立者美尼斯、第18王朝的建立者雅赫摩斯并列为各个统一时代的开创者。

孟图霍特普二世重新统一埃及后,曾力图加强对中央和地方政权的控制:三个底比斯人相继被指定为维西尔;一个王族成员受命担任了新设立的下埃及地方长官的职务;同底比斯有着不可调和矛盾的喜乌特诺马尔赫,由孟图霍特普二世委任的一个王族成员取而代之。但是,对其他的地方贵族,他却奈何不得。因为,底比斯虽然领导了统一埃及的战争并取得了胜利,但是,在很长的时期里王权还相当软弱,而贵族(包括地方贵族和神庙贵族)的势力却十分强大。靠鲸吞古王国时代的王室地产而发展起来的贵族势力,在第一中间期里更肆无忌惮地扩充了自己的实力。他们有自己的一套行政机关、自己的纪年、自己的军队,世袭自己的职位、夸耀自己在其诺姆中的丰功伟绩以及对人民的恩惠。无论是赫拉克列奥波里,还是底比斯,为了争取霸权,都不得不依靠各地的贵族。因此,这些贵族虽然依附于其中的一方,但都表现了强烈的独立性。例如,在赫拉克列奥波里统治下的赫尔摩波里和喜乌特就是如此。后来,赫尔摩波里投奔了底比斯,对底比斯重新统一埃及无疑起了重要作用,所以,底比斯不能不让赫尔摩波里的诺马尔赫享有某些特权。对其他诺姆的诺马尔赫,底比斯当时都还要倚重他们,这就使第一中间期以来已经坐大的地方贵族在底比斯重新统一埃及后仍然尾大不掉,王权对他们还不能为所欲为。

中王国初年,贵族之所以能表现出强烈的独立性和分裂主义倾向,除了他们自己有强大的实力外,还因王权本身的相对衰弱。而且古王国时的君权神授理论已经破产,新的王权理论尚未确立,因此贵族势力敢于拥兵自重,甚至截留中央税收和王室岁入,侵占相邻诺姆的疆土,扩大自己的势力范围。

第12王朝的建立者阿美涅姆赫特一世上台后,对以诺马尔赫为代表的地方贵族势力采取严厉的政策:他阻止了各诺姆之间连绵不断的争夺地盘的战争和破坏边界的行动,重新划定了一些诺姆之间的边界;他亲自巡行各地,整顿秩序和赋税,使属于中央的税收得以上缴国库;他派克赫努姆荷特普一世去担任羚羊诺姆的诺马尔赫,并将该诺姆与相邻诺姆的边界作了清楚的划分;他限制了一些诺马尔赫的世袭权力,等等。

阿美涅姆赫特一世打击贵族势力和加强王权的政策,被第12王朝的其他国王所承袭。到辛努塞尔特三世时,这一政策收到很大成效,地方贵族的势力受到了沉重的打击,此后再也不能独树一帜与王权抗争,君主专制再次强化起来。

第12王朝时期恢复强大的王权,是同奴隶制经济的发展和一个新的中小奴隶主阶层"强有力的涅杰斯"逐渐强大起来并成为王权的重要支柱分不开的。

随着王权的再度强化,国家实力逐渐增强,从第12王朝时起,埃及又开始了对外的战争,主要是对南方的努比亚地区,同时也对西亚进行远征。如第12王朝的头一位国王阿美涅姆赫特一世在给自己的儿子辛努塞尔特一世的教训中就说:"我占领了瓦瓦特(按:努比亚地区),我俘虏了马卓依的人民。"在第一瀑布与第二瀑布之间发现的一个铭文中也讲到在他统治的第29年占领瓦瓦特的战争。他的继承者尤其是辛努塞尔特三世,曾频繁地对努比亚作战。据铭文记载,他进行了四次努比亚战争,最后确定了中王国时期的南部边界。他在第二瀑布地方建了几座要塞(要塞遗址至今犹存),以巩固其占领成果。战争的目的除了扩大领土之外,就是掠夺黄金和矿产等。

社会经济状况 国家的重新统一,社会环境的较为稳定,以及同外部世界联系的扩大,无疑极大地促进了中王国时期社会经济的发展。

古代埃及是一个以农业为主要经济命脉的国家,而农业的发展又与灌溉事业的发展有着密切关系。中王国时期,水利灌溉系统得到了恢复和发展,尤其是从赫拉克列奥波里王朝时就已开始治理的法雍地区,在中王国时期得到更进一步的治理。在这里修建了大规模的排灌渠道,使大片沼泽地区变成了良田,扩大了耕地面积。在尼罗河第二瀑布附近的舍门赫和库麦赫发现了尼罗河水涨水高度的记录,这表明在中王国时期对尼罗河水观察范围的扩大。农具也有所改进,主要是犁的改良。古王国时期的直把犁为装有横木把手的犁所取代。中王国时期,有关饥荒的报道明显减少,这是农业经济得到发展的结果。

在手工业方面,青铜器的使用更为广泛。在纺织业中,使用了卧式织布机。这在中王国时期的墓中壁画上有所反映。这时还出现了一个新兴的手工业部门,即玻璃制造业,其玻璃制品存留至今。加强了对西奈铜矿的开采,甚至在以往停止开采的酷暑季节,也督促矿工前往,这可能反映了对铜矿需求的增长。

农业和手工业的发展,促进了国内贸易的发展。在法雍附近新兴起来的一个工商业城市卡呼恩(可能应读作拉呼恩)可以为证。从这里发掘出不少商业文书,对研究这个时期的商品货币关系及城市生活具有重要的价值。从《一个能言善辩的农夫》提供的资料可知,早在第一中间期里,尼罗河流域同其西部绿洲之间的贸易关系就已发展起来。

在国内经济发展的基础上,中王国时期的埃及同外部世界的经济交往也扩大了。当时埃及是地中海世界经济最发达的地区之一。埃及同叙利亚和巴勒斯坦地区的交往十分活跃。在耶路撒冷西北一个名叫盖塞尔的古代城市的废墟中,发现了属于埃及的砂岩和花岗岩的雕像,以及从埃及运来的各种象牙制品和其他制品。这个城市中还有属于埃及风格的建筑物和神庙,这大概是来这里经商的埃及人建造的。在腓尼基的毕不勒,发现有属于中王国时期的埃及器皿、狮身人面像等制品。在著名的《辛努海特的故事》中,讲到了埃及同叙利亚之间活跃的商业联系。在埃及的贝尼哈桑的墓画中,画有37个亚细亚人在部落领袖的率领下来到埃及的情景。他们可能是要同埃及建立商业联系,受到了当地的诺马尔赫的友好接待。

中王国时期的埃及已同巴比伦尼亚建立了商业联系。1935年,在埃及的一个神庙废墟中发现了四个箱子,其中的物品大多为具有典型的巴比伦尼亚风格的印章和护身符。

同地中海上克里特岛的商业关系可能早在古王国时期就已发生,到中王国时期更为扩大。在卡呼恩发现了来自克里特的典型的卡马瑞斯式陶器的残片；在克里特也发现有属于埃及风格的石瓶制品。

同东南方的蓬特(今索马里)也在这时建立了商业联系。第11王朝时一个名叫赫努的官吏的铭文说,埃及曾装备了一支相当庞大的商业远征队去远征蓬特。在《船舶遇难记》中,叙述了一个水手在乘船去西奈途中的故事。由于遇到大风,船被吹到了相反的方向,到了蓬特,船也撞坏了,150名水手大多遇难,只有这一个水手奇迹般地活了下来,并从蓬特带回大量珍贵物品：香料、肉桂、檀香木等。

在努比亚,埃及人在第二瀑布附近建立要塞,阻止尼格罗人及其牲畜越过边境进入埃及放牧,却允许商人到埃及来经商。为了统治和开发努比亚地区,发展商业贸易,第12王朝的国王在这一地区开凿了不止一条运河。它们战时可用以运兵,平时也可用于通商。

中王国时期埃及社会经济发展的重要特点是私有奴隶制经济的发展。与此相适应,这时出现了一个中小奴隶主阶层——"强有力的涅杰斯",并且,涅杰斯作为一支独立的政治力量登上了中王国的政治舞台。

涅杰斯,原意为"小人",非贵族门第的人,与贵族和大人物相对立。他们原属于下层自由民,大概起源于古王国末期。在第一中间期,涅杰斯形成为一个小私有者阶层,是当时各诺姆军队的重要来源,从而为企图成为霸主的各诺姆,其中也包括赫拉克列奥波里和底比斯的统治者所倚重。正如喜乌特诺姆的诺马尔赫梯弗比所说："我不反对涅杰斯",因为涅杰斯给他带来赠礼。《给美利卡拉王的教训》中也指出,要调整贵族与小人涅杰斯的关系,其目的是要从涅杰斯方面得到政治上和军事上的支持。

涅杰斯是社会经济发展的产物,社会分化的产物。而社会经济和社会分化的进一步发展,也导致了涅杰斯阶层的分化。早在第一中间期,就已出现了所谓的"强有力的涅杰斯"。到中王国时期,这种分化仍在继续。一部分强有力的涅杰斯占有土地,由别的农民替他们耕种,向他们交租。第12王朝时期喜乌特诺姆的一个贵族赫普泽菲在同祭司签订的契约中,就讲到由别的农民耕种涅杰斯的土地,向涅杰斯交租。有的涅杰斯已参与政权,成了高级官吏。如第11王朝的孟图霍特普一世时期,一个名叫伊提的涅杰斯,担任了底比斯的财政大臣。在他的铭文中说,他是靠自己的手腕发展起来的,在困难的年代里,他养活了整个格伯陵,他有大群的牛羊,大批土地和财产,在政治上支持王权。还有的涅杰斯可能成了高级军官。如一个名叫虎舍贝克的军官,曾两次获得国王赏赐的奴隶：一次60人,一次100人。但是,也有一些涅杰斯贫穷了,变成了贫穷的涅杰斯,不得不靠别人的施舍过活。

涅杰斯的成长是中王国时代社会经济发展的重要标志。涅杰斯在政治上的发展与王权的加强息息相关。涅杰斯是中王国时期王权同地方贵族进行斗争的主要社会支柱,因而成了统治阶级的一个组成部分。但由于埃及商品货币关系发展的总体水平还低,涅杰斯这个阶层的力量还是十分软弱的。

中王国的衰落 中王国时期奴隶制经济的发展和不断进行的对外战争,促进了阶级分化的发展。这种分化不仅表现在涅杰斯的兴起及涅杰斯本身的进一步分化,而且从资料中我们看到:一方面是这时的一些奴隶主手中积累了大量的财富,奴役和剥削本国人民和外族奴隶;另一方面则是大量居民的破产、贫穷,甚至变成奴隶。在布鲁克林第35.1446号纸草中,记载了一个奴隶主所拥有的95个奴隶的名单(因纸草损坏,现仅存80多个名字),其中有33个埃及人,其余为外族奴隶。这些奴隶从事各种各样的职业:家仆、厨师、教师、花匠、酿酒工、皮鞋工、纺织工、仓库看门人、理发师、讲故事者等等。在该纸草的另一面,还记载了一个监狱中关押的犯人及逃犯的家属,他们被罚为奴隶,强制劳动。从《杜阿乌夫之子赫琪给其子拍比的教训》中,我们看到了普通的埃及劳动者的艰难处境和悲惨生活;因此,稍有一线希望,他们便想跳出这一牢笼,去当书吏等。从有关开采西奈铜矿的铭文可以知道,从埃及招去采矿的矿工处境也是很悲惨的,那里环境恶劣,工头极为粗暴。因此,中王国时期劳动人民同统治者的矛盾十分尖锐。

在统治阶级内部矛盾也很尖锐。除了王权与地方贵族的矛盾之外,在王室、宫廷内部,争权夺利的斗争也很激烈。《辛努海特的故事》中叙述的第12王朝初年阿美涅姆赫特一世死后,宫廷内部矛盾激化,辛努海特怕招来杀身之祸而从军营中逃往叙利亚一事就是一个例子。

所有这些矛盾导致了中王国的衰落。第13王朝时,埃及重又陷入分裂状态,于是开始了第二中间期(包括第13—17王朝:第13王朝在南方,第14王朝在三角洲的西北部,第15—16王朝为喜克索斯人建立,第17王朝则是在第13王朝之后在南方的底比斯建立的)。

政局的混乱,阶级矛盾的激化,导致了第二次贫民奴隶大起义。起义的情况曲折地反映在《一个埃及贤人的训诫》(或译《伊普味陈辞》)中。

起义发生的时间可能在中王国末期,而更可能是在第二中间期里。

反映这次起义的《伊普味陈辞》这篇资料的作者,显然是站在敌视起义者的立场上的,这篇陈辞充满了对起义者的谩骂和攻击。但从中仍可看出一些起义的情况。

参加起义的有农民、手工业者和奴隶等下层劳动人民:"贫民已变成财富的所有者,而不能为他自己制作便鞋的人现在是财宝的占有者。""所有的女奴隶随便讲话。"

起义的规模很大,使整个国家发生了翻天覆地的变化:没有财产的人变成了财产的所有者,而富人变成了穷人;人们的社会地位也发生了变化,卑贱者受到尊敬,而原来的高贵者被打翻在地;仆人,侍候人的人变成了主人。王权被推翻,神的地位受到挑战,国家机关,包括最神圣的司法机关也被打开,文件被抢走……社会经历了极大的震荡。

值得注意的是,在中王国时期的政治舞台上起过重要作用的"强有力的涅杰斯",在这次起义中成了被打击的对象,他们哀叹着:"多么可怕啊!我怎么办呢?"

《陈辞》的作者对所发生的一切感到愤怒而无可奈何。同发生在第一中间期里的第一次贫民奴隶大起义一样,这次起义的具体时间、原因、过程和结局如何均不得而知。不过,起义显然是被镇压下去了。

喜克索斯人的入侵 在第二中间期里,埃及还遭到喜克索斯人的入侵和统治。喜克索斯人在埃及建立了第15、16两个王朝,统治过大半个埃及。

有关喜克索斯人入侵和统治埃及的资料非常贫乏。主要资料有:保存在约瑟夫著作中的曼涅托残篇第42;喜克索斯人自己留下的一些蜣螂石刻、陶器以及为数不多的雕像和石碑;20世纪发现的几份资料等。根据这些资料,现在还很难恢复这一事件的全貌。因此,有关喜克索斯人入侵的问题仍有不少争论。

喜克索斯人的组成部分比较复杂,其主要部分可能是属于塞姆人的游牧部落,同时也掺杂进其他一些人种成分,如胡里特人,甚至印欧语系的人。其出发点可能是在叙利亚巴勒斯坦,在比较接近埃及的地区,而不可能是从远离埃及的地方来的,因为在喜克索斯人入侵埃及的时期,没有发现叙利亚巴勒斯坦地区有文化中断的现象。其向埃及入侵的原因,最可能的是那一带地区发生干旱,牧场受到影响,为了寻找新的牧场,这些游牧者便来到埃及水草丰美的三角洲。开始是一小批一小批,逐渐地越来越多。由于这时埃及的统一已经瓦解,无力阻止这些入侵者,他们终于在三角洲站稳了脚跟,形成为一股强大的势力,并建立起自己的政权。现代埃及学家大多不同意曼涅托所说的喜克索斯人采用了大规模武装入侵的方式,而认为是和平的渗透。

喜克索斯人的首都在三角洲东部某地的阿瓦利斯,其行政机关的情况几乎毫无资料。很可能他们承袭和利用了埃及原来的一套,如他们设立了下埃及国王的司库和司库长官的官职。喜克索斯人的首领原来叫做"牧人王"(赫卡·哈苏特),在埃及建立了他们的政权后,他们的国王也自称法老,并称为"拉之子"。喜克索斯国王也像原来的埃及国王一样把自己的名字写在一个椭圆形的框子里。这表明他们企图尽可能要适合埃及人的习惯和吸收埃及人的文化。据《萨勒纸草Ⅰ》说,喜克索斯人崇拜埃及的塞特神,而不许崇拜埃及其他的神。但实际上,他们不仅崇拜塞特神,而且崇拜太阳神拉,他们国王的名字中也有拉的名字(如乌舍拉、苏伦舍拉等)、更不用说他们的国王还自称"拉之子"了。

喜克索斯人最初与第13、14王朝对立,也可能曾迫使南方的第13、17王朝向它称臣纳贡。他们还联合南方努比亚的库什王共同压制埃及。据《萨勒纸草 I》记载,在喜克索斯国王阿波比统治时期,"全国都臣服于它,向它纳贡"。该纸草还提到,阿波比派了一个使臣去底比斯,给统治南方的第17王朝国王捎去一个口信,要底比斯国王把位于底比斯城郊池塘中的河马杀死,因为据说这些河马的吵嚷声使远在阿瓦利斯的喜克索斯国王难于安眠。第17王朝的国王对此未敢反抗,而是答应照办,说明他们对喜克索斯人处于臣属状态。

喜克索斯人的统治范围不仅包括了埃及大部(三角洲和中部埃及),而且还包括了西亚的一部分地区。因此,喜克索斯人的统治在客观上对埃及和西亚的交往起了沟通的作用。

第二节 两河流域的最初文明

一、苏美尔文明的发生

自然环境和居民 亚洲西南部有底格里斯和幼发拉底两条大河。这两条河都发源于今土耳其亚美尼亚群山之中,分别向东南方向流入波斯湾。两河的上游地区为山地。"两河流域"是指中下游地区,其地理范围大致相当于今日的伊拉克共和国。两河流域又常称为美索不达米亚(来自古希腊文,意指两河之间的地方)。在古代,两河流域分为南北两部分,大体以今之希特—萨马腊为界,北部称亚述,南部称巴比伦尼亚。巴比伦尼亚又分为南、北两部,尼普尔(今名努法尔)以北称阿卡德,以南称苏美尔。

两河流域处于干旱地带,农业灌溉需要利用河水。每年春季,上游山区的融雪流入两河,造成河水泛滥。两河流域北部多山,河岸高起,所以河水泛滥只能淹及沿岸地带。南部则是一片冲积平原,两河相距较近。河水泛滥时,大部分地区被水浸灌。可见,南部的灌溉条件比北部要好些,但也容易受灾。因此,在人们掌握一定的防洪与排水技术前,南部平原地区并不适于居住。考古资料表明,两河流域的旧石器时代文化遗址是在北部山地。新石器时代农业文化,如哈逊纳文化、哈雷夫文化都位于北部丘陵地带。哈雷夫文化结束之时(约公元前4300年),两河流域南部的苏美尔地区才逐渐开发出来。

两河流域最早的居民是何种人,现在尚不清楚。约公元前5000年代后半叶,两河流域南部已有人居住。这些居民在考古学上称为"欧贝德人"(得名于欧贝德遗址)。"欧贝德人"的起源至今不明。不久,苏美尔语人部落来到两河流域南部。苏美尔人的起源问题,学术界也没有最后解决。苏美尔人逐渐融合"欧贝德人",成为南部两河流域的主要居民。约公元前3000年代初,一支语言属于塞姆语系的游牧部落来到巴比伦尼亚北部,称为阿卡德人。后来,操塞姆语的阿摩利人、亚述人、迦勒底人先后来到两河流域。两河流域周围还居住着其他部落:北部的苏巴里人和胡里特人,东部的库提人、加喜特人和路路贝人,东南的埃兰人等等。两河流域经常受到这些四周部落的入侵。两河流域的历史包含着多种民族互相影响和互相承袭的历史。

向文明的过渡 约公元前4300年,继哈雷夫文化之后,两河流域南部的苏美尔人进入铜石并用时代,开始了氏族社会解体和向文明过渡的过程。在考古学上,这是埃利都·欧贝德文化期,乌鲁克文化期和捷姆迭特·那色文化期。

埃利都·欧贝德时期(约公元前4300—前3500年),苏美尔人掌握了初步的人工灌溉技术,从事农业生产。畜牧业和渔猎活动在经济生活中仍起重要作用。劳动工具大部分为石器和骨器。但已开始出现铜器,如渔叉等等。居民的住房为用泥土和芦苇筑成的小屋。在埃利都遗址,发现一些建筑在高大土台基上的泥砖神庙。如遗址第8层的一座神庙,面积约252平方米。泥砖神庙与芦苇小屋构成了鲜明的对比,反映出氏族社会内部的分化。在埃利都遗址的墓地,出土了一座男性雕像,左手执一根泥制棍棒。这座男像代表了氏族部落的军事首领,其手中的棍棒则是后世王权和权标的起源。这说明,苏美尔人已进入军事民主制阶段。

乌鲁克时期(约公元前3500—前3100年),人工灌溉技术有了新的发展。铜器大量出现。陶器制作普遍使用陶轮。社会分化更为加剧。乌鲁克遗址出土了一座石膏瓶,其上的浮雕清楚地表现出两个对立的阶级,一方是奉献产品的裸体群众,另一方是祭司或氏族贵族。神庙规模越来越大。如乌鲁克遗址的"镶锥宫",其庭院的墙壁用红、白、黑三色的镶嵌锥体加以修饰。庭院的北端有两个阶梯通往建筑在高大台基上的柱厅。柱厅的圆柱直径为2.62米。这座结构复杂的大神庙显然是为氏族贵族服务的。人们的居住地也发生了很大的变化。由于人口增加、社会分工复杂和阶级分化,一些居民迁往较大的村落,形成一些居民中心。几个较大的居民中心结合为城市或小镇。例如,乌鲁克城是由埃安那、乌鲁克和库拉布三个居民中心聚集而成的。据一种估计,约公元前3200年,两河流域南部有农村112个,小镇10个,小城1个。这种由农村到城市的发展过程,表明了以血缘关系为基础的氏族组织开始让位于以地域关系为基础的农村公社。这一时期出现了文字。基什附近的奥海米尔土丘出土了一块约公元前3500年的石板,上面刻有图画符号和线形符号。这是迄今所知最早的文字。至乌鲁克文化末期,大约有2 000个文字符号,并运用于经济方面。这些事实表明,苏美尔人已经迈入文明的门槛。

捷姆迭特·那色时期(约公元前3100—前2800年),文字进一步发展,产生了苏美尔语的楔形文字。因此,这一时期也称为"原始文字时期"。文字运用更为广泛。在经济文书中,男奴称尼塔库尔,意为外邦的男人。女奴称姆鲁斯·库尔,意为外邦的女人。这说明战俘是奴隶的主要来源。还有几类人在经济文书中也经常提到,例如,恩(最高祭司、统治者)、恩·萨尔(最高女祭司)、格尔·萨布(商人首领)、图格·迪(首席法官)、帕·苏尔(指挥官)等等。显而易见,这些人是高居于平民之上的氏族贵族或官吏。在两河流域南部,这时期已经形成了数以十计的奴隶制城邦,主要有埃利都、乌尔、乌鲁克、拉伽什、乌玛、苏鲁帕克、尼普尔、基什、西帕尔等等。捷姆迭特·那色文化期之后,两河流域南部进入苏美尔早王朝时期(约公元前2800—前2371年)。

二、苏美尔城邦

社会经济状况 苏美尔各城邦都是以一个城市为中心结合周围的村镇形成的。早期城邦规模不大,人口也不多。例如,乌尔城邦面积不过90平方公里,人口约6 000人。每一城市都有若干神庙,其中城邦主神神庙地位最高。在苏美尔各城邦经济生活中,神庙的作用十分重要,它是城邦的经济中心。

神庙在社会经济中的重要地位是逐渐形成的。考古学者在伊拉克北部一个与欧贝德文化有联系的神庙遗址发现了大量印章,证明神庙在氏族部落经济生活中起着较大的作用。乌鲁克出土的一份神庙文书(属捷姆迭特·那色文化期)记载每日供给50人的口粮数量。这说明神庙已经拥有较多的土地。神庙土地是氏族部落的共同财产。国家形成后,这类土地转变为城邦国有经济,土地数量大大增加。据一种估计,早王朝后期,拉伽什城邦的神庙占有全国土地的1/4至1/3。神庙土地分为三类:(1)祭田,由奴隶和丧失公民权依附于神庙的自由民耕种,收入供神庙消费。(2)口粮田,分给神庙管理人员(包括高级祭司,一般管理人员)、手工业者和神庙依附者作为职田或服役份地。(3)出租地,出租给个人(主要是份地不足的神庙人员),地租用谷物或银子支付。这三类土地都严禁出卖。

神庙经济内部分工细密,有农业、畜牧业和捕鱼业等等。神庙还控制了城邦的手工业和商业。神庙也使用奴隶劳动,有的奴隶属神庙所有,有的属神庙管理人员所有。

神庙人员在城邦人口中占很大比重。据估计,拉伽什城邦第二大神庙巴乌神庙曾有奴隶和依附民约1 200人。早王朝中期,苏鲁帕克城邦居民总数约15 000—20 000人,其中半数与神庙有经济联系。

神庙经济控制在以城邦首领为首的奴隶主贵族手中。他们占有大量的土地。据一份文献,某一努邦达(神庙主要监督)占地约48公顷,一个管理草料的官员的份地约32公顷,普通劳动者的份地小的只有0.34公顷。而最下层的奴隶,只能领到一点起码的生活资料。更有甚者,以城邦首领为首的奴隶主贵族还占有大量的神庙祭田,或将个人份地与祭田掺杂在一起,由神庙依附者和奴隶耕种。至早王朝后期,城邦首领逐渐把神庙土地转变为王室经济。

苏美尔城邦的农村公社也占有许多土地。农村公社规模一般较小,彼此之间往来不甚密切。因此,农村公社在城邦经济生活中的地位不及神庙重要。农村公社的土地已分配给各个家族。保有份地的公社成员就是城邦公民。他们对国家负有义务,必须向国家纳税,服兵役。农村公社的土地是可以买卖的。早王朝中、后期许多经济文献反映了奴隶主贵族兼并普通公民土地的情况。例如,一件文书记载拉伽什王恩赫加尔(约公元前27世纪)购买了150布耳(合952.5公顷)的土地。据苏鲁帕克城邦的一件土地买卖文书,某一公民出售2甘(约合0.7公顷)的土地。土地出售数额不同,表明土地买卖已较为普遍。公社成员失去土地,也就失去公民身份。他们大多数沦为神庙或世俗贵族的依附者,有的则沦为奴隶,甚至出现家长将整个家族(或家庭)交给债权人抵债的情况。可见,苏美尔城邦内部奴隶主和奴隶,贵族和平民之间存在着尖锐的矛盾。

政治制度 从氏族制演变而来的苏美尔城邦,在其形成之初,还存在着氏族社会末期军事民主制的残余。城邦有三个政治机构:城邦首领、贵族会议和人民大会。它们分别是从军事民主制时期的军事首领、氏族长老会议和民众会议演变而来的。当然,城邦的政治机构与军事民主制时期的机构有本质的不同,它们是奴隶主贵族阶级的统治工具。

城邦首领有"恩"、"恩西"和"卢伽尔"(或王)三种称号。大概"卢伽尔"是较为强大的城邦首领或城邦霸主的称号。此外,这三种称号并无多大区别。城邦首领兼有宗教和世俗双重职能。在宗教方面,他们是城邦主神最高祭司,居住在主神神庙内,主持城邦的祭祀活动,掌握神庙经济和神庙的修建。作为世俗统治者,他们主管城邦水利工程的修筑,平时参加政权管理,战时统帅军队。

贵族会议(阿巴·乌鲁)和公民大会(古鲁什·乌鲁)在苏美尔语中又有一个共同名称"温肯",其义为"人民组织",即城邦会议。由于有关早期城邦会议的资料不足,学术界多从苏美尔神话和史诗中寻找线索加以研究。据《创世纪》等神话,众神大会(相当于公民大会)有权选举王,决定城邦战和大事。但是操纵众神大会的则是以众神之父恩利尔和天神安为首的"决定命运的七神"(相当于贵族会议)。神话中反映的情况,从考古发现中能够取得旁证。乌鲁克遗址有一座面积约600平方米的大庭院。庭院中有土砖垒起的平台。平台上立有柱子,原是有顶盖的。有的学者据苏美尔文献推断,这座庭院是公民大会会场。贵族会议在小平台开会,城邦公民在稍远的地方出席会议。这座建筑物的结构方式反映了贵族会议高居于公民大会之上的地位。就一般情况而言,公民大会在城邦政治生活中已起不了重要的作用,它已沦为城邦首领和贵族会议操纵的工具。

在城邦贵族会议中,祭司贵族起着很重要的作用。苏美尔城邦史的很长一段时间里,神庙不仅是城邦的经济中心,而且还是政治中心。它实际上起着国家行政机关的作用。国家官吏多由祭司或神庙人员充任。城邦主神的最高祭司担任城邦统治者和贵族会议首领,但其地位并不显赫,在权力上受到高级祭司和世俗贵族的很大限制。按苏美尔人的传统观念,王位是一个"巴拉",即一个任期有限的官职。早期的文献资料表明,城邦首领世袭制还没有完全确立。在神庙经济管理方面,城邦首领的权力也是有限的,乌尔、苏鲁帕克的早期经济文献反映出神庙经济实际上掌握在散伽(主持祭典的大祭司)等高级祭司手中。城邦首领在重大事情上,还需征求城邦会议的意见。例如,史诗《吉尔伽美什与阿伽》记载,乌鲁克城邦在面临基什入侵时,城邦首领吉尔伽美什主张抵抗,遭到贵族会议的反对。但是他的主张在得到公民大会的支持后实现了。可见,城邦首领往往利用公民大会来与贵族会议争夺更大的统治权。这种斗争在苏美尔城邦是十分激烈的。例如在乌鲁克城邦,吉尔伽美什前三代的王恩美尔卡尔曾脱离神庙,迁到新的居地(仍叫乌鲁克),宣称:"我的权杖,王权威力的象征,乌鲁克的保护伞,它驱散了一切恐惧"。这是城邦首领企图摆脱束缚,成为掌握城邦大权的君主的声明。但是,其后城邦首领的权力仍受到制约。据《吉尔伽美什史诗》所记,乌鲁克的贵族对吉尔伽美什招募年轻人修筑城墙等扩大自己权力的行为极为不满。他们乞求天上的诸神惩罚吉尔伽美什。乌鲁克的贵族最后击败了吉尔伽美什,将他处以短期流放。上述事实说明,城邦首领还未能摆脱贵族会议的控制。

早王朝后期,随着奴隶制的发展,城邦内部阶级斗争愈益尖锐。以神庙上层祭司和贵族会议为统治核心的政治体制已不能满足奴隶主阶级的需要,强化国家机构,建立权力比较集中的君主政体已成为一种必然的趋势。这时期王权日益扩大。考古学家在基什、埃利都等地发现大规模的王宫遗址。基什的王宫(A),面积约6 000平方米。埃利都的王宫是两座面积均为2 925平方米的建筑物,有双重围墙,外墙和内墙之间的通道为1.2米。根据基什、埃利都的王宫建筑推断,城邦统治者大概已经脱离神庙,建立了个人统治。拉伽什的材料则比较清楚地说明君主政体在该邦已经形成。拉伽什乌尔南什王朝(约公元前24世纪上半叶—前23世纪中叶)父子兄弟六传,统治了100余年。国王手下有一个世俗的官僚机构。见于铭文的官吏有苏卡尔(国王的助手)、萨格苏尔(大概是地方首脑)、持杯者、书吏等等。这些官员在国家事务管理中起着重要作用。早王朝后期,君主政体在苏美尔各邦先后形成。

城邦争霸战争和内部阶级斗争 苏美尔各邦之间为争夺土地、奴隶和霸权展开长期战争。早王朝后期,战争愈演愈烈。基什、乌鲁克等邦先后称霸。基什王麦西里姆(约公元前27世纪末叶)为霸主时,曾调停拉伽什与乌玛之间的边界冲突。后来,拉伽什强大起来。拉伽什王乌尔南什(约公元前 26 世纪中叶)的铭文说:"地尔姆(即波斯湾的巴林)的船从外国带给他作为贡物的木材"。这说明他已经控制了波斯湾以外的地区。他还控制了乌尔。乌尔南什之孙安纳吐姆在位时,征服了许多城邦。他的头衔为"纳姆·卢伽尔",即苏美尔诸邦之霸主。至早王朝末期,南部两河流域形成两大军事同盟。南方同盟(拉伽什除外)以乌尔和乌鲁克为霸主,北方同盟以基什为霸主。两大军事同盟的形成标志着独立的小邦开始向地域性的统一王国过渡,反映了南部两河流域的统一是历史发展的趋势。

在城邦争霸战争过程中,城邦内部的阶级矛盾十分尖锐。长期的战争,使大批公民破产失地。据估计,拉伽什王恩铁美那(约公元前 25 世纪下半叶)在位时,拉伽什只有 3 600 公民。同时王权在战争中不断扩大,国王和以祭司为代表的贵族之间的矛盾也很尖锐。在拉伽什城邦,乌尔南什王朝末王恩南纳杜门执政仅 4 年,被高级祭司恩涅塔尔吉(约公元前 24 世纪上半叶)推翻。但是,恩涅塔尔吉和其子卢伽尔安达(约公元前 2384—前 2378 年)上台后,显然背叛了祭司贵族的利益,而成为专横的君主。据《乌鲁卡基那改革铭文》记载,卢伽尔安达侵吞神庙财产,向高级祭司散伽征收贡税,加强对神庙劳动者的监督和剥削。广大平民也遭受王室官员的横征暴敛。卢伽尔安达的暴行加剧了拉伽什城邦内部的社会矛盾。在这种形势下,贵族出身的乌鲁卡基那(约公元前 2378—前 2371 年)推翻了卢伽尔安达,上台执政。

乌鲁卡基那执政期间进行了一系列改革,主要内容是废除卢伽尔安达时期的"弊政"。乌鲁卡基那改革的目的是为了缓和城邦内部的矛盾,以加强城邦政权对奴隶实行专政的职能。他采取了一些有利于平民的措施,但大多是以不触动奴隶主贵族的政治和经济地位为前提的。例如,他禁止贵族用贱价强买平民的房屋、牲畜等,实际还是容许兼并。平民最根本的土地问题并没得到解决。另一方面,乌鲁卡基那废除向祭司征收的重税,制定给予祭司的口粮和开支的新定额,特别是把神庙地产归还神庙,从而增强了祭司贵族的力量,削弱了王权。这就说明,改革具有向以祭司为首的贵族妥协并维护其利益的一面。当然,乌鲁卡基那采取的某些措施(如减轻平民负担,兴修水利等等)对促进社会生产的发展起了一定的积极作用,这是应该肯定的。

乌鲁卡基那执政仅八年,乌玛王卢伽尔扎吉西就率军入侵拉格什,残酷蹂躏了这个城市。乌鲁卡基那的改革彻底失败。卢伽尔扎吉西又战胜了其他一些城邦,大有统一苏美尔之势。但是就在他的统治时期(约公元前 2371—前 2347 年),北方的阿卡德兴起,击败卢伽尔扎吉西,统一了南部两河流域。

三、阿卡德王国

阿卡德王国的统一 阿卡德王国（约公元前2371—前2191年）的创立者是萨尔贡（或读作沙鲁金，约公元前2371—前2316年在位）。萨尔贡出身微贱，自称"母卑，父不知所在"。他出生后，被母亲弃于幼发拉底河边，由一园丁收养。后来，萨尔贡到基什王乌尔扎巴巴（约公元前25世纪下半叶）的宫廷作园丁，兼任"献杯者"等职，成为乌尔扎巴巴的近臣。当基什被乌玛王卢伽尔扎吉西击败一蹶不振时，萨尔贡乘机夺取政权。大概由于基什旧贵族的势力比较强大，萨尔贡夺权后仍用基什国号，称"基什王"。待地位巩固后，他便自建新都阿卡德城（该城遗址至今尚未发现）。

萨尔贡先后出征34次，击败卢伽尔扎吉西，用套狗的绳圈把他拖到尼普尔城的恩利尔神庙前，当作牺牲烧以祭神。接着萨尔贡挥兵南下，降服乌尔，攻取乌鲁克，征伐拉格什，"洗剑于波斯湾"。昔日的苏美尔城市几乎尽遭摧毁，苏美尔旧贵族的势力受到沉重打击。在东方，萨尔贡远征埃兰，略取苏撒等城市。在北方，萨尔贡不仅征服了两河流域北部的苏巴尔图，还曾进兵到小亚细亚的陶鲁斯山区以及沿黎巴嫩山脉的地中海东岸地带。萨尔贡自称"天下四方之王"。他的铭文说："恩利尔把〔从〕上海（即北方的地中海）到下海（即南方的波斯湾）地区给了他"。萨尔贡虽然征服了广大地区，但他直接统治的地方大概只限于两河流域南部。两河流域北部的苏巴尔图，东边的埃兰等只是其属国，仍保持半独立的状态。黎巴嫩山脉一带则仅是征服所及的边远地区。

政治和经济状况 萨尔贡建立了中央集权统治。铭文说："他使全国只有一张嘴"。萨尔贡的中央政府机构拥有众多的官员。萨尔贡组建了两河流域历史上第一支常备军，人数达5 400人。地方行政长官多为阿卡德贵族。为缓和征服者和被征服者之间的矛盾，萨尔贡也任命一些归顺的当地贵族担任官吏。例如，拉伽什的乌鲁卡基那晚年曾任当地总督。但是在阿卡德时代，中央集权制还未最后形成，国家机构并不完善，地方旧贵族的势力仍很顽强。

阿卡德统一时期，社会经济有了新的发展。由于灌溉网的扩大和完善，农业生产水平有了提高。南部两河流域的统一，交通的发展使对外贸易范围不断扩大，远达印度河流域。

奴隶制也有发展。长期的对外战争，使大量的战俘沦为奴隶。例如萨尔贡之子里木什（约公元前2315—前2307年在位）的铭文记载，他从乌尔等地俘虏了5 460人，从卡扎卢俘虏了5 864人，从阿达布等地俘虏了14 576人，等等。当时的土地买卖文书中，提到地价不仅可用银、大麦和其他实物，也可用奴隶支付。这说明奴隶的使用比较普遍。农村公社进一步分化。里木什之兄玛尼什吐苏（阿卡德第三王，约公元前2306—前2292年在位）的一个方尖碑上的铭文记载，他在四个地方购买了八项土地,除一项数目残缺外,其余总计合3 158公顷。可见,土地兼并是严重的。许多平民失地破产,有的甚至沦为债奴。

阿卡德王国内部奴隶与奴隶主,贵族与平民之间存在着尖锐的矛盾,被征服者的反抗斗争此起彼伏。萨尔贡晚年曾一度被起义者包围在阿卡德城。里木什在位时,国内又爆发大规模起义。尼普尔的一件铭文记载,里木什曾杀死数千起义群众。

纳拉姆·辛统治时期(约公元前2291—前2255年),阿卡德王国的势力再度扩张。他自称"四方之王","普天下之王"。纳拉姆·辛死后,阿卡德王国逐渐衰落。其继位者沙尔·卡利·沙里(约公元前2254—前2230年在位)死于宫廷政变。约公元前2191年,来自东北面山区游牧的库提人入侵南部两河流域,灭亡了阿卡德王国。

四、乌尔第三王朝

乌尔第三王朝的建立和王权的加强　库提人在两河流域南部没有建立统一的国家,对苏美尔地区的统治也比较薄弱。苏美尔各邦逐渐复兴。约公元前2120年,乌鲁克王乌图赫加尔(约公元前2120—前2114年在位)赶走了库提人。不久,乌尔王乌尔纳木(约公元前2113—前2096年在位)战胜乌图赫伽尔,统一南部两河流域,建立乌尔第三王朝(约公元前2113—前2006年,乌尔第一、二王朝存于苏美尔早王朝时期)。

乌尔第三王朝时期,中央集权统治大大增强。乌尔纳木颁布了现今所知世界历史上第一部法典——《乌尔纳木法典》(现仅存一些残篇),以法律的形式确立自己在南部两河流域的最高统治。这部法典的"序言"说:"恩利尔从众人中选择了他(即乌尔纳木)"。至乌尔纳木之子舒尔吉(约公元前2095—前2048年在位)时,国王开始被视为神。舒尔吉称为"神舒尔吉"。舒尔吉之子阿马尔·辛(约公元前2047—前2039年在位)则称为"给全国民众以生命之神"。国王独揽军政大权,官吏被视为"国王的奴隶"。在中央集权制度下,原先的城邦成为地方行政单位。恩西为地方官员,由国王任免,其职责主要与神庙事务有关。他们从神庙领取俸禄,向国家缴纳贡赋。可见,地方旧贵族的势力受到严重削弱。

社会经济状况　乌尔第三王朝时期,南部两河流域的经济有了新的发展。青铜器普遍使用。水利网进一步扩大和改善。乌尔纳木在位时,曾修建许多河渠。农业上出现带播种器的犁。商业贸易也有所发展,商品种类很多,白银已成为商品价值公认的尺度。

奴隶制经济迅速发展,国王直接控制全国3/5以上的土地,建立奴隶制大经济。王室的农场、牧场和手工业作坊遍布全国各地,主要劳动者是奴隶和依附于王室经济的自由民。王室经济拥有众多的管理人员。例如,乌玛地区王室经济中仅监督依附民的监工就有 70 余人。王室经济管理严密。国家规定管理人员要定期上呈有关劳动者的口粮分配情况和死亡情况。王室经济中的依附民和奴隶的地位相差不大,他们只能领取一点维持生活的口粮。据一件文书,一个女奴劳动队,一个月内死了 57 人,可见,王室经济对劳动者的剥削是十分残酷的。

私有奴隶制也有发展。当时买卖奴隶的现象比较普遍。一般牧人、手工匠、商人和士兵都有奴隶。有的商人可能以买卖奴隶谋利。例如一份文书记载:"商人乌尔·奴斯库从奴隶主人乌尔·额处以银 11 舍克勒(合 92.4 克)买了一个名叫……鲁姆的男奴来。"私人奴隶比王室经济的奴隶处境要稍好些。他们有自己的家庭,能赎身和出席法庭作证。但是国家严格保护奴隶主对奴隶的占有权。《乌尔纳木法典》第 14 条规定:"倘若[……]有男奴[或女奴从主人家逃跑]并越出城界,(他)人将他(或她)带回,则该奴隶的主人应付给替他带回者银 2 舍克勒。"法典第 23 条规定:"倘若有人的女奴把自己与其女主人相比,对她出言不逊,则应以 1 夸脱盐擦洗其嘴。"可见,国家对奴隶反抗行为的制裁是十分严厉的。

奴隶制的发展加剧了自由民内部的分化。乌尔第三王朝时,大多数自由民处境日益恶化。《乌尔纳木法典》第 29 条对出租土地作了具体规定,这说明当时无地少地的自由民是很多的。他们中有的人不得不租种富人的土地维持生活。有的则在农忙季节到王室农场当雇工,仅领取比奴隶多 1 至 2 倍的口粮。据估计,苏美尔和阿卡德十个城市的王室和寺庙经济大约需要 21 000 个雇工。还有的人甚至被迫自卖为奴。例如一份文书记载:"乌尔杜苦伽,其妻安扎布及其子女宁达达·尼努拉尼、乌尔苏马赫,以三分之二明那又三舍克勒(即 43 舍克勒,合 361.2 克)银子[的价格]甘愿出卖他们自己。"当时这种自卖为奴的人是比较多的。

乌尔第三王朝国内阶级矛盾十分尖锐。奴隶逃亡现象很普遍。自由民大量破产影响国家兵源。国王伊比辛统治时期(约公元前 2029—前 2006 年),东南面的埃兰人和西面的阿摩利人不断侵袭。最后,伊比辛被埃兰人所俘,乌尔第三王朝覆灭。

乌尔第三王朝灭亡后,南部两河流域又陷入诸邦分立的局面。

五、古巴比伦王国

巴比伦尼亚的统一 乌尔第三王朝灭亡后,埃兰人不久退回东方山地。入侵的阿摩利人却在两河流域定居下来。阿摩利人说的是塞姆语,与阿卡德人语言相近。他们初到时,还处在原始社会末期,但很快接受了苏美尔·阿卡德文化,进入阶级社会。这时期,在两河流域兴起了一些阿摩利人的国家,如苏美尔地区的拉尔萨,阿卡德地区的伊新,伊新以北幼发拉底河中游的马里,底格里斯河中游迪亚拉河流域的埃什嫩那,等等。这些国家为争夺两河流域的统治权展开长期混战,最后统一两河流域的是古巴比伦王国(古巴比伦王国又称巴比伦第一王朝)。

巴比伦位于幼发拉底河中游,扼西亚贸易要冲,地理位置十分优越。巴比伦城市出现较早,但作为一个城邦大约是在公元前1894年由阿摩利人苏穆阿布姆建立的。立国之初,巴比伦只是一个依附邻国的小邦。到第六代国王汉谟拉比(约公元前1792—前1750年在位)时,巴比伦逐渐强大起来。汉谟拉比登上王位后,即着手进行统一两河流域的战争。这时外部的形势对汉谟拉比的统一活动是十分有利的。马里、埃什嫩那受控于强盛起来的亚述,拉尔萨一度被埃兰人征服,伊新也衰弱了。汉谟拉比采取灵活的外交政策,一个时期集中力量打击一个主要敌人。他首先与拉尔萨结盟,灭亡伊新。接着他又与马里联盟,帮助马里摆脱亚述的控制,在马里支持下征服拉尔萨。拉尔萨灭亡后,汉谟拉比挥兵直逼马里城下,迫使马里臣服。不久,汉谟拉比残酷镇压马里的叛乱,将马里城夷为平地。汉谟拉比在位时,除亚述和埃什嫩那未被最后征服外,基本上统一了两河流域。

汉谟拉比的专制统治 汉谟拉比在统一两河流域过程中建立了中央集权专制制度。汉谟拉比极力宣扬王权神授,他说:"安努(即天神)与恩利尔为人类福祉计,命令我,荣耀而畏神的君主,汉谟拉比,发扬正义于世,灭除不法邪恶之人,使强不凌弱,使我有如沙马什(即太阳、正义之神),昭临黔首,光耀大地"。汉谟拉比还自称"众神之王",专制王权和神权趋于统一。

汉谟拉比建立庞大的官僚机构。他不仅设立中央政府机构,还派总督管理较大的地区,城市和较小的地区则派行政长官管理。从汉谟拉比给手下官员的许多书信中,反映出他直接控制着国家一切重要事务。例如,他曾下诏,命令拉尔萨地区总督辛·伊丁那姆将三名宫廷门吏押解到王宫。在另一篇诏令中,他指示辛·伊丁那姆调查一件行贿案,如果情况属实,将赃款、赃物、受贿者及知情人证押送到王宫。有一篇诏令提到,汉谟拉比命令辛·伊丁那姆将八名未到任者解送到巴比伦城。此八人中,一名是队长,一名宫廷侍者,一名占卜者。这些事实说明,汉谟拉比严密控制和监督着中央和地方政府,甚至低级官吏都由他任命。他可以任意逮捕政府官员。

汉谟拉比组建一支常备军作为专制统治的支柱。他分给士兵份地,规定士兵服役义务。他严禁军官侵吞士兵财物,违者要被处以死刑。汉谟拉比从经济方面保证士兵的地位,使国家有一支随时可征召的军队。他直接掌管军队的调动。例如,他命令拉尔萨地区总督辛·伊丁那姆把手下一支240人的军队并入另一个人统领的部队,而且不许有任何耽延。对于不服从命令的官员,汉谟拉比给予严厉制裁。他在给某官员的一篇诏令中说:"去年,我派一些拉克布弓箭手到你那里,已经过了八个月,你还没有满足他们的要求","如果你不尽快使他们的要求得到满足……你将得不到宽恕"。以上事实表明,汉谟拉比独揽了军事大权。

汉谟拉比的专制统治还表现在对经济方面的控制。国家对地方征收各种赋税,并将水利系统置于统一管理之下。汉谟拉比重视水利工程的兴修。他在位第8、9、24、33年的年名都是开凿河渠之年。第33年的铭文说,他重凿汉谟拉比运河,因而"供应尼普尔、埃利都、乌尔、拉尔萨、乌鲁克、伊新以不断而充足的水源"。汉谟拉比还亲自处理地方上呈送的经济案件。例如,在给拉尔萨地区总督沙马什·哈西尔的诏令中,汉谟拉比指示:阿摩利人头目艾丁·加米尔总督曾耕种柯巴吐姆城7布耳(约合44.45公顷)的土地,后来这块土地交给了"纳贡人"(即以缴纳贡赋为条件从王室领取份地的自由民);应将在幼格第姆沙运河旁属于宫廷的余地给予艾丁·加米尔,作为补偿。在国家进行公共工程建筑时,汉谟拉比经常从各地征调劳力。例如他曾下诏,命令拉尔萨地区总督辛·伊丁那姆将其派去的360个劳动者,"务使其中180人与拉尔萨城的劳动者一起劳动,另180人与哈布拉城劳动者一起劳动"。汉谟拉比经常审查地方神庙账目。例如,他在一篇诏令中,命令辛·伊丁那姆让一些神庙的官吏迅速到巴比伦向他报告账目。他还规定:如果商人赎回被俘的士兵,士兵无力支付赎金,由地方神庙支付。可见,汉谟拉比控制了地方神庙经济。总之,在汉谟拉比时代,专制王权已经确立。

汉谟拉比法典 自乌尔第三王朝以来,奴隶制私有经济迅速发展,社会关系日趋复杂。为了维护私有制和奴隶主阶级的利益,伊新、拉尔萨等邦都曾制定法典以代替过去不成文的习惯法。汉谟拉比即位后,便吸取以前各邦的立法成果,并结合阿摩利人的氏族部落习惯法,制定法典。法典大概在其在位第30年后刻石颁布。

汉谟拉比法典刻在一个黑色玄武岩柱上,岩柱高2.25米,上部周长1.65米,底部周长1.90米。岩柱上部是太阳神、正义神沙马什授予汉谟拉比王权标的浮雕。浮雕下面是用楔形文字镌刻的铭文。法典由前言、正文和结语三部分组成。前言主要宣扬王权神授,颂扬汉谟拉比的功绩。结语则表示,汉谟拉比遵奉神意,保护黎民,故创立公正的法典,以垂久远;后世有敢不遵法典之王,必因违犯神意而受神罚。正文共282条,内容包括诉讼程序、盗窃、军人份地、租佃、雇佣、商业、高利贷、婚姻、继承、伤害、债务、奴隶等方面,比较全面地反映了古巴比伦时期的社会情况。汉谟拉比法典是古代第一部比较完整的法典。

等级制度 古巴比伦社会内部存在着等级制度。人们被分为阿维鲁、穆什根努、奴隶三个等级。阿维鲁是拥有公民权的自由民。阿维鲁等级中有大奴隶主、中小奴隶主,占多数则是受压迫的下层自由民。穆什根努是无公民权的自由民,大概来源于破产失地的公民或原无公民权的自由民。与穆什根努同一等级的还有"纳贡人"。纳贡人成分比较复杂。汉谟拉比之子萨姆苏伊鲁纳(约公元前 1749—前 1712 年)在一篇诏令中说,我"救[援]纳贡人。[我已]豁免[……]的、伊沙库的,(以及)[牧民]的拖欠……"可见,纳贡人至少包括伊沙库、牧民和另一种劳动者(因原文缺失,不知其职业名称)。伊沙库主要是指以缴纳贡赋为条件从王室地产领取份地的佃耕农民。他们的身份大概不能随意改变。例如,汉谟拉比给某官员的诏令说:"你不得指派伊沙库农民阶级的成员作为里都士兵,因为按身份来说,他们都是伊沙库农民"。古巴比伦王国的士兵称里都、巴衣鲁。他们与纳贡人的地位相差不大,属于穆什根努等级。穆什根努等级中有的上升为奴隶主,多数则是下层自由民。汉谟拉比法典对阿维鲁和穆什根努等级的法律地位有具体规定。例如,伤害阿维鲁的眼睛或骨头,必须遭受同样损害的惩罚;伤害穆什根努的眼睛或骨头,则只需赔偿一明那(合 505 克)银子(第 196—198 条)。可见,穆什根努在法律地位上低于阿维鲁。

奴隶制度 古巴比伦时期,王室拥有大量的奴隶。一般富裕的阿维鲁和穆什根努也都有奴隶。奴隶来源除战俘外,也有外地买来的。当时买卖奴隶的现象很普遍。法典规定奴隶一般价格是 20 舍克勒(合 168 克)银子,但在实际买卖中则因奴隶而异。男奴最高价可达 90 舍克勒(合 756 克)银子,最低价 6 或 10 舍克勒(合 50.4 克或 84 克)银子;女奴最高价 84 舍克勒(合 705.6 克)银子,最低价 $3\frac{5}{6}$ 舍克勒(合 31.7 克)银子。奴隶同牲畜一样被视为主人的财产。但在某些情况下,奴隶可通过婚姻、收养、交纳赎金等方式获得解放。例如,法典规定,为主人生有子女的女奴,主人死后,应予释放(第 171 条)。据一份文书,尼普尔的一个女奴以 10 舍克勒(合 84 克)银子向恩都(女祭司)赎取自由。当然,这种情况是极少数的。而且奴隶制国家是极力维护奴隶主阶级利益的。法典规定:拐带、帮助奴隶逃跑或窝藏奴隶者,都要处以死刑(第 7、15、16、19 条);奴隶打自由民的嘴巴或不承认自己的主人,要处以割耳之刑(第 205、282 条)。这些条款表明国家严格保护奴隶主对奴隶的占有权。

土地制度 古巴比伦时期,王室拥有大量的土地,约占全国可耕地一半以上。由于乌尔第三王朝那种王室直接经营的奴隶制大经济难以管理,而且容易引起奴隶的反抗斗争,所以古巴比伦时期王室将大部分土地以份地形式交给对王室负有不同义务者经营。这些人可分为三类:(1)祭司、商人、手工业者及公务人员。他们为王室服务,领取份地作为报酬。他们的份地可以买卖。但买者必须接替卖者对王室的义务。这类人中的富者大多使用奴仆或雇佣他人耕种土地。(2)士兵里都、巴衣鲁。他们领取份地作为服役报酬。士兵的份地不能买卖。法典规定:如果士兵在服役中被俘,其子可接替父亲服役并继承份地;如果其子年幼,则由其妻领回份地的1/3,抚养孩子。士兵放弃份地,不再服役,三年之后不得领回原有份地(第28—30条)。士兵的份地与服兵役联系在一起。(3)纳贡人,纳贡人从王室地产领取份地,缴纳的贡赋约占土地收入的1/3至1/2。纳贡人的份地不得买卖,也不得由女继承人继承(第36—39条)。士兵、纳贡人主要依靠自己和家庭成员耕种土地,基本上属于小生产者。

古巴比伦时期土地私有制已相当发达。法典对属于阿维鲁个人土地的转让、出租、抵押、买卖都作了具体规定(第42—66条)。法典还规定,里都、巴衣鲁和纳贡人的"田园房屋系由其自行买得,则彼得以之遗赠其妻,亦得以抵偿债务"(第39条)。这说明穆什根努等级中不少人也拥有私有土地。汉谟拉比给拉尔萨总督辛·伊丁那姆的一篇诏令说:"……关于都尔·古尔古里城地区的……(原文缺)土地,乌埃阿·鲁·巴尼一向对之有所有权,因为文书记载这是让渡给他的。因此,尔应将此土地归还乌埃阿·鲁·巴尼"。汉谟拉比亲自处理有关土地转让的纠纷,说明国家是极力保护土地私有权的。

租赁制、雇佣制与自由民的分化 随着土地私有制发展,古巴比伦时期租赁和雇佣关系普遍流行。租赁关系主要有两类:一是租赁房屋、车、船、牲畜等;一是租佃土地。从法典中可看出,大多数出租者是阿维鲁。法典对租赁关系作了具体规定。例如,租耕牛一年,租金为4库鲁(合1 010.4公升)谷;如果耕牛在租用期间死亡,租牛者要负责赔偿(第244—246条)。租佃土地的地租一般标准是收成的1/3至1/2(第46条)。如果遇上自然灾害或其他原因歉收时,损失由承租者负责(第42—47条)。可见,法典竭力维护出租者的利益。私人租佃关系不同于纳贡人与王室的关系。前者以契约关系为基础,后者则是以向王室缴纳贡赋为条件,王室可随意改变贡赋数量。私人租佃关系无人身依附条件。但由于佃户大多是贫困的自由民,他们随时有可能破产,由于交不出租而负债,最终沦为债务奴隶。

雇佣关系也是以契约为基础的。雇主按契约付给不同劳动者以不同的报酬。例如,受雇放牧牛羊者,每年可得8库鲁(合2 020.8公升)谷物(第261条)。雇佣耕者,每年应付给其8库鲁谷物(第257条)。雇佣手工业者按日计酬,一般手工业者每日酬金5—6塞(合0.23克—0.276克)银子(第273、274条)。

古巴比伦时期,高利贷活动盛行。法典规定,借贷和还债时,需证人在场(第95、96条)。贷谷利率为33.3%,贷银利率为20%(第89条)。

租赁、雇佣和高利贷活动的盛行必然加剧自由民内部分化,少数人上升为奴隶主,多数人生活日益恶化。当时许多自由民因贫困破产沦为债务奴隶。法典对债务奴役有一些限制性的规定:达木卡(即大商人)以不足重量的秤或不足量的量器贷出谷物或银子,以逾量的秤或逾量的量器收进,应丧失其全部债权(第94条);自由民以其妻或子女抵债,服役期限为三年,第四年应恢复其自由(第

117条),等等。这大概是由于沦为债务奴隶的自由民多半是巴比伦人,不是异族,应多少有所保护,再则因债务奴隶过多,影响了税收来源,国家不得不采取这一类的措施。

古巴比伦王国的衰亡 汉谟拉比建立的统一国家并不稳固,内部阶级矛盾十分尖锐。至萨姆苏伊鲁纳统治时期,乌尔、乌鲁克、伊新等地都发生了大规模暴动。奴隶逃亡的情况也很严重。下层自由民反债务奴役的斗争十分激烈。萨姆苏伊鲁纳曾被迫宣布解负令,毁除军曹、穆什根努和巴衣鲁欠债的泥板,以缓和阶级矛盾。东部山区的加喜特人这时也开始侵袭巴比伦。古巴比伦王国在内外交困中日益衰弱,约公元前1595年,被北方入侵的赫梯人所灭。

六、苏美尔·巴比伦文化

文字 苏美尔人最伟大的文化成就之一是文字的发明。早在乌鲁克文化期之初的文物上,已出现图画文字。它们已非全属图画性质,还带有一些线形符号。因此文字的起始大概早于该时期。捷姆迭特—那色文化期,图画文字发展成为苏美尔语的表意文字,由一个或几个符号组合起来,表示一种新的意思。例如,代表"口"的符号,可用来表示动词"说";代表"眼"和"水"的符号,则表示"哭"。表意文字逐渐发展为表音文字。一个符号表示若干发音相同的字。例如,"箭"和"生命"发音为"提",两者都用"箭"的符号表示。由于表意文字和表音文字一字多义,使用不便,人们在文字符号前加一些限定性的部首符号。例如,人名符号前加一个"▽",便表示男人之名。经过这些变化,苏美尔语文字体系基本完备。

苏美尔文字是用削成三角形尖头的芦苇秆(或骨棒、木棒)当笔,刻在泥版上,落笔之后自然形成楔形。因此,称为楔形文字。

苏美尔语楔形文字对西亚许多民族语言文字的形成和发展有着重要影响。阿卡德人、阿摩利人、亚述人、埃兰人、赫梯人、胡里特人、米坦尼人、乌拉尔图人等都对楔形文字略加改造来表达自己的语言。腓尼基文字也含有楔形文字的因素。

文学 苏美尔·巴比伦文学作品多是宗教神话和史诗。其中最有代表性的是《吉尔伽美什史诗》。在这首史诗中,乌鲁克城邦首领吉尔伽美什被描绘为一个半人半神的英雄。他骄傲暴戾,引起诸神不满。诸神创造巨人恩奇都去惩罚他。但两人在决斗中却成了朋友。此后,吉尔伽美什改恶从善,为民除害,立下许多功绩。他的英雄行为引起女神伊斯塔尔的爱慕,但他拒绝伊斯塔尔的求爱,触怒诸神。诸神用夺取恩奇都生命的办法来打击他。吉尔伽美什为朋友的死十分悲痛,决心去寻找长生不死之方。他历经千难万险,得到永生的仙草。但在归途中,仙草却被蛇偷吃,结果无功而返。这首史诗生动地反映了人们探索生死奥秘这一自然规律的愿望,也表现了人们反抗神意但最终难免失败的悲剧色彩。

《吉尔伽美什史诗》起源于苏美尔时代,经历代人们传诵,至古巴比伦时期才编定成书。现存的版本是亚述帝国时期的抄本。

苏美尔·巴比伦文学也有一些反映阶级矛盾,寓意深刻的作品。例如,古巴比伦时期的作品《咏正直受难者的诗》,描写一位对神和国王十分虔诚和敬畏的人。他总行好事,却得不到好报,不断遭受厄难,从而开始怀疑神的公正。他说:"为什么到处都是邪恶的事物?""在人看来是好事,而神却认为是恶;人所认为是坏事,而对神来说则是善,谁能了解天上诸神的意旨呢?"这首诗无疑表现了人们对社会现实的强烈不满,以及对神和宗教的传统信仰叛离的倾向。又如《主人与奴隶的对话》,描写主人与奴隶之间有关十二个问题对答的情景。奴隶起初对主人提出的要求,只是顺从地回答:"是的,我的主人"。后来,奴隶终于嘲笑主人:"谁能高得走上天,而谁又能把大地填满呢?"主人威胁要杀死奴隶。奴隶则针锋相对:"我死了以后,你也活不到三天"。这首作品生动地揭露了奴隶主阶级的贪婪本性,表现了奴隶敢于反抗的勇敢精神。

科学知识 在农业生产中,人们为了安排好农时,必须正确掌握四时规律。苏美尔人很早就注意观察天象。当时天文学与占星术混在一起,由祭司掌管。许多神庙内都设有观象台。苏美尔人根据月亮运行的规律,制定历法。以月的圆缺,周而复始为一个月。1年分为12个月,6个月每月30天,另6个月每月29天,全年共354天。这样每年比太阳年(即地球绕太阳运行一周的时间)短11天多时间,遂置闰月来补足。苏美尔人置闰月尚凭经验。例如,乌尔第三王朝时,有一年曾置3个闰月。这说明以前已有很长时间未置闰月。古巴比伦时期,置闰月已有一定的规律。古巴比伦人已能将行星和恒星区分开来,并且知道火、水、木、金、土五大行星运行轨道。他们观察出太阳在恒星背景上的视运动轨道——黄道,依黄道上各星座代表的地段而划出太阳在一年十二个月所处的位置,即黄道十二宫。古巴比伦时期的文献中还记载了对流星、彗星等星变异象的观察。

苏美尔人和巴比伦人的数学知识达到古代很高的水平。苏美尔人采用10进位和60进位记数法。他们运用六十进位计算时间和圆周,将圆周分为360度,时间1小时为60分,1分为60秒。古巴比伦数学家已经知道四则运算,能求出平方根、立方根,解出三个未知数的方程式。在几何学方面,他们知道运用商高定理($勾^2+股^2=弦^2$),能计算长方形、三角形和梯形的面积,并且将这些方法结合起来计算不规则形状的面积。古巴比伦数学家还算出圆周率为3。

建筑和雕刻 苏美尔·巴比伦的建筑和雕刻也达到古代很高的水平。塔庙是苏美尔建筑的典型代表。它是建筑在层级高台上的神庙。苏美尔人习惯在旧神庙原址上建新神庙。由于历代续建,神庙地基变成了高台。苏美尔城市都有塔庙。它是城市中的重要建筑物。最著名的乌尔大塔庙,共四层。底层面积为

61米×45.7米,以上各层面积逐渐缩小,有一宽大的梯道从底层直通顶层。梯道中央有一亭阁与两边横的梯道相通。各层表面依次铺以黑色、红色、青色和白色的砖块,分别代表阴间、人世、天堂和太阳。顶层上有一座庄严肃穆的殿堂。塔庙的装饰也很精美,墙面的扶垛组成垂直的凹凸形直线,门洞为拱形。苏美尔塔庙的这种装饰技术日后成为两河流域建筑的重要特征。古巴比伦时期的建筑成就突出表现在王宫建筑方面。古巴比伦王国的王宫历经战乱破坏,遗址又因地下水位较高无法发掘,具体情况尚不清楚。但同时期的马里王宫却提供了很好的参考。马里王宫面积达24 000平方米,各种大厅和房间600余间。厅、房的墙壁大多饰以彩色壁画,表现征战,狩猎,献贡以及宫廷生活等方面的题材。王宫大院遍植奇花异草,景色秀美。这座宏伟富丽的王宫表现了古代劳动人民高超的智慧和技能。

苏美尔·巴比伦的雕刻艺术有其典型风格。苏美尔雕刻表现手法比较刻板,人物一般呈静态姿势。不过,苏美尔艺术家也注重用宝石镶嵌眼睛,使人物面部仍富有表情。例如,著名的《安纳吐姆鹫碑》,其上的浮雕描绘拉伽什王安纳吐姆率军征战的场面。安纳吐姆形象高大,面部和眼睛表现坚毅有力,显示出王者英武雄伟的气派。古巴比伦时期的雕刻已具有丰富的表现力。《汉谟拉比法典》上的浮雕,沙马什神面目线条朴实有力,表现出庄严肃穆的神情。站立着的汉谟拉比,面目和身态刻画得虔诚而坚定。这种刚劲、朴厚的风格为以后两河流域雕刻艺术奠定了良好的基础。

苏美尔·巴比伦文化对古代西亚文化的发展有着深远的影响,它在人类文化史上占有重要地位。

第三章 最初的文明(下)

(公元前4000年代后期至公元前2000年代前期)

第一节 印度河流域文明

古代印度的自然环境和居民 古代印度是一个历史上的地理概念,指喜马拉雅山以南的整个南亚次大陆。它包括了现在的印度、巴基斯坦、孟加拉、尼泊尔、不丹等国的领土。在古代印度,并不曾有任何一个国家以印度作为自己的国名。可是,波斯人、希腊人都泛称这一地区为印度,我国《史记》、《汉书》称之为身毒,《后汉书》称之为天竺,唐代玄奘认为以上音译都不太准确,乃改译为印度。印度作为地域的名称是从印度河的名称引申而来的。

古印度北有喜马拉雅山,西北有苏来曼山和兴都库什山,东临孟加拉湾,西临阿拉伯海,南为印度洋,在古代只有西北部的一些山口是比较方便的对外通道。

古印度地处热带和亚热带地区,全境大体可以温德亚山和纳巴达河为界分为南北两区域。在北部,西面的印度河流域和东面的恒河流域是两个最重要的地区。这两条河的上游水源都是高山雪水,由于雨量在西部很小而越往东越大,印度河流经的是干旱地带,而恒河则流经水源十分丰富的肥沃地区。南部是一多山的半岛,中有德干高原,沿着东西海岸又分别蔓延着东高止山和西高止山两条山脉。半岛的沿海平原是比较适于农业的地区。

在古印度,石器时代就已有人居住。旧石器时代的遗址在西北的旁遮普地区、中部的纳巴达河一带、半岛西部的孟买地区、半岛东南的马德拉斯地区等处均有发现。新石器时代的遗址则分布更为广泛。约在公元前4000年代末至公元前3000年代,在信德、俾路支斯坦和拉贾斯坦等地,又开始进入了金石并用时代。考古材料证明,整个史前时期直到文明出现的前夕,在古印度都是有人居住的。

关于这些史前文化的创造者的人种问题,现在还没有得到彻底的解决。大概在他们中有矮黑人、原始澳大利亚人、蒙古利亚人和达罗毗荼人。这些人种至今还生活在南亚次大陆的不同地区。

哈拉巴文化的发现 当1922年《剑桥印度史》第一卷初版的时候,古印度的文明时代还被认为是从公元前1000年代的后期吠陀时代开始的。也就在这个时候,在印度河流域开始发现了新的远古文明。1921年,在旁遮普地区的哈拉巴发掘出远古遗址,发现了许多古物和两枚印章。在19世纪,这里就出土过一枚远古印章,引起了人们的注意。1922年,在信德地区的摩亨佐·达罗的一个佛教建筑的废墟下面也发掘出远古的遗址,发现了类似的印章和古物。按遗址所在地区来说,这一新发现的远古文明被称为"印度河流域文明";按考古学界以首次发现的地点命名的习惯,它又被称为"哈拉巴文化"。

自从20世纪20年代以来,考古学家已经陆续发现了类似的大小遗址数百处,其分布范围也不限于印度河流域。在北起喜马拉雅山麓,南至纳巴达河下游,东起朱木拿河上游,西至巴基斯坦西南沿海地区这样一个广阔的地域里,都有类似遗址的发现。这地域要比早期埃及或两河流域古文明遗址分布的范围大得多了。

哈拉巴文化是早已被人们遗忘了的文化。存世的文献中甚至没有关于它的传说,当然更没有关于那个时代的历史记载了。由于在两河流域(特别是乌尔)遗址发现有印度河流域的或印度河流域式的印章,考古学家推测约在公元前2350年至公元前1770年间印度河流域文明与两河流域之间曾有商业往来。据此大体可以推定,印度河流域文明存在于约公元前2300—前1750年。以后学者又用放射性碳(C^{14})测年法对若干遗址的遗物作了测算,发现不同的具体地区的年代并不完全相同。总的来说,哈拉巴文化的年代约为公元前2300—前1750年;具体地说,其中心地区约为公元前2300—前2000年,其周边地区约为公元前2200—前1700年。

哈拉巴文化已经进入文明时期。在已发现的2000多枚印章上,都或多或少刻有文字。文字的符号有些是象形的,也可能有些是表示音节的。对于这些文字符号的总数,学者的统计结果不一,共约400—500个。学者们试图用种种有关的语言释读这种文字,迄今还未能得出公认的结论。因此,目前还只能从考古材料来了解这个文明。

社会经济生活 哈拉巴文化的主要经济部门是农业。已发现了镰刀等农具。当时栽培的作物有大麦、小麦、豆类、芝麻、蔬菜、棉花等。在印度河流域的遗址中不曾发现稻,但在洛塔尔遗址(在今古吉拉特邦)中发现有稻壳,可能在水源比较丰富的地方已经开始种稻。除田间作物以外,椰枣、果品也是人们常用的食物。当时的人还食用牛肉、羊肉、猪肉、家禽以及鱼类。已经驯养的动物有:牛(包括水牛)、山羊、绵羊、猪、驴、狗及种种家禽。还不能断定马是否已被驯养,因为只是在摩亨佐·达罗的表层才发现有马骨。

哈·拉巴文化遗址中虽然仍有许多石器,例如石刀、石臼、石罐、石秤锤等,但是也有了大量的铜器和青铜器,如镰刀、锯子、斧、凿、鱼钩等工具以及匕首、箭镞、矛头等武器。除铜和青铜外,人们也掌握了对金、银、铅、锡等金属加工的技术。已发现的金、银、铜首饰有项链、戒指、手镯、臂镯、足镯、耳环等等，显示出当时工匠的精巧技艺。

纺织和制陶是哈拉巴文化的两个重要手工业部门。纺锤和纺轮在许多遗址中都有发现，它们是当时纺毛和纺棉的重要工具。在遗址中发现了染缸，可见当时已经掌握了纺织品染色的技术。陶器的坯基本都是在陶轮上制成的，也有手工制造的。陶坯是在窑中烧制成陶器的。陶窑已被发现。它们都是圆形的，分为上下两层：上层放置陶坯，下层烧火，中间的隔层是有孔隙的，以便火焰可以烧到上层。已经发现大量的陶制容器，其中有无装饰的各种日常用具，也有一些饰以图画的精品。

在农业和手工业发展的基础上，哈拉巴文化也有了相当发达的商业。当时的黄金大概是从南印度输入的，银大概是从阿富汗、伊朗输入的，铜则可能是从南印度和俾路支等地输入的。陆路的交通运输主要用牛车。在哈拉巴文化与古代两河流域之间，也有商业往来。在两河流域的古遗址发现了若干哈拉巴文化的印章，在哈拉巴文化遗址中也发现了一些来自两河流域的圆柱形印章和金属制品。与两河流域的贸易大概是经由海路进行的。在哈拉巴文化印章中，有的刻有船的图形，这种船大概就是当时海路交通运输的工具。

城市国家　哈拉巴文化的几百个遗址中包括了众多的小村落遗址，但是能够体现这一文化的特色的仍然是城市。城市不分大小，都有一个共同点，即包括卫城和下城两个部分。在众多的城市遗址中，较大者只有几处，其中以哈拉巴和摩亨佐·达罗为最大（面积约1平方公里），而遗址保存较好、迄今发现也最为清楚的则是摩亨佐·达罗。因此，从摩亨佐·达罗可见哈拉巴文化城市结构的一斑。

摩亨佐·达罗的西部是建于砖砌高台上的卫城，东部是住宅与工商业所在的下城。这两部分又由一道宽厚的砖墙围护起来，形成一体。卫城的中心是一个大的公用浴池，长12米，宽7米，深2.4米，用砖建成，涂以沥青，以防漏水。浴池附近开有水井，为供水之源；浴池也建有排水沟道。这里大概是当时人们举行重大礼仪前的沐浴处所。浴池西面有27排带有通风孔道的砖建筑物，它们显然是谷仓。在浴池的北、东、南三面，还有许多建筑物。这些可能是政府办公和大众集会的地方。

摩亨佐·达罗的下城显然是按照一定的规划建成的。那里的大街是笔直的。它们或者东西向，或者南北向，垂直相交，把下城分为许多街区。每个街区中又有若干小巷。它们也是东西向或南北向地排列着，并和大街垂直相交。大街和小巷构成了一整套井井有条的交通网络。主要的大街宽度可达10米。街道交叉处的建筑物的墙角砌成圆形，以免有碍交通。街道还有不少灯柱，大概晚上已有路灯照明。在街道网络的下面，又有一整套下水道的网络。地下的沟道是用砖砌成的,沟上用砖或石板作顶盖。街道的两边都是建筑物的墙壁。建筑物不开临街窗户,窗户都开在自家的院子里;有门通向街道,不过门一般都开在小巷里。

建筑物的大小各有不同。小的只有两间小房,大的则以院子为中心、周围建有很多房屋。还有一些像营房一样的单间住房,可能是穷苦人的住处。建筑物不仅有占地大小的区别,还有楼层多少或有无的不同。若干建筑物遗址中有楼梯的残迹,这说明有两层或三层楼。大的建筑物中通常都有自家的水井。几乎每一建筑物都有一间浴室。浴室地面是不漏水的,并且有一定的坡度使水流向房屋的一个角落,那里安有管道,可以把水导向室外街道的下水道中。有些建筑物遗址中还发现了垂直的陶管,这说明浴室位于楼上。根据各家建筑物的差别,可以推知当时社会是存在贫富的阶级差异的。

从卫城的巨大公共建筑物和粮仓的存在,以及下城的街道规划,都可以看出当时已有掌管支配权力的国家机构。学者们根据遗址的规模对摩亨佐·达罗和哈拉巴的人口作出不同的估计,一般认为这两个城市约各有35 000人。这说明当时的国家都是不大的城市国家,由中心城市和周围一片农村地区组合而成。

哈拉巴文化的衰亡　哈拉巴文化的城市经过其繁荣期以后,先后都变成了被人遗忘的废墟。由于文字尚未释读成功,这种文明的创造者至今还未确定。学者们提出种种不同的假说。有人说他们是苏美尔人,可是提不出切实证据。有人说他们是雅利安人,可是雅利安人的文化与哈拉巴文化又有明显的不同。不少学者认为他们是达罗毗荼人,可是又不能从他们的语言上加以证实。又有学者认为他们是混血人种,这当然也只能是一种推测。

至于哈拉巴文化衰亡的原因,学者们也有种种不同的推测。有些学者认为,由于雨量减少,信德地区日益干旱甚至沙漠化,居民不得不移往他方。有些学者认为,哈拉巴文化的衰落是地震、泥石流、旋风等灾变的结果。有些学者认为,由于印度河的改道,原先的河谷沃土变成了沙土,人们被迫离去。以上推测都把哈拉巴文化的衰亡归因于种种自然灾害,但是自然灾害不足以说明分布在那么广阔土地上各城市为何一齐衰亡。有些学者认为,由于土地的过度耕作、水利设施被忽略或破坏以及长期伐林掘土烧砖,土壤逐渐恶化,致使哈拉巴文化趋于没落。有些学者认为,印度河流域城市文明的富足,引来了山地部落的入侵,结果造成文明的毁灭。还有学者认为,哈拉巴文化的衰亡是雅利安人侵入的结果。最后一说曾经盛行一时,但是雅利安的侵入在公元前1500年以后,而现在已经测定哈拉巴文化在此以前就已经衰亡了。因此,哈拉巴文化衰亡的原因仍然是一个尚待解决的问题。

第二节 爱琴文明的发生

希腊和爱琴海地区的自然环境 人类最初的文明在西亚的两河流域和埃及的尼罗河流域形成后,地中海东部地区便在此两大东方文明的照耀下熠熠生辉,新的文明中心此起彼出,蔚为壮观,其中尤为杰出的是爱琴文明。爱琴文明是指爱琴海地区的青铜文明,以克里特岛和希腊的迈锡尼两地为主,亦称克里特—迈锡尼文化。就其地理位置看,爱琴海处于地中海东部的西北隅,东接小亚细亚,西连希腊半岛,南与埃及、利比亚隔海相望。在历史传统上,爱琴海与希腊更有密不可分的联系。自爱琴文明形成后,爱琴海与希腊遂组成统一的文化区,此即世界历史上著名的古希腊文化区,它是西方文明的源泉。

希腊是希腊人对他们所生活居住地区的通称,在古代不是一个国家的名称,最初指传说中希腊人始祖所居住的希腊半岛中部偏北地区,后来范围逐步扩大而包括希腊半岛、爱琴海诸岛,乃至泛指所有希腊人聚居之地。希腊和爱琴海地区包括希腊半岛、爱琴海诸岛和小亚细亚半岛西岸,扼欧、亚、非三洲交通的要冲。爱琴海属于古代希腊的东部,海中岛屿众多,它们和小亚沿岸构成了东部希腊的地域。希腊本土居于希腊地域的中央,东有爱琴海,西有爱奥尼亚海和亚德里亚海(它们又都是地中海的一部分),因此希腊本土实际上是诸海环绕的半岛,只在北部与欧洲大陆相连。

和古代东方文明的大河流域、沃野千里的特色相比,希腊则是以地小山多、海岸曲折、岛屿密布为其地理环境的特色。温和晴朗的地中海气候在这里也表现得最为典型,既无欧陆冬季的严寒,更没有非洲夏日的酷热。海洋主宰了它的气候,也在一定程度上影响于它的历史与文化。这种冬季多雨而夏日干爽的地中海气候有利于橄榄、葡萄的生长,充足的阳光和长年的和煦则激励居民喜爱户外活动。由于都属地中海气候,希腊和地中海东部与西部沿岸各地,虽为海外远隔的异国,却在自然环境方面有相近之处。随着古希腊航海事业的发达,这些地方,如东地中海的小亚、叙利亚与埃及,西地中海的意大利、法国与西班牙,都便于希腊向其沿岸移民。爱琴海和爱奥尼亚海都以风光绮丽著称,碧海蓝天,绿岛相连,浩渺的海面使古代航海者感到亲切。夏天的爱琴海成为远古航海业的天然摇篮,这里的居民从旧石器时代晚期即开始航海活动,进入文明以后更见兴盛。然而,海洋也并非总是风平浪静,爱琴海的冬季风暴尤为频繁,所以古希腊人也把海洋看成锻炼勇士的学校。更重要的是,进入铜器时代以后,爱琴海已变成希腊与东方先进文明建立联系的主要通道,他们东航经叙利亚而接触巴比伦文明,从爱琴海南边最大岛屿克里特往南往东,也很容易到达埃及。这两大文明古国和其他东方文明民族都使爱琴文明和日后的希腊文明得以丰富和发展,使他们能在自己的文化创造上取得卓越成就。

以爱琴海诸岛和小亚沿岸构成的东部希腊由于最靠近东方,在经济和文化发展方面也有得风气之先的优势。爱琴海中岛屿众多,总数在480个以上。小亚沿岸的大岛有罗德斯、萨摩斯、开俄斯等。海中诸岛大小不等,归属于基克拉迪斯群岛和南北斯波拉底斯群岛三大组。但是,爱琴海的最大岛屿,也是爱琴文明的最大中心,却是处于海域最南端的克里特岛,它如长船般横列于希腊与北非之间,东西长约250公里,南北则较狭短,仅有12至60公里。岛东部平坦、溪流甚多;中部有全岛最高的伊达山,其东坡与南北麓亦形成多块平原,兼有战略形胜及经济发达之利,首邑大城皆集中于此;岛西部则为丘陵山地,比较落后。克里特岛位置优越,海运方便,成为南连埃及、北通希腊的枢纽。

希腊本土分为北希腊、中希腊和南希腊三部分。中希腊的雅典从古到今始终是希腊最大的政治、经济、文化中心。南希腊在地理上又别称伯罗奔尼撒半岛,其东北端的迈锡尼在爱琴文明后期代克里特而起,地位非常重要。在希腊文明时期,希腊本土和爱琴诸岛都各自建立数以百计的城邦小国,始终未臻统一,但在民族、语言、文化、风俗方面却较一致。以纷立的城邦小国而取得突出的文明成就,这是希腊不同于东方文明的一大特点。它在一定程度上是和爱琴海岛屿密布、希腊本土又被群山分割为无数小块区域的地理环境的特点有关。

早期居民和向文明的过渡 希腊爱琴地区很早就有人类活动。在北希腊的卡尔息狄斯地区曾发现早期人类头骨,有的学者认为属于尼人类型。旧石器时代文化遗存散见于希腊半岛。南希腊阿哥利斯地区的弗朗克提洞穴中有约公元前7000年的中石器时代遗址,居民捕捉海鱼,并使用黑曜石制作的石器。新石器时代的居住地分布于希腊本土和爱琴海诸岛,最早的时间可推至公元前6000年前,著名的遗址有马其顿的新尼可米底亚、色萨利的塞斯克罗和克里特的克诺索斯等。新石器时代各处居民的生活方式大致相同,种植大麦、小麦和豆类作物,驯养绵羊、山羊、猪等家畜,崇拜象征丰产的泥塑女神像。农业技术大概从西亚通过小亚半岛由海陆两方面传来,可能伴以农业移民。值得注意的是,希腊缺乏坚硬的燧石,新石器文化各处居民多以黑曜石制造具有较锋利边缘的石器,而黑曜石只产于基克拉迪斯群岛的米洛斯岛。这说明早在公元前7000—前6000年间,爱琴海上就开始了互通有无的往来。

公元前3000年代初,希腊爱琴地区进入早期青铜时代。公元前2000年代则为中、晚期青铜时代,先在克里特、后在希腊半岛出现了最早的文明和国家,统称爱琴文明。自此,古代希腊的历史大致分为五个阶段:(1)爱琴文明或克里特、迈锡尼文明时代(公元前20—前12世纪);(2)荷马时代(公元前11世纪—前9世纪);(3)古风时代(公元前8—前6世纪);(4)古典时代(公元前5—前4世纪中期);(5)马其顿统治时代(公元前4世纪晚期—前2世纪中期)。

爱琴地区的早期青铜时代最初实际上为铜石并用时代,铜器并不多。金属冶炼技术大概与农业种植一样,来自东方。公元前2500—前2200年间,爱琴地区的社会面貌发生较大变化。金属器逐渐增多,人口明显增长,爱琴海上贸易交通较前更为频繁,靠近海的地方出现了较大的建筑物和城防设施。这一切反映出物质财富正在增加,社会分工和社会结构开始复杂起来,出现了向文明过渡的迹象。基克拉迪斯群岛是由小亚运铜等金属原料通往希腊半岛的要道,其早期青铜文化在爱琴地区居领先地位。那里出土的大理石"大地母神"偶像和奏琴吹笛者人像古朴传神,开后来希腊大理石雕刻艺术的先河。

希腊爱琴地区的早期居民不是希腊人,古代希腊作家称他们为皮拉斯吉人、勒勒吉人和卡利亚人。爱琴地区有不少地名以 nth、ss 为词尾,如希腊半岛的科林斯、克里特岛的克诺索斯和小亚西岸的哈利卡纳苏斯等。从语言学来说,这种词尾非希腊语所有,从而说明爱琴地区的原先居民不是希腊人。学者们称之为地中海民族,他们与小亚细亚半岛的居民大概有较多的关系。公元前2500年后,一批属于印欧语系的操希腊语的人大约从多瑙河流域来到马其顿等地,其中一部分在公元前3000年代末分批进入中、南希腊,与当地居民混合而成为希腊人。

克里特城市国家的兴起　　克里特最早的新石器文化遗址约始于公元前6000年,以后发展较平稳,居民多居洞穴中。公元前2500年后,铜器、青铜器逐渐增多,匕首占很大比重。冶金术大概由小亚和基克拉迪斯群岛传来。石瓶、印章、黄金饰物的制作引人注目。手工业生产的发展导致进一步的劳动分工、商品交换和社会分化。从大量的私人印章、豪华的金银首饰和东克里特发现的大型L形建筑来看,在公元前3000年代末,私有制和贫富分化已相当发展。

克里特文化深受西亚的熏陶,也有埃及的影响。公元前2500年左右,有来自北非的移民迁至南克里特,与当地居民相混合。从埃及输入了蓝釉陶珠、彩瓶、象牙和装饰品。但克里特文化从一开始就不是对外来文化的复制和模仿,而是加以吸收改造,逐步形成自己的风格。

约公元前2000年,克里特出现了最初的国家。克里特文明的最大特征是宫殿的修筑,每个城市国家多围绕王宫而形成,宫廷是国家的经济、政治和文化的中心。克里特易发生地震,由于天灾人祸,各地王宫多遭到过破坏和进行重建。学者们根据这一特点将克里特文化的发展分成前王宫时期(约公元前3000年代)、古王宫时期(约公元前2000—前1700年)、新王宫时期(约公元前1700—前1450或公元前1380年)和后王宫时期(约公元前1450或公元前1380—前1100年)。

古王宫时期是克里特文明的形成和初步发展期。从发现的遗址看,最初的国家主要兴起于克里特岛的中部和东部地区,有克诺索斯、法埃斯特、马里亚、古尔尼亚、菲拉卡斯特罗和札克罗等。其中以克里特岛中部北岸的克诺索斯和中部南岸的法埃斯特最强盛,各为较大的城市,并拥有海港。两者之间有道路相通,纵贯克里特岛。在古王宫末期,大概克诺索斯已统一全岛。按希腊神话克里特岛有米诺斯王的传说,学者们遂称克诺索斯的王朝为米诺斯王朝,克里特文化亦名米诺斯文明。克里特此时出现了欧洲地区最早的文字,初呈图形,后字体逐渐简化为线形,向音节符号演进,人称线形文字A,至今仍未被释读,大概非希腊语。

克里特岛林木茂密,东部平原适于农耕,农业以种植谷物、橄榄、葡萄为主,粮食而外,橄榄油和葡萄酒也是出产的大宗,王宫皆特置贮藏室以巨瓮存储油和酒,往往库房连接成行,瓮缸数以千百计,可见油、酒在农业生产和日常生活中的重要。克里特在经济发展方面的主要成就还有工商业和航海贸易。它的手工产品以精巧秀丽著称,铜器和金银制作的日用品和工艺品皆相当精美。陶器尤为杰出,古王宫时期生产的一种称为卡马雷斯的彩陶,秀巧可爱,彩绘优雅,被公认为古代世界最精美的彩陶。它的造船业也很发达,商船来往地中海各地,还有相当数量的海军舰只,成为各城市的主要防卫力量,因此克里特的城市和王宫都不设置厚墙高垒,与其他古代文明之重视城防建筑完全异趣。克里特以其农工产品和地中海各地广作贸易,和埃及的联系尤为密切,所用黄金、象牙、皂石印章和高级奢侈品大都得自埃及。在古王宫时期,埃及中王国第12王朝的文物曾流传于克里特,埃及影响亦普见于爱琴文明的各方面。工商业和海运的发达进一步促进城市的兴旺,这是和日后的希腊文明共有的特色。但克里特一开始便以王宫为政治中心,统一后王权更有加强,王宫建筑越来越富丽豪华,表明它的城市是王朝统治的中心,这是它和日后希腊奉行共和政治的城市国家的一个最大的差别。

克里特文明的繁荣 新王宫时期是克里特文明的繁荣期。此时克诺索斯的米诺斯王朝不仅统治克里特岛,还包括基克拉迪斯群岛,米诺斯的商站和殖民点则遍及整个爱琴海地区,东可达罗德斯岛和小亚的米利都,西北及于希腊本土的迈锡尼、雅典和底比斯,最西可达意大利的利巴拉群岛。此外,克里特和埃及的联系也更为密切,埃及第18王朝宰相列赫米拉墓中有壁画表现克里特使节奉献方物,题词称"海中诸岛及克夫提乌大君和平抵达",表明克里特已和埃及建立友好关系,商业交往更趋频繁。海外商业的发达和海军的强大使米诺斯王朝建立了海上霸权,被日后的希腊人传为美谈。古希腊史家希罗多德在《历史》中称米诺斯为海上统治者,说他"是一个征服了许多土地并且是一个在战争中经常取得成功的国王"。修昔底德则在《伯罗奔尼撒战争史》中指出:"根据传说,米诺斯是第一个组织海军的人,他控制现在希腊海的大部分。"米诺斯海上霸权的意义就在于它控制了东部地中海的海运贸易网,它的势力范围形成了一个以克里特为中心、东达罗德斯岛、西连伯罗奔尼撒半岛的环形带,这些地区和更远的欧洲内陆作为待发展地区都迫切需要和地中海东岸的文明古国、特别是当时最富裕的埃及进行交往,而克里特控制的环形带正好处于两者之间,各方海运皆受其节制,从而使它得以撷取欧、亚、非三大洲的资源。

　　克里特首都克诺索斯这时已有8万人口,加上海港,当在10万以上,足可称为地中海上最大城市。它的王宫是克里特文明最伟大的创造,这里不仅是米诺斯王朝的政治、宗教和文化中心,也是经济中心,因为宫中有众多的库房、作坊、存放经济档案的办公室和征收税款的机关。实际上,目前所知有关克里特文明的考古资料,有一半以上都来自这座王宫。新王宫时期,此宫曾多次遭到破坏(可能和地震有关),但每次破坏后都修造得更为宏伟富丽,最后落成的王宫是一组围绕中央庭院的多层楼房建筑群,面积达2.2万平方米,宫内厅堂房间总数在1 500间以上,楼层密接,梯道走廊曲折复杂,厅堂错落,天井众多,布置不求对称,出奇制巧,外人难觅其究竟,因此古希腊神话传说中誉之为"迷宫"。现在王宫遗址已得到充分发掘和部分复原,其建筑总体呈长方形,按米诺斯宫室的通例,四周不设围墙望楼,全宫以长方形中央庭院为中心(长60、宽30米),倚山而建,地势西高东低,因此庭院以西楼房有两三层,以东楼房则有四五层,从东麓远望王宫,但见层楼高耸,门窗敞廊参差罗列,其景观为古代王宫所罕见。庭院西面楼房主要用于办公集会、祭祀和库存财物,东面楼房则是寝宫、客厅、学校与作坊。各层各处都有楼梯相连,尤以庭院东面的中央大楼梯最为宏伟,它有天井取光,三面构成柱廊,梯道宽阔,彩绘艳丽,被誉为王宫建筑最杰出的纪念物。其旁之双斧大厅分内外两室,以折叠门扇相隔,冬可保暖夏可通风,显示米诺斯建筑的灵巧。厅旁的王后寝宫则是一套典型的米诺斯豪华住房,内壁绘有海豚戏水的壁画,优美雅致,相连小间有浴室和冲水厕所,这种卫生设备在古代是独一无二的,和建筑的高度水平相仿,王宫各处的壁画也是古代艺术的上乘之作,显示了克里特文明注重灵巧秀逸的特色,和东方各国的威严沉重有别。

　　由于克里特的线形文字A犹未释读成功,我们对其政治历史和社会结构知之不多,但可肯定克里特文明的创造者和日后的希腊人不是同一种族;此外,米诺斯王朝统治无疑奴役大量奴隶和农民,与古代东方各国相似。近年还发现克里特保留着以人作牺牲祭神的习俗,反映其社会的奴隶制实质。公元前1450年左右,操希腊语的人占领了克诺索斯王宫,标志克里特文明的衰落。从此以后,爱琴文明的中心便转移到希腊本土的迈锡尼地区了。

第三节　黄河流域的夏王朝

　　中国是世界著名古国之一。近几十年来的考古发掘和研究的成果证明,在中国广阔的领土上,旧石器时代的文化在世界史前史上已具有很重要的地位,而新石器时代的文化则分布更为广泛,内容更为丰富。正是在新石器文化发展的基础上,中国的黄河流域首先开始进入了文明时期。

关于中国文明的起点 中国文明史从何时开始写起?这个问题至今还没有一致的最后答案。不过,很多学者认为,中国文明史的起点在夏王朝开始建立的公元前21世纪前后。这种见解比较有说服力,也正在得到考古学方面的越来越多的证明。

从前的学者写中国史,往往从黄帝开始写起。这种写法起源于汉代司马迁的《史记》,此书第一篇是《五帝本纪》,而黄帝就是五帝中的第一人。也有人把历史起点更向前提到伏羲氏画八卦和造文字。例如唐代司马贞为《史记》补的一篇《三皇本纪》、宋代司马光所著《稽古录》等。不过伏羲传说的神话色彩过浓,因此信以为真的人不多。以《五帝本纪》的内容而论,五帝中最后两位——尧和舜还实行禅让制度。这显然是文明出现以前的制度。禹接受舜的禅让而即位,可是在他以后却开始传子,子孙世袭王位。以前是"天下为公",以后是"天下为家"(《礼记·礼运》语),两者的交界处正应该是中国文明史的起点。

有些学者认为,中国文明史的开端应是商代,因为商代历史已有考古资料和甲骨文资料作为切实的证明。其实在本世纪以前,商史也是没有任何考古资料的证明的。在我国传统的古文献里,夏和商、周两代一直是相提并论的。在《尚书》、《诗经》、《论语》等古典中,夏、商、周时常作为一个序列被提到。战国以后的文献中则把夏、商、周并称为"三代"。古代人的这些认识,显然来源于夏、商、周在制度上的连续性和一贯性。孔子曾明确地说过:商代沿袭了夏代的礼,但作了一些变革;周代沿袭了商代的礼,也作了一些变革。夏、商两代既在文献中是并列的,而商代已在考古学上得到证实,夏代的可信性自然也有提高。何况下面还会说到,夏文化在考古学中已经出现了曙光。

文献中的夏史梗概 夏王朝的奠基人是治水英雄大禹。尧、舜时期,黄河中下游洪水泛滥成灾。尧曾经任命禹的父亲鲧治水,没有成功。舜继尧以后,又任命禹治水。禹率领中原各部落人民辛勤劳动13年,终于疏通了河道,排除了水患,安定了民生。禹又曾奉舜的命令,率领华夏族各部落打败了三苗族各部落,把他们驱往边远地区,从而稳固了华夏族各部落在中原的地位。舜死以后,禹受禅继位,曾会诸侯(原先的各部落首领)于涂山,据说与会者有"万国"。又会诸侯于会稽,并处死了迟到的诸侯。禹命令各地诸侯进贡方物和铜,用铜铸成九鼎。鼎上刻画着各州应贡的方物。这些都表示夏王是位在诸侯之上的"天子"。

禹死后,其子启在诸侯拥护下继位,而有扈氏不服,启灭有扈氏,从而巩固了自己的王位。启死以后,在先后三个继任者中,有一人被废,一人被杀,政权一度被夺。

启的重孙少康,在夏以及与夏友好的国家的人民支持下,消灭了夺权者,使夏王朝得以中兴。少康是夏代第六个王。又传了七个王以后,孔甲继位,夏王朝开始衰落,诸侯逐渐不再服从夏王。又经过两个国王以后,桀继位为王。桀荒淫暴虐,引起人民不满。大多数诸侯叛夏而支持商国的诸侯汤。最后汤率领各诸侯打败了桀,推翻了夏王朝。据《史记·夏本纪》记载,夏王朝从禹开始到桀亡国,共有17王、14代(因为还有兄传子的情况)。据《竹书纪年》记载,夏代共经472年。所以,可以大致推断夏代约处于公元前21至前16世纪之间。

古代文献中所记的夏代事迹不多,但是也透露了这样一些重要信息:夏代已铸造铜器,开始进入青铜器时代;夏代不再禅让,王位传子,有时传弟;夏本身是一个邦,它的君主作为王或天子的地位是诸侯拥戴的结果,而各诸侯实际上是各个独立小邦的君主。夏代诸侯很多,其中很多可能处于从部落首领向君主过渡之中。

考古学中的夏文化的曙光　　根据文献记载,夏王朝的活动范围主要在今豫西、晋南一带。因此,学者们很注意从这一地域的新石器时代后期的文化遗址中去找夏文化。近30年来,考古学者在这方面已经取得了很有价值的成果。

1959年,考古工作者开始了对河南偃师县二里头遗址的发掘。经过多年的工作,到20世纪80年代,学者们已根据对这个文化的堆积层次和出土文物的分析,把它分为四期,并根据对出土标本的C^{14}测定,得出一至四期的年代约为公元前1900—前1600年的结论。在二里头文化的第一、二期,工具和武器主要还是石器、骨器等,极少出现铜器。在第三、四期,则不仅出现了青铜工具,而且有青铜武器和礼器。考古学者认为,一方面,青铜器中有爵和铃这样的空心容器,需有内外二范合起来才能铸造,这种铸造技术不大可能出现于青铜器铸造的最初阶段;另一方面,出现的铜器数量还不多,器物的形制也比较原始,又不像有了长期的青铜铸造经验的积累。所以,大体可以推定,青铜器的制造在二里头文化早期已经开始了。在二里头文化的三、四期,还发现了一个大型宫殿建筑群的基址。这是一个略呈正方形的夯土台基,总面积约10 000平方米,上面分布有殿堂、廊庑、门、庭的遗址。虽然至今不能确定它是宫廷或宗庙,但是作为文明已经存在的一种证据看来是不成问题的。

二里头文化是否就是夏文化?学者们尚有不同意见。有人认为,二里头文化四期都是商文化;有人认为,一、二期是夏文化,三、四期是商文化;有人则认为,四期都是夏文化。这种分歧只有待进一步的考古发掘和研究来解决。不过从中毕竟出现了夏文化在考古学上的曙光。

第四章　早期文明的盛衰(上)

（公元前15世纪—前9世纪）

第一节　西亚诸国

早期亚述和中期亚述　亚述地处两河流域北部（今伊拉克的摩苏尔地区），是一个多山的地区，富有木材和矿产品。

亚述最早的居民是胡里特人（古城尼尼微最初显然是胡里特人建立的），后来一些讲塞姆语的亚述人迁入这个地区（阿舒尔或译亚述城之名就是塞姆语），这两种居民逐渐融合，创造了古代亚述的文明。

亚述历史分为早期亚述、中期亚述和亚述帝国（或称新亚述）三个时期。亚述帝国是其历史上最强盛的时期。

相当于两河流域南部的苏美尔早王朝的时期，北方的亚述就已有了若干重要的文化遗址，并且，它们同苏美尔地区有了往来。如泰尔·布拉克早在捷姆迭特·那色时期就同乌鲁克有了很多接触；尼尼微Ⅳ的陶器也同捷姆迭特·那色时期的陶器有相似之处。在阿卡德王国和乌尔第三王朝时期，亚述曾依附于它们。

公元前3000年代末，阿卡德王国灭亡之后，在亚述形成了以亚述城为中心的国家，开始了早期亚述时期（约公元前3000年代末至公元前2000年代中叶）。

早期亚述时期，土地归公社所有。不过关于公社的具体情况并不清楚。早期亚述国家有贵族会议，国王称为伊沙库（相当于苏美尔的恩西），权力不大。此外，还有名年官，称为里模。早期亚述有一些王家铭文留传下来，但现在所知道的早期亚述的王表不很可靠，因而还不可能列出一个前后相继的王表。在较晚的亚述王表中，将沙马什阿达德一世（公元前1813—前1783年在位）统治时期称为古亚述时期。

早期亚述时期，亚述的商业贸易大概相当发达。国王沙马什阿达德一世的一个铭文中讲到那时亚述城的市场及一些商品的比价。亚述同小亚、叙利亚、南部美索不达米亚、扎格罗斯山区、亚美尼亚等地有很多的商业联系，它在小亚建立了若干商业殖民地。据卡帕多细亚泥版文书，在这些商业殖民地中，有一个卡尼什商业公社，其居民是亚述人，而且是亚述城市公社的成员。但卡尼什商业公社在政治上并不隶属于亚述城。这些殖民地拥有自治权。亚述商人把楔形文字带到了小亚。据埃勃拉的文件,亚述同叙利亚的这个古国也有着密切的商业联系,亚述城的统治者曾同埃勃拉的统治者签订过一个有关卡尼什的《卡努姆条约》。亚述的一些城市,如尼尼微、亚述城和阿尔贝拉等都靠居间贸易而富有起来。

据马里发掘的文书,公元前2000年代初,亚述城的统治者沙马什阿达德一世等人曾对其周围地区进行过多次侵略性远征。马里就曾臣服于亚述,沙马什阿达德之子担任了马里的统治者,小亚东部也曾被亚述征服。

沙马什阿达德一世以后,亚述的势力逐渐衰落。公元前16—前15世纪时,亚述曾分别隶属于当时的西亚强国米坦尼和统治南部两河流域的加喜特人。但从公元前15世纪末叶以后,亚述又强盛起来,进入中期亚述时期。当时的国际形势对亚述向外发展十分不利:小亚的赫梯王国和新王国时期的埃及都在叙利亚扩张自己的势力,从而阻断了亚述向西发展的可能性。而且,亚述人还一度被认为是米坦尼和加喜特人的臣民,处于他们的控制之下。

但是,中期亚述时期的统治者们还是在寻找机会,扩大自己的实力,向外扩张。亚述不仅打败了两河流域南部的加喜特人,将亚述的边界大大向南推进,而且还两度同米坦尼强国作战,迫使米坦尼同自己的竞争对手埃及结为盟友。最后,亚述彻底战败了米坦尼,占有了它的全部国土。公元前13世纪初,亚述甚至威胁到赫梯的安全,使赫梯与自己争霸的对手埃及缔结和约。亚述还曾西进远征过腓尼基。但不久,由于受到阿拉美亚人入侵的打击,亚述被严重削弱。

中期亚述时期,亚述的王权加强了。亚舒尔乌巴里特一世统治时期(公元前1365—前1330年),第一次在官方名表和印章上称自己为亚述国家之王,并将埃及法老称为自己的兄弟。阿达德—尼拉里一世时,国王实际上成了专制君主,他给自己加上了里模(名年官)的职衔。

中期亚述时期,由于赫梯的强大,亚述已不可能再在小亚建立新的商业殖民地。在叙利亚、南部两河流域,亚述也无发展余地。因此,亚述商人不得不将资本转入国内。由于亚述本身生产力不很发达,商业资本无法转入生产过程,于是转成了高利贷资本,侵入农村,导致农村阶级分化加剧,小生产者丧失土地,甚至遭受债务奴役。这时制定的《中期亚述法典》反映了这种情况。该法典现存9表,其中前3表保存较完整,其余6表缺损严重。第一表是有关财产关系的,其中涉及土地转让的条款不少;第二表则与债务及债务奴役有关。在亚述,债务奴役没有年限。在这时留下的私法文书中,有不少关于土地买卖的契约,也反映了商品货币关系深入农村的情况。

由于商品货币关系深入农村,引起农村严重阶级分化,因而阶级矛盾也十分尖锐。所以,亚述统治阶级加强了自己的统治,并采用了君主专制的统治形式。

赫梯的兴衰 赫梯国家是由讲赫梯语的哈梯人和公元前2000年代迁来的

讲涅西特语(属印欧语系)的涅西特人共同创造的。

在19世纪中叶以前,人们只是从《圣经》中知道有一个赫梯,而且还不知其确切存在的时间和地点。人们从埃及的象形文字铭文和两河流域的楔形文字铭文中知道赫梯确实存在过,但也不知道其确切位置。1906—1912年在小亚的波伽兹科伊进行的考古发掘,获得大量楔形文字泥版,根据它们提供的资料,人们才最终确知了赫梯存在的确切位置和时间。

赫梯王国是公元前2000年代兴起于小亚细亚的一个奴隶制强国。小亚细亚是近东文明与爱琴文明联系的桥梁和纽带,它本身也是一个古老的文明地区。本世纪以来的考古发掘表明,小亚有着丰富的新石器时代、金石并用时代和青铜时代的文化。公元前3000年代末至公元前2000年代初,亚述人曾在这里建立了若干商业殖民地,其中最著名的是卡尼什商业公社,这些殖民地同亚述本部、同两河流域南部有着极为活跃的商业贸易往来。亚述人还把楔形文字带到了小亚。

赫梯国家大约形成于公元前19世纪中叶。不过那时还不是一个统一的国家,而是若干小国。赫梯人的历史传统把赫梯的远古历史同库萨尔联系在一起,而人们知道得最早的库萨尔的统治者有皮哈纳及其子阿尼塔。在皮哈纳时期,库萨尔开始对外扩张,毁灭了涅西特人的哈图什城,俘虏了它的国王。其子阿尼塔继承了他的扩张政策,两次战胜了皮乌斯提统治的哈梯人的国家,并征服了普鲁斯汉达,迫使其国王交出了权标。阿尼塔时期,亚述在小亚的商业殖民地亦不复存在。

从库萨尔的另一位统治者拉巴尔纳时起,赫梯国家开始记载自己的历史,并且开始了古王国时期。拉巴尔纳征服了小亚东部地区,使赫梯国家的版图从地中海扩大到黑海。在拉巴尔纳二世(即哈吐什尔一世)时,赫梯开始染指北部叙利亚,使阿拉拉赫(今泰尔-阿特恰纳)臣服于自己,还战胜了该地区的乌尔苏和哈苏这两大城市。在他统治时期,"赫梯"作为一个国家的名字开始用于表示整个赫梯人的国家。在他死后,赫梯发生了所谓"王子们的奴隶的起义"。原来,库萨尔的统治者每征服一地,就派自己的王子到那里去建立统治。所以,所谓王子们的奴隶的起义,实际上是被库萨尔征服的地区人民的起义。

哈图什尔一世的继承者穆尔西里一世联合了王亲贵族,镇压了这次起义,并迁都哈图什。对外,他不仅征服了哈列布(即今之阿列坡),而且野心勃勃地把征服的矛头指向了两河流域南部,于公元前1595年灭了古巴比伦王国。他夺取并毁坏了巴比伦城,掠夺了大批战利品。此外,他还战胜了北部两河流域的位于幼发拉底河左岸的一个胡里特人的国家。哈图什尔和穆尔西里两人的征服活动在整个近东地区产生了重大的影响,赫梯国家也因此而成了当时近东地区的一个大国。

但是,穆尔西里一世却死于宫廷阴谋,赫梯王国亦陷入长达数十年之久的王位争夺的内战之中。为了解决赫梯王国的王位继承问题,平息内乱,公元前16世纪后期,赫梯国王铁列平进行了改革。

改革前的赫梯国家,除了国王以外,还有彭库斯会议(公民会议)和图里亚斯会议(贵族会议),王权受到这两种会议的制约。这两种会议有权决定王位继承,还管理司法等事务。当时,王位继承问题是赫梯内政的一个重大问题,常常有篡位者僭取王位,造成政治上的动乱。穆尔西里一世即是受害者之一。

铁列平确定了王位继承的原则,即王位首先应由长子继承,如长子不在,则依次由次子继承,即按王子年龄大小的继承顺序;如果没有王子继承,"则让长女选择丈夫,而让他作国王"。他还解决了王室内部互相争斗杀戮的问题,其办法是,王室内部纠纷由彭库斯会议作出裁决;国王不得任意杀戮其兄弟姊妹;任何国王亲属犯了罪,只由其本人负责,不得牵连其家属,也不得没收其财产。改革调整了王室内部的关系,巩固了王权。

赫梯王国最强盛的时期是公元前15世纪末至前13世纪中叶,这是赫梯历史上的新王国时期。这时,赫梯战胜了小亚西南部的一些小国;但同小亚靠近黑海沿岸的卡斯克人部落的战争却未取得什么成果。在国王苏庇努里乌马什统治时期,赫梯摧毁了由胡里特人建立的米坦尼王国的实力,攻占了米坦尼王国的首都瓦努坎尼,在米坦尼扶持了一个傀儡进行统治,他还把自己的儿子扶上了其他一些小国的王位。

新王国时期,赫梯在叙利亚同埃及进行了争霸战争。公元前14世纪上半叶,当埃及国王埃赫那吞忙于国内改革,无暇顾及埃及在叙利亚的领地之时,赫梯乘机插手进去,征服了埃及在这里的若干领地,并使另一些埃及领地离开埃及而依附于赫梯。埃及第19王朝前期的法老们(包括霍连姆赫布、拉美西斯一世、谢提一世、拉美西斯二世)同赫梯进行了激烈的争夺。尤其是拉美西斯二世统治时期,同赫梯国王穆瓦塔鲁在叙利亚的卡迭什城下进行的会战,使这一争霸战争达到了顶峰。由于当时埃及已从埃赫那吞改革中摆脱了出来,集中其全部力量,才阻止住了赫梯在叙利亚的进一步扩张;再加上赫梯还面临着亚述崛起的威胁,所以,在卡迭什战役中受到惨重损失的交战双方,没有再将争霸战争进行下去。在赫梯新王哈吐什尔二世执政时,赫梯同埃及的拉美西斯二世在公元前1283年缔结了和约。

此后,赫梯国内外的形势更加严峻。公元前13世纪末,"海上民族"席卷了东部地中海地区,赫梯王国亦被其肢解。公元前8世纪,残存的赫梯王国被亚述帝国所灭。

赫梯新王国时期,曾编定过一部法典,史称《赫梯法典》。从法典可知,赫梯国内存在奴隶制度,大量战俘变成了奴隶,奴隶从事农业、手工业、放牧牲畜,从事家务劳动。赫梯国内的土地已可买卖。

加喜特人统治下的巴比伦尼亚 古巴比伦王国被赫梯灭亡以后,在巴比伦尼亚曾经兴起过一个海国王朝,而后加喜特人征服了巴比伦尼亚。

加喜特人来自西部伊朗的山区——狄亚尔河地区。还在古巴比伦王国末期,他们就已沿着狄亚尔河流域来到两河流域北部,但只是在古巴比伦王国灭亡后,他们才进入巴比伦尼亚。公元前16世纪中叶以后,加喜特人利用亚述的衰落和埃兰王国影响的消失,并与埃及结盟而发展起来,逐步统一了两河流域南部。国王乌拉姆-布利阿什兄弟统治时期,灭了海国王朝,征服了沿海地区,乌拉姆-布利阿什自称为巴比伦之王、苏美尔和阿卡德之王、加喜特之王和卡尔-杜尼阿什之王(卡尔-杜尼阿什是加喜特人对巴比伦尼亚的称呼,这个称呼后来被用了好几个世纪)。

在加喜特人统治时期,加喜特国王把许多王室地产及其中的劳动者赏赐给一些私人。获得这种地产和劳动者的都是官吏和巴比伦尼亚的贵族,他们被豁免了赋税和徭役,以及维持王家军队的义务。国王还禁止各级王家政府机关破坏这种特权,从而使这种地产成为享有治外法权和不受任何控制的地产。为了保障这种地产的边界而竖立了界石,界石上刻有国王赏赐这种地产的敕令。这种界石叫做"库都路"。获得这种地产的人们逐渐地联合成一些新的公社,成为加喜特巴比伦政权的忠实支柱。神庙也获得了相当多的这种土地。

于是,在加喜特巴比伦尼亚,一方面形成了占有大量地产及劳动者并被免除赋税徭役的组织成城市公社的人们;另一方面是没有权利的、要纳税和服徭役的农村居民。另外还有一个集团,即战士,他们从国王那里获得给养、马匹、战车和武器。

在加喜特人统治时期,一些巴比伦尼亚的城市获得了特权。在公元前14世纪时,巴比伦城被免除了国家的赋税,并成了享有特权的自治城市;后来,大约在公元前13世纪中叶,尼普尔也获得了这种特权;稍后还有其他一些重要的巴比伦尼亚的城市也获得了类似的特权。

加喜特人占领巴比伦尼亚之后,把许多土地变成了王室地产(神庙的地产则仍保存着)。加喜特巴比伦的经济基础就是这些王室地产和贡赋收入。赏赐给官吏和巴比伦贵族的土地只占王室地产中的一小部分。

加喜特巴比伦同埃及的关系比较友好,它借此巩固了自己在巴比伦尼亚的统治。它还曾同埃及、赫梯结成同盟,反对亚述和阿拉美亚游牧部落,但未获成功。

加喜特巴比伦同亚述和埃兰的关系变化不定、十分复杂。有时它们是同盟者,有时又是敌人;有时亚述人臣服于加喜特巴比伦,向巴比伦称臣纳贡;可有时恰好相反。公元前16世纪中叶,加喜特巴比伦的国王布尔纳-布利阿什一世曾同亚述签订过一个和约；但不久之后，亚述人又曾两次乘加喜特人的王室内讧，而扶持自己的傀儡于巴比伦的王位之上。加喜特巴比伦企图摆脱这种局面，但遭失败，因而不得不同意由亚述人控制巴比伦和米坦尼之间的商业贸易。公元前14世纪后期，统治加喜特巴比伦的小库利加勒祖同亚述建立了和平。但后来，亚述人曾向巴比伦尼亚发动进攻，结果巴比伦沦陷，它的神庙和王宫遭亚述人劫掠一空，国王亦被俘，并被亚述人锁着送往亚述城。但不久，巴比伦人重获独立，又曾干涉亚述的事务，并将自己的傀儡扶上了亚述的王位。加喜特巴比伦常把亚述看做是自己的臣属，但当亚述向埃及派出自己的大使时，加喜特巴比伦除了表示抗议之外，却毫无办法。在布尔纳-布利阿什二世时期，不得不承认亚述独立存在的事实，并同其建立起适度的友好关系。亚述国王阿舒尔乌巴里特一世之女姆巴里塔特同巴比伦的王公缔结婚约显然也是他倡议的。公元前13世纪末，中期亚述经历了一场内部危机，遭严重削弱，加喜特巴比伦趁机控制了亚述。

加喜特巴比伦同其东南方的近邻埃兰的关系也是错综复杂的。约公元前1500年，埃兰因内部纷争而从国际舞台上一度消失。这有助于加喜特巴比伦在两河流域南部站稳脚跟。公元前15世纪末，加喜特国王库利加勒祖一世进攻埃兰，占领了苏撒，控制了埃兰全境。公元前12世纪前期，苏特努克-纳呼恩特登上了埃兰王位，他将加喜特巴比伦置于自己的控制之下，巴比伦尼亚的一些重要城市，如西帕尔、杜尔-库利加勒（今阿加尔库尔，在巴格达西北25公里处，是由库利加勒祖一世建立起来防御北方的）等都向埃兰人纳贡。埃兰人还曾侵入乌鲁克，破坏了那里的神庙，并把马都克神的雕像和刻有汉谟拉比法典的石碑运到了苏撒。这一切导致了加喜特巴比伦的衰落。

此后不久，巴比伦尼亚重新崛起，但其中心已转到伊新。伊新王朝的国王尼布甲尼撒一世时，曾夺取了亚述的艾卡拉吐姆城，从那里运走了阿达德神的雕像；他还战胜了埃兰，从埃兰首都苏撒运回了马都克神的雕像，并把一些埃兰神的神像运回了巴比伦。不过，巴比伦尼亚的再度兴起为时不长。

腓尼基　在历史上，"腓尼基"是指叙利亚巴勒斯坦的沿海地区，它北起苏克苏，南至阿科，东起黎巴嫩山，西至地中海，大约相当于今天的黎巴嫩。最初在这里居住的大概是胡里特人。公元前3000年代说塞姆语的迦南人迁入，并逐渐同化了原先的居民。

古代的腓尼基不是一个国家的名称，而只是一个地区、一个民族的名称。事实上，腓尼基这个地区也从未形成为一个统一的国家，而是形成了若干个彼此独立的小的城市国家（如著名的推罗、西顿、乌伽里特、毕布勒等）。居住在这个地区的人们也从来不把自己叫做腓尼基人，而是叫做某某城市的人，如推罗人、西顿人，等等。

"腓尼基"原是紫红色的意思,它起源于这个地方出产的一种紫红色染料(在推罗,人们潜入海底,捕捞一种海螺,从中取出一种可作染料的紫红颜色)。

腓尼基是一个古老的文明地区。据考古发掘资料,在公元前5000年代,腓尼基的毕布勒就有一个新石器时代的居民点;约自公元前3000年代末开始,在腓尼基相继形成了乌伽里特等城市国家。这些小国大都建在海边的岩石上,易于防守。每个城市都有自己的海港,有的城市还有两个海港,一个朝南,一个朝北,以利于对外航行和贸易。这些城市国家之间很少来往,甚至往往互相对立。

有关腓尼基的政治情况的资料遗留甚少。从现有资料看,在腓尼基形成的这些小国大多是王国,其权力的更迭表现为王朝的更替。如从阿马尔那书信可知,在埃及新王国时期,毕布勒是一个王国,其国王写信给埃赫那吞,请求埃及派兵去维护埃及在那里的统治。不过,在这些王国中,国王权力很小,没有形成君主专制,可能存在贵族会议(或长老会议)一类的机构,国王的权力受到贵族的约束。国王往往同城市最重要的神联系在一起,有时干脆被称作某个神的祭司。也有的小国是贵族寡头共和国,如推罗,至少在公元前6世纪的一个短时期里,就是由一些选举出来的行政官吏(叫做萨塔菲斯,即法官)来统治的。古典作家也记载说,在公元前4世纪时,在推罗和西顿,存在过城市的议事会或公民会议,它拥有审议的权力。

不过,进入文明时代的腓尼基地区,常常处于外族的统治之下。如公元前2000年代末,它处于埃及的控制之下;在公元前1000年代以后,又相继为亚述帝国、波斯帝国、亚历山大帝国和罗马帝国所统治。而且,在为时短暂的独立时期,这些小国之间也纷争不已,未能形成一个统一的国家。

古代的腓尼基虽然地方不大、人口不多,且常处于外族的统治之下,但它对古代世界的影响和贡献并不小。这不仅是因为它拥有当时第一流的造船业、航海业、商业,而且还因为它的殖民活动,它发明和传播的字母文字——腓尼基字母文字。

腓尼基的手工业有着悠久的历史,其中颇负盛名的有用著名的黎巴嫩山的雪松为原料的造船业、以其特有的紫红色染料染色的纺织业等。此外,它的玻璃制造业、金属加工业、木器加工业、陶瓷制造业、象牙雕刻等也很著名。腓尼基各个城市国家对外贸易十分发达。它们充分利用了自己众多的优良港湾和发达的造船业,早在公元前3000年代,就同埃及、两河流域以及叙利亚的埃勃拉国建立起了广泛的联系。它们从埃及输入亚麻、从塞浦路斯输入铜、从小亚进口锡和铁,而自己则输出象牙制品、青铜或银制品、玻璃制品、雪松以及用紫红色染料染过的纺织品等。它们同地中海西部地区的贸易也十分活跃:同北非沿地中海岸地区、同西班牙南部地区以及地中海的许多岛屿(如撒丁岛等)都建立了商业联系,从这些地方得到原料、金属(如从西班牙得到银、铜和锡等)、奴隶等。

腓尼基人还是古代著名的航海探险者。据说他们曾乘船到过英吉利和爱尔兰。据《圣经》的资料,推罗国王海拉门和以色列国王所罗门时代,腓尼基人不仅同以色列人有着活跃的贸易关系,还曾利用以色列人在红海的一个港口艾吉昂-格伯文前往奥菲尔(可能是今天的埃塞俄比亚)探险,并从那里带回檀香木、宝石、象牙、猿猴、孔雀以及金、银等。而更为可靠的是,埃及法老尼科曾利用腓尼基人乘船绕航非洲获得成功。腓尼基人的探险活动显然都与对外贸易有着密切的关系,具有寻找新的市场、寻找新的原料和奴隶的来源地的目的。

在古代世界,腓尼基人还以建立起众多的殖民地而著称于世。腓尼基人的殖民活动大约开始于公元前1000年代前后,其最著名的殖民地莫过于北非的迦太基。腓尼基的殖民地主要分布于西部地中海。在意大利的西海岸、在塞浦路斯岛的南部沿海地区、在爱琴海的一些岛屿上,腓尼基人也建立了自己的殖民地。据希罗多德说,在埃及的孟斐斯,有一条腓尼基人居住的街区。腓尼基人同其殖民地之间保持着商业关系,而没有宗主国和殖民地之间的隶属关系。

腓尼基人在古代世界文化史上的一大贡献就是它的字母。腓尼基字母共22个,是线形符号,只有辅音而无元音;元音要由阅读者根据上下文的意思自己推测出来。古希腊史学之父希罗多德曾经说,希腊人原来没字母,是腓尼基人把字母带给他们的。罗马学者老普林尼也曾盛赞腓尼基人发明字母的功绩。不过狄奥多拉则引用克里特人的意见说,腓尼基人不是字母的发明者,而是改进者。无论如何,腓尼基人把字母传入希腊,希腊人在此基础上加入了元音,形成希腊字母;罗马人又在希腊字母基础上形成拉丁字母,从而为后来西方各国字母奠定了基础。历史地说,腓尼基人的字母是有功绩的。

关于腓尼基人的字母的形成过程,现在尚难最后论定。学者们在毕布勒的石头或青铜制品上发现了一种被称为"伪象形文字"的铭文。这种文字符号的复杂者像埃及的象形文字,简单者(居多数)则像克里特的线形文字甲。已知这种文字有120个不同的符号,但是直到现在还没释读成功(其中的一些符号的发音已经可定,但很多仍不知道)。这种文字大约形成于公元前2000年代初,一直使用到公元前13世纪腓尼基字母的出现。在一个在毕布勒发现的青铜抹刀上,学者发现其两面都有铭文:一面是"伪象形文字"符号,一面则是腓尼基字母。看来后者对前者有取而代之的关系。

除了在毕布勒发现的"伪象形文字"以外,学者们还在乌伽里特发现了另一种文字。它是楔形的,包括29个字母;学者已经知道了这些字母的发音。这种文字显然已比"伪象形文字"简化并前进了一步,看来对22个腓尼基字母的形成也是有影响的。乌伽里特的这种文字约使用于公元前15—前14世纪。

腓尼基人是字母的发明者还是改进者的问题仍在讨论之中。不过有一点可以肯定:腓尼基人处于近东诸最早的文明之间,深受后者的影响;他们即使是字母的发明者,那也是在继承前人成果的基础上发明的。

以色列犹太国家 以色列犹太国家于公元前2000年代末兴起于巴勒斯坦地区。巴勒斯坦地区原来住着迦南人和其他民族。公元前2000年代前期,喜克索斯人曾以这里为中心,向北方的叙利亚和南方的埃及入侵,建立了喜克索斯人的国家。公元前16世纪初,喜克索斯人被从埃及赶走以后,埃及人的势力扩张到了叙利亚巴勒斯坦,在巴勒斯坦地区也形成过一些迦南人的小公国。

后来建立了以色列犹太国家的希伯来人,是在公元前2000年代后期才来到巴勒斯坦的。不过,据《圣经》的记载,希伯来人的祖先亚伯拉罕在公元前2000年代初就率领他们从两河流域来到了巴勒斯坦地区。由于气候干旱等原因,一部分希伯来人在亚伯拉罕之孙的时代到了埃及,在埃及居住了几百年之久。开始时,他们同埃及人的关系还不错;后来遭受埃及统治者的压迫,处境越来越恶化,内部也产生了不少矛盾。于是,他们的领袖摩西制定了律法,试图解决内部矛盾,并率领他们经过千难万险,离开了埃及,回到巴勒斯坦地区。有的学者认为这些事发生在埃及新王国第19王朝时期的拉美西斯二世统治期间。不过这一切,在埃及人的史料中毫无记载。

在巴勒斯坦,以色列犹太人经过长期战斗,占领了巴勒斯坦原有居民迦南人的很多地盘,一部分迦南人同以色列犹太人相融合,另一部分迦南人则长期与以色列犹太人为敌,双方关系十分紧张。

这时,以色列犹太人尚未形成国家,而是处在部落联盟时代(他们有以色列部落和犹太部落),这在以色列犹太史上叫做"士师时代"。(所谓"士师",乃是以色列人的先知、统帅和救世主三位一体的,被看做是上帝选定的、被赋予上帝智慧的一些人,实际上就是军事民主制时代的"王"或"军事首领")。它包括了从以色列犹太人占领迦南(约公元前1230年)到扫罗称王(公元前1020年)之间的两个世纪左右的时间,这是以色列犹太人的氏族部落制度解体的时期。

公元前13世纪末,"海上民族"横扫东部地中海地区,其中一支腓力斯丁人进入巴勒斯坦地区(巴勒斯坦也因此而得名),以色列犹太人同他们进行了激烈的斗争。在这一斗争中,以色列犹太人产生了建立强有力的机构的需要。这时也逐渐发生了社会的变化,私有制逐渐出现,阶级分化的过程也已开始。到公元前11世纪,以色列犹太国家形成了。

据《圣经》的传统,以色列犹太国家的形成,似乎是"社会契约"的产物。《圣经》中的《撒母耳记》中说,为了反对腓力斯丁人,以色列犹太人向自己的先知撒母耳请求说:"你年纪老迈了,你的儿子不行你的道,现在求你为我们立一个王治理我们,像列国一样。"撒母耳开始时不同意,他认为这很危险,会使人民受到国王的奴役。他说:"管辖你们的王必这样行:他必派你们的儿子为他赶车、跟马、奔走在前。又派他们作千夫长、五十夫长,为他耕田地、收割庄稼、打造军器和车上的器械。必取你们的女儿为他制造香膏、做饭烤饼。也必取你们的最好田地、葡萄园、橄榄园赐给他的臣仆。你们的粮食和葡萄园所出的,他必取十分之一给他的太监和臣仆。又必取你们的仆人婢女、健壮的少年人和你们的驴供他的差役。你们的羊群他必取十分之一。你们也做他的仆人……"但"人民"逼迫他,使他不得不同意派一个国王去进行统治。他选中的王就是出身于北方以色列人便雅悯部落的扫罗(当时,以色列部落在北方,犹太部落在南方)。一般认为,从扫罗开始(公元前1020—前1000年在位),以色列犹太人进入了王国时代。扫罗建立了一支强大的军队,同腓力斯丁人作战,取得一定的胜利,这使他在多数以色列犹太部落中得到了承认。他的成功也促进了以色列犹太民族的觉醒和统一。

但扫罗的成就是有限的,尤其在犹太人部落中,他并不很受欢迎。犹太人的领袖大卫同扫罗之间发生了尖锐的冲突,大卫率领自己的军队背叛了扫罗,投靠了腓力斯丁人,使扫罗在战争中遭到惨败,扫罗及其三个儿子死于军中,扫罗的尸首还被腓力斯丁人拿去示众,悬挂于伯珊城头。

扫罗死后,他的儿子伊施波设即位,但以色列人陷入了混乱,其实力大为削弱。南方的犹太人的首领大卫乘机即位为王(公元前1000—前960年在位),并曾一度依靠腓力斯丁人的力量,统一了以色列人和犹太人。后来他同推罗结成同盟,开始同腓力斯丁人进行战争,并对约旦河以东死海以南的一些地区进行征服。他将腓力斯丁人赶出了以色列犹太国家,又从迦南人手中夺取了耶路撒冷(当时叫做耶布斯),将以色列犹太国家的首都定于此城。从此,耶路撒冷城就成了以色列犹太人的圣城。他还征服了周围许多其他地区,扩大了以色列犹太国家的版图。

大卫死后,其子所罗门即位(公元前960—前930年在位),他同埃及和推罗结为盟友,积极发展海外贸易,尤其是发展红海一带的贸易。他广召工匠,在巴勒斯坦地区的许多城市中进行建设。他将以色列犹太国家划为12个行省,建立起税收和劳役制度,巩固君主政体。

所罗门死后,国家分裂为北方的以色列王国(都撒马利亚)和南方的犹太王国(都耶路撒冷)。其中,以色列王国存在了约200年,便从历史上消失了;南方的犹太王国则断断续续地存在到罗马人统治之初,不过也是多灾多难,亚述人、埃及人、新巴比伦王国、波斯帝国、亚历山大帝国、罗马人都曾征服过它。尤其是新巴比伦王国时期的尼布甲尼撒二世在公元前586年第二次征服它,攻陷耶路撒冷时,曾将该城居民掳至巴比伦尼亚,史称"巴比伦之囚",直到波斯帝国的居鲁士灭了新巴比伦王国之后,才将他们放回了耶路撒冷(不过,只有一部分人回来,另一部分人已定居于巴比伦尼亚,不愿回去)。但他们又落入波斯帝国的统治之下。

以色列犹太人在自己漫长苦难的历史过程中,形成了自己民族的宗教——犹太教。同其他民族一样,希伯莱人各部落原来也是信奉多神的,其中耶和华神是他们崇奉的主神,在被俘于巴比伦时期,犹太人的先知们秘密地传播一种救世主的思想。犹太教就是一个以救世主耶和华为唯一的神来信仰的宗教。他们相信耶和华(上帝)一定会惩治恶人,拯救犹太人。犹太教在其发展过程中,经历了几个阶段,它从以色列犹太人的氏族部落的宗教,发展为民族宗教,其上帝观也从家族的、氏族部落的保护神演变为护国神、民族神。犹太教的经典是《圣经》。后来,从犹太教中演化出基督教时,其上帝又从民族的保护神演变成了世界的神,即它不仅"保护"、"拯救"以色列犹太人,而且"保护"、"拯救"所有的人,犹太教的经典《圣经》也成了基督教经典的一部分,即旧约;同时在救赎理论和礼拜仪式方面也发生了很大的变化。不过绝大多数以色列犹太人拒绝信奉基督教。当基督教发展成世界宗教的时候,他们仍坚信本民族的犹太教。散在世界各地的以色列犹太人都把坚信犹太教作为民族认同的根据。

罗马人统治巴勒斯坦地区时,犹太人的多次起义均遭镇压。以后,他们散居世界各地,但仍保持了自己的宗教信仰和习俗,而未遭同化,直至今日。公元7世纪以后,阿拉伯人占领了中东地区,巴勒斯坦也主要成为阿拉伯人居住的地方。

第二节 新王国时期的埃及

反喜克索斯人的斗争和再统一　据曼涅托残篇,喜克索斯人占领埃及后,烧毁城市,毁灭神庙,杀戮当地人民,变妇孺为奴隶,向上下埃及征收贡赋,派兵驻守各地。喜克索斯人的残暴统治遭到埃及人的普遍反对。

第17王朝的末代国王卡美斯及其兄弟雅赫摩斯一世领导了反抗喜克索斯人的战争。据1908年发现的《卡尔纳尔书版》铭文记载,卡美斯曾向其大臣讲述了面临的形势,征询对同喜克索斯人开战的意见。大臣们倾向于同喜克索斯人和平相处,理由是他们的牲畜可在喜克索斯人统治的北方随意放牧。但卡美斯不能容忍喜克索斯人的侮辱,不愿同喜克索斯人分享对埃及的统治权。他决心进行反对喜克索斯人的战争,把埃及从他们的统治下解放出来。1928年在卡尔纳克找到的卡美斯石碑片断的内容与《卡尔纳尔书版》的内容相同,从而证明它们是历史文献,而非文学作品。

在内容上与《卡尔纳尔书版》和卡美斯石碑相衔接的是1954年在卡尔纳克发现的涅西石碑铭文。该铭文记载了卡美斯同喜克索斯人进行战争的情况。特别值得注意的是,涅西石碑铭文叙述了喜克索斯国王曾派遣使者持其信前往努比亚的库什王国,企图联合库什南北夹击卡美斯。但使者半途被埃及人所截,致库什国王的信也被查获,喜克索斯人夹击底比斯的阴谋未能得逞。卡美斯领导的反喜克索斯人的战争取得了重大的胜利。但他未能实现赶走喜克索斯人出埃及的夙愿,只是占领了从南方的库什到北方的涅菲努西斯地区,把喜克索斯人赶到了基诺波里,并夺取了阿勒格什。

卡美斯的兄弟雅赫摩斯继续了这场战争,终于将喜克索斯人逐出埃及。在他统治的第 17 年,即约公元前 1553 年,雅赫摩斯占领了喜克索斯人的首都阿瓦利斯。《桡夫长雅赫摩斯传》叙述了这位战士追随国王雅赫摩斯参加反对喜克索斯人的战争(包括围攻阿瓦利斯,直至追赶喜克索斯人到达巴勒斯坦南部的沙鲁亨),以及由于作战勇敢而获赏土地和奴隶的情况。

外国入侵者被驱逐出境,埃及重获独立和统一,雅赫摩斯建立第 18 王朝,从此埃及进入新王国时期(包括第 18—20 王朝,时间约为公元前 1570—前 1085 年),进入它的政治、经济、军事和文化的繁荣时期。

帝国的形成和统治 埃及的统治阶级在赶走喜克索斯人后,立即将这场正义的民族解放战争转变为一场旷日持久的非正义的侵略战争。在历时约百年之久的时间里,埃及第 18 王朝的国王们率领他们的军队南征北战,把埃及从包括尼罗河谷及其三角洲地区的一个地域王国,扩张为一个地跨西亚北非的奴隶制帝国。

对外侵略战争在雅赫摩斯一世时就已开始,其方向是南方的努比亚和东北方的叙利亚巴勒斯坦。雅赫摩斯的继承者阿蒙霍特普一世执政时期,不仅继续南征努比亚到达第二瀑布附近,还对西方的利比亚用兵。

阿蒙霍特普一世的继承人,其女婿图特摩斯一世时期,埃及帝国初具规模,他可以说是埃及帝国的奠基者。他多年征战,不仅同叙利亚巴勒斯坦人,而且同当时西亚强国,由胡里特人建立的米坦尼王国进行激烈的争夺,将埃及帝国的北部边疆推进到了叙利亚北部,幼发拉底河上游;在南方,他将埃及边境扩展到尼罗河第三瀑布以外。据在阿尔科岛上发现的一篇铭文,该国王曾到过第三瀑布以南约 40 多英里的地方。据图勒的传记铭文,他在图特摩斯一世执政时,担任了努比亚总督,说明当时埃及对努比亚的占领已经稳定下来。

埃及帝国的完成者是著名的图特摩斯三世(公元前 1504—前 1450 年在位)。他一生征战,击溃了由米坦尼支持的、以卡迭什为首的叙利亚联军,进而打败了米坦尼王国,使其不再与埃及为敌,转而成为埃及的盟友,从而巩固了埃及在叙利亚的统治。图特摩斯三世在叙利亚的胜利震撼了整个西亚,使亚述和巴比伦尼亚也纷纷与埃及建立友好关系,巴比伦尼亚的国王还将自己的一位公主送给埃及法老为妃。《图特摩斯三世年代记》对这位法老进行的一系列征战(前后 17 次),尤其是在美吉多与以卡迭什为首的叙利亚联军的会战作了较为详细的报道。他的一个高级军官图梯的一份纸草,则报道了这位军官计取尤巴城的故事，颇类似希腊的特洛伊木马计。在南方，图特摩斯三世将埃及边境推进到了尼罗河第四瀑布以外。

图特摩斯三世的后继者阿蒙霍特普二世也对西亚进行过大规模的战争，俘获达十万之众。不过他只是镇压了当地人民反对埃及的起义，巩固了图特摩斯三世远征的战果，而未能进一步扩大埃及帝国的地盘。

埃及从公元前4000年代后期进入阶级社会，直至公元前2000年代中叶的新王国时期，历时2000年，走完了从小国寡民的诺姆国家到地域王国、直至形成帝国的漫长道路。帝国的形成是埃及统治阶级通过野蛮的战争而实现的，它既在客观上促进了东部地中海地区的经济文化交流，更造成极大的破坏。长期的掠夺性战争给被征服地区的人民带来了无穷的灾难，这在第18王朝时期国王和军官们的铭文中几乎随处可见。

征服战争给埃及本身带来的影响是双重性的：帝国的版图扩大了，大量财富和劳动力涌入埃及，极大地促进了埃及奴隶制经济的发展；但战争也加速了国内的阶级分化，加深了国内的阶级矛盾，并造成埃及和被征服地区尖锐的民族矛盾。

对于在历史上如此空前强大的一个奴隶制国家，埃及统治阶级是如何进行统治的呢？新王国时期，埃及仍然实行中央集权的君主专制。第18王朝初年的法老们在两种性质的战争中为自己树立了威信：赶走喜克索斯人，使他们成了民族英雄；对外侵略战争的胜利和掠夺大量财富、劳动力回国，使他们成了统治阶级崇拜的偶像。他们得到了几乎整个统治阶级的支持和拥护：军队拥护他们，因为军队可以从每次胜利的战争中掠夺到许多战利品，并得到法老的慷慨赏赐；行政官吏们代表国王管理，控制这个版图空前的帝国，他们可以充分地施展自己的才干，也可从胜利的战争中，从奴隶制经济的发展中、从国家的富强中获得一份丰厚的俸禄，因而对法老感激不尽；神庙祭司集团从对外战争中获得了更多的好处，国王们把每一次战争的胜利都归之于神的保佑，因而总是把大量的财富（包括土地、战俘、城镇、牲畜以及其他财富）捐赠给神庙；帝国时代奴隶制经济和政治的繁荣，也为一般奴隶主的发展开辟了更为宽广的前景，提供了更多的条件；对外战争的胜利也给他们带来许多直接和间接的好处：他们不仅可以在给国王、军队和行政机关提供服务时获得较多的报酬，而且还可以从政治的相对稳定、新土地的获得、劳动力的大量补充、资源的更加丰富等方面获得奴隶制经济发展的一些必备条件。而这些条件是以前所不具备或不完全具备的。这个时期形成的一个新兴奴隶主阶层——涅木虎就与对王室的供应、对军队的供应有关，他们因而成了王权的重要阶级基础。

同古王国时期相比，新王国时期官吏队伍的构成发生了较大的变化。新王国时期，官吏已不仅仅或主要从王室家族、皇亲国戚中挑选，而更多地是从整个统治阶级中挑选。这反映了新王国时期君主专制的阶级基础的扩大,也表明了埃及奴隶主阶级构成的变化,反映了埃及奴隶主阶级的壮大和成熟。这时的君主专制已经建立在奴隶制长久而深入发展的基础之上,建立在整个奴隶主阶级基础之上了。新王国不再是王室家族的政权,也不只是贵族们的政权。

新王国时期,在国王之下的最高官吏仍是维西尔。可能是为了管理和统治这个空前庞大的帝国的需要,也可能是为了不让维西尔的权力过分集中,所以,这时维西尔的权力被一分为二,设置了两个维西尔:一个管理上埃及和努比亚;一个管理下埃及和西亚属地,分界线在埃及中部的赫尔摩波里。一般说来,管理上埃及的维西尔权力较大,国王出征时,由他代行朝政。维西尔的职责是管理行政、司法、经济和神庙事务。从第18王朝图特摩斯三世给维西尔列赫米留的训令以及其他一些资料可以看出,土地诉讼、分家析产、灌溉系统、遗嘱、农事、赋税等都在他的管辖范围之内。从训令可知,维西尔基本上是执行法老意志的工具。

在维西尔之下,有管理各种具体事务的专门机构或官吏,如管理北方港口的官吏、管理"南方大门"(即要塞)的官吏、管理土地的官吏等等。但这些机构的层次及权力如何则不清楚。

地方上仍是以诺姆为主要单位,但有关资料甚少。诺马尔赫的权力显然已不如中王国以前,他们已不能独树一帜来反对王权。诺马尔赫的权力是来自中央还是世袭,或兼而有之也不甚清楚,很可能他们多半只是中央任命的地方官。

新王国时期的军队不仅由埃及本土人组成,而且有外国雇佣军。第18王朝中叶以后的"沙尔丹"雇佣军,不仅出现在埃赫那吞时代的浮雕中,而且出现在第19王朝时期拉美西斯二世同赫梯争霸的战场上。在第20王朝时期的《维勒布尔纸草》中,还有雇佣军士兵"沙尔丹"租佃神庙土地,以及"沙尔丹"的仆人租佃土地的记录。新王国时期埃及军队增加了一个新的军种,即战车兵。一般认为,是喜克索斯人给埃及带来了战车和马。在新王国时期的对外战争中,战车兵起了巨大的作用。战车兵一般都是富家子弟,他们打仗还要奴隶侍候(包括照料他们的生活起居和饲养马匹、维护战车),马匹和战车可能都是他们自备的。

对被征服地区,埃及派总督治理,有精悍军队驻防;也利用当地土著王公贵族进行统治。埃及人每占领一地,总要把当地统治者的孩子带往埃及为人质,同时也让他们接受埃及教育,待其父辈死后,返回继位,充当埃及的忠实傀儡。《图特摩斯三世年代记》对此有明确记载:"王公们及其兄弟的儿童被运走,以便送往埃及,作为人质。如果这些王公中有人死去,陛下就派他的儿子来接替他的位置。"以夷制夷的思想十分明确。在努比亚,由埃及法老的王子任总督,被称作"库什王子",目的大概是让他们熟悉政事,经受行政能力的锻炼。

维持这庞大帝国的经济基础,一方面是向国内人民征收赋税,在《列赫米留墓铭文》中,就有一份由各地缴纳赋税的清单;另一方面则是向被征服地区的人民征收贡赋,其中包括金属、牲畜、奴隶及其他财富。

社会经济状况 新王国时期埃及的经济获得重大发展。这时冶炼金属已采用脚踏风箱,一人可踩两只风箱,从而大大提高了炉温,而提高炉温对冶炼青铜和铁则是十分必要的。铜制品的制作方法也有改进:过去只会使用锻造法,新王国时期则使用了新的铸造法,大大提高了效率。不过铸造法要求较高的工艺水平,要求密封。《列赫米留墓铭文》讲到给卡尔纳克的阿蒙神庙铸造金属门的事。新王国时期铁制品偶有发现,但多半是陨铁,或由国外进口。专家们认为,在埃及本土冶炼铁可能要到公元前1000年代。

建筑业是埃及的重要手工业部门之一。卡尔纳克和卢克索尔两大神庙建筑的主要部分都是在新王国时期建成的;在埃赫那吞改革的短时期里,埃及的手工业者建造了一座新的城市——埃赫塔吞(包括王宫、神庙、政府机关、贵族们的府第等等);第19王朝的拉美西斯二世在三角洲东部也营建了一座新都——培尔-拉美西斯,作为向西亚用兵的前沿基地。这些事实说明了当时埃及建筑业队伍之大,建筑技术之高。在底比斯西部发掘出一个手工业者住地,这个居住地曾有过多次变迁,人们认为很可能在营建两个新都时都利用过这些建筑工人。新王国时期的建筑材料多用石头(砂石和石灰石),也用砖(主要是生砖)作原料。

以亚麻和羊毛为原料的纺织业也很发达。从图特摩斯四世和图坦哈蒙墓中发现的一些亚麻织物残品看,纺织技术有很高的水平。新王国时期的纺织机械也有所改进,以垂式织布机取代了中王国时期的卧式织布机,用一人即可操作,而且可以织出较宽的布幅。

玻璃制造业也达到很高的水平。在底比斯发掘出好几座属于第18王朝时期的玻璃制造厂。这时生产的玻璃品种很多,有紫水晶、黑色、蓝色、白色、红色、棕色、黄色,以及无色透明的玻璃等。

在运输方面,除沿尼罗河的水运外,山地可能还使用驴驮。在平地除用牲口驮运以外,开始只限于军用的轮车,逐渐用于民间运输,这比肩挑牲口驮要进步得多。

在农业中,新的提水装置——沙杜夫的发明和使用,为高地的开发创造了条件。

新王国时期生产力的巨大增长、对外战争中掠夺回来的大批财富、对外联系的加强和发展,大大促进了埃及商品货币关系的发展。金属作为流通手段的情况增多了(包括用铜、青铜、白银和黄金),但铸币仍未出现。用银(按重量)作为价值尺度的情况比较常见。商品货币关系发展的一个重要表现是借贷关系的发展。资料表明,借债要立字据,保证偿还,还要有证人签字方为有效。商品货币关系深入农村,使农村的阶级分化加剧。所谓麦西档案中记载的王家牧人涅布麦希"因为什么都没有了"而出租奴隶和出卖土地的事实,以及雇佣关系和租佃关系的发展都证明了这一点。在新王国时期,商品货币关系发展的一个最明显的标志,或许是真正的商人的出现。第11号波拉克纸草记载了一个名叫明-纳克赫特和一个名叫舍利布恩的商人的经营情况,他们都是零售商,出卖肉、葡萄酒和糕点等。商品货币关系的发展也影响到奴隶制关系。奴隶常用于出租或被买卖,麦西档案中租用奴隶的契约比较典型。

但是,新王国时期商品货币关系发展仍然很不充分。最突出的表现是,物物交换的情况还很普遍,衣服、牛、谷物、各种器皿等都可作为交换物。租用和买卖奴隶、买卖土地等都以实物进行交易,只是要注明值多少银子。如麦西租用涅布麦希一个女奴的两个劳动日,租金是一束麻以及别的东西;麦西购买涅布麦希的3斯塔特土地,给的是一头乳牛,值银1/2德本(约等于45.5克)。商人虽已出现,但为数很少,在社会经济生活中的作用未必很大,在政治上的作用更是微乎其微。

新王国时期埃及商品货币关系发展的主要障碍,依然是大部分生产资料控制在王室、神庙和贵族奴隶主手中,而他们的经济也仍然是封闭型的,即自给自足的,与市场不发生什么关系;贵金属(金、银)大多控制在国家和各类奴隶主手中,并且主要不是用作货币,加入流通,而是用于制作各种装饰品;官吏、手工业者的报酬也都是实物,而不是货币;对外贸易仍控制在国家和王室手中等等。

新王国时期的奴隶制度也有了很大发展:奴隶人数大大增加。由于没有关于这个时期奴隶人数的统计资料,所以我们不知道奴隶的总数,也不知道各类奴隶主占有奴隶的数量。但奴隶人数比以往各时期要多得多,则是毫无疑问的。长期的大规模的对外战争,提供了奴隶的主要来源。从第18王朝时期国王的远征记录和一些军官的传记铭文中,我们看到他们是多么狂热地去追捕、抓获俘虏以及平民百姓,其目的就是要把他们变成奴隶,在这方面,《桡夫长雅赫摩斯传》提供了一份典型的资料,证明当时战争目的之一就是掠夺劳动力;奴隶本身也是财富的表现形式之一,因而成为国王赏赐其有功人员的内容之一,《桡夫长雅赫摩斯传》末尾所附的一份奴隶名单可以为证,奴隶制发展的第二个表现是,奴隶主阶级的构成的变化,拥有奴隶的人增多了,奴隶主的面扩大了。古王国时期及其以前,奴隶基本上控制在贵族手中(王室、神庙、官僚贵族),一般人拥有奴隶的情况绝少。中王国时期出现了中小奴隶主阶层涅杰斯,打破了贵族对奴隶的垄断,但涅杰斯本身占有奴隶的人数并不多;新王国时期,除了上层仍然拥有大量奴隶以外,不少中下层居民都可能拥有奴隶,看门人、牧人、商人、手工业者、雇佣兵、理发师、市民等。这时形成了一个名叫涅木虎的中小奴隶主阶层也可证明这一点。

奴隶是主人的财产,他们可被买卖、转让、继承、出租和雇佣,也可作为财产而被没收。属于第19王朝时期的一份纸草文献,记载了一个女市民伊林涅菲尔从商人拉伊阿处购买了一个叙利亚籍女奴,并引起诉讼的情况。杜林博物馆藏第2021号纸草上记载了一个奴隶主在分家析产时将奴隶作为财产分配的情况。第20王朝时期一个名叫霍尔的军队书吏的女奴被没收后转让给王陵机关。这些事实说明,奴隶的地位是很低的。

当然,在新王国时期,奴隶的状况也不完全一样:有的奴隶可能被释放为自由民、或被收为养子,有的可能独立租种土地、有自己的家庭和经济,甚至有的还占有土地。但即使这些奴隶,其真实境况也不一定好。如开罗一石碑所记的奴隶在出卖所占土地时就说是因为"度着穷困的生活"。《维勒布尔纸草》中租种神庙土地的奴隶,其所租土地也很少,还要交很重的租,要养家活口大概也是很艰难的。因此,奴隶采用了各种办法进行反抗(逃亡、怠工、甚至起义),力图改善自己的状况,甚至改变自己的地位。

新王国时期的土地关系,就总的格局而言,同古王国时期没有太大的变化:国王、神庙和官僚贵族奴隶主仍是生产资料的主要占有者。不过,随着社会经济的发展,特别是商品货币关系的发展,在新王国时期,在生产资料的占有方面也起了某些变化,这就是中下层居民对生产资料的占有,私有制,其中也包括生产资料的私有制逐渐普及到中下层居民之中:如有的牧人可以占有土地(在麦西档案和屏洛墓的铭文中都提到过),并可出卖,甚至奴隶也占有土地并可买卖(虽然他们占有的土地数量很少)。

奴隶主的土地基本上是采用租佃形式经营,这从《维勒布尔纸草》及若干其他资料中可以看出。《维勒布尔纸草》本身就是一份神庙和王室土地的丈量和租佃清册(当然不是全部神庙和王室的土地,而只是埃及中部的一部分土地),它记载了每块土地的所有者,地块的位置、面积,以及租佃者的姓名、职业、应缴纳的租税额等。从该纸草的资料可以看出,租佃者的成分是很复杂的,有女市民、奴隶、农民、沙尔丹及其仆人、养蜂人、马厩长官、牧人、小祭司等。每人租佃的土地数量不等,多的可能有200多斯塔特,少的只有3—5斯塔特,甚至更少。有的人租佃的土地显然不是自己耕种,而可能是由奴隶或其他人耕种(如一个名曰农民的人租种了17块土地,总数达222斯塔特,他自己是绝对不可能种这么多土地的)。在克利盖等人所著《古代埃及社会史》一书中,对《维勒布尔纸草》中的租佃者的情况有如下一个统计表:

租佃面积（以阿鲁尔为单位）	祭司/%	女市民/%	士兵/%	马厩长官/%	牧人/%
2	2.91	2.63	—	—	—
3	16.50	23.16	93.22	2.89	—
5	62.14	59.47	5.08	92.13	80.67
10	17.48	10.53	1.69	3.94	13.45
20	0.97	4.21	—	1.05	5.88
每种占有的总计	103	190	236	119	381

有的学者据《维勒布尔纸草》的资料推测,新王国时期埃及农民交纳的租税约占收成的1/2;但有的学者认为,租税最多不超过收成的1/7。有的学者根据波隆纸草1086号的铭文指出,一个农民一年要交纳200袋谷物。从第20王朝时期的《兰辛克纸草》可知,农民交不起租税,其命运是很悲惨的,他们会被捆绑、吊打,其家属,甚至邻居都会受到牵连。有的资料讲到,农民租佃的土地被收回。甚至一个给国王养马的马伕,他的服役份地也毫无理由地被强令收回。税收官吏还常常加倍征税,使农民苦不堪言。农民不仅租佃土地,甚至连农具、牲畜、种子都要租用,所以负担十分沉重。再加上兵役、劳役的负担,使多数农民的处境极为艰难。社会经济的发展只是富了少数人,大多数劳动者的状况并没有得到改善。

王权与神权的关系 古代埃及君主专制的显著特征之一,是王权同神权结成联盟。法老利用祭司贵族维护和神化自己的专制统治;祭司也利用王权来为自己谋求政治上、经济上的利益。由于神庙势力对君主专制的巩固起过特殊的作用,因而历代国王都给予神庙慷慨的赠予。在新王国时期,阿蒙神是国家的主神,也是王权的主要保护神,因而阿蒙神庙(主要是在底比斯的卡尔纳克神庙和卢克索尔神庙)获得的赠予最为丰厚。所以,在新王国时期,阿蒙神庙不仅在意识形态领域中处于支配地位,而且在经济上也拥有了越来越雄厚的实力,成为仅次于国王的大土地占有者、大奴隶主、大富翁。

但是,神庙势力虽然是王权的重要阶级基础,同王权结成了同盟,却也有其自身独立的利益,在一定条件下也会同王权发生矛盾,甚至激烈的对抗。可以说,神庙势力从来不是王权稳定的同盟者,他们常常同地方贵族联合,成为王权的反对派,甚至靠削弱王权来加强自己。古王国末朝至中王国时期就曾发生过这种情况。可是,在古代埃及,神权势力是统治阶级唯一的精神支柱,因而王权还不得不依靠他们。当然,在王权强大之时,神庙势力就不敢为害。

第18王朝初年的法老们,一再把战场上取得的胜利归之于神的保佑,特别是归之于当时国家的主神阿蒙神的保佑。法老们不仅依靠军队和官吏这两支队伍来维持帝国的统治,还要依靠神庙这根精神支柱,依靠祭司这个阶层,因而不惜给予神庙丰厚的捐赠。

随着祭司集团在经济领域中实力的增长,他们的政治野心也增长起来,不再甘心作王权的附庸。在第18王朝中叶,王室内部发生了哈特舍普苏特同图特摩斯三世之间的争权斗争,斗争的双方都去寻求阿蒙神庙祭司集团的支持。这件事给了阿蒙神庙祭司集团扩大其政治实力,插手政治,尤其是插手王室内部斗争的机会。哈特舍普苏特女王的两个宠臣森穆特和哈普辛涅布都是阿蒙神庙祭司(前者是女王的总管,后者是女王之下的维西尔)。在女王晚年或女王死后,祭司们又拥戴了图特摩斯三世复位。对此,才22岁的图特摩斯感激不尽(很可能,他在被哈特舍普苏特女王贬到阿蒙神庙去当祭司时,就同祭司结下了友谊)。所以,他在每次胜利的战争后,都要给神庙很多战利品。如有一次,他给了神庙2 800斯塔特土地,还有1 078个奴隶,以及其他财富。

神庙集团在经济上和政治上实力的增长,不仅危及其他奴隶主的利益,而且逐渐危及王权。在阿蒙霍特普三世统治时期,这种情况大概已使王权再也不能忍受了。因此,这位法老撤了祭司兼维西尔的普塔赫摩斯的职,而任命了一位非祭司集团的拉莫斯担任维西尔,以取代普塔赫摩斯。这使王权与神庙祭司的矛盾表面化了。

阿蒙神庙势力对王权的威胁,不仅使法老对阿蒙神庙祭司产生了疑虑,而且也对阿蒙神的信仰本身产生了疑虑。因而,早在图特摩斯四世时代,一个古老的太阳圆盘神阿吞神便被抬了出来加以崇拜。在一次对西亚的纳哈林的远征胜利后留下的纪念性铭文中,图特摩斯四世把胜利归之于阿吞神的保佑,并把战利品赠送给了它,而不是像以前那样把胜利归之于阿蒙,并把战利品赠送给它。继图特摩斯四世为王的阿蒙霍特普三世,则不仅违背贵族(当然也包括神庙贵族)的意愿,娶了一位出身平民的女子提伊为王后,而且更加明显地表明了对阿吞神的崇拜:他在底比斯为阿吞神修建了一个神庙;他的一个卫队也以阿吞神的名字命名;他曾为提伊王后修建了一个供游乐的湖,并同王后一起乘坐"阿吞的闪光号"游艇泛舟湖上。

阿蒙神庙祭司集团也不甘示弱,他们企图插手王位继承,不让阿蒙霍特普四世继承王位,而要扶植一个自己的傀儡上台。这使终于成了国王的阿蒙霍特普四世(公元前1379—前1362年在位)对阿蒙祭司忍无可忍,因而采取了断然的措施,同阿蒙神庙势力进行斗争,这就是著名的阿蒙霍特普四世的宗教改革。

阿蒙霍特普四世先是重新推出对拉神的崇拜,以对抗对阿蒙神的崇拜。继之,他更提出废除对阿蒙神和其他一切神的崇拜,而只准崇拜阿吞神;没收阿蒙神庙和其他一切神庙的财产,将其转交给阿吞神庙;去掉一切建筑物上的阿蒙字样;为了摆脱阿蒙神庙祭司的控制和影响,他将首都从底比斯迁到埃及中部的阿马尔那,将其取名为"埃赫塔吞",意为"阿吞的视界";国王的名字也改为"埃赫那吞",意为"阿吞的光辉"。他的这些改革措施表明,埃赫那吞同以阿蒙神庙祭司为代表的神权势力决裂了。与此同时,他提拔了许多出身中下层奴隶主的人物担任了高级官吏。如一个名叫麻伊的涅木虎就担任了大臣的职务,他的铭文中说:"我——按父母双方来说都是涅木虎,君主玉成了我……而(先前)我是一个没有财产的人。他使我得到(很多的)人。我提拔我的兄弟们,他使我的所有的人都关心我。当我成为一村之长时,他下命令,使我兼任大臣之(职)和"王友",而(先前)我曾(要过)面包。"但即使是埃赫那吞,也不能完全摆脱神权,只不过是用一种神权代替了另一种神权而已。王权终归还必须同神权结合,以维护其统治。

埃赫那吞在其改革初期,曾得到军事行政奴隶主,以及当时的中小奴隶主阶层——涅木虎的支持。因为,这些集团或阶层同阿蒙神庙祭司集团有着尖锐的矛盾;军队在战争中为帝国的建立有过汗马功劳;行政官吏们在管理帝国方面花费了心血,但他们得到的报赏却远不如神庙得到的多。更何况,神庙祭司还不以此为满足,还要插手世俗政权,担任维西尔等高级职务,大有排斥世俗奴隶主之势,这不能不引起世俗奴隶主的嫉恨;而中小奴隶主涅木虎,在政治上和经济上的发展都与王权的强盛息息相关。因此,这些奴隶主集团或阶层联合起来支持王权,支持埃赫那吞改革。他们同神庙势力的矛盾是财产和权力再分配的矛盾。但改革却是在宗教外衣的掩盖下进行的。

埃赫那吞虽以法老的资格领导了这次改革,仍然遇到了神庙势力以及站在他们背后的一切旧贵族的激烈抵抗。他们向埃赫那吞的母亲提伊王后施加压力,让她到埃赫塔吞去(她一直住在底比斯)对埃赫那吞施加压力,要他放弃改革;他们还在西亚鼓动埃及的属地反叛埃及;他们甚至图谋刺杀埃赫那吞等等。斗争十分激烈。反对改革的势力极为强大而富有经验。

改革期间,埃及的对外战争停止了,军队得不到战利品,更得不到赏赐,因而军队离开了改革,军队的总司令霍连姆赫布借口军务繁忙而一直未到新都埃赫塔吞去;改革时期,埃及放弃了对西亚属地的关注,使得在叙利亚的许多埃及属地离开了埃及,他们或者独立,或者被乘虚而入的小亚强国赫梯所吞并,这也使军队和统治阶级中的其他许多人很不满意,对改革丧失了先前的热情而不再支持改革。改革阵营内部分裂了。甚至连王室内部也发生了尖锐的分歧。埃赫那吞顶不住压力而动摇了、妥协了。他派了他的女婿、共治者施门克赫卡勒去底比斯,可能是去讲和,而实际上当了人质,他在那里一直到死也未再回埃赫塔吞。王后涅菲尔提提从王宫中搬出,迁到城北的另一个王宫中去住,显然是与埃赫那吞发生了不和。

广大的劳动群众没有从改革中得到任何实际的好处。相反却因修建新的首都而加重了负担;再加上信仰的改变也不会很习惯。因此,他们对改革不可能十分热情。

这一切导致了改革的失败。埃赫那吞死后,他的继承者图坦哈蒙放弃了改革,恢复了对阿蒙神的信仰,发还了阿蒙神庙被没收的财产,首都也迁回到了底比斯。他以后的法老继续了这一政策,改革被彻底葬送。改革之都埃赫塔吞变成了一片废墟,被人遗忘。直到1887年,这里的一个农民在犁地时发现了大批泥版文书,它们被送往伦敦,引起专家们的极大重视,因为它们是与埃赫那吞同时代的一些西亚国王或王公给埃及法老的书信。于是开始了对埃赫塔吞的考古发掘,这个改革之都被重新发现,改革也才重新为世人所知。

改革失败,阿蒙神庙及其他神庙势力复辟后,气焰十分嚣张。支持改革的涅木虎受到打击迫害,他们的财产也被抢夺。王权重又与阿蒙神庙势力结盟,对神庙势力更加依赖。

埃及与赫梯的争霸 埃及同赫梯的争霸于公元前14世纪至公元前13世纪初发生在叙利亚巴勒斯坦地区。

叙利亚巴勒斯坦地区是一个古老的文明地区。20世纪70年代以来在叙利亚发掘出的埃勃拉国的情况表明,它曾存在于公元前3000年代中期。同时,这里十分富庶,又处于重要的商业交通要道之上,是著名的商业航海民族腓尼基人的发祥地。因此,这里具有重要的经济和战略价值。叙利亚和巴勒斯坦地区虽是一个古老的文明地区,但在埃勃拉国之后,这里却长期未形成一个统一的国家,不能成为一支强大的力量,抵御来自南方的埃及、北方的米坦尼和赫梯,东方的巴比伦尼亚的侵略和威胁,而一直是它们侵略和掠夺的目标。

埃及第18王朝前期的法老们在侵占叙利亚巴勒斯坦时,曾同在这里有重大影响、并且觊觎这里的西亚大国米坦尼发生过严重的冲突。后来,米坦尼因要防范正在崛起的亚述而与埃及结盟。但与此同时,在小亚又兴起了赫梯王国,它打败了米坦尼王国,而与埃及直接对峙于叙利亚地区。

埃及第18王朝后期的埃赫那吞改革,因忙于内部斗争而无暇顾及其在西亚的属地,于是一些属地宣布独立,另一些则投到了赫梯的保护伞之下。仍然忠于埃及的一些属地的王公们曾多次求救于埃赫那吞,但毫无结果,甚至遭到他的训斥,说他们干扰了他的改革。于是埃及的西亚属地陷入一片混乱。

图坦哈蒙执政时期,情况可能有所好转,但他统治的时间很短。他的寡后曾向赫梯国王提出,要他送一位王子到埃及去与她结婚,并让该王子作埃及法老。赫梯国王苏庇鲁里乌马什儿经犹豫后,终于将一个王子送到了埃及。但该王子到埃及后即被埃及人所杀(很可能是反对此婚事的埃及贵族所为)。于是爆发了埃及同赫梯之间的公开战争。战争对埃及十分不利,它遭到重大失败。只是因为被俘的埃及士兵的传染病也传给了赫梯士兵,战争才暂告停止。

在第19王朝初年的霍连姆赫布、拉美西斯一世、谢提一世等几位法老统治时期,埃及曾多次用兵西亚,与赫梯人进行争夺,取得了不少胜利,基本上稳定了埃及在这一地区的形势,但却未能完全恢复埃及在西亚的全部属地,尤其未能消除埃及在西亚的主要威胁。赫梯的气势仍咄咄逼人。

在拉美西斯二世统治时期(公元前1304—前1237年),埃及同赫梯的争霸战争达到了高潮。当时统治赫梯的是国王穆瓦塔鲁。

为了同赫梯进行战争,拉美西斯二世进行了很多准备:他在三角洲东部营建了新都培尔-拉美西斯;他还组建了四个军团,招募了不少雇佣军,兵力合计3万多人。穆瓦塔鲁也为同埃及争霸而将赫梯首都从哈图斯城迁到了靠近叙利亚的小亚南部城市达塔什。

当时站在赫梯一边的还有叙利亚地区的若干公国,如纳哈林、阿尔瓦德、卡赫美什、科迪、卡迭什、努格什、乌伽里特和阿勒坡等。形势对埃及十分严峻。

拉美西斯二世计划先占领叙利亚巴勒斯坦的沿海地区,以取得立脚点和打通海上交通线,便于从海上与埃及本部取得联系。为此,在其执政的第4年,进行了一次预备性远征。这次远征的结果是占领了腓尼基沿岸,到达了今之贝鲁特。

拉美西斯统治第5年,当叙利亚的雨季过后,拉美西斯二世率领他的四个军团和雇佣军,从三角洲东部的要塞城市沙苏出发,进军叙利亚。赫梯国王穆瓦塔鲁也将军队开进了叙利亚,他集中了2万战车兵于叙利亚的卡迭什城,准备同埃及军队决战。他将军队埋伏于卡迭什城东部,准备将埃及军队诱至该城后围而歼之。

埃及军队抓获两个充当赫梯细作的贝督英人,据他们说,赫梯军队还在离卡迭什很远的地方。拉美西斯二世听信了这个假情报,亲率一个军团,孤军深入,进到卡迭什城西北扎营,而其他三个军团则落在后边。直至此时,拉美西斯二世还不知道赫梯大军近在咫尺,正以逸待劳,准备围歼他们。当拉美西斯二世再度审问两个贝督英人时,才知自己已陷入危急境地,于是赶快派人去通知援军。但赫梯军已行动起来,包围了拉美西斯二世的这一个军团,并几乎歼灭了它。只是因为赫梯军不知拉美西斯二世也在军内,忙于抢夺埃及军队的财物,才使他幸免于难。不久埃及援军赶到,打败了赫梯军,才解了拉美西斯二世之危。

卡迭什战役中双方损失惨重,无力再战。而且,双方都还有一些其他方面的问题:亚述对赫梯和埃及的威胁,以及两国内部的困难等。所以,卡迭什战役实际上也标志了埃及同赫梯之间争霸战争的基本结束。

公元前1283年,拉美西斯二世统治第21年,赫梯新王哈吐什尔向埃及提出了缔结和约的要求,并派人给埃及送去了和约草案。拉美西斯二世同意缔结和约,从而正式结束了两国之间近一个世纪的争霸战争。

和约除了说明性的内容外,包括一个序言和9个条文,即:(1)永久和平的确立;(2)互不侵犯的条约;(3)赫梯国王执行先前条约的义务;(4)埃及法老拉美西斯二世执行现今条约的义务;(5)军事互助的相互义务;(6)赫梯国家不接纳埃及亡命者的义务;(7)埃及不接纳赫梯亡命者的义务;(8)神对违约者的威胁和对守约者的加恩诺言;(9)亡命者的引渡等。

和约是两个奴隶制大国进行这场旷日持久的争霸战争的本质的反映。埃及和赫梯不仅凭借这一纸和约瓜分了他们在叙利亚巴勒斯坦的势力范围,使他们对这一地区的占领合法化;而且和约本身又变成一个军事同盟条约,双方保证在面临第三国威胁时,在军事上互相支援;双方还保证互相支援以对付本国内部的危险。

埃及与赫梯的战争及最后和约的签订在世界国际关系史上具有重要的意义。这是人类历史上第一次两个不同地区的强国(埃及在北非,赫梯在小亚细亚,双方相隔千里之遥)为了争夺彼此国境外的一个重要地区的霸权和划分势力范围而长期进行的战争与交涉。同时,周围其他大国如米坦尼、亚述、巴比伦尼亚也在不同程度上先后卷入这场复杂的军事外交斗争之中。这也标志着在公元前2000年代后半期,东地中海一带的各文明古国之间关系已经日益密切,开始打破孤立、闭塞、隔绝的状态,逐渐有机地联结起来。

埃及和赫梯在叙利亚巴勒斯坦的争霸战争,给这里的人民带来巨大的灾难,因而遭到该地区人民的激烈反抗。争霸战争也给争霸国国内的人民带来沉重的负担和巨大灾难,严重削弱了两国的实力,加剧了它们国内的阶级矛盾,给两国带来严重后果。不久之后来临的所谓"海上民族"入侵,横扫了整个地中海东部地区,灭掉了赫梯。埃及虽然顶住了"海上民族"的入侵,但也遭到沉重打击,并从此一蹶不振。

新王国的衰落 新王国时期的埃及在经历了第18王朝后期的埃赫那吞改革、同赫梯长达一个世纪之久的争霸战争,而尤其是"海上民族"的入侵之后,已被严重削弱。埃及国内外矛盾十分尖锐。

"海上民族"对埃及的入侵共有两次。第一次发生在第19王朝末叶的法老麦尔涅普塔赫统治时期。据麦尔涅普塔赫的铭文,他打败了这次"海上民族"的入侵,俘获甚多:杀死敌人8 500多人,俘1万多人;第二次入侵发生在第20王朝的拉美西斯三世统治时期。

在埃及遭到"海上民族"入侵之时,埃及统治集团内部矛盾又再度尖锐化,王权同阿蒙神庙势力之间的斗争又起。国王麦尔涅普塔赫不信奉阿蒙神,而崇拜孟斐斯的普塔赫神,国王的名字也证明了这一点。他把埃及从"海上民族"入侵的灾难中拯救出来的功劳归之于普塔赫神,而不是归之于阿蒙神。他的这些举动必然会遭到阿蒙神庙势力的反击。可能王权再度遭到失败。因此，第20王朝时期国王对阿蒙神庙祭司的依赖（或者说阿蒙神庙势力对王权的控制）明显加强。拉美西斯三世在自己的一份遗嘱中给予阿蒙神庙和其他神庙的捐赠（即著名的《哈里斯大纸草》）是这方面的一个明显例证。有的学者据这份纸草推测，各类神庙所占土地约占全国土地的15%，全国劳动力的2%。而别的学者则认为，纸草仅存1/3，因此，神庙所占土地和劳动力的比重应当更大。

在新王国晚期，劳动人民同统治阶级之间的矛盾也异常尖锐。在《哈里斯大纸草》中，记载了一次发生于第19王朝末期的奴隶大起义的事件："埃及国家曾被弃置不顾，每人各自树立〔自己的〕正义〔标准〕。直到某一时期之前，有许多年，他们没有首领，埃及的土地属于大家和地方首领，人们互相残杀，无论高贵者或卑贱者都如此。随后到来的某一时期是一些空虚的年代，这时……一个叙利亚人在他们之中自立为王。他把整个大地变成他的附属物。人们参加他的队伍为的是抢掠别人的财产。他们对待神像对待普通人一样，对神庙不作任何供奉。"这段话说明，起义发生在一个政治上混乱的年代；起义规模很大，起义不仅反对世俗权力，而且反对神权。第19王朝就是在这次起义的打击下垮掉的。

在第20王朝时期，在首都底比斯西部，多次发生造墓手工业者因不满经常中断口粮供应而发生的罢工，等等。

到第20王朝时，埃及的亚洲属地也已大部丧失。《乌奴阿蒙游记》中记述的被派往黎巴嫩运取木材的埃及使者乌奴阿蒙，受到当地统治者的冷落反映了这种现实。接待乌奴阿蒙的当地官员说，要是在以前他会给他木材，但现在，埃及已不是这里的主人，因此他可以不给他木材。

埃及国内外矛盾的发展，导致了埃及的再度衰落。公元前1085年，阿蒙神庙祭司赫利霍尔篡夺了王位，这标志了第20王朝的终结，也标志了新王国时期的结束。埃及进入后期埃及时期。

埃及文化 古代埃及人民创造了丰富的文化，为人类文化宝库作出了杰出的贡献。

古代埃及人创造了自己独特的文字——象形文字。象形文字起源于公元前4000年代末。蝎王权标头上的蝎子可能是蝎王名字的象形文字写法，也是现在所知道的最早的象形文字。现在知道的最晚的象形文字铭文是公元394年罗马皇帝提奥多西时期的一个铭文。象形文字有24个字母符号，但未发展成字母文字。象形文字一般都由三部分组成，即表意符号、表音符号和部首符号（或叫限定符号）。象形文字是从图画文字发展而成的，它的表意符号反映了这种情况，如太阳写成☉、山写成凹等。一些具体的动作如"打"、"走"等也用这种方式来表达。表音符号包含了几种情况：一音一符、二音一符、三音一符、四音一符；还有组合字等。埃及的象形文字只有辅音，没有元音。鉴于两个或三个辅音符号之间的元音可能是不同的,从而可能组成不同的词,古代埃及人发明了限定词符号(相当于汉字的部首符号),以确定该词所要表达的是那一类事物。古代埃及人书写时一般是从右向左,从上往下写,但也有从左往右写的,确定其书写方向的方法是看象形文字中的人和动物面向那一方。古代埃及象形文字在几千年的使用过程中也几经变化。在第一中间期里演化出一种祭司体;后期埃及时(公元前1000年代前期)又演化出一种世俗体,到希腊罗马人统治时发展为科普特文字等。象形文字的体系过于复杂,不易为一般人所掌握和使用,所以,在希腊罗马人统治埃及的时期,象形文字便逐渐被人遗忘,并终于成为一种死文字。但古代埃及的象形文字对西亚腓尼基字母的产生发生过重大影响。直到1822年法国学者商波良重新释读成功象形文字,把阅读象形文字的能力还给人类。

　　古代埃及人没有创作出大部头的文学著作,但他们也创作了多种多样的文学作品,包括诗歌、小说、神话、格言、祈祷文、教训、传记、战记,等等。这些文学作品反映了古代埃及各个历史时期社会生活的不同方面。关于奥西里斯、奥西里斯同其弟塞特的斗争、奥西里斯之子荷鲁斯同塞特之间的斗争的神话、大臣乌尼传等传记铭文、占领尤巴城等战记、两兄弟的故事等小说都给人以深刻印象。

　　古代埃及人在应用科学(如天文、历法、医学、数学等)方面也作出了自己的贡献。天文观察是祭司的职责,目的是要找出吉凶祸福的征兆。现在所知道的古埃及最早的星座图是在第12王朝时的墓中发现的。在哈特舍普苏特女王的总管森穆特墓的天花板上也有一个天文图。还发现有19和20王朝时的星座图和星位表。到新王国时,埃及人已知道43个星座,在天文观察的基础上,产生了古代埃及人的历法。他们最初用的是阴历,后来改用阳历。古埃及人发现,每年阳历的6月15日(古埃及历的7月19日),在三角洲地区尼罗河涨水与太阳、天狼星在地平线上升起同时发生。他们把这样的现象两次发生之间的时间定为一年,共365天(比现在的一年少1/4天)。古埃及人把一年分为三季,每季4个月,共12个月,每月30天,共360天,余5天为节日之用。在一份纸草的背面,人们发现了一些有关历法的记录,其中记有人们过去所不知道的古埃及人的星期原则,而不是古埃及人通常使用的旬(10天)。埃及年比太阳年(地球绕太阳转一周)实际上少1/4天,因此,这个误差要过1 460多年才能重合并纠正过来。古代埃及的太阳历对罗马共和国晚期凯撒制定的朱里亚历有很大影响。

　　古代埃及的若干医学文献被现代人发现。其中最古老的大概要数《史密特医学纸草》,其内容是有关外科方面的医术。1872年,在埃及古都底比斯,发现了长约20.5米的《艾贝尔斯纸草》(因买得此纸草的德国人而得名),该纸草包含有900个医治各种疾病的处方,可以说是古代埃及人的一部医学百科全书,它不仅记载了各种病症及感觉,还有治疗方法,甚至有美容的内容(如弄平皱纹、除痣、改变肤色、头发和眉毛的染色、矫正视力等等)。古埃及人用以治病的药物十分广泛,他们利用了动物、植物和矿物的有关成分来制作药剂。古埃及人注意探索人的疾病的起因,在中王国时期,埃及人便提出各种疾病的基础是心脏和血管的变化的理论。古代埃及人在外科医术方面特别发达,这可能与他们解剖尸体、制作木乃伊有关。

古代埃及人对数学知识的兴趣也发生得很早。考古学家发现了若干古埃及人的有关数学的纸草文献,如《莫斯科数学纸草》、《林德纸草》(又称《阿赫摩斯纸草》)、《阿那斯塔西纸草》等。《林德纸草》的开头有这样一句话:"获知一切奥秘的指南",说明古代埃及人对数学十分重视。从这些数学文献可以看出,古代埃及人在数学方面的知识包括算术、代数和几何三大类。代数已能解一次方程。古代埃及人创造了自己的十进位的计数制度,并创造了表示一些数的象形文字符号,包括分数的符号。但由于他们没有位值制,因此,要写某些数字,就必须用很多符号。如986这个数,它要用9个表示100的符号、8个表示10的符号和6个表示1的符号等。他们的算术主要是用迭加法,乘除法也是化做迭加步骤来做的。加法和减法是用一个人走近或走开(来和去)的腿形∧和∨来表示的。在几何学方面,他们已经会计算矩形、三角形和梯形的面积。他们求圆的面积的公式大体是 $A=(8d/9)^2$,d是直径,这就等于取 π(圆周率)为3.1605。埃及人也会求柱体等的体积。古埃及人的数学产生于生产和生活的实践,例如重新划定因尼罗河泛滥而弄得模糊的田界、修建金字塔、确定给劳动者的报酬,按土地面积征税、计量粮食等。他们将数学与天文观察相结合,创造了自己的历法;他们运用数学知识测量埃及国家的面积和埃及境内尼罗河的长度;他们在建筑方面运用数学知识的成就也十分显著。

古代埃及的建筑以其雄伟浑厚而为世人所瞩目。除大金字塔外,在底比斯修建的卡尔纳克神庙和卢克索尔神庙,也是古代埃及人的杰作。这两个大神庙都始建于中王国时期,但大规模的建筑却是在新王国时期(这时的哈特舍普苏特女王、图特摩斯三世、阿蒙霍特普三世、拉美西斯二世诸王都对此神庙的建筑作出了贡献),直到希腊人占领时期才告结束。这两个大神庙都以其众多巨大的圆柱著称于世,其中卡尔纳克神庙有12根大圆柱,每根高70英尺,柱子上有70吨重的横梁,作开花状的柱顶可站立100人;此外,还有122根圆柱高45英尺,圆周长28英尺。这两大神庙的圆柱和墙壁上满是雕刻和象形文字铭文,著名的《图特摩斯三世年代记》、拉美西斯二世有关卡迭什战役的情景和铭文就刻在这些柱子和墙壁上。除神庙和金字塔外,还有要塞建筑,考古学为我们提供了一个典型例子,就是中王国时期在尼罗河第二瀑布地方修建的要塞。

古代埃及留下了丰富的艺术作品(包括雕刻和绘画)。雕刻有浮雕和圆雕。浮雕多在坟墓和神庙的墙上,也刻在其他物品上(如权标头、调色板等),反映了古埃及社会生活的各个方面(生产、生活、宗教信仰、战争等),为研究古代埃及的历史提供了极为丰富而生动的资料。圆雕的数量也很多,大者如哈佛拉金字塔前的狮身人面像、阿布-辛贝尔庙前的巨大雕像、门隆巨像等,小者如著名的埃赫那吞的王后涅菲尔提提像等。这些雕刻起自前王朝时期,历时几千年。现代欧美各国的各大博物馆中都收藏了古代埃及的大量作品。古代埃及的绘画作品,如中王国时期的《纸草丛中的猫》,新王国时期的《三个女音乐家》等都是杰作。古埃及的艺术作品是人类文化宝库中的一个重要组成部分。

埃及宗教 古代埃及是一个多神崇拜的国家,其崇拜的对象既有动物,也有植物,还有各种自然现象。这种崇拜起自原始社会的图腾崇拜,不过,进入文明时代,它们在性质上发生了根本性的变化。在涅伽达文化Ⅱ时期,在刚形成的各小国内,都有自己崇拜的主神;到古王国时期,埃及统一了,出现了全国统一崇拜的主神(起初是鹰神荷鲁斯,后来是太阳神拉,中王国以后是阿蒙神),原有各小国的主神则降为地方诺姆的神,但也有一些神在全国受到崇拜,如农业神和冥世神奥西里斯,起自孟斐斯的普塔赫神(又是各种技艺和工匠之神、类似于希腊的赫菲斯托斯神)等。统一国家各个时期的主神,也是国王的保护神,在统治阶级的不同集团发生争权夺利斗争时,他们往往推出不同的神作为他们的工具,如新王国时期埃赫那吞改革时推出阿吞神作为全国唯一崇拜的神,而废除对其他一切神的崇拜;麦尔涅普塔赫时又推出普塔赫神以取代对阿蒙神的崇拜等等。总的来说,古代埃及的宗教还未走出自然崇拜的阶段,即他们或者是对自然力量给予的恩赐表示感激,或对自然力量的威力感到恐惧与困惑。埃赫那吞改革时推出的阿吞神就是一个典型的例子。在阿吞颂诗中,歌颂的只是阿吞带来的恩惠和阿吞作为太阳神带来的威力;另外,对尼罗河的崇拜也带有这种性质,这在尼罗河颂中也可看出来。由于古代埃及哲学的不发达,使得古代埃及的神也还未抽象出来,使得埃及的宗教总是处在较为原始的水平之上。对农业神奥西里斯的崇拜,关于奥西里斯死而复活的传说,在很大程度上反映了埃及是一个农业国家,反映了各种农作物一岁一枯荣的过程。古代埃及人对来世(实际是死后的世界)的存在特别重视,他们认为此世是暂时的,来世才是永恒的;他们认为奥西里斯是冥世的王,每个人死后都要受到他的审判。古代埃及的宗教既为现世的统治阶级服务,也为来世的统治阶级服务。古代埃及的富有者为来世作了许多安排:修造好的坟墓、留下祭祀基金、创作祈祷文,等等。

第五章 早期文明的盛衰(下)

(公元前 15 世纪—前 9 世纪)

第一节 吠陀时代的印度

(约公元前 1500—前 600 年)

吠陀和雅利安人 印度河流域文明衰亡以后,古印度的历史进入了"吠陀时代"。关于前一时期,迄今没有传说的材料,而有丰富的考古发现;关于后一时期,迄今尚无重大的考古发现,而有丰富的传说材料。这种传说材料收集在称之为"吠陀"的文献中,因此这一时期就被称为"吠陀时代"。

"吠陀"一词的意思是知识,是神圣的或宗教的知识,中国古代曾将这个词译为"明"或"圣明"。吠陀是包括有大量的各种知识的宗教文献,是在很长的时期中由多人口头编撰并且世代口传下来的。吠陀文献分为四部。《梨俱吠陀》产生最早,约编撰于公元前 12—前 9 世纪,其中某些部分可能产生于公元前 1500 年左右。因此,《梨俱吠陀》所反映的时代被称为"早期吠陀时代"(约公元前 1500—前 900 年)。《沙摩吠陀》、《耶柔吠陀》、《阿闼婆吠陀》产生较晚,被称为"后期吠陀"。在后期吠陀产生的时期,又逐渐出现了解释吠陀的文献,即"梵书"、"森林书"和"奥义书"。这些文献所反映的时代被称为"后期吠陀时代"(约公元前 900—前 600 年)。

吠陀文献的编者们自称为"雅利安",意思是"高贵的人"。他们的语言属于印度—欧罗巴语系。这些说印欧语的"雅利安"人的来路问题至今尚未完全解决。有的学者认为他们原来就居住在印度,有的学者则认为他们是从外地来的。现在比较流行的是后一种说法。

在《梨俱吠陀》中,雅利安人把他们的对手称为"达萨"(或"达休"),说达萨是黑皮肤、低鼻子、说邪恶语言的人。雅利安人不断地对达萨进行战争,并且把自己的战神因陀罗歌颂为"城市的摧毁者"、"达休的杀戮者"。雅利安人与达萨有肤色的不同和语言的差异。还有游牧生活和城镇生活的区别。前者不断取得胜利,成了印度河上中游和恒河上游的主人翁;后者或者退往南方,或者沦为奴隶和被奴役者。因为这一地区原来曾是印度河流域文明所在地,是具有城市文明的地方,所以雅利安人看来是外来者。他们大概是从伊朗经喀布尔河一带谷地进入古印度西北地区的。约在公元前2000年代初,有一批说印欧语的人从北部进入了伊朗;后来进入印度的大概就是这批说印欧语的人中的一支。

雅利安人曾被种族主义者们说为一个高贵的种族,其实古代说印欧语的诸部落曾经流动于欧亚大陆的广大地区,不同种族的人在交往中采用了相近似的语言,血缘上自然也有交融和混合。所谓天生高贵的雅利安种族在历史上是不存在的。

早期吠陀时代 这是雅利安人部落进入古印度的最初阶段,也是他们的氏族部落组织开始解体的阶段。

(一)早期吠陀时代的经济生活。雅利安人原是游牧部落。在这一时期,畜牧业在他们的经济生活中仍有相当重要地位。他们畜养公牛和乳牛。牛粪被作成饼状,以充燃料。他们驯养的其他牲畜有水牛、山羊、绵羊、马、骆驼、象等。不过,农业逐渐变成他们的主要生产部门。他们已知用两头牛牵引一张犁来耕地,用镰刀来收割庄稼,也知道给田地施肥,必要时还开沟引水灌溉。他们主要种植小麦和大麦,种稻可能还未开始。通常他们一年种两次庄稼,同时也把一部分田地或草地留下来作为牧养牲畜的地方。

手工业也有了一定的发展。木匠制作战车、运物车、船、犁及种种家庭用具;金属匠制作各种铜或青铜的工具和器物;金银匠制作各种装饰品等。据考古发掘的资料,铁在早期吠陀时代的后期开始出现,但是仍很稀少。交换也已发生,人们大概以牛、金属或装饰品作为交换媒介。

(二)早期吠陀时代的社会生活。在早期吠陀时代,雅利安人还存在着氏族、部落组织。一般地说,《梨俱吠陀》中所说的"噶那"或"贾那"就是部落,"维什"就是氏族。氏族之下有"哥罗摩",就是村。每村又有若干家族。在家族中,男性家长处于主导地位,不过妇女还基本上处于与男子平等的地位。氏族、部落组织有种种会议,其中有一种称为"毗达多",它仍保持了较早期的传统。部落的全部男女成员都可出席大会,参与讨论,在会上决定部落的产品分配以及军事和宗教方面的问题,还选举祭司。部落还有另外两种会议:"萨巴"和"萨米提"。前一种会议的成员很少,这些人在《梨俱吠陀》中有时被说为富有的、衣饰华贵的人。他们大概是从各氏族中选出来的长老。后一种则是部落成员会议,大概由部落内成年男子即战士参加,通常由军事首领(raja,音译为"罗阇",在以后的历史阶段,raja又成为王的称呼)来主持。这两个会议可能是在早期吠陀时代的晚期才产生的,它们在下一个历史阶段中继续起了重要的作用。这两个会议和军事首领构成了雅利安人军事民主制权力机构的三个要素。

在早期吠陀时代,私有制逐渐发生。牲畜等动产已经归各个家族所有,耕地也分配给各个家族来耕种。但是还有一种名叫"基里亚"的长条形的土地,它们夹在各个家族的份地之间。这大概是各个家族共同使用的公地。随着私有制的出现,不同家族之间的贫富区别也出现了。穷人在生活无着时只好向富人借债。如果欠债不能偿还,那就必须为债主服一段时间的劳役。富人不仅剥削欠债的穷人,而且也剥削奴隶。达萨原来是雅利安人的敌人。当他们把战争中俘虏来的达萨变成奴隶的时候,达萨(男)或达西(女)就成了男女奴隶的称呼了。当然奴隶的来源并不限于战俘,赌博(掷骰子)输了的人和欠债无法偿还的人也会沦为奴隶。奴隶必须为主人从事农业、手工业、畜牧业等劳动,不过当时的奴隶在社会的生产劳动中只占一种辅助性的次要的地位,主要的劳动生产者还是自由的氏族部落成员。

在早期吠陀时代的末叶,社会上开始出现了等级划分的现象。《梨俱吠陀》中说到,当诸神以普鲁沙(或译为原人)为牺牲而加以分割的时候,从普鲁沙的口产生了婆罗门,从他的手臂产生了罗阇尼亚,从他的腿产生了吠舍,从他的脚产生了首陀罗。学者们对这一段话有不同的解释。有人认为,这已经说明种姓制的出现。有的学者则认为,早期吠陀时代还不存在真正的、严格的种姓制度。因为《梨俱吠陀》中还有这样的诗句:"我是一个诗人,父亲操业医术,母亲用石磨谷,所事各有不同,同为求富与福,恰似觅草群牛、不限一地食物。"这就说明,不同种姓间的固定的世代职业的区分尚不存在,社会等级也还没有发展到固定不变的程度。以上关于四等级来源的神话,看来是正在萌生中的婆罗门等级编造出来为其自身谋利的。

后期吠陀时代 早期吠陀时代的雅利安人活动于印度河上、中流和恒河上游一带。到后期吠陀时代,雅利安人逐渐向东向南扩展,分布于整个恒河流域以至纳巴达河流域。

(一)经济的发展。在早期吠陀时代晚期开始出现的铁器,到后期吠陀时代又有了一定的推广。这一时期的文献《阿闼婆吠陀》中常常提到黑色的金属即铁。在恒河上游密拉特附近发现了这一时期的冶铁遗迹(铁矿石和熔渣),也说明铁器是在当地生产制造的。恒河中下游的开发看来与铁器的较广使用有关,因为铁斧为砍伐那里的茂密森林提供了较为有利的条件。

农业在这一时期有了发展。据文献记载,当时用犁耕地,竟用6头、8头、12头以至24头牛来牵引。这种犁很重,是卧式的,有光滑的把手和尖锐的犁头,可以深耕。田地里作出畦沟。动物粪肥的施用已受到重视。开始有了一些灌溉系统。耕耘、播种、收割、打场是主要的农活。对不同的庄稼已按其特点在不同时节种植:如大麦冬种夏收,稻子夏种秋收,豆类、芝麻则夏种冬收等。畜牧业在生活中仍占一定地位。牛是最重要的牲畜。耕地用阉割过的公牛,有时也用母牛。乳牛则为日常生活提供重要的奶品。当时人们不仅让牲畜在牧场上食草、活动,而且为它们搭了棚子,以防寒暑。

劳动分工也有了发展。在一种《梵书》中曾经提到一个不同职业者的清单,其中有:守门人、驾车人、侍者、鼓手、织席人、铁匠、农夫、占星者、屠夫、牧人、造弓弦人、木匠、樵夫、守火人、在田间吓鸟的人、刺绣工或编篮工、珠宝匠、管马人、饮料制造人、看象人和金匠。此外在其他文献中提到的还有:摆渡人、洗衣人、奴仆、陶工、高利贷者、吹火人、剃头工、撑船人、厨工、送信人、车边随从等。文献所说的以上各种人中,有不少是从事服务性劳动的人,这就不仅可以反映出劳动分工尤其是手工业内部分工的多样化,而且反映出剥削者与劳动者区分的存在。

分工的发展促进了交换的发展,商业开始兴起。商人们往来于各地之间,从事以其所有易其所无的贸易。他们行经陆路时主要以牛车运货,象和马也开始用于货物运输。他们行经水路时则用船运货。在商品交换中,人们兼用以物易物和付偿购物两种方法。黄金常被用作购物的支付手段,但是黄金铸币的存在与否还是一个未能得出结论的问题。高利贷已经出现,但是尚未发现关于当时利率的材料。当时人们已知有东西两海,即孟加拉湾和阿拉伯海。但是他们是否从事海外贸易,仍然是一个未能证实的问题。

(二)种姓制度。种姓制度,是中国古代文献中对印度的一种复杂的等级制度(包括瓦尔那制度和后来从中衍生出的阇提制度)的泛称,玄奘又曾将它译称族姓制度。在西方,人们通常把印度的这种制度称为喀斯特制度。这种制度的正式产生在后期吠陀时代,而其萌芽则可追溯到早期吠陀时代。最初,新来到的雅利安人自称为"雅利安瓦尔那"(雅利安含有"高贵""富有"的意思,瓦尔那含有"颜色"、"品质"的意思),而称当地原居民为"达萨瓦尔那"(达萨含有"雄者"、"男人"的意思)。那就是把雅利安自己当作高贵者集团,而把当地居民当作敌对的集团。随着雅利安人内部的分化,在早期吠陀时代的末叶又逐渐发生了平民和氏族贵族的区别。平民称为"吠舍"(Vaisya 或 Vis,是氏族成员的意思),而贵族称为"罗阇尼亚"(Rajanya,raja 可能来自 raj,是"灼热发光"的意思,引申为显贵的首领的意思)。从事祭祀的氏族贵族则称为"婆罗门"(Brahmana,来自 Brahma,"梵天",意思是梵天所生)。从雅利安人与当地居民的一分为二,到雅利安人部落中平民与氏族贵族的一分为二和贵族内部的军事贵族与祭司贵族的一分为二,这样就形成了四个瓦尔那的胚胎。

到后期吠陀时代,四瓦尔那制度正式形成,婆罗门教的典籍规定了各个瓦尔那的地位以及不同瓦尔那的成员的不同权利和义务。

第一个瓦尔那是婆罗门。婆罗门主要掌管宗教祭祀,充任不同层级的祭司。其中一些人也参与政治,享有很大政治权力。例如,有的婆罗门充当国王的顾问,称为"普罗希塔"。他们以占卜等方术影响国王的行政,甚至随军出征,影响国王的军事行动。

第二个瓦尔那是刹帝利(Ksatriya,来源于 Ksatra,是"力"、"权力"的意思)。它是从"罗阇尼亚"发展而来的。刹帝利的基本职业是充当武士。国王一般仍属于刹帝利瓦尔那,但是刹帝利瓦尔那并不限于王和王族。刹帝利是掌握军事和政治大权的等级。

第三个瓦尔那是吠舍。吠舍主要从事农业、牧业和商业,其中也有人富有起来,成为高利贷者。吠舍是平民,没有政治上的特权,必须以布施(捐赠)和纳税的形式供养完全不从事生产劳动的婆罗门和刹帝利。不过吠舍还是雅利安人氏族部落公社的成员,他们可以参加公社的宗教仪礼,因而和婆罗门、刹帝利同样属于"再生族"。

第四个瓦尔那是首陀罗(Sudra)。首陀罗瓦尔那的前身是达萨瓦尔那,但是又和后者有所不同。他们不在雅利安人公社以内。首陀罗的大部也是非雅利安人,但其中也有由于各种原因而失去公社成员身份的雅利安人。由于没有公社成员的身份,首陀罗不能参加宗教礼仪,不能得到第二次生命(宗教生命)。因此与前三个瓦尔那的再生族不同,他们是非再生族。因此他们也就失去了在政治、法律、宗教等方面受保护的权利。首陀罗从事农、牧、渔、猎以及当时被认为低贱的各职业,其中有人失去生产资料,沦为雇工,有人甚至沦为奴隶。首陀罗作为瓦尔那来说,不是奴隶或达萨。首陀罗是地位低下而受苦的人。首陀罗的词义还没有定论,有的学者认为,这个词来源于"小"(Ksudra),是"小人"的意思;有的学者认为,这个词由"悲哀"(suk)和"陷入"(dru)两个词根合成,那就是"陷入悲哀处境的人"的意思。

在早期吠陀时代,一家人还可以从事不同的职业,人的身份也还没有严格地固定下来。后期吠陀时代瓦尔那制度形成以后,每一个人的社会地位都由其家庭出身来决定,各个瓦尔那的人都世代地从事规定的职业,不能任意改变。各个瓦尔那之间原则上禁止通婚。在实际生活中,瓦尔那地位较高的男子娶地位较低的女子为妾是被允许的,但严格禁止瓦尔那地位较低的男子娶地位较高的女子为妻。不同瓦尔那的人在法律上是不平等的。高等瓦尔那的人伤害了低等瓦尔那的人,处罚甚轻;在相反的情况下,处罚就会非常严重。瓦尔那制度显然是保护新产生的贵族剥削阶级的工具。

(三)国家的发生。在后期吠陀时代,随着阶级和阶级矛盾的发生和发展,从前的军事民主制的机构逐渐变成了国家。罗阇从军事首领变成了世袭的君主,文献中说到"十世相承的王国。"国王依靠贵族和官吏的辅助来统治国家。文献中说到辅助国王的人有:作为顾问的婆罗门、军事贵族、王后和妃嫔、驾车人、军队长官、村长、侍从、司库、收税人、赌博监督者等。在较大的国家中,百村之上有百村长,还有统治土著部落官员。国王的人身也开始具有神圣的性质。

不过,后期吠陀时代的小国王们还远远不是专制君主。在理论上,王权还是由选举产生的。在一种梵书里有这样一个神话:当初诸神和魔鬼们发生了战争,而诸神屡受挫败。后来诸神分析出自己失败的原因在于缺少一个王。他们选出了王,从而打败了魔鬼。这就说明,王是由于某种需要而选出来的。另一种梵书则说,当国家发生以前,人们生活于自然状态中,其时弱肉强食,人们生命没有保障,于是人们选出国王来保护生命财产,而献贡赋给王以作报酬。这也说明,王是由于某种需要而选出来的。国王必须遵守法律,不得独断专行。国王加冕时必须宣誓忠于法律。文献中还说到国王的被罢黜、重选、复位。有的国王虽然已经世袭十世,还是被放逐了。后期吠陀和梵书中的一些诗句,不仅用于庆祝国王的即位,而且也用于庆祝国王的复位。可见当时王权尚未十分稳固。萨巴和萨米提这两种会议仍然存在,这对王权也是一种限制。不过此时这两种会议的重要性也已经不如早期吠陀时代了。

关于后期吠陀时代国家形成的具体过程,尚缺乏切实的历史资料。刚刚从部落转变而成的国家一般都是很小的,而其数目则很多。大约在公元前7世纪,古印度的北部从印度河上游到恒河中游出现了一些比较重要的国家,如犍陀罗、克迦耶、马德拉、乌希纳拉、玛蹉、居楼、般阇罗、迦尸、居萨罗、毗提诃等。

(四)婆罗门教。在早期吠陀时代,雅利安人的宗教基本上还是一种简单的自然崇拜。他们既畏惧自然的威力,又不得不依靠自然的恩惠,于是把各种自然现象和自然力想象为人格的神,以献祭和祈祷的方式求神消灾赐福。他们崇拜的神主要有:天神梵伦那(同为天神的还有迪奥斯)、太阳神弥陀罗(同为太阳神的还有毗湿奴等)、雷神因陀罗、暴风雨之神楼陀罗(同为暴风雨之神的还有摩录多)、风神伐育、雨神巴健耶、地神普利色毗、火神阿耆尼等等。早期吠陀时代的祭祀简单,人们通常可以自己在家中献祭。虽然有时也请祭司代为献祭,但是祭司还没有形成为一个特定的神权集团。当时也不存在抽象的宗教哲理。

早期吠陀时代的简单的宗教,到后期吠陀时代逐渐发展成有完整体系的婆罗门教。

早期吠陀时代的神,在后期吠陀时代一般还继续受到崇拜。不过神的性质和地位有了变化。这时楼陀罗、毗湿奴和生主在诸神之中占据了最重要的地位。原是暴风雨之神的楼陀罗这时又被称为湿婆(慈悲之神)和婆苏婆提(百兽之主)。按照人们的希望,暴风雨神也呈现出慈祥的面目。原来是太阳神之一的毗湿奴这时取代了天神梵伦那的地位,成了世人和诸神遭遇灾难时的救星。生主取代了普鲁沙的地位,成为世界万有的造物主,并且成为梵天同义词。这时的神已不再简单地是自然力的化身,而是更多地被赋予了社会的功能和抽象的性质。

在后期吠陀时代,正在兴起的王权已经不以过去那种简单的祭祀为满足了。国王常常举行大祭来显示自己的权威以及这种权威神圣的性质。国王加冕时必须举行盛大的祭祀典礼,以示王权得自神授。有的国王想成为霸主,还举行盛大的"马祭"。他选一匹骏马,让它在一年中任意奔驰,一批战士随在马后。马所到之处,如果当地国王阻挡,战士就对之作战。一年之后,将此马带回,并用作牺牲向神献祭。能举行马祭者表示自己所向无敌,因此可以称为大王(地位在一般罗阁之上)。国王利用献祭来神化王权,婆罗门祭司们则从中获得大笔财富为报酬,形成一个掌握神权的特殊等级。一般人要献祭求神,也必须由他们来办理。他们也垄断了对婆罗门教义和教法的解释权。

与早期吠陀时代的宗教相比,婆罗门教在教义上也有了变化和发展。在奥义书中,出现了对整个宇宙和人生所作的宗教哲学的解释。依照这种解释,整个物质世界都不过是一种幻象,唯一真实的存在是称为梵或梵天的世界精神或灵魂;个人的肉体也非真实,而被称为"神我"的个人灵魂却是真实的。个人的神我来源于梵(即个人的灵魂来源于世界的灵魂),它本应在人死以后重归于梵。可是由于人在世上造了"业"(Karma),死后灵魂不能重归于梵,而转世投生为不同的生物;至于所投生的生物高低或转世为种姓高低不同的人,那就要由人所造的业的善恶程度来定。人只有悟透了这个道理,使神我达到与梵一致,这样才能摆脱轮回之苦。这种造业轮回的说教起了为种姓制度辩护的作用。它把出身于高级种姓的人说成是前生行善者,把出身于低级种姓的人说成是前生作恶者。这样就为高级种姓的特权和低级种姓的苦难都找到了理论上的解释,当然这只能是一种欺骗性的解释。

婆罗门教重祭祀的传统,是从早期吠陀时代的雅利安人继承而来的。这种传统具有乐观而天真的特点,它以为人们不须有所反省,只靠献祭就能从神求得福佑。婆罗门教的"梵我一致"说和"造业轮回"说,则不把献祭神灵作为解脱痛苦的关键,而是强调人对自身和世界的反省以及个人的修行。这样的对人世的认识具有悲观的特色,大概不是来自雅利安人的传统,而是受了本地原先居民的文化影响的结果。

第二节　迈锡尼文明和荷马时代

迈锡尼文明的兴起和繁荣　迈锡尼人和克里特的米诺斯人不是同一民族,他们的语言属印欧语系,是从欧洲内陆由北而南进入希腊的。迈锡尼人是希腊人中最早到来的一支,约在公元前2000年前后定居于伯罗奔尼撒半岛。此时克里特已建立米诺斯文明,希腊本土的迈锡尼人则比较落后,虽已进入铜器时代,犹未建立国家,因此他们是在克里特直接影响下逐渐向文明过渡,到公元前1600年才称王立国。这时的王朝按考古发掘的资料而称之为竖井墓王朝,约持续百余年,到公元前1500年后为圆顶墓王朝取代。

竖井墓王朝的主要文物是发现于迈锡尼城堡内外的两座墓园。园内有众多王族墓葬,内藏丰富的金银陪葬品,其数量之多为世所罕见(仅其中一墓穴即有

870件之多）。工艺水平也很高,其中大多数为克里特产品,也有来自埃及和小亚、叙利亚等地的。这说明迈锡尼王族和贵族可能曾以雇佣兵头领的身份服务于克里特和埃及等地。随着与海外先进文明地区交往的密切,迈锡尼的经济与文化迅速发展起来,国力日强。到圆顶墓王朝时期,它便从尾随于克里特之后而转为可与之抗衡的强国了。圆顶墓不像竖井墓那样只在地下构筑简单的竖穴墓室,而是在地面凿岩和砌石筑成圆形墓室,前有墓道,上覆高冢,室内以叠涩法砌成圆锥状屋顶,形如蜂巢,故又称蜂巢墓。构筑这类陵墓需要较高的石砌工程技术,它的形制虽源自克里特,在迈锡尼却规模益趋宏大。现存最大的一座圆顶墓内高13.2米,墓门高10米,门内过道以一块重达120吨的巨石为盖,可见其工程的艰巨。

迈锡尼文明在充分吸收克里特文明的同时,也具有自己的一些特点,如城堡坚固、陆战力强,喜用马拉战车,尚武精神突出等等。它作为爱琴文明的一个组成部分,蒸蒸日上,有取代克里特而后来居上之势。到公元前1450年,迈锡尼人可能通过联姻继承等和平方式,得以入主克诺索斯王宫,这是迈锡尼文明发展的关键一步。迈锡尼统治克里特后,既承袭了克里特掌握的爱琴海商业贸易网的控制权,也全面吸收了克里特文明的遗产。克里特原有的线形文字,现在被用来书写迈锡尼语言,形成了迈锡尼线形文字(学术界通称前者为线形文A,后者为线形文B)。此后从公元前1400—前1200年,迈锡尼达到其文明的盛期。

迈锡尼城是迈锡尼文明的中心,位于伯罗奔尼撒半岛东北部。附近还有梯林斯城,是直属于迈锡尼的一个军事要塞。它们构成迈锡尼王国,在希腊诸国中最称强大。其他王国著名的还有伯罗奔尼撒中部的斯巴达和西部的派罗斯,以及中希腊的雅典、底比斯等,它们有时组成一个军事同盟以联合作战,奉迈锡尼为盟主。考古发现的迈锡尼遗址主要是国王居住的城堡,它的城墙用巨石环山建成,厚达5米,高8米,和克里特王宫建筑全无防御设施迥然有别。城堡有宏伟壮观的"狮门"(以刻有双狮拱卫一柱的浮雕得名),城内建豪华王宫。城堡下面平川地带有广阔的市区,富商大贾和百业工匠居住其间,其繁荣富庶当不下于克里特的克诺索斯。在海外贸易方面,迈锡尼较克里特也是有过之而无不及。埃及、叙利亚、腓尼基、塞浦路斯以及意大利南部、利巴拉群岛等地都有迈锡尼陶器出土,数量皆超过各地曾发现的克里特陶器。在爱琴地区和希腊本土,迈锡尼文明的分布也较克里特文明为广泛、众多,现已发现的当地大大小小的迈锡尼文明遗址在1 000以上。

迈锡尼的线形文B自1952年已被释读成功,证明迈锡尼语言是古希腊语的一支。现存的线形文B的材料绝大多数都是王室经济文书,对政治历史揭示不多,却提供了经济方面的珍贵信息。这些材料充分说明迈锡尼社会是奴隶制社会。线形文B中已专有男奴女奴之词,其读音与日后希腊语中奴隶一词相近。

在派罗斯的文书中,有关奴隶数目的一类计有妇女631人,女童376人,男童261人;另一类则计有女奴370人,男女童奴各149、190人。总合两类计数则分别为1 268及709人。这里虽未提男奴,但从其他材料看男奴也不在少数。按派罗斯小国的规模和文书反映的个案情况,可知当时奴隶数目之多是惊人的。此外,文书中还反映了国王贵族占地甚多、农民占地甚少的情况,农民也受到统治者残酷剥削。这些情况说明迈锡尼社会和克里特一样,近似于东方的奴隶制王国。

多利亚人的迁徙与迈锡尼文明的灭亡 迈锡尼文明从公元前1200年以后渐呈衰败之势。古希腊的神话传说曾模糊提及此时王朝更迭频繁,战乱相继;考古材料也反映陶器质量下降,生产萎缩,而"海上诸族"的骚扰更使国际贸易大受打击。经济衰落可能迫使统治者依靠武力掠夺,于是各国各城之间的战争也愈演愈烈,其中最著名的一次大战便是希腊同盟与小亚富裕城市特洛耶的战争。此战打了十年之久,最后希腊联军虽攻下特洛耶城,实际上却是两败俱伤。得胜的希腊各国(以迈锡尼为首)无不疲惫不堪,元气大伤,终于摆脱不了"黄雀在后"的厄运:希腊各国一直难以恢复,便为北方的多利亚人提供可乘之机。他们纷纷南下,攻城掠地,逐步征服了雅典而外的中希腊和伯罗奔尼撒各国,宣告了迈锡尼文明的灭亡。

多利亚人在民族上和迈锡尼人同属希腊族,但他们居住于北部内陆山区,社会发展较落后,犹处于原始社会末期的军事民主制阶段。据希腊神话传说,多利亚人的南下是与著名英雄赫拉克利斯的后裔为伴,并以帮助他们夺回原来属于赫氏的伯罗奔尼撒王位为入侵的借口,这多少反映了多利亚人的入侵是和迈锡尼诸国内部的纷争相结合的。据说,多利亚人曾多次兴兵,终于在特洛耶战后60年入侵成功。从考古发掘上看,特洛耶毁灭的时间大约在公元前1200前后,而迈锡尼各城市的毁灭则在公元前1150年之后,和古代传说大体相符。由于处在军事民主制阶段的多利亚人毁灭迈锡尼各国之后并未建立自己的国家,希腊的文明传统断绝了两三百年。从公元前1100到公元前800年间,希腊各地又退回到原始社会时代,这是一个相对落后的黑暗时代,反映它的历史情况的文献主要是荷马史诗,因而又称为"荷马时代"。

荷马史诗 荷马史诗包括两部作品:《伊里亚特》和《奥德赛》,传为盲诗人荷马所著,实际上是特洛耶战争以来数百年希腊民间文学的结晶。两诗题材都和特洛耶战争有关。《伊里亚特》记述希腊最英勇的将领阿喀琉斯因迈锡尼王阿伽门农夺其女奴而愤然退出战场,使希腊联军连遭失败,待他最亲密的战友也阵亡后,他才投入战斗,击毙特洛耶主将赫克托。《奥德赛》则介绍希腊军中智勇双全的英雄奥德修斯战后回国时漂泊十年、历经艰险的故事。

显而易见,史诗采用的特洛耶战争故事,以及有关豪华宫廷、宏伟城池、精美工艺之类的描述,只能与迈锡尼时代有关,可说是在史诗中保存的一些对于已毁灭的迈锡尼文明的模糊记忆。但由于史诗是特洛耶战后和迈锡尼灭亡后数百年间口头文学的累积，它讲得比较具体、生动的现实生活事例，如铁器的使用（迈锡尼时期无铁器）、氏族部落的组织、军事民主制的社会风习等等，则都是荷马时代的内容了。正因为如此，有关荷马时代的信息，除了从考古发掘中获得而外，便主要求之于荷马史诗。然而，史诗经常出现两个时代杂然并存于同一事物描述中的情况，就需要多作分析。例如《伊里亚特》提到阿喀琉斯重返战场时，其母（是一位女神）特请工艺之神为他打制一件特别精美的盾牌，就诗中夸耀金银镶嵌工艺雕琢之美的情况看，只能是迈锡尼文明的事例，但其中描写盾上浮雕表现的农田耕作的细节，又完全属于荷马时代的内容。只有通过细致分析和深入研究，并与考古发现相配合，才能从荷马史诗的字里行间看到荷马时代的历史画面。

荷马史诗不仅为后人提供了解荷马时代的主要文献材料，它本身也是这一时代希腊民族在精神文化方面的伟大创树。就其形成过程看，两部史诗作为口头文学创作，最早是在特洛耶战后的迈锡尼宫廷和民间歌手中流传，后来迈锡尼文明毁灭，便成为纯粹的民间口头传诵的文学，因此史诗的躯干是经荷马时代的民间歌手千锤百炼而成。近年有些学者对史诗中不断重复出现的短语、词组、诗句和句组作了细致分析，发现它有一套广泛复杂而又经济有效的民间口头文学语句，例如"飞毛腿阿喀琉斯"、"智多星奥德修斯"之类，说来神采飞扬，用时朗朗上口，词语的鲜明通俗和句法的固定易记相配合，形成了史诗博大精深却不脱民间规范的特色，再加上几百年来各代诗人的修改润色，经过文学的想象、夸张和典型的塑造，就变成了一座包罗万象、珠玑满目的希腊民族文学的宝库。以后再经过像荷马那样伟大的诗人提炼琢磨，编成定本，它遂成为世界文学的瑰宝。因此，正如荷马时代孕育着日后的希腊民族那样，荷马史诗也为希腊文明奠定了一块最重要的基石。

史诗时代的社会经济生活　一般而言，荷马时代的希腊不再存在奴隶制国家，人们生活在军事民主制阶段的氏族部落组织中。多利亚人入侵时，伯罗奔尼撒和中希腊的许多城池市镇悉遭破坏。商旅断绝，文化没落，此后两三百年间再也未见宫室城郭的修筑和金银珠宝的流通，文字的使用亦告绝迹。因此，荷马时代亦有"黑暗时代"之称。

多利亚人和其他入侵部族的军事民主制社会组织比较严密，代替了迈锡尼的国家体制而普遍流行于希腊全境。此时的氏族已是父系氏族，若干亲缘氏族组成一个胞族，若干胞族再组成一个部落，若干邻近部落还可组成一个部落联盟。在部落和部落联盟内，皆设以下三种机构：(1)议事会，原由氏族长组成，现在则成为氏族贵族或部落上层分子的会议。它有广泛的权力，部落内务外交大事皆须由它讨论通过。它还是常设机构，成员终身任职，平时代表整个部落。

(2)民众会,部落全体成年男子(也是全体战士)参加,与会者皆可参与发言并表决。它原则上是最高权力机关,在战争紧要关头常开此会以动员全体战士,但实际上已被贵族掌握,普通战士发言若敢反对贵族和议事会便难免遭到打击报复。
(3)军事首长,希腊语称"巴赛勒斯",与日后的国王同义,但此时尚无国王的专制权力,由选举产生,实际上往往为某一贵族家族(王族)世袭。他的主要职责是统率军队作战,也掌管宗教祭祀。史诗中的著名英雄都属军事首长性质,如阿喀琉斯、奥德修斯等人。只是带有明显迈锡尼文明烙印的阿伽门农和特洛耶王不在此例。

在氏族内部,普通成员靠小块份地为生,贵族王族则占有大片良田。不少氏族成员已陷入贫困之境,甚至失去份地,被迫去做雇工,有的且沦为乞丐。氏族贵族和部落首领则拥有大批牲畜和其他财物,并在自家田地中使用雇工和奴隶劳动。奴隶作为一个牲口般的劳力已被普遍接受,其来源主要是战俘和海盗劫夺拐卖。氏族贵族和王族家中都有奴隶。史诗提到奥德修斯家中有女奴50人,还有许多男奴,女奴任家务及纺织,男奴则从事农耕与放牧。主人视奴隶若牲口,任意驱使打杀,奥德修斯回家时认为女奴对他不忠,就残酷处死她们。可是,在军事民主制之下,这些军事首领和贵族虽已是奴隶主,却仍未完全脱离生产劳动,奥德修斯曾夸口他结婚时用的床是自己亲手制作,还敢同人比赛割草犁田的本领。可能正是这些原始社会的素朴气息,才使史诗英雄的艺术形象日后长期为人民喜爱。

荷马时代相对于迈锡尼文明说来,确有回复到原始社会的倒退的一面,但另一方面,它也有一个很重要的积极因素,那就是铁的使用。铁器是随多利亚人的入侵而由北到南传遍希腊的。原来地中海地区最早使用铁的是小亚的赫梯人,时间约在公元前16—前15世纪左右,但赫梯把冶铁术垄断起来,秘而不宣,铁的外流极少,所以它在古代东方文明诸国中没起什么作用。赫梯在公元前13世纪瓦解后,冶铁术才在小亚流传开来,但也以山区的落后部落用之为多。因此,迈锡尼文明末期犹未知铁器,而北希腊一带的多利亚人却因陆路可通小亚山区而学会冶铁。他们侵入希腊,遂使希腊地区进入铁器时代。

公元前10—前9世纪时,希腊各地用铁已较普遍,雅典且成为一大冶铁中心。铁器不仅意味着生产力的更高水平,在希腊的具体条件下,它给予农业和手工业生产影响之大更是难以估量。像希腊那种山多地薄的情况,只有铁器才能使农业生产出现一大突破。当时农业生产面临的最大问题是耕地的开垦,不仅迈锡尼文明原有的平川耕地多半荒芜,需重新开垦;更多的是随着大规模的移民浪潮而遍布希腊各地的新村新居需要伐树开荒,辟丘陵山坡为田亩。无论生熟荒地,盘根错节的灌木丛和土石相杂的坚硬坡地,非有铁斧铁锄不能见效,这也正是青铜时代希腊耕地开发还受较大限制的一个原因。现在有铁斧砍伐林莽,铁锄破土挖掘树根,荒地得以开垦,希腊农业生产就取得了超过青铜时代的进展。因此,在农业工具中,当时最常用也最受重视的是铁斧和铁锄,铁犁尚在其次。雅典等地考古发掘所见最普遍的农具也是斧锄两类。荷马史诗也有几处生动反映了农业使用铁器的情况。在《伊里亚特》中,描写阿喀琉斯为阵亡的战友举行盛大葬礼时开了一个竞技会,其中发给掷铁饼优胜者的奖品就是一大块圆形的生铁。诗人夸耀地说:"即令他有很多肥沃的土地,这块铁也足够他用五个整年。他的耕夫牧人都不会因缺铁而进城去,因为家中将有足够的铁用了。"铁最好用作斧头,因此诗中接着说发给射鸽冠军的奖品是铁斧:"他把黑铁给予射手以作奖品,用它制十把双刃斧头和十把单刃斧头。"有了铁斧铁锄(鹤咀锄),配合着史诗羡称的以两头壮牛牵引进行深耕的犁具,希腊的农业生产就可在山多土薄的条件下取得较好的收成。恩格斯说:"铁使更大面积的农田耕作,开垦广阔的森林地区,成为可能"①。这句话可以说最适用于希腊。

虽然荷马时代初期曾有生产衰退、人烟稀少的情况,那主要是就迈锡尼文明的城市而言。从希腊全局看,这些城市仍只是一些孤立的点,而铁器在农业生产上的作用却是由点及面,使希腊全境较普遍地出现农耕经济。到荷马时代后期,经济发展与人口增长皆呈上升趋势,而且速度加快;到荷马时代结束时,希腊便能够在各地普遍建立古典城邦。铁器不仅对希腊农业生产功效卓著,对手工业生产也有同样作用,恩格斯说的另一句话:铁器"给手工业工人提供了一种其坚固和锐利非石头或当时所知道的其他金属所能抵挡的工具"。②显然也非常适用于荷马时代的希腊手工业。例如造船业,由于有了铁斧铁锯铁锤之类的工具,荷马时代就有了超过迈锡尼的进展,龙骨技术这时益见完善,把龙骨前端作成冲角,为日后希腊战船结构奠定基础。由此可见,荷马时代作为铁器时代的开始,较之迈锡尼的青铜文明仍有其进步意义,尽管社会暂时倒退,希腊文明的恢复和加速发展却已在孕育之中。

第三节　商周时期的中国

商代历史概况　商原是一个长期与夏并存又从属于夏的方国。相传商的始祖是契,传14代至汤。汤居于亳(在今河南商丘、郑州一带,具体地点尚无定论),在伊尹辅佐下,逐步扩大势力,然后联合诸侯打败夏的重要与国昆吾,最后打败夏桀。汤于是代夏王成为诸侯的领袖——天子,建立了商王朝,时约在公元前17世纪。

---

①② 《马克思恩格斯选集》第4卷,人民出版社1972年版,第159页。

汤在位年久,死时长子已早去世。王位依次传给了次子、幼子。汤幼子死后,伊尹立汤长子之子太甲为王。父死传位于长子,然兄弟相传,最后幼子再传位于长兄之子。这大概就是商代王位继承的正常制度。可是太甲本人并未传弟,而以后两代中,幼弟都未传位于长兄之子,而是传位于自己的儿子。到第11王(第6代)仲丁以后,贵族之间争权夺位的矛盾激化,国家动乱频繁,9个国王(5代)迁了4次国都(在今河南、山东一带)。第20王(第10代)盘庚迁都到殷(今河南安阳),以后11王(8代)共273年间未再迁都。因此,历史书上有时又把商称为殷。迁殷以后最重要的王是武丁(第23王,第11代)。武丁早年曾在民间,比较知道下层的疾苦,即位以后重用贤臣傅说等,关心农牧业的生产情况,因此国力强盛起来。据文献和甲骨卜辞材料可知,武丁曾对边远地区的方国进行过多次战争。武丁因此被后世殷王尊为高宗。武丁在位59年,显示了商朝的强盛,也在长期战争中消耗了国力,为商的由盛转衰准备了条件。

商代末王纣曾大规模地对东夷用兵,虽然取得胜利,但也消耗了国力。纣还纵酒享乐,虐待臣民。因此,最后当周武王率领一些诸侯联军打来的时候,纣的军队在阵前倒戈。纣自焚死,商朝遂为周所取代。商代共传31王,17代。历时约500年①。

直到上世纪末,学者只能凭传统文献了解商代历史,所知甚为有限。自1899年甲骨文被发现以后,甲骨文的研究与随之而起的考古发现,为了解商代历史提供了大量切实的资料。例如,在河南郑州发现了约筑于公元前1620年的商城,城周长6 960米,城内东北区约6万多平方米范围内还有几处大面积的建筑基址。这显然是商代早期的一个重要都邑,有的学者还认为就是商汤的都邑亳。在郑州二里岗遗址和墓葬中发现了一批青铜礼器、兵器和工具;其中有两件形制很大的鼎,一件高1米,一件高0.87米,大概为商王室的重器。这些不仅说明商朝初期已是文明时代,而且说明当时的青铜文化已经有了一定程度的发展,而不是其最初阶段了。在河南安阳殷墟的多次考古发掘中,已经出土了甲骨卜辞十余万片,这为我们了解当时多方面的情况提供了丰富而可靠的材料;在殷墟还发现了宫殿遗址、王室与贵族的墓葬,出土了许多精美而壮观的青铜彝器,发现了一些作坊与种种工具;同时也发现了当时大规模以人殉葬的情况。关于商代社会的情况与文明的特点,考古资料已经并将继续提供出具体而切实的证据。

西周的盛衰 相传周的始祖是弃,约与大禹同时,曾任后稷(司农业)。以后子孙世代为夏之后稷,夏衰,逃入戎狄之间,世系失考。后来弃的裔孙公刘到豳(在今陕西旬邑县)定居,又传十余世,古公亶父(后世尊他为太王)迁至周原(在今陕西岐山县),周邦的名称也由此而起。古公及其子季历(后世尊之为王

---

① 又《孟子·尽心下》云:商代历时五百余年。《古本竹书纪年》云:商代历时四百九十六年。

季)的时候,周逐渐兴起,不过对商则保持从属的关系。据传,季历最后即为商王文丁所杀。季历之子昌(始称王,即周文王)继位,周日益强盛。商王封昌为西方的方伯,史称之为西伯昌。西伯昌联合友邦征服了许多敌对的方国,并且灭了商在西方的重要与国——崇国,又迁都至丰(今陕西西安西南),以图向东发展;不过他考虑到力量仍然不足,表面上继续对商保持臣属关系。他死后,子发继位,是为武王。武王十一年,率领诸盟邦联军灭商,建立了周王朝,都于镐(在丰之东,亦在西安西南),时间约为公元前11世纪中叶。

武王灭商,只是推翻了商王朝,却仍封纣子武庚于殷。同时封弟管叔、蔡叔于殷附近,以监督武庚。不久武王死,弟周公旦摄政。管叔、蔡叔怀疑周公要篡权,勾结武庚叛乱。周公率兵东征,诛武庚杀管叔,放蔡叔,三年中平定叛乱。为了巩固周王朝在东方的统治地位,周公建立了东都洛邑(今河南洛阳),把"殷顽民"迁到这里,派重兵驻守。改封商朝另一贵族微子于宋,同时封建了许多同姓和异姓的诸侯,作为周王朝的屏障。周公还为周王朝制订了一系列的礼制。

周公摄政七年以后,把政权移交给了武王的儿子成王。成王及其子康王先后统治40余年,是周代最繁盛的时期。以后的昭王和穆王曾多次对许多方国用兵,虽然显示出周王朝还有相当强大的国力,但是并没有收到什么有益的效果。以后经过共王、懿王、孝王、夷王,周王朝日益衰落。到厉王时,又重用"好专利"的大臣,损害国人的利益,引起国人不满,还严禁国人有怨言。结果厉王为国人所放逐,周公、召公二人共同摄政,史称"共和"行政①。共和元年为公元前841年。《史记·十二诸侯年表》从此年起开始逐年记事,因此这一年也是迄今所知的我国历史上有确切的连续纪年的开端。

共和十四年,厉王在流亡中死去。周、召二公立厉王子为王,是为宣王。宣王时曾北逐猃狁,南征荆蛮,在《诗经》里就有一些歌颂他的武功的篇章。不过宣王的中兴并不久长,他在位的后期已经在与西戎的战争中失利。当宣王之子幽王在位时,又任用"好利"的大臣,社会矛盾激化,"国人皆怨",加之地震、山崩、川竭等自然灾害,形势已十分严重。幽王又废王后和太子宜臼,而立爱妾褒姒为后并以其子伯服为太子。这样就触怒了原王后的娘家申国。公元前771年,申侯勾结犬戎部族攻周,杀幽王。申侯与其他诸侯一道立原太子宜臼为王,是为平王。平王为了避免戎的威胁,东迁到洛邑,时为公元前770年。西周结束,东周开始。在东周时期,周王朝日益衰弱,在历史上已经没有多大实际作用了。

西周的分封制度与宗法制度　夏、商、周是中国古代的三个王朝,有作为诸侯领袖的王或天子;同时所谓诸侯又都是实际独立或半独立的方国首领,三代都

---

① 一说"共和"指共伯和摄政。

不是真正的统一的国家。不过,三代的情况是有发展的。相传夏禹时有万国,那不过是很多部族或小邦,他们以夏王为联盟的领袖。相传商汤时还有3 000余国。商王朝的力量看来大于夏王朝,已经有一些侯伯方国对商王朝有定期纳贡的关系,成为商的外服。相传周初还有1 800国,而周代对于诸侯的控制又比商代加强了。

武王克商、尤其周公东征以后,周王朝进行了相当规模的封邦建国的活动,而且以后还陆续有所封建。周代的封国,不仅包括了对原先已经存在的邦国的册封(即周作为王朝与该国作为诸侯的相互关系的确认),而且包括了新封建的不少诸侯国。例如,周文王的儿子或其后裔受封的有:管、蔡、郕、霍、鲁、卫、毛、聃、郜、雍、曹、滕、毕、原、酆、郇等国;武王之子受封的有:邗、晋、应、韩等国;周公之子受封的有:凡、蒋、邢、茅、胙、祭等国。荀子说,周公当政时曾封建71国,其中与周王同姓(姬)者就有53国。这些诸侯国都是周王朝派人去建立的新政权,最初具有明显的移民驻防的作用。例如,武王之弟康叔受封于今河南淇县一带,建立卫国,镇抚殷遗民;周公之子伯禽受封于今山东曲阜一带,建立鲁国,周代开国元勋之一太公望(吕尚)受封于今山东临淄一带,建立齐国,作为周王朝控制东方的重镇;成王之弟唐叔受封于今山西翼城一带,建立晋国,以与当时居于附近的戎狄部落周旋;与周王同姓的召公奭的儿子受封于今北京房山一带,建立燕国,作为在东北方向上的重镇;在江汉平原还建立了一些姬姓国家,以为南方的屏藩。后来在南方强大起来的楚国,虽然不是周王朝新封建的邦国,可是在周灭商的过程中也曾支持过周,因而得到了周王朝的确认(形式上也是受封)。周代实行分封制度,所建立的当然还不是秦汉以后那样的中央集权的统一国家,不过周王朝在诸侯中的权威比夏商两代加强了,中国逐渐走向统一的趋势也比夏商两代更为明显了。

周代的分封制度又是与宗法制度互相关联的。商代有无宗法制度?学者见解不一。不过可以肯定的是:商代没有像周代那样的系统完整的宗法制度。

在周朝,王位在原则上应由嫡长子继承,其他儿子则封为诸侯。王室世代都由嫡长子继承,成为大宗;由周王庶子封成的诸侯,相对于王室来说就是小宗。在诸侯国内,国君又由嫡长子继承,其他公子则封为卿大夫。国君世代由嫡长子继承,成为大宗;由其他公子封成的卿、大夫相对于国君来说就是小宗。卿、大夫之家又由嫡长子继承,其他的儿子则成为士。卿、大夫之家世代由嫡长子继承,成为大宗;士相对于所自出的卿、大夫之家来说就是小宗。在士以下,仍有嫡长支和庶支的分别,一般总以嫡长支为大宗,庶支为小宗。宗法制度既是一种血缘关系的体系,又是一种政治关系的体系。在这种体系之下,忠于君和孝于亲是一致的。小宗敬顺大宗,既是对于祖先的孝,又是对于上一级封君的忠。这样逐级上推,以至于周王。周王既是天下姬姓之大宗,又是各国诸侯的共主。周王对于异姓诸侯,则通过婚姻关系建立起另一种血缘的联系,姬姓诸侯与异姓诸侯之间也通过婚姻建立姻亲的血缘关系。周王照例称同姓诸侯为伯父或叔父,称异姓诸侯为伯舅或叔舅。这正是分封制度与宗法制度两相结合的反映。

由于有了分封制度和宗法制度,周王朝的王权显然超出了夏商两代的水平。不过,分封制度和宗法制度存在的本身,又说明周代的王权仍然处于王权发展的早期阶段。

西周时期的敬天保民思想 商代的统治者一般都很迷信。他们相信天,相信鬼神,对各种各样的鬼神频繁地进行着多种方式的祭祀,而且祭礼一般都很隆重。他们祭祀时用许多牺牲,甚至杀人以为牺牲。据甲骨文专家研究,一次献祭用上百人以至500人的现象,在卜辞中是屡见不鲜的;商朝极盛时期武丁在位时就曾大量用人作牺牲,当时的1 000多条卜辞中就记载了上万人被用作牺牲的事实。当商代统治者的暴政引起人民不满而周又乘机兴起时,曾有大臣提醒纣,说明形势危险,可是纣说:"我生不有命在天?"他宁可相信天命而不重视人事。

后来商被周所取代。这件事连周人自己都不免感到惊奇。因为原来商是"天邑商"、"大邑商",而周是"小邦周",二者的地位和力量相差很远。所以周人反复思考商所以被取代的原因,也就是在想自己怎样才能不被取代。周人的这些思考主要反映在《尚书·周书》的一些篇章中,而总结这些思想的主要人物就是周公旦。

周人经过反省,还没有达到不信天、不信神的程度,尤其在对"殷顽民"发表文告时更特别强调周之代商完全是由于天命。可是周人在自己的统治者内部却明确表示,天是靠不住的,天命是变化无常的。怎样才能知道天意呢?那就要考察民情。周公旦在代表王室封其弟康叔于卫时,对康叔说:"天畏(威)棐(非)忱(诚、信),民情大可见。小人难保(安),往尽乃(你的)心,无康好逸豫,乃其乂(治)民。"①这就是说,天命或天威是不可靠的,人民也是不易使其安定的,一定要了解民情,不图安乐,尽心治理人民,人民安定了,天命也就保住了。保(安)民就是敬天,敬天要做到保民。相对于商朝统治者重神轻人的情况来看,周人的敬天保民思想当然是进了一大步。他们能从人事的角度来考虑所谓天意或天命,这在古代世界也不失为一种出色的思想。

商周时期的中国和当时的世界 商和西周历时共约700年。在这个时期里,世界诸文明古国的情况有了相当大的变化。在与商代大体相当的时期(公元前17—前11世纪)里,在南亚,印度河文明已经消亡,正处于雅利安人氏族部落解体时期的早期吠陀时代;在两河流域,古巴比伦王国解体,两河南部未再出现强大国家,北部则有米坦尼和亚述(中期)的先后代兴;在埃及,则经历了新王

---

① 《尚书·康诰》。

国的兴起和衰落;在小亚和地中海东岸,有赫梯的兴起,以及赫梯与埃及在叙利亚、巴勒斯坦的争霸;在爱琴海区域,克里特文明经过盛世而衰亡,迈锡尼文明在南希腊兴起;公元前13至前12世纪间(约与武丁同时),多利亚人在希腊的南下与东地中海地区的"海上诸族"活动的浪潮,摧毁了迈锡尼文明,瓦解了赫梯帝国,埃及在入侵者打击下勉强得以保存,亚述受到了这种来自北面的抑制,随后又受到来自南面的阿拉美亚人的打击,而一度分崩离析。总之,约与商代末叶同时的其他文明地区,普遍地呈现了一种危机的现象;危机直接发生的原因是民族的迁徙,而其深层实质则是那些地区的青铜时代文明的没落。

在与西周大体相当的时期(公元前11世纪中至前8世纪早期)里,在北印度是雅利安人部落逐渐解体时期;在埃及,正是衰落时期;在地中海东岸,腓尼基诸小邦曾一度繁荣,犹太人在巴勒斯坦开始建立国家;在两河流域再次崛起的亚述,在周围遇不到强有力的敌手,逐渐形成一个收拾上古近东诸文明的帝国。在爱琴海地区和希腊,基本是处于文明中断阶段的"黑暗时代",这个时代至公元前8世纪才开始结束。在印度、西亚和希腊的广大地区中,这一时期开始进入早期铁器时代。亚述帝国是铁器时代的第一个帝国。

中国商周之间的交替,与当时世界其他古文明地区的变化有相似之处,也有不同之点。相似之处是,原来在经济、文化上先进的大国为较落后的对手所取代;而不同之点是,周取代商并非以早期铁器文化代替青铜文化,而是在商代基础上的青铜文化的继续发展。周取代商,对商代文化有所变革,也有所继承,在其间没有发生在他处曾出现的文明中断的现象。

第六章 上古西亚帝国

第一节 亚述帝国

亚述帝国的强盛 公元前1000年代前期,对亚述来说是一个发展的好时机。在国际上,它四周无强敌:强大的埃及帝国已成过去,后王朝时代的埃及不仅无力对外进行征服,而且自己也常常处于外族入侵的威胁之下;小亚的赫梯王国已为"海上民族"摧垮;南方的巴比伦尼亚更是软弱无力;东方的米底和波斯尚未兴起;只有北方的乌拉尔图稍微强大一些,成为亚述的劲敌,但也阻止不住亚述对外扩张的势头。在亚述国内,铁器的使用,不仅可以开垦更多的土地,促进其社会经济的迅速发展,从而为其对外扩张提供雄厚的物质基础,而且首先是提供了更为锐利的武器,增强了战争的威力。

从公元前10世纪末叶起,亚述经过两个多世纪连续不断的征服战争,建立起一个地跨西亚北非的奴隶制帝国,将两河流域南部和埃及这两大文明中心置于自己的统治之下,成为铁器时代的第一个帝国。

亚述在对每个地区进行征服之前,都进行过认真的准备,其中包括对被征服地区情况的了解。亚述在征服一个地区前很久就派间谍去刺探情报。有不少这类情报资料留存下来。例如,从萨尔贡二世时期保存下来的亚述间谍在乌拉尔图以及亚、乌两国交界地区活动的情报资料。由于这些间谍的努力,亚述在公元前714年成功地战胜了乌拉尔图。又如从亚述巴尼拔时代的信件中,可以知道亚述的间谍在埃兰等地积极活动的情况。

亚述帝国时期的对外征服开始于亚述那西尔帕二世统治时期(公元前883—前859年),他征服了北部叙利亚。继他之后的沙尔马纳塞三世(公元前858—前824年在位),同阿拉伯人、埃及人支持的南叙利亚同盟(包括以大马士革为首的叙利亚巴勒斯坦、腓尼基、西里西亚等十多个国家)进行了三次战争,终于确立了对整个叙利亚的领导权,并获得了对巴比伦尼亚地区的宗主权。

长期的战争,给亚述国内人民带来沉重的负担,这曾引起国内人民的强烈不满,据亚述《里模表〈名年官表〉》,在公元前8世纪里,亚述曾多次发生过人民起义,而且往往发生在京畿。因此,在提格拉特帕拉沙尔三世(公元前745—前727年在位)上台之前的几十年里,亚述由于国内政局不稳而不得不暂时停止了对外扩张。

公元前745年,提格拉特帕拉沙尔三世执政,他进行了军事改革,把军队分成若干专门的兵种,如战车兵、骑兵、重装步兵、轻装步兵、攻城兵、辎重兵、工兵等等,大大加强了亚述的军事力量,为进一步进行对外征服战争创造了条件。在他统治时期,亚述恢复了征服战争。他打败了亚述的劲敌乌拉尔图、征服了整个叙利亚地区、插手巴比伦的王位继承,进而使巴比伦同亚述合并,自己成了巴比伦之王。这一切的结果是确立了亚述在西亚的霸主地位。提格拉特帕拉沙尔三世是亚述帝国的真正创建者。

在萨尔贡二世统治时期(公元前721—前705年),亚述又打败了以色列,镇压了得到埃及支持的叙利亚、腓尼基等地的起义。他还再次打败了乌拉尔图,并同米底王国进行战争,从而在东北方取得了巨大成功。

继他之后的辛那赫里布(公元前704—前681年),镇压了由埃及人鼓动起来的腓尼基人和犹太人的起义,以及由埃兰人支持的巴比伦尼亚的起义,为此他毁灭了古都巴比伦。

亚述对埃及的征服,是在公元前7世纪时的阿萨尔哈东统治时期实现的(公元前671年)。当时埃及已十分软弱,以致阿萨尔哈东很容易便攻下了孟斐斯城,接受了上下埃及之王和埃塞俄比亚之王的称号。不过,亚述对埃及的控制并不牢固,只是满足于让埃及人每年进贡180公斤黄金和9吨白银而已。而且,不久埃及便获得了独立。

为了争取巴比伦人,阿萨尔哈东重建了被辛那赫里布毁掉了的巴比伦城。

亚述帝国时期的征服战争及其对被征服地区的政策以野蛮和残暴而闻名于世。亚述军队所到之处,城镇被毁为废墟,财物被掠夺、居民或被杀戮,或被掳走,大片土地荒芜,许多地方赤地千里、人口锐减、生产衰退。这在亚述国王们的年代记中有鲜明的记载。例如,在亚述那西尔帕二世的铭文中说:"我用敌人的尸体堆满了山谷,直达顶峰;我砍掉他们的首级,我用他们的人头装饰城墙,我把他们的房屋付之一炬,我在城的大门前建筑了一座墙,包上一层由反叛首领身上剥下来的皮,我把一些人活着砌在墙里,另一些人沿墙活着插上尖木桩,并加以斩首。"在辛那赫里布的年代记里说,他占领和毁灭了75座城市,人和财物尽都夺走。萨尔贡二世在位第一年远征巴勒斯坦地区的撒马利亚时,俘虏了27 290人;他初次出征镇压两河流域南部的一次起义时,把200 800人及大批财富掠夺回亚述;在镇压叙利亚巴勒斯坦地区的起义时,又把200 150人及大批财富带回了亚述。这种野蛮的政策给被征服地区带来极大的灾难,因而也激起了被征服地区人民异常激烈的反抗。亚述国王们的许多次远征实际上都是镇压各地的反抗。而在这些起义被镇压后,被征服地区人民受到的是更加野蛮和残酷的压迫。

亚述帝国这种竭泽而渔的掠夺政策在统治集团内部引起了尖锐的矛盾。因为这种政策严重破坏了生产力,无法对被征服地区进行再剥削,从而引起神庙祭司奴隶主和工商业奴隶主集团的不满。可能正是由于这种原因,在公元前8世纪后期,发生了提格拉特帕拉沙尔三世的改革。

提格拉特帕拉沙尔三世的改革除了上面提到的军事方面的内容之外,主要是改变对被征服地区的政策。对被征服地区,他不再采用烧光、杀光、抢光的政策,而是将其居民从一个地方迁到另一个地方去。在迁移时,他尽量使不同地区的讲不同语言的居民混合起来居住,使其互不相识,不便交往,但他准许他们携妻带子,并带上部分财产。这些被迁居到不同地方居住的人,都被分给土地,让他们独立经营,但无人身自由,他们分属各个亚述奴隶主;土地也不归他们所有,而是归亚述奴隶主所有;他们需将大部分产品交给亚述奴隶主。亚述帝国派官吏对他们进行统治。提格拉特帕拉沙尔三世的改革在一定程度上缓和了统治阶级中各不同集团之间的矛盾,加强了亚述的军事力量。因此,从他开始,亚述又重新加强了对外征服的势头,征服了更多的地方。

社会经济状况 亚述帝国时期,亚述本身的社会经济得到很大发展。这一方面是由于铁器的使用,有利于改进工具,提高生产力。亚述是一个多山地区,铁制农具的使用提高了开垦荒地的能力;铁制工具的使用还对砍伐木材、利用森林资源、开发矿产资源提供了条件。另一方面,长期大规模的对外掠夺战争也刺激了亚述帝国经济的发展。胜利的战争不仅给亚述带回大批财富,还带回了大量的劳动力——战俘。此外,对外征服使亚述占有了广大的地区,它们成为亚述的巨大市场和贸易通道,其中两河流域、腓尼基等地是商业贸易(包括过境贸易)十分发达的地区。这一切为亚述帝国的社会经济发展创造了有利的条件。

不过,由于亚述帝国对被征服地区采取了竭泽而渔的政策,只管掠夺,不管建设,被征服地区的人民除了要向亚述人交纳贡赋以外,还要负担建筑等劳役。因此,亚述帝国时期虽有发展社会经济的客观条件,却未得到充分的利用。

亚述帝国时期,奴隶制有了很大发展,这主要是由于战争带来了大量的战俘(当然,并不是所有的战俘都变成了奴隶。事实上,有的战俘被亚述人选去加入了亚述的军队,因为,长期的大规模征服战争,使亚述感到兵源不足)。许多战俘变成国家奴隶,也有一部分卖给或分给私人。在提格拉特帕拉沙尔三世改革以后,对被征服地区的居民采用了上述迁徙定居的办法,分给他们土地,向奴隶主交纳租税。

亚述奴隶主包括王室家族、军队和行政官吏、祭司等。他们从亚述的征服战争中获得了大批土地、财富和奴隶;此外还有工商业奴隶主,特别是巴比伦尼亚各大城市的工商业奴隶主,通过长期斗争,从亚述帝国手中争得了自治权。分得地产和奴隶的亚述奴隶主,往往不是自己去经营地产,而是交给一些管理人代其征收租税,这些管理人则从其主人那里领得一些土地和奴隶作为服务的报酬。亚述大奴隶主们的土地并非集中于一地,而是分散于许多地方。为奴隶主劳动的除了奴隶以外,还有一些人身自由的农民和手工业者。土地所有者要向国家交纳实物税,包括谷物、谷草、牲畜及其他东西。谷物税往往是收成的 1/10,谷草征收1/4、大小牲畜征收 1/20。神庙还要征收 1/5 税。也有的土地所有者被豁免了部分或全部赋税和其他义务,他们被称为"自由民"或"获得自由的人"。

巴比伦尼亚一些城市的工商业在亚述帝国时期得到发展,其经济和政治实力也有所增强,因而才能在亚述帝国的统治下争得自治权。

亚述帝国的灭亡 公元前 626 年,巴比伦尼亚宣告独立,由亚述派去驻守巴比伦尼亚的迦勒底贵族那波帕拉沙尔自立为王,建立新巴比伦王国,并与伊朗高原西北部的米底人(同处于亚述帝国统治之下)结成同盟,于公元前 612 年攻陷亚述首都尼尼微,亚述帝国灭亡,其遗产被新巴比伦王国和米底王国瓜分。

亚述帝国之所以灭亡,有很多的原因。

其一,是这个靠军事征服建立起来的庞大帝国,未能满足整个帝国社会经济发展的基本要求,没有为这种发展提供基本的条件,相反,它完全破坏了这种基础。

其二,是由于亚述帝国野蛮的征服政策,及对被征服地区的残酷剥削,激起被征服地区人民的不断起义。即使处境比较好的巴比伦尼亚也是起义不断。公元前 721 年,亚述帝国本身发生宫廷政变,政局出现混乱。这时巴比伦的马尔都克-阿帕尔-伊丁二世依靠迦勒底人的力量,占领了巴比伦,宣布自己为王,并同埃兰结成同盟以对抗亚述。与此同时,叙利亚和腓尼基的居民也起义反抗亚述统治,并得到了埃及的支持。公元前 702 年,马尔都克-阿帕尔-伊丁再次起义,准备同埃兰人、阿拉伯人、阿拉美亚人、犹太人和埃及人结盟。起义失败后,他又组织犹太人起义,并得到贝督英人和埃及人的支持。参加起义的还有腓尼基和巴勒斯坦的一些城市。公元前 691 年,巴比伦人同埃兰人、阿拉美亚人、米底人和波斯人等建立反亚述的联盟。双方会战于狄亚尔河上的哈努列,起义坚持了三年,直到公元前 689 年,亚述国王辛那赫里布才镇压了起义。为了泄愤,他毁灭了巴比伦城。

其三,亚述帝国晚期,王室内部的矛盾日益激化。例如,当辛那赫里布立其叙利亚籍妻子所生之子阿萨尔哈东为自己的继承人时,他的两个儿子密谋杀死了辛那赫里布(公元前 680 年)。阿萨尔哈东当了国王后,策划密谋者出逃亚美尼亚,参与密谋的其他人被处死。又如,公元前 653 年,巴比伦再度起义时,起义领导人竟是亚述国王亚述巴尼拔的兄弟沙马舒姆金。他得到部分亚述贵族、巴比伦贵族的支持,并联合了阿拉伯人、阿拉美亚人、吕底亚、埃及和埃兰等,规模很大。

如此内外交困,四面受敌,决定了亚述帝国必然灭亡的命运。

第二节　亚述帝国解体后的西亚与北非

亚述帝国解体后,在西亚北非出现了为数众多的独立国家,其中后期埃及、新巴比伦王国、米底王国和吕底亚王国在波斯帝国形成之前扮演了重要角色。

后期古代埃及　后期埃及即利比亚舍易斯时期的埃及,包括第21—26王朝(约公元前1085—前525年)。第21—25王朝时,埃及南北分裂,北方受到利比亚人控制;南方底比斯实际保持独立,后努比亚人在南方建立第25王朝(约公元前730—前656年)。最后,舍易斯的普萨姆提克建立了第26王朝(公元前664—前525年),再度统一埃及,直至波斯人征服埃及为止(公元前525年)。这一时期的埃及,政治上极度软弱,虽然它也曾企图重温统治叙利亚巴勒斯坦的美梦,但毕竟力不从心,未能达到目的。而且,它自身还经常处于外族的入侵和统治之下(利比亚人、努比亚人或称埃塞俄比亚人,亚述人和波斯人先后统治了这里)。

不过,后期埃及时期,埃及的社会经济得到了迅速的发展。铁器被广泛使用,手工业和商业贸易都很发达。城镇明显增多,这是社会经济和商业贸易发达的一个重要表现。为了发展商业贸易,当时埃及的统治者鼓励希腊商人移居埃及,还给这些移居者以土地。瑙克拉提斯就是由这些希腊移民者建立的。大概也是出于商业的目的,第26王朝的法老尼科,曾动员了大量的人力和物力,开凿尼罗河至红海之间的运河。不过,他未能完成这一巨大而有意义的工程。尼科还曾派遣腓尼基水手乘船绕航非洲获得成功,此举的目的大概是探险和商业兼而有之。

商品货币关系的发展和战乱的不断,加剧了埃及内部的阶级分化。许多小生产者,甚至中等阶层的土地被兼并。这时留下来的一些有关土地买卖的契约和土地转让的契据证明了这一点。商品货币关系的发展还促进了债务奴隶制的发展,许多自由民丧失自由,变成债务奴隶,这可能已危及国家的兵源。因此,第24王朝时的法老波克霍利斯不得不进行改革,宣布废除债务奴隶制。其内容是:(1)禁止本利之和超过本金双倍,即利息不得超过本金;(2)债权人只能索取债务人的财产作抵偿,而不能占取债务人的人身,因为财产属于个人,而公民人身属于国家,国家需要他们服役。这项改革的结果如何不得而知,大概是收效甚微。不过,据狄奥多拉说,梭伦颁布的解负令,可能从这个改革中汲取了有用的经验。

新巴比伦王国　新巴比伦王国是由迦勒底人建立的。迦勒底人是塞姆人的一支,他们于公元前1000年代初来到两河流域南部定居,并吸收了这里的先进文化。

公元前1000年代前期,亚述帝国征服并统治了两河流域南部。迦勒底人曾多次起义反抗亚述的统治。

公元前626年,亚述人派迦勒底人领袖那波帕拉沙尔率军驻守巴比伦。他到巴比伦后,却发动了反对亚述统治的起义,建立了新巴比伦王国,并与伊朗高原西北部的米底王国联合,共同反对亚述。公元前612年,亚述帝国灭亡,它的遗产被新巴比伦王国同米底王国瓜分,其中新巴比伦王国分取了亚述帝国的西半壁河山,即两河流域南部、叙利亚、巴勒斯坦和腓尼基。

公元前604年,尼布甲尼撒二世即位为新巴比伦王国国王。当时,叙利亚立即归顺新巴比伦王国,但腓尼基和巴勒斯坦地区却态度不明。而埃及对这一地区仍念念不忘,准备随时插手,卷土重来。推罗和西顿等腓尼基城市也与埃及结盟。面对这一复杂的形势,尼布甲尼撒二世继续与米底王国结盟,娶米底公主阿米蒂斯为王后,巩固了自己的后方。公元前597年,尼布甲尼撒二世出兵巴勒斯坦,攻占耶路撒冷,扶植犹太人齐德启亚为傀儡统治犹太人。公元前590年,埃及法老普萨姆提克出兵巴勒斯坦,推罗国王投靠埃及,西顿被占领,犹太人齐德启亚及巴勒斯坦、外约旦等地的一些小王公也都倒向埃及。与此同时,米底王国同新巴比伦王国的关系也紧张起来,有可能发生冲突。为此,新巴比伦王国筑起了一条防范米底人的长城。不过,米底人因忙于同乌拉尔图和西徐亚人进行战争,无力再同新巴比伦王国对抗。于是尼布甲尼撒二世腾出手来,于公元前587年第二次进军巴勒斯坦。他迫使埃及放弃了对巴勒斯坦的野心,并围困犹太人的圣城耶路撒冷,犹太国王齐德启亚突围失败,落入新巴比伦王国军队之手,被挖去双眼后送往巴比伦尼亚。公元前586年,耶路撒冷城在经过一年半的围困后被攻破,惨遭劫掠破坏,大部分居民被俘往巴比伦尼亚,史称"巴比伦之囚"。尼布甲尼撒二世还对腓尼基的推罗城进行了长期围攻,但一直未能攻陷。公元前574年,双方议和,推罗国王伊托巴尔三世承认尼布甲尼撒二世为尊者,但实际上仍保持了推罗的自治地位。外约旦的一些小王公则被迫向尼布甲尼撒二世称臣。公元前569年,埃及发生王位之争,尼布甲尼撒二世曾于公元前567年入侵过埃及,结果不详。不过他至少是阻止了埃及对巴勒斯坦的野心。

尼布甲尼撒二世对巴比伦城进行了大规模建设,使巴比伦城成为当时世界上最繁华的城市。该城有两道围墙环绕,外墙高7.6~7.8米,宽3.72米,周长8.5公里;内墙离外墙12米远,高11~14米,宽6.5米,长6公里。外墙以外,还有一道注满了水的壕沟和一条土堤,离城20米远。围墙上每隔20米左右有一要塞碉堡。巴比伦城共有8个城门,其中的北门,即伊丝达尔门,表面用蓝青色琉璃砖装饰,砖上有许多公牛和神话中的怪物等浮雕。贯通城区的主干道中央用白色和玫瑰色石板铺成。当时巴比伦城是近东重要的工商业城市,街面上店铺林立,十分繁华。尼布甲尼撒二世还在巴比伦城中为其来自米底王国的王后修建了一座"空中花园"。该花园位于底格里斯河边,据狄奥多拉记载,花园每边长120米左右,呈正方形。公元前3世纪时该空中花园被毁。

尼布甲尼撒二世统治时期是新巴比伦王国最强盛的时期,他死后不久,公元前539年,新巴比伦王国就被崛起的波斯人所灭。新巴比伦王国内部阶级矛盾和民族矛盾都十分尖锐。其最后一个国王那波尼达统治时期,国王同神庙祭司之间的矛盾日益激化。当波斯人入侵巴比伦尼亚时,巴比伦城内祭司竟打开城门放波斯军队入城,巴比伦城不战而降,国王那波尼达成了波斯人的俘虏。

新巴比伦王国存在的时间虽短,但其经济相当繁荣,商品货币关系十分发达。著名的埃吉贝商家的商业高利贷活动即开始于此时期。该商家的活动范围极广,包括商业贸易、高利贷、买卖、出租土地,买卖、蓄养、出租奴隶,买卖、出租房屋等。该家族中的一些人还与王室、官吏密切交往。该商家的商业高利贷活动不仅限于巴比伦尼亚的许多城市,而且还伸向国外,经营过境贸易。

新巴比伦王国时期的奴隶制度也比过去有了较大发展,不仅奴隶的人数比过去增多,而且奴隶主对奴隶的剥削也比过去多样化。其显著的特点是较多地采用了让奴隶独立经营的方式,即奴隶主给奴隶一部分财产(包括土地和资金),让其独立经营。奴隶可独立地租佃土地、经商、从事手工业开办手工作坊,甚至开钱庄放债等等。不仅私人的奴隶可独立经营,就是神庙的奴隶也可如此。如埃吉贝商家曾租给一个神庙奴隶房屋,供其使用。在这类独立经营的奴隶中,有的人可能达到相当富有的程度,甚至自己也拥有奴隶。奴隶有时既作为其主人的代理人从事各种经济活动,同时又经营自己的经济。他们在为主人从事各种活动时,从主人那里领得工资作为报酬。如埃吉贝家的伊提-马尔都克-巴拉吐的一个奴隶,就曾作为主人的贸易主持人,而从主人那里领得工资。租种其主人土地的奴隶,除向主人交纳地租外,还要交纳人身租(或称代役租),从事手工业、商业和高利贷的奴隶,除了向主人交纳利润之外(因其资本来自主人),还要向主人交纳人身租。人身租是奴隶主对奴隶拥有所有权的表现。人身租的数额因人而异,有一定技能的奴隶交纳的人身租要比无技能的奴隶多。一般每个奴隶每年要向其主人交纳12舍克勒银子作为人身租。

独立经营的奴隶中,能富有起来的当然只是少数;而且,即使是这些富有的奴隶,他们仍是其主人的财产,他们的主人可以随意将其买卖、转让、或作为陪嫁物。如奴隶达雅恩-贝尔-乌初尔,他是埃吉贝商家伊提-马尔都克-巴拉吐的奴隶代理人,曾先后三易主人,他全家八口,在他被转让、转卖时,其全家人都随他一起转让和转卖。

奴隶作为其主人的财产,要烙上其主人的名字,从外国买来的奴隶要烙上两种语言。外籍奴隶由其主人取一个巴比伦尼亚的名字。

有的奴隶被奴隶主送去学习某种手工技术,如烤面包、制作皮鞋、纺织等。

为此,奴隶主要向师傅交纳一定的报酬,并供给奴隶生活费用。当时能送奴隶去学手工技术的奴隶主极少,只有那些拥有较多奴隶的奴隶主才可能这样做。因为奴隶主不仅要交学习费用和奴隶的生活费,而且在学习期间奴隶主还得不到奴隶的劳动报酬。

多数奴隶的处境仍然是很悲惨的。从这时保存下来的不少司法文件中,奴隶否认自己的奴隶身份。奴隶还以逃亡的形式进行反抗。所以,在买卖奴隶时,卖主必须向买主保证奴隶不逃亡。

尽管新巴比伦王国时期奴隶人数不少,但他们不是主要生产者。当时的主要生产者是为数众多的丧失了生产资料的自由民。他们租佃王室、神庙和个别奴隶主的土地,而且往往还要租用牲畜、种子和农具。他们也是当时主要的被剥削者。

吕底亚王国 吕底亚王国是公元前1000年代前期兴起于小亚西部的介尔姆河谷地区的一个国家。

吕底亚人的首都是萨狄斯。吕底亚地区属地中海气候区,气候温和,十分适合农业,而无需人工灌溉。这里的纺织、皮革制造等手工业很发达,还富有金矿,因此经济上比较富有。

据希罗多德说,吕底亚王国最初是由海拉克列达伊家族统治的,后来,统治权转到了美尔姆纳达伊家族手中。该家族的第一个国王巨吉斯曾是前一家族国王的侍卫。巨吉斯夺取政权后,曾进攻希腊人在小亚西岸的米利都和士麦那等城邦,攻陷了科洛彭城。吕底亚曾遭到奇姆美利亚人的侵袭,首都萨狄斯除了卫城以外,都被奇姆美利亚人所占领。到阿律阿铁斯时期,吕底亚才将奇姆美利亚人驱逐出去。

当米底王国和新巴比伦王国灭亡亚述帝国时,吕底亚王国已是小亚半岛上的一个大国,小亚中部的弗里吉亚也归属于它。吕底亚同米底王国为争夺亚述帝国的遗产而进行了长达6年的战争(公元前591—前585年),双方相持不下。公元前585年5月28日,交战双方被这时发生的一次日食所吓坏,于是决定缔结和约。和约规定,吕底亚和米底以哈里斯河为界,并且阿律阿铁斯将自己的女儿嫁给米底王国的王子。

吕底亚王国在结束了同米底王国的战争并同其结为盟友、保障了自己的后方之后,便回过头来向小亚西海岸的各希腊城邦开刀。阿律阿铁斯的儿子克洛伊索斯统治时期,征服了小亚各希腊城邦。希罗多德说:"据我们所知道的,这个克洛伊索斯在异邦人中间是第一个制服了希腊人的人。他征服的有亚细亚的埃奥利亚人、爱奥尼亚人、多利亚人,但是他和拉西第梦人缔结了盟约。直到克洛伊索斯君临的当时为止,所有的希腊人都是自由的"。

但是,在伊朗高原兴起了波斯。波斯国王居鲁士灭亡了米底,这引起克洛伊索斯的不安,他出兵攻打居鲁士,但遭失败。居鲁士于公元前546年灭亡了吕底亚王国及小亚各希腊城邦,占领了整个小亚细亚。

米底王国　米底人的语言属印欧语系,同后来建立波斯帝国的波斯人有着亲属关系。他们大概是在公元前2000年代来到伊朗高原的。到伊朗高原后,米底人定居在其西北部里海以南的地方,波斯人则定居在其西南部靠近波斯湾的地方。至于他们来自何处以及迁移的路线则说法颇多。比较流行的说法是他们来自中亚草原。

伊朗高原东起兴都库什山和苏莱曼山,西止于扎格罗斯山,北有里海,南临印度洋,高原内部多山和沙漠,河流小而短,大多消失在沙漠之中。高原内气候干燥,不适于农业而适于畜牧业,在西边靠近两河流域的地方则比较适于农业。扎格罗斯山区是世界上一个重要农业发源地,考古学家在这里发现了不少早期农业起源的遗址,并追踪出了农业逐渐向两河流域平原地区发展的路线。在伊朗高原境内,早在公元前8000—前7000年代就已出现了农业文化。后来,当两河流域进入文明时代后,伊朗高原西南部的埃兰同它有着密切的交往。

关于米底历史的资料,至今尚未见到他们自己的任何文献传世,有关他们历史的基本材料主要是亚述的年代记和后来希腊作家的著作。

在公元前8世纪时,米底人臣属于亚述帝国,向亚述人交纳贡赋,而米底人本身大概已形成了一种联盟或王国,至少已有了一种类似首都的中心。据希罗多德说,在亚述人统治下的各民族中,米底人是最早起来反对亚述人的统治并且最先争得独立的。取得独立后,米底陷入无政府状态,一个名叫戴奥凯斯的人成了国王,并统一了米底各部落。据希罗多德说,米底国家的形成是"社会契约"的产物,因为当时米底人的各部落散居各处,且处于无法无天的混乱状态,在各部落中掠夺和不法行为十分猖獗,人们期待有一个主持正义和公道的人来解决各种争端。而戴奥凯斯因在本部落中解决纠纷时公正,得到人们的拥护,以至其他部落的人也去找他解决纠纷,后来更推举他为国王,他则要求为他建立一座宫殿和一支私人卫队。这为人们所接受,建起了有七道围墙环绕的埃克巴塔那城的王宫。从希罗多德的记述可以看出,米底国家的形成,一方面与反对亚述统治有关,因为这要求米底人联合起来;另一方面也与米底人内部私有制产生,阶级分化、阶级矛盾加剧有关。戴奥凯斯当了国王后,加强了他的统治。

据希罗多德提供的材料,如果以公元前550年米底王国被波斯的居鲁士灭亡为起点往前推,可以列出米底的连续四个国王,即戴奥凯斯(公元前700—前647年在位)、普拉欧尔铁斯(公元前647—前625年在位)、库阿克撒列斯(公元前625—前585年在位)和阿司杜阿该斯(公元前585—前550年在位)。

从普拉欧尔铁斯时起,米底王国开始向外扩张,他首先征服了波斯;然后他同亚述进行战争,但遭失败并战死于军中。其子库阿克撒列斯即位后,对军队进行了改革,把军队改编为枪兵、弓兵和骑兵等三个兵种。他同新巴比伦王国联合于公元前612年攻占了亚述首都尼尼微,灭亡了亚述帝国,分取了亚述帝国的许多地方,大大扩大了米底王国的统治地区。库阿克撒列斯同小亚的吕底亚王国的战争(公元前591—前585年),因一次日食而以和约告终,库阿克撒列斯之子阿司杜阿该斯与吕底亚的公主缔结了婚约,双方还划定了边界。

在阿司杜阿该斯统治末期,波斯人在居鲁士的领导下争得了独立,并灭掉了米底王国(公元前550年),阿司杜阿该斯亦被俘,米底成了波斯帝国的一个组成部分,原米底王国征服的地区也相继为波斯人所征服。

第三节 波斯帝国

波斯的兴起 公元前6世纪中叶,波斯兴起于伊朗高原的西南部。波斯人与米底人在语言上同属印欧语系,彼此关系很近。他们大概在公元前2000年代来到伊朗高原。据亚述国王沙尔马纳塞尔三世的铭文,在公元前9世纪时,波斯人还处在游牧部落阶段,当时,他们已组成以阿黑门尼德氏族为首的部落联盟。

波斯帝国的创立者是阿黑门尼德氏族的居鲁士二世。据《居鲁士文书》,居鲁士二世的祖先曾是安桑之王。据亚述巴尼拔的铭文,居鲁士二世的祖父居鲁士一世是帕尔苏马什之王,可能他已将安桑和帕尔苏马什联合起来了。公元前7世纪时,波斯处于米底统治之下。

公元前558年,居鲁士二世在波斯称王,都帕塞波里斯。公元前553年,波斯人在居鲁士二世的领导之下,起兵反抗米底人的统治。公元前550年,波斯人争得独立,并灭了米底王国,米底王国的首都埃克巴塔那成了波斯的第二个首都。

大约在公元前549年,居鲁士征服了埃兰,埃兰是一个有着悠久历史的古国,同两河流域有过密切的交往。埃兰被波斯征服后,它的首都苏撒成了波斯的第三个首都。公元前549—前548年,居鲁士还先后征服了原属米底王国的帕提亚、希尔卡尼亚和亚美尼亚等地。米底人从亚述帝国继承过来的遗产——小亚的卡帕多细亚也于此时归属于波斯。

波斯人的崛起,引起小亚强国吕底亚王国的不安。吕底亚国王克洛伊索斯企图联合小亚诸希腊城邦、大陆希腊的斯巴达,以及埃及等共同对付波斯,并于公元前547年将自己的军队开进了已归波斯的卡帕多细亚。波斯人本想先夺取新巴比伦王国,再去征服小亚细亚。但新巴比伦王国当时仍貌似强大,所以居鲁士未敢轻举妄动,便企图先夺取小亚,以切断新巴比伦王国的商路,再回过头来进攻它。当吕底亚军队开进卡帕多细亚后,居鲁士也派军队同其交战,吕底亚战败,其军队退回自己的首都萨狄斯,波斯军追至并包围了它。吕底亚久等盟军不到,萨狄斯城被波斯军攻破。波斯人灭了吕底亚王国,随后又灭了曾与吕底亚结盟的小亚希腊诸城邦。

公元前545—前539年,居鲁士又把扩张的矛头指向了中亚,征服了巴克特里亚(即大夏)等许多地区。这不仅扩大了波斯人的势力范围,而且免除了波斯人进攻巴比伦尼亚的后顾之忧。

公元前539年,居鲁士率军远征巴比伦尼亚。他利用当时新巴比伦王国内部尖锐的各种矛盾,轻而易举地征服了巴比伦尼亚,兵不血刃地占领了被认为十分坚固的巴比伦城。

公元前530年,居鲁士在远征中亚的马萨吉特时遭到失败,居鲁士亦被马萨吉特人所杀。

居鲁士在世时,已让其子冈比西与其共治。居鲁士死后,冈比西即位。公元前526年,冈比西远征埃及。第二年,他利用埃及统治集团内部的矛盾,征服了埃及,并在埃及建立了第27王朝。但冈比西随后的军事行动却连连受挫:对努比亚的远征因准备不足而惨遭失败;派往西瓦绿洲的军队遭沙暴袭击而全军覆没。于是,在埃及爆发了反波斯起义,但遭冈比西镇压。

据希罗多德说,冈比西是一个暴虐无道的昏君。其根据是说他杀死了自己的兄弟司美尔迪斯,其妻为其兄弟辩护亦惨遭杀害(大流士的《贝希斯敦铭文》也指责冈比西杀死了与其同父同母的兄弟巴尔狄亚——即司美尔迪斯);还说他要无端杀死对他进谏的原吕底亚王克洛伊索斯,当此人被别人放走后,他又要杀死放走他的人;还说他杀死了亲信普列克萨斯佩斯之子;另外,说他在埃及冒犯神圣;无端杀死许多孟斐斯的宗教领袖等。在希罗多德笔下,冈比西是一个疯狂程度甚深的人。这可能反映了在波斯内部,特别是在王权同贵族之间存在着尖锐的矛盾。

高墨达暴动 波斯虽然立国不久,但矛盾不少,而且很尖锐。波斯统治集团的征服和掠夺政策,给各被征服地人民带来深重的灾难;各被征服地的统治者因丧失了自己的权益也不满波斯人的统治;普通的波斯人因长期的对外征战而不胜负担;波斯贵族因王权的加强而降低地位、特权也逐渐丧失,等等。矛盾日益尖锐。据《贝希斯敦铭文》说,冈比西刚刚率军出发远征埃及时,人民便骚动起来,在波斯,在米底,也在其他各地,"发生了巨大的灾祸。"

公元前522年3月14日,当冈比西在埃及的军事行动受挫时,在波斯国内的庇里什瓦德的阿尔卡德里什山地方爆发了高墨达暴动。

高墨达是打着冈比西的弟弟巴尔狄亚的旗号起兵的(因为据说冈比西杀死其弟巴尔狄亚一事还不为人知;也有学者认为高墨达就是巴尔狄亚)。他自立为王,并号召各地人民(包括波斯人)拥戴他而抛弃冈比西。据希罗多德说,高墨达曾派人到各地去宣布免除三年兵役和赋税。《贝希斯敦铭文》说,高墨达暴动期间,曾毁坏了庙堂,从人民手中夺走了牧场、财产、住所、家庭奴仆。

暴动得到包括波斯人、米底人在内的各地人民的响应。正如《贝希斯敦铭文》所承认的:"于是所有的人民,波斯人、米底以及其他诸省都骚动起来,从冈比西转而倾向于他(指高墨达)。"波斯帝国面临全面崩溃的危险。

正在埃及的冈比西得到高墨达暴动的消息后,即刻起身回波斯,但在途中死去(自杀、他杀、病亡尚无定论)。

出身于阿黑门尼德氏族的大流士等七个贵族,在米底的尼塞亚地方一个名叫西卡亚瓦基什的堡垒中杀死了高墨达及暴动的主要成员。暴动历时7个月(3月至9月)失败。

有的学者认为,高墨达暴动是企图恢复米底贵族的特权。但无论是希罗多德、还是大流士的《贝希斯敦铭文》,都没有说高墨达是米底贵族。暴动也不是从米底先起来的,而是从波斯本土开始的。从资料中也见不到暴动有米底人反波斯人的内容,没见到有关于暴动给米底人或米底贵族带来什么好处的报道,没提到米底人与波斯人的对立。希罗多德只是说,高墨达"大大加惠了他的全体臣民,以致在他死后,除去波斯人之外,没有一个亚细亚人不盼望他回来。"

大流士改革 高墨达暴动被镇压后,大流士当了国王。据希罗多德说,在杀死高墨达的密谋中,大流士并非主谋,在这一密谋的七个人中,大流士甚至是最后一个参加的,他是靠阴谋夺取了王位的。

据《贝希斯敦铭文》说,在大流士夺得王位后,曾两次爆发反对大流士的起义。起义规模很大,参加者不仅有被征服地区的人民,也有波斯人。大流士残酷地镇压了这些起义。其过程被用三种语言(古波斯语、阿卡德语巴比伦方言、埃兰语)刻在贝希斯敦山崖上,故称之为《贝希斯敦铭文》。

波斯帝国从居鲁士建国到大流士执政,前后仅有28年时间,就走完了别的国家(如埃及、巴比伦)走了两三千年才走完的过程,即从小国寡民到地域王国、到帝国。在大流士时代,波斯又征服了印度河流域(公元前517年)和巴尔干半岛的色雷斯地区,从而成为古代世界第一个地跨亚非欧三大洲的大帝国。但是,波斯帝国面临的形势也是极其艰难而复杂的,需要解决的问题也是极为艰巨的。首先,对如此辽阔的一个帝国,采用何种形式统治的问题(在大流士上台时曾有过一番争论);其次,波斯原来的国家机器极其薄弱和简单,与统治如此庞大而复杂的一个大帝国显然是极不相称的。因此,加强和完善波斯的国家机器也是刻不容缓的任务;第三,帝国内部阶级矛盾、民族矛盾都极为尖锐复杂,如何缓和这些矛盾是巩固波斯帝国的重要问题;第四,波斯帝国内部社会经济状况极为复杂,发展极不平衡,如何在经济方面巩固这个帝国也是一个难题。这些任务中的一些是以前的埃及帝国和亚述帝国所不曾碰到或没解决好的,因此波斯人能借鉴的东西不多。

大流士采取了一系列措施,以巩固波斯帝国并加强其个人的专制统治,这就是所谓的大流士改革。

大流士解决了统治形式问题。他确立了君主专制,加强了国王的权力,调整了国王与贵族的关系。

大流士将全帝国划分为若干行省(据希罗多德所说为20个行省;据《贝希斯敦铭文》为23个行省;据《那克希卢斯特姆铭文》为29个行省。有的包括波斯,有的则不包括),设总督(称为萨特拉匹)治理。总督负责行政和税收。各行省每年要向波斯交纳规定的赋税(包括货币税和实物税,波斯人免征货币税,但可能也要交纳实物税)。这样一来,大流士建立了一套对被征服地区居民进行统治和剥削的制度。

在军事上,大流士将全帝国划分为五个大的军区,每个大军区下辖若干省军区。各军区长官由国王任命,总督不管军事,军事长官和行省总督互不相属,可收互相监视之效。波斯军队由步兵、骑兵、象兵、海军、工兵等兵种组成,分常备兵和战时临时征召的两部分。其中最具战斗力的是由1万名波斯人组成的所谓"不死队"(因为每缺一人即行补上,始终保持1万人,故名)。

大流士统一了帝国的铸币制度。他规定,帝国中央政府铸造金币,金币称为"大流克",重8.4克,行省只有权铸造银币、自治市只有权铸造铜币。

大流士在全国建立驿道制度,以便于传达国王的命令和下情上达,传递各种信息,并便于军队的调动。在驿道沿途设有驿站,备有人员和马匹。最长的一条驿道是从苏撒到小亚西海岸的以弗所,全长约2 400公里。

大流士还极力拉拢各被征服地区的统治阶级,以扩大帝国的统治基础,巩固波斯人对被征服地区的统治。他让一些被征服地区的原统治者参与地方政权;在制定法律时,他也参照各地原有法律;对各地原有宗教,他不加干涉和排斥,采取较为宽容的态度。这一切无疑缓和了各地贵族与波斯人之间的对立情绪。

此外,在大流士统治时期,还开通了埃及法老尼科未曾完工的尼罗河与红海之间的运河;在中亚某些地方修建了水库等。

大流士改革的目的是加强君主专制统治、巩固波斯人对各被征服地区的统治,但在客观上也促进过帝国内部各地经济文化交流,有利于落后地区经济上的发展。

波斯帝国的社会经济状况 波斯帝国内部社会经济发展的最大特点,是它发展的极端不平衡性和复杂性:帝国西部的两河流域和埃及,奴隶制经济的发展已近3 000年;小亚、叙利亚巴勒斯坦、腓尼基等地也已达到十分繁荣的地步;而伊朗高原的东部和中亚许多地区却仍然处在游牧部落阶段,即使米底和波斯,也都还处在奴隶制社会发展的初期。

对于帝国西部地区来说,波斯统治者的政治统治和贡赋制度无疑是一种沉重的负担,不利于它的进一步发展。但波斯人对于该地区的社会经济制度,并未过多干预,而是维持了原状。据说,居鲁士在征服巴比伦尼亚后,并未改变其社会结构,其经济生活也未发生大的变化,甚至各种商品的价格也未改变。居鲁士还曾力图为该地区的经济生活创造一种正常的条件,如发展这里的过境贸易。巴比伦尼亚著名的商业高利贷家族埃吉贝家族和穆拉树家族的商业高利贷活动,都是在波斯帝国前期和中期达到鼎盛的,一些波斯大官甚至参与他们的经济活动,成了他们的保护伞。他们不仅经营土地、房屋、奴隶的出租、放高利贷,还经营本地区和国际贸易。有文献表明,新巴比伦王国时期剥削奴隶的独特方式,即让奴隶独立经营的方式,在波斯帝国时期仍然存在,埃吉贝商家和穆拉树商家都有这样剥削奴隶的资料保存下来。在巴比伦尼亚,像被波斯人征服前一样,除了剥削奴隶外,主要的被剥削者,是形式上自由的依卡努,他们在监督者监督下,劳动于各类奴隶主的土地上。

波斯本部的社会经济在帝国时期无疑得到了最迅速的发展。大批财富从各被征服地区掠夺到波斯来,大批俘虏成了波斯人的奴隶,大量被征服地区的肥沃土地变成了波斯征服者的地产。在波斯奴隶主土地上的劳动者叫做格尔达,他们中的一部分人被固着在土地上,其收入一部分缴纳给奴隶主,另一部分则用以维持生计;另一部分格尔达则靠口粮维持生活,其收入全归奴隶主。格尔达都是非波斯人,他们中有巴比伦尼亚人和埃及人等。帝国的四个都城即帕塞波里斯、埃克巴塔那、苏撒和巴比伦中的前三个都在伊朗高原,这时进行了大规模的建筑,尤其是王宫建筑,使这些城市发生了巨大的变化。

波斯帝国东部的中亚地区,在被波斯人征服后,传进了先进的生产技术和文化,逐渐步入了文明时代,社会经济得到了较大的发展。有的地区还修建了水库,出现了灌溉农业。

波斯帝国时期,整个帝国境内的中间贸易得到了发展。据说,在公元前5世纪,中国的丝绸就已在波斯的市场上出现。帝国西部的一些城市,如巴比伦、推罗等也都很繁荣。

文化和宗教 波斯人作为一个落后的民族,长期与先进的两河流域文明为邻;在帝国时期,它又统治了众多的先进文明地区。因此,在波斯的文化中,无论是政治思想、典章制度、法律,还是文字、艺术、神话、建筑等方面,都吸收了较多的外来因素。正如希罗多德所说:"波斯人比任何其他民族都更喜欢仿效外国人的习惯。"由于广大的西亚、北非、印度河流域、中亚,以及具有希腊文化传统的小亚西部的希腊城邦都共处于一个帝国之中,这就为彼此之间的文化交流创造了方便的条件,也为波斯人吸收、利用其他民族的文化创造了有利的条件。

波斯人语言属印欧语系东支,他们的文字是借用的两河流域的楔形文字。大流士的《贝希斯敦铭文》就是用楔形文字写成的。大流士改革时可能在文字方面有所改进,使得波斯人的楔形文字不仅同苏美尔时期的楔形文字有所不同,而且同阿卡德、巴比伦时期的楔形文字也有所不同。波斯人的楔形文字接近于字母体系,是西亚楔形文字发展的最后一个阶段。

在波斯帝国境内,由于民族众多,所以语言也极为复杂,波斯人不可能将其划一。大流士的《贝希斯敦铭文》是用三种语言写成的,这就是:古波斯语、古埃兰语和阿卡德语巴比伦方言。此外,波斯帝国时期还流行过一种阿拉美亚语,这是属于塞姆语系的一种语言,书写这种语言已不用楔形文字,而用一种源出于腓尼基字母的阿拉美亚字母文字。这种阿拉美亚文字在波斯帝国时期的商业上、外交上曾起过重要作用。

波斯人的建筑,在居鲁士时代,虽然还带有游牧民族的某些特征,但已使用希腊的工匠和技术。在波斯人征服了广大地区之后,在建筑方面也发生了巨大的变化。一方面,由于波斯人控制了巨大的人力和物力资源,因而有力量建造规模巨大的建筑物(尤其是王宫);另一方面,由于征服了众多的民族,其中有许多拥有先进的文化和技术,因而波斯人的建筑不仅规模巨大,而是吸收了许多外族的风格,尤其是希腊、两河流域和埃及的风格。如王宫建筑多半建在高台之上,这显然是两河流域的风格;而王宫建筑中的巨柱,又是希腊和埃及建筑风格的反映。

在艺术方面,波斯王宫中的浮雕和贝希斯敦山崖上的浮雕,是波斯帝国时期雕刻艺术的杰作。尤其王宫中的浮雕,同建筑一起构成了波斯艺术中最辉煌的部分。不过波斯的艺术也受到外来风格的很大影响,或者说吸收了很多其他民族的优秀成果,尤其是两河流域和希腊的优秀成果。有两个事实可以说明这种外来的影响:一是在人像的处理和技法上,在个别形象上(如大门边带翅膀的公牛)明显地反映了巴比伦和亚述的影响;二是1973年在大流士王宫发现的据说可能是大流士的一座雕像,他身着法老服装,但雕刻手法明显是希腊的。

关于波斯人的宗教,据希罗多德说,波斯人"不供奉神像,不修建神殿,不设立祭坛,是在最高的山峰上去向神奉献牺牲,在奉献牺牲时也不点火、不灌奠、不吹笛、不用花彩、不供麦饼。"

波斯人信奉琐罗亚斯德教(因传说中的该教创始人而得名。中国人称之为祆教)。但关于琐罗亚斯德其人的出生时间和地点、该宗教创始于何时何地等问题,至今没有定论(有人认为他生活于公元前1000年或公元前1000年以前,也有人认为他生活的时代与佛教创始人释迦牟尼差不多,还有人认为他生活于阿黑门尼德时代,或公元前7世纪,是米底人或中亚人如巴克特里亚人等等)。

琐罗亚斯德教认为,世界上有善、恶二神,善神即阿胡拉·马兹达,也是光明神、正义之神;恶神即阿胡拉·曼尼,也是黑暗之神、邪恶之神,代表风暴、沙漠。善恶二神始终处于斗争之中。该教要人们站在善神一边,去同恶神斗争。该教崇拜光明、崇拜火,故也称拜火教。

琐罗亚斯德教的经典是《阿维斯塔》(在萨珊王朝时编定成书)。《阿维斯塔》中最古的部分是格塔斯,此外还有雅斯纳斯、文迪达德、雅希特、维斯佩瑞德等。其中文迪达德编成最晚,其内容为宗教礼仪。《阿维斯塔》不仅是宗教经典,而且也具有重要的史料价值。

在大流士统治时期,琐罗亚斯德教成了波斯帝国的国教,不过,大流士对被征服地区的宗教也不排斥。

波斯与希腊的矛盾 从波斯帝国形成之日起,直至灭亡,它与希腊的矛盾贯穿始终。

波斯与希腊的矛盾,起于居鲁士征服吕底亚之时。居鲁士的征服政策严重威胁了小亚希腊城邦的独立。据希罗多德记载,当吕底亚被征服时,小亚西海岸各希腊城邦(除米利都之外)都向居鲁士表示愿意臣服于他。但居鲁士向他们讲了一个预言,其意思是说他们臣服来迟。于是这些城邦转而求救于大陆希腊的斯巴达(其时雅典正处于庇西特拉图僭主政治时期,内部矛盾尖锐),斯巴达表示愿意援助他们,从而也受到居鲁士的威胁。希波矛盾至此开始。

后来,大流士征服了爱琴海北岸的色雷斯,更严重地威胁了大陆希腊各邦的安全;并且由于波斯人控制了希腊与黑海之间联系的通道,严重损害了希腊人的经济利益,从而加深了双方的矛盾。

公元前500年,米利都起义,反抗大流士的统治,大陆希腊各邦支持米利都人的斗争,从而激化了希波矛盾,米利都起义也成了希波战争的导火线。大流士残酷地镇压了起义,并于公元前492—前449年发动了希波战争。结果,历时50年左右的这场战争以波斯的失败告终,波斯的征服野心受到严重挫折。但波斯统治者并不甘心,此后一有机会,它便插手希腊各城邦的斗争,以图从中渔利。

公元前431—前404年发生于希腊各邦之间的伯罗奔尼撒战争,给了波斯人插手希腊事务的一个绝好机会。在战争期间,波斯人帮助斯巴达人建立了一支海军,从而战胜了强大的雅典。这次战争的结果是斯巴达和雅典两败俱伤,从而使波斯人得利。斯巴达人曾答应把小亚各希腊城邦还给波斯。但遭各邦反对,斯巴达人未能践约,引起波斯不满。

此后,希腊陷入城邦危机,各城邦内部阶级矛盾十分尖锐,各邦之间也混战不已,波斯人纵横捭阖,兴风作浪于其间,加剧了希腊的城邦危机。

斯巴达人也曾插手波斯的王位之争。在波斯的大流士二世死后,其幼子小居鲁士想抢夺王位。斯巴达人支持小居鲁士而反对阿塔薛西斯。后小居鲁士战败,参与波斯王位之争的希腊雇佣军在撤回希腊途中也损失惨重。波斯和斯巴达的矛盾激化。

公元前399年,斯巴达与波斯发生战争。波斯人利用希腊内部的矛盾,组成了一个反斯巴达的同盟,雅典、科林斯、彼奥提亚同盟各邦都参加了这一同盟。公元前395年反斯巴达同盟与斯巴达发生战争,即科林斯战争。斯巴达腹背受敌,不得不同波斯人谈判。

这时雅典乘机兴起,波斯人又反过来支持斯巴达,并迫使希腊其余各城邦同斯巴达休战,共同对付雅典。公元前387年,波斯人通过威逼手段,同斯巴达人缔结了波斯大帝和约(或称安塔客达斯和约)。该条约宣称,小亚各邦归波斯国王统治,禁止大陆希腊各邦组织任何同盟(斯巴达及其盟国例外)。波斯人达到了控制希腊的目的。

公元前4世纪后期,希腊北方的马其顿王国兴起。希腊各邦的大奴隶主把马其顿视为救星,希望它既能使希腊摆脱城邦危机,又能使希腊摆脱波斯的控制。于是在希腊形成了一个亲马其顿派。马其顿国王腓力二世则提出把战争带给东方(即带给波斯帝国),把财富带回希腊的口号,以迎合希腊奴隶主的贪婪之心。公元前334年,新上任的马其顿国王亚历山大率军东征,其借口是,从前波斯人曾经侵略过希腊,而当时希腊并没有惹过波斯;现在他亚历山大要为希腊人报仇。于是,经过十年征战,亚历山大灭了波斯帝国,建立起亚历山大帝国,从而结束了希腊波斯之间长达两个世纪的纷争。

波斯帝国与西亚北非古代文明的终结 波斯帝国兴起的时代,正是西亚北非的古代文明极盛而衰的时代。波斯帝国的兴起在西亚北非的古代文明(即近东地区的古代文明)史上占有重要地位,起过重要作用。

波斯帝国是西亚北非古代文明从小国寡民到地域王国、到帝国这一发展过程的最高阶段。在公元前4000年代中叶(即约公元前3500年左右),在全世界,首先是在西亚两河流域南部的苏美尔地区和北非尼罗河流域的埃及,逐步进入了文明时代,在这两个地区形成了若干小国家。当时这两个地区之间基本上是独立发展的,彼此联系很少。到公元前3000年代以后,首先在埃及,而后在两河流域,形成了统一国家,并出现了君主专制。到公元前2000年代后期,埃及通过征服形成了地跨西亚北非的奴隶制帝国;公元前1000年代前期,在西亚形成了亚述帝国,第一次囊括了两河和埃及这两大文明地区。公元前1000年代中叶兴起的波斯帝国,不仅规模要比埃及帝国和亚述帝国大得多(包括了两河、埃及和印度河这三大文明中心,并接近第四个文明中心希腊的边缘),而且在内涵上也要比它们丰富得多、深刻得多,它形成了一整套的维系和管理帝国的比较成熟的制度(如行省制度、赋税制度、铸币制度、驿道制度、军事制度、宗教政策以及对被征服地区统治阶级的政策等),这是它以前的帝国所没有或不完备的,而又为它以后的帝国(亚历山大帝国,尤其是罗马帝国)所承袭。

波斯帝国是铁器广泛使用和传播时代的帝国,而埃及帝国是青铜器鼎盛时代的帝国,亚述帝国则是铁器刚刚使用时代的帝国。铁器的广泛使用和传播,不仅是生产力的巨大进步,不仅促进了社会经济更加迅速的发展,而且对政治和军事的发展也产生了重大的影响。正是在这个时代,社会分工更加精细,商品货币关系更加发达,交换的规模更加扩大,交换的内容更加丰富,交换的地区也更加广阔,人们的视野也更加开阔。铁器时代为大规模的战争提供了更为雄厚的经济基础和更为锐利的武器,因而战争的规模也更大。波斯帝国所进行的战争,尤其是希波战争,如果没有雄厚的经济实力作后盾,如果不是在铁器广泛使用和传播的时代,那是不可想象的。也正是在这个时代才形成了地跨亚、非、欧三大洲的大帝国。

从表面上看,波斯帝国似乎是纯军事征服的产物(的确,帝国的建立,从埃及帝国、亚述帝国、到波斯帝国,都是通过野蛮的征服战争而实现的,没有征服就没有帝国),但是,波斯帝国的形成,在某种意义上说,也是西亚和北非,东部地中海地区社会经济、政治、军事,乃至文化综合发展的产物,是这些地区经济、文化、军事、政治交流、联系不断发展和扩大的产物。同时,波斯帝国在客观上又为西亚和北非的经济文化交流提供了一个更为广阔的舞台。波斯人为了巩固自己的统治,也曾采取过若干有利于加强交流和联系的措施,从而使这种交流和联系达到一个更高的阶段(铸币制度和驿道制度就在客观上起过这种作用)。

但是,波斯帝国的存在也还有另一方面的作用,即它打乱了西亚北非奴隶制经济独立发展的正常进程;它的征服战争给帝国版图内的居民带来巨大的灾难;它打乱了、破坏了西亚北非地区经济文化交流的正常秩序和规则,破坏了原有地区交往的某些条件,使这些地区的交往和联系打上了征服者的烙印;而且它使这种交往局限于帝国范围之内,使原来西亚北非某些地区同希腊世界的交往和联系受到了限制,甚至被完全隔断。

西亚北非的古代文明,在波斯帝国兴起之前的 3000 年里,曾是世界文明的重要中心,是地中海地区其他民族学习的圣地,它们的文明对地中海其他民族产生过重大的影响。但是,近 3000 年的发展,也使这两个古老的文明背上了沉重的包袱,成为它们进一步发展的巨大障碍;而且,近 3000 年的发展,也使西亚北非的古代文明积累了不少的矛盾(阶级的和民族的矛盾),统治阶级的腐朽性已明显地暴露了出来。波斯人却以一个新兴民族的姿态出现于地中海之东的伊朗高原上,它没有沉重的包袱,也没有那么多尖锐复杂的矛盾,它吸收了西亚北非古老文明的先进成果,用以丰富和发展了自己;并利用西亚北非古老文明内部的矛盾,征服了它们。但是,波斯帝国毕竟是在近东文明的土壤中成长起来的,当它征服了这广大的地区之后,它也把西亚北非文明的某些包袱背到了自己的身上,并使自己成了一切矛盾的焦点。再加上帝国内部的经济文化联系十分脆弱,各地区之间的发展极不平衡,自然经济仍占主导地位,商品货币关系的发展受到许多限制,因此,波斯帝国本身仍然是十分不稳固的。所以,当其统治集团的腐朽性发展起来,失去了原先的勃勃生气时,它的垮台就是必然的了,而且垮得十分迅速而彻底。

西亚北非的早期文明,是在适于农耕的地区发展起来的。虽然,最初它们都是农牧并重的,但逐渐地,农业在这两个早期文明中占了主导地位。这两个农耕文明中心不仅发展较早,而且发展较快。但西亚北非的早期文明并非是独立发展的,它们同其周围的游牧地区有过频繁的交往和冲突,两河流域的农耕世界还曾数度被其周围的游牧部落征服,其最早的苏美尔文明、阿卡德文明就是被这些游牧部落从历史舞台上推下去的(埃及也曾被游牧部落入侵过,不过,它的文明传统在波斯帝国入侵前未曾中断)。农耕世界与游牧世界的关系不仅表现为游牧世界对农耕世界的入侵和征服,也有农耕世界对游牧世界的入侵和征服。农耕世界与游牧世界的关系不仅表现为入侵与征服,更多地、更经常地还是表现为经济文化的交流,这促进了双方历史的进步。从发展的总趋势看,农耕世界与游牧世界的交往,其规模是越来越大,范围越来越广。

波斯民族曾是一个比两河流域和埃及落后得多的民族。它与西亚北非的古代文明的关系,在某种意义上也可以说是游牧世界与农耕世界的关系。这不仅因为波斯人在公元前2000年代时还是一个游牧部落;而且因为在其征服西亚北非古代农耕文明地区时,其10个部落中也还有4个从事畜牧业,它比西亚北非的古代农耕文明仍要落后许多。波斯人以一个落后民族征服了三大文明中心,接近第四个文明中心的边缘,并君临其上,将如此大的一个帝国维系和统治了200年左右,在农耕世界与游牧世界的交往与冲突方面,表现出了更大的规模,也提供了一幅更为鲜明的图画。

总之,古代世界第一个地跨亚非欧三大洲的波斯帝国的兴起,打断了西亚北非原有古代文明独立发展的进程;而波斯帝国在公元前4世纪末叶被希腊马其顿亚历山大帝国所取代,则标志了西亚北非古代文明的终结(它们的文字被遗忘达2000年之久就是一个鲜明的例证)。代之而起的亚历山大帝国及其后继者罗马帝国,无疑从波斯帝国的传统中吸取了不少有用的东西。因此,波斯帝国既为西亚北非的古代文明作了总结,又为后来的希腊罗马古典文明提供了借鉴,起了承先启后的桥梁作用。

第七章 印度的列国时期和孔雀帝国

（公元前6世纪—前2世纪）

第一节 列国时期

直到公元前7世纪,古印度的政治史还处于朦胧的状态中。没有确切的年代记录,也没有比较系统而切实的政治史资料。从公元前6世纪起,情况有了改变。波斯人和马其顿人的先后入侵,确定了公元前6世纪—前4世纪印度历史的时间框架。这一时期的佛教和耆那教的文献又提供了不少关于政治历史和社会生活等多方面的材料。由于早期佛教的文献对于说明这一时期历史的重要性,有人称这时为"早期佛教时代"。由于当时诸邦林列而无统一国家,人们又称这时为"列国时代"。

列国的形势 这一时期的古印度有许多大小不等而且发展程度不同的国家。佛教文献中说到了"十六大国",它们是鸯伽（在今东比哈尔）、摩揭陀（在今南比哈尔）、迦尸（在今贝拿勒斯,以上三国自东至西分布在恒河三角洲以上地区的南岸）、居萨罗（在迦尸西北,今奥德）、拔祇（即弗栗恃,在摩揭陀以北,今北比哈尔）、末罗（在居萨罗东北,今哥拉克浦尔县）、拔沙（即梵萨,在迦尸以西,今阿拉哈巴德一带）、支提（在拔沙以西）、般阇罗（在居萨罗西北,今巴雷利一带）、居楼（在般阇罗西北,今德里、密拉特一带）、婆蹉（在居楼以南,今斋浦尔一带）、苏罗娑（在居楼以南,今马土腊一带）、阿般提（在支提西南,马尔瓦高原）、阿湿波（佛教文献认为这是偏在南部的哥达瓦里河一带的国家,又有文献认为它在西北角地区）、犍陀罗和剑浮沙（以上两国在西北方印度河上游）。耆那教文献也有十六国之说,而所列国家不全相同。其实十六国以外还有很多国家,十六国中的一些国家也是时分时合,并不是一成不变的。

列国时期北印度总的政治形势发生了新的变化。先前曾是雅利安人活动中心地区的旁遮普一带落入波斯帝国的统治之下。波斯帝国的建立者居鲁士曾经打到兴都库什和犍陀罗一带,把这里变为其帝国的一部分。后来波斯国王大流士一世在平定国内暴动以后,又派兵远征印度,直至印度河口。于是旁遮普和印度河以西地区成为波斯的属地,直到公元前4世纪后期波斯帝国灭亡。在后期吠陀时代曾是雅利安人活动中心地区的恒河上游一带,居楼和般阇罗也失去了从前所有的重要地位。在列国时代,恒河中游以下的居萨罗、迦尸、摩揭陀等国成了当时最重要的国家。随着恒河流域的逐步开发,古印度的政治中心也逐渐向东转移。

政治制度 列国时期各国的政治制度不尽相同,大体说来,可以分为君主国和共和国两大类。

十六大国中的大多数是君主国。在君主国中,国王享有广泛的权力和特权。他有权征收土地税以及种种商业税,有权处置山林之地以及无主财产,还有权征发劳役。国王还掌握着军事、行政和司法方面的最高权力。在国王的宫廷中有许多大臣供职。其中地位最高的是称为"普罗希塔"的国王顾问。在一些国家里,称为"森纳帕提"的大将军享有比普罗希塔更高的地位,尤其是当王子出任大将军的时候。他不仅掌握军事大权,而且执掌一些司法方面的职权。此外还有一些称为"摩诃摩特罗"的大臣,他们分别主管审判、军队、度量衡以及其他种种部门的事务。另有一些称为"维耶瓦哈里伽"的法官,他们协助国王从事审判工作。判案的依据是教法(法经、法论)、习惯法和国王的法令。刑事案件则往往用"神判法"来定案。随着兼并和领土扩张,一些大国还在被征服地区设立总督或"副王"。这种重要职务通常都委派给王子们去担任,有时国王也派自己亲信的将领去作行省总督。在这一时期的各君主国中,王权在不同程度上都加强了。

共和国在十六大国中只有拔祇和末罗两国,而其他小的共和国却很多。例如,佛陀的故乡释迦共和国(在今尼泊尔境内兰毗尼一带),以及科利耶(在释迦以东)共和国、莫利耶(在释迦以南)共和国等是东部的一些比较知名的共和国,在西部印度河流域还有许多小的共和国,甚至还有许多部落杂处其间。当时各个共和国的组织形式并不完全相同。例如,释迦、科利耶等国都是由单一的部落组成的,而拔祇则由毗提诃、梨车、拔祇、杰那特利迦等八或九个部落联盟组成的。不同的共和国的政治体制也不全相同。例如,在印度河流域,尼沙国是由一个首领和一个300人的会议统治的,属于寡头政体;帕塔勒尼则有世代由两个家族产生的两个国王,另有一个掌握最高权力的长老会议,形式与古希腊的斯巴达很相似,也属于寡头政体。又如,在释迦国虽然有一个罗阇(佛经中时常把它译为王,把佛陀也说成王子),但实际是一个选出的首领;当国家有行政、司法等方面大事的时候,都要在一个四面无墙只有顶棚的大会场里召集全体老少,集会议论,再作决定。又如,参加拔祇共和国的各个部落仍然保持各自平等和独立的地位,各部落仍然保留着自己的议事会。相传梨车部落的议事会有成员7 707人,他们每个人都称为罗阇,而且每一个罗阇都还有一个副王、一个将军和一个司库官。这样在梨车人所居住的吠舍离城里就有30 828个统治者,这个数字大概就是他们全部公民的总数。从以上情况来看,释迦人、梨车人中实行的是一种民主的共和制。当然,即使在这些国家里,低级种姓的成员、雇工、奴隶等也是无权出席议事会的,所以那里的民主基本还是代表刹帝利种姓的利益的(在共和国中往往刹帝利比婆罗门占优势)。它与原始时代部落内的民主是不同的。共和国与君主国的基本不同之处在于,它们都没有真正的世袭君主,而且部落的议事会在决定国家大事时起着重要作用。

在列国时代,君主国和共和国两种体制一直并存着。从君主制转变为共和制的事例不多,主要在西北部,如剑浮沙。就整个发展趋势来看,君主制在恒河流域不仅占了优势,而且最终将取共和制而代之。

社会经济状况 在列国时代,人口之大多数仍在农村。他们从事农业,同时牧养牲畜。农民以一夫一妇带有孩子的个体家庭为单位,通常每户占有小块土地。农民种植水稻和其他谷物,还种甘蔗、水果、蔬菜、花卉等。每个农村通常就是一个自给自足的单位,农民们共同修建蓄水池、灌溉渠、道路以及保护全村共同利益的围墙。每村都有公用的牧场,供各户所养的牲畜食草。各户的牲畜一般并不自己放牧,而是委托一位懂得牲畜习性与病情的牧人统一牧养。农业主要是吠舍的职业,在共和国中也有刹帝利耕种土地者。各村的内部事务由村议事会管理,村议事会选举村长,村长就是村议事会的头领。村长负责代国王征收土地税,税率在收成的1/6至1/12之间。村长还负责村内的某些司法事务,维持村内法律秩序。村内的水池、水渠、道路、会堂等公共建筑也是由村长组织村民共同修建的。村议事会决定村内大事。如果没有得到村议事会的同意,村民是不能把自己的小块土地出卖给外村人的。

列国时代是铁器在古印度开始普遍使用的时代,各行业在专门化的道路上已有相当的发展。当时的行业有:缝皮匠、铁匠、油漆匠、木匠、猎人、渔夫、屠夫、制革匠、耍蛇人、演戏人、舞蹈者、奏乐者、象牙工、纺织工、茶点工、珠宝工、金属工、陶工、理发匠、制弓箭者、编花环者等。各重要手工行业都组成了自己的行会,每个行会都有一个头人。头人通常都是能接近国王的有势力的人物,他们的职责大概是监督和检查产品的生产。

在列国时代,商业繁荣起来。商业主要在各城市的市场中进行。当时城市周围筑有城墙,只有通过城门才能出入。据佛教文献记载,当时有八大著名城市:摩揭陀的王舍城、拔祇的吠舍离城、居萨罗的舍卫城和阿逾陀城、迦尸的波罗疣斯城、鸯伽的赡波城、拔沙的憍赏弥城和犍陀罗的呾叉始罗城。城市之间有商路连接。陆路运货用马或牛车运载,商人往往结成商队,雇保镖护送。水路则用船运,恒河是重要的水道。商人已知合伙经营,少则几人合伙,多则有100乃至500人合伙。商人有时也组成商会,目的在于控制价格,谋求厚利。过去的物物交换已被淘汰,以银和铜铸成的货币成了新的交换媒介。有的文献中还说到了用金铸成的货币。随着铸币的出现,出现了货币借贷现象。高利贷的盘剥使得许多小生产者破产,以至沦为奴隶。但是除了受人谴责的高利贷以外,还有利率比较正常的借贷,这种利率约为月利1.25%或年利15%。有些商人也利用借来的钱经商,其中的成功者不仅能够还本付息,而且能够养家活口,获得盈余。

随着商品货币经济的发展,列国时代的社会发生了明显的分化。四个种姓的人都有贫富分化现象,因而原来的种姓地位并不一定就能反映一个人的实际阶级地位。在四种姓中居于第一位的婆罗门,原是神权贵族。可是这一时期却有一些婆罗门从事农业。佛经中说到,有的婆罗门用男奴隶耕田,用女奴隶舂米磨面;有的婆罗门迫使奴隶作艰苦的平整土地的劳动,几乎逼得奴隶投水自杀;有的婆罗门父子二人下田耕作,却使女奴隶负责送饭;有的穷婆罗门只有两头耕牛,按当时耕作方法恰好牵一具犁,后来一头牛死了,他的耕作就成了问题。可见有的婆罗门变成了从事农业的奴隶主,有的却变成了贫困的小农。佛经中还说到,许多婆罗门当了医生、信差、税吏、樵夫、商人、牧人、屠夫、侍卫、猎人、木匠;还有不少婆罗门以赌博、讨好他人、斗鸡斗狗、演口技、算命相面、施魔术、念咒语等等手段谋生。以国王为首领的刹帝利,在列国时期既经过战事而获取了很多的财富,又随王权的加强而提高了社会政治地位。不过刹帝利中也有地位下降的人。据佛教文献,刹帝利中有人从事农业,有人作商人,有人作手工业者,甚至有一个刹帝利王子曾先后作过陶工、编篮匠、花匠、厨师等在当时被认为低等的职业。吠舍本是一般平民,可是在列国时期已有很多人经商致富,而且放债取利已成了富有的吠舍的合法职业。佛经里说到许多吠舍财主,他们有大量的财产和奴隶。有了钱也就有了社会地位,这时候"纯洁而忠实"的吠舍已经有权担任村镇的地方官了。当然吠舍中发了财的只是那些大商人,普通从事农业的吠舍依旧处境艰苦,其中有人失去了自己的小块土地,不得不从事裁缝、陶工等低等职业,与首陀罗等级的人为伍。至于四种姓中地位最低的首陀罗,其中也有少数人发了财,还成了佛教的富有的施主;但是他们中的大多数人的生活十分困苦。这时候,首陀罗中的一些人沦为不可接触的"贱民"。他们在社会上受尽歧视和凌辱,生活极度艰难。从以上情况来看,简单的四个种姓已经与社会的实际分化情况不能相符合了。势力日益强大的刹帝利和吠舍上层,对于婆罗门种姓的特权地位越来越感到难以容忍了。至于吠舍下层和广大的首陀罗,他们受尽压榨和欺凌之苦,对于当时的社会秩序自然也抱着十分不满的心情,时刻希望自己的处境有所改善。

在列国时代,古印度的奴隶制有了比较明显的发展。国王宫廷里用奴隶,贵族家庭里用奴隶。不过,奴隶不仅用于家内劳动方面,也被用于农业生产上。佛教文献中曾经说到不少个"奴隶村",这些奴隶当然是要从事生产劳动的。佛经里常见的奴隶数字有100、500、1 000、16 000、100 000等。这些数字的确是夸大性的,不能作为根据。但是这至少可以说明,奴隶在社会上已经是一个可以引起人们注意的存在了。奴隶制是一种很野蛮的人剥削人的制度,不过它与种姓制度仍然有所不同。在奴隶制度下,自由人可以由于种种原因而沦为奴隶,奴隶也可以在某种情况下被释放为自由人,一个人的阶级地位是随着他的实际社会经济地位变化的。而按照种姓制度,贫穷流浪的婆罗门仍然属于最高等级,即使变成了奴隶主或富翁的吠舍也仍须处于低下的社会地位,一个人的社会地位并不随其实际阶级地位的变化而改变。因此,在列国时代奴隶制有所发展的情况下,种姓制度已经成为一种限制奴隶制度发展的障碍物。

阶级矛盾的尖锐化 在列国时代,激剧的社会分化导致了阶级矛盾的尖锐化。虽然没有系统而切实的历史资料,我们仍然可以从佛教文献所记的传说中了解到当时的阶级矛盾和阶级斗争的一些反映。

佛教文献中有许多关于人民起义的故事。例如,有一篇《佛本生经》记载说,波罗疕斯地方的王曾想杀死一个曾经救过他的好人,于是人民大怒,"贵族、婆罗门以及各阶级的人一致喊道:'这个忘恩负义的王,连这个曾经救过他的命的好人的恩情都不认了。我们还能从他那里得到什么好处?捉住这个暴君!'人民在盛怒之下从四面八方攻击国王。因为国王坐在他的象上,人们就用弓箭、标枪、石块、木棍以及其他一切能拿到手的武器当场把国王杀了。"那个"好人"被立为国王。又有一篇《佛本生经》记载说,有一个会魔术的青年为波罗疕斯的一个王幻变出宝物,可是这个国王听了他的顾问婆罗门的话,故意把宝物藏了起来,反而逼那个青年说出盗宝贼来。这个青年知道其情,先不肯说,只是说了一些故事,说明水、火、土、粮都是人们生活所需的东西,但它们也能淹死、烧死、砸死、胀死人(暗示国王能够保护人,也能害人;也可能暗示宝物可以有利于人,也可以有害于人)。当国王坚持逼他说的时候,这个青年就在城乡居民都在场的大会上揭露了国王和那个婆罗门。人们对国王的这种贼喊捉贼的行为十分愤怒,心想为了不让他以后再干这种贼把戏,必须杀掉这个国王。于是"他们揭竿而起当场痛打国王和那个祭司,直到把他们打死才住手。"随后,人们立那个青年为王。又有一篇《佛本生经》记载说,波罗疕斯地方的一个王重用一个婆罗门,让他主管司法。可是这个婆罗门贪赃枉法,在审案中把财产判给不当占有的人,而剥夺了原主的产权。有人告到王子处,王子纠正了错误的判决,国王和人民都知道了。这个婆罗门对王子怀恨在心,竟蛊惑国王说,如果他能以王后及众王子、公主为牺牲祭神,他就可以升天。国王心想升天,就捉了王后及众王子、公主,又捉了四个大商人,引起群情愤怒。最后群众起来杀了那个婆罗门,免了国王一死。但废黜了他,把他赶出了城,使他成为一个被逐出种姓的贱民。人们立了那个判案公正的王子为王。

以上几个故事具有很浓的神话色彩,所说的地点和人物也可能不确实。但是它们反映出,在专横残暴的国王和各阶层人民之间是有矛盾的,在国王、婆罗门贵族和包括大商人在内的平民之间也是有矛盾的,而且当时平民的力量还相当强大,在忍无可忍时他们能够起来推翻旧王,另立新王。

佛经里还有关于五百名奴隶脱离主人,在偏僻地方拦劫富人的传说。另有传说,他们"横行邑里,跋扈城国",最后被居萨罗王波斯匿(一译胜军王)所镇压。这一传说在一定程度上也反映了奴隶和奴隶主阶级矛盾的尖锐化。

反婆罗门教思潮的兴起 列国时期的社会关系的变化和阶级矛盾的尖锐化,必然反映到意识形态的领域中来,因而形成了类似于中国春秋战国时期的百家争鸣的局面。各种新的思潮纷纷兴起,不过它们往往都有一个共同点,就是具有反婆罗门教的倾向。

婆罗门教成为种种新思潮的众矢之的,这并不是偶然的。婆罗门教把雅利安人原始社会解体过程中发生的社会分化固定为种姓制度并加以神圣化,可是这种制度已经不能符合列国时期社会发展的新动态。婆罗门等级是从种姓制度所规定给他们的特权中得到最大好处的人,他们自然不肯顺应时代潮流去改变这种制度。因此,当人们反对种姓制度的时候,也就必然反对婆罗门教和婆罗门种姓的人。婆罗门教的堕落是引起人们反对它的另一方面原因。早期吠陀时代的雅利安人虽然也有祭祀、牺牲等教仪,但是没有繁文缛节。可是随着婆罗门教的形成,婆罗门祭司们为了从献祭中得到好处,他们使祭祀的花样品种变得越来越多,规模也越来越庞大而复杂。按照他们的要求,一个人从生到死,要经过无数次的献祭,而献祭的费用既足以使婆罗门祭司致富也足以使普通人破产。婆罗门祭司在献祭中不仅使用大量牲畜,而且有时用人来作牺牲。他们的献祭逐渐引起了人们的反感和思考。婆罗门教的经典是吠陀文献,到列国时代,人们对于那种古代语言已经感到太艰深复杂而难于理解了。大量的解释吠陀经典的梵书和奥义书对于一般人来说同样是艰深难解的。于是婆罗门祭司又在群众中宣扬神秘但简短的咒语的种种特异功能,以此骗取人们的财物。这样,婆罗门教和婆罗门祭司就堕落到了一种很容易受到攻击的地位。

当时各种思想流派纷起,据佛教文献说,有"六十二见","九十六外道"。他们讨论的问题有,世界与自我有常还是无常的问题,世界是有限还是无限的问题,一切有因还是无因的问题,死后有灵还是断灭的问题,解脱之道如何的问题等等。由于材料的缺乏,现在对于当时各学派及其思想的详情已不可知。除佛教和耆那教以外,看来有两个学派在当时影响很大。

一是斫婆迦派,它是古印度的一个唯物主义的学派。佛教文献又称此派为"顺世外道"(意思是流行于民间的)。这一学派的著作没有保存下来,只是从其他学派的文献(如奥义书、佛经等)对他们的引述和批判中,我们才能知道这一学派的学说的一个概况,而且这个概况也难免经过了某种歪曲。斫婆迦派不相信吠陀经典的权威,也不相信婆罗门教的其他文献。他们认为,世界万物都由地、水、火、风四大物质要素构成,根本没有灵魂,生命和自觉只不过是物质复合

133

的产物。尽管物质没有生命和自觉,可是某些物质复合起来就有了它们原来没有的生命和自觉,这正如某两种颜色调和起来就能产生第三种新颜色以及原来不能醉人的蜜糖经酿造后就能变成酒一样。人死就是原来组合为生命的物质的离散,死后没有灵魂,也不会有来生,人一死一切也都结束了。因此,这一派主张珍惜生命,要使生存成为享乐,而不相信所谓行善作恶在来世有不同的报应。在这一点上,斫婆迦派不仅否定了婆罗门教的轮回说,而且也否定了一切宗教的基础。在认识论方面,他们不承认推理的有效性。他们认为,除了直接被感知的事物以外,没有可以确信的东西;因为间接知识必须经过中间环节,而一经过中间环节就会有不可靠的因素混杂进来。他们甚至认为,即使某一推理成为事实,那也是偶然的幸中,其中是没有确实性的。他们重视直接的感性知识,这是正确的;而否定间接知识和推理,却又错误地走向了另一极端。他们的论敌谴责他们不信宗教,说他们没有道德责任感,把他们贬称为"斫婆迦派"。(Carvaka 一词来自 carv,后一个词的意思是"吃"。意思说他们只讲现世享乐而不讲宗教修养。)这当然是不公平的。在被称为斫婆迦派的人中,实际上还包括了在具体问题上见解小有不同的派别。阿耆多·翅舍钦婆罗是斫婆迦派的一个重要代表人物,在佛教典籍里,他被列为当时"六师"(六个学派的领袖)之一。

二是阿什斐迦派(或译为"邪命外道"),它是一个主张彻底的宿命论的学派。末伽黎·拘舍罗是这一派的代表人物,也是佛教文献中所说的"六师"之一。据说他曾经是耆那教实际创立人大雄的弟子,后来与师说不合,自己别立学派。末伽黎·拘舍罗认为,整个世界都是按既定的程序绝对地安排好了的,在这个既定的世界上,每一个生命单子(life-monad)都必须反复再生 84 000 次,从以太、气、火、水、地的基本分子开始,逐步地经过地质的、生物的、动物的诸存在阶段,然后又以人的形态出现;每个生命单子在各个阶段再生的次数、时间与进度也都是既定的,各生命单子在反复再生过程中的相互关系也是被严密地规定了的。他认为,人的意志和行为,不论是善是恶都影响不了整个的既定过程,修行并不能加快解脱的进程,作恶也不能起延缓的作用。人生历程不由自己定,也不由他人定,而是由宿命来定。一个人肯刻苦修行,只能说明他在命运安排的全过程中已经走到了比较接近解脱的地步。他认为,修行唯一能起的就是这种标志的作用。在他看来,修行与否,本身也不是由一个人的意志决定的,而是由命运前定的。这种彻底的宿命论在一方面固然否定了各种宗教的善恶各有报应的说教,但在另一方面也否定了人的一切能动作用,可以使人安于无所作为。

斫婆迦派和阿什斐迦派在列国时代曾经盛行一时。不过在当时反对婆罗门教的各派中影响更大更久的还是佛教和耆那教。

耆那教 耆那教是公元前 6 世纪时在印度兴起的一大宗教。据耆那教的传说,此教渊源很古,到当时已先后传了 24 祖。其实关于耆那教的古老传说既不清楚,也难以凭信。直到传说中的第 23 祖白史婆,才是历史上真有过的人物。据传说,白史婆原是伽尸国的一个王子,30 岁时出家,苦修 84 天后成道,以后传教 70 年,百岁而死。他不尚祭祀,不敬诸神,反对种姓制度,认为各种姓人都可凭修行得道,对妇女也不歧视。他还初步组成传教团体,提出一些教规和誓戒。白史婆的生卒年代不详,据传他比耆那教第 24 祖大雄早死 246 年,大概是公元前 8 世纪时候的人。

真正使耆那教得以确立并兴起的是筏驮摩那。他的父亲是一个部落首领,有二子,他是次子。他的父母都是白史婆所传教义的信奉者,他自幼也受了这种影响。他早年曾经结婚,并生有一女。30 岁时,父母去世,他在得到兄长允许后出家修行。他苦修冥想了 12 年,在 42(或 43)岁时自以为得道,成为"耆那"(战胜情欲者)、"尼乾陀"(解脱束缚者)。他被称为耆那大雄即战胜情欲的伟大英雄,他的教徒也被称为耆那。大雄游方传教,最初曾经遇到困难,后来信徒逐渐增多,并且得到了摩揭陀、阿般提等国君主的支持。大雄 72 岁去世。据说当时已有 14 万教徒。大雄生卒年代诸说不同,很难确定。可以确定的是,他与佛陀基本同时,他去世的时间比佛陀略早。大雄被耆那教徒尊为第 24 祖,也是最后一位祖师。

大雄在改革和发展白史婆的主张的基础上为耆那教确立了一整套教义。耆那教认为,世界是永恒的,而不是像婆罗门教所说那样是神创造的。世界无始无终,而只有形式的变化。组成世界的万事万物也都是如此。世界的一切事物都包含两部分,即物质的和精神的两种因子。具体地说,上起天神,中含人类,下至各种动物、植物以至无生物,都有灵魂和身体两个部分。灵魂和什么样的身体结合,那是由自我的行为决定的。行善者可以转生为天神、为善人,行不善者的灵魂可以转生为动、植物以至无生物。婆罗门教的杀生献祭,不仅无助于人在来世的幸福,而且杀生本身就是造下了恶业。耆那教不仅反对作恶以致得到恶报,而且也不把行善以求善报当作最高理想。因为即使因行善而转生为天神,那也还没有最终摆脱了转生或轮回的痛苦。他们的最高理想是,使灵魂脱离躯体,超越轮回,处于无所不知、无所不能的极乐状态。

耆那教认为,要使灵魂超越轮回,必须奉持"三宝",即正信、正知和正行。正信,就是要完全彻底地信仰大雄和他所传的教义。正知,就是正确地学习和理解耆那教的教义。它要求信徒们能够从具体的生灭变化着的事物中认识到事物自身的永恒,从生物的生生死死中认识到灵魂的永恒。正行,就是要求在家的信徒实行五项誓戒,即一不伤害生物,二不说谎话,三不偷盗,四不奸淫,五不贪私财。这五戒是大雄在白史婆已定四戒的基础上加上不奸淫一戒而成的。至于出家的苦行者,还有更严格的要求。例如,不伤害生物,不仅禁止杀害任何一种甚至最微小的生物,而且禁止一切可以引起争执的思念、言语和行为,甚至禁止一切可以伤害生命的无意识的行为。他们脸上必须戴上薄纱,以免小虫飞入口中致死;走路必须一边扫地一边前进,以免踏死虫蚁。他们要在思想和行为上实行苦行,前者是指必须静坐、反省、忏悔、消除情欲,后者是指必须在行动上实行各种自我克制,经受各种使肉体受苦的磨炼。实行苦行12年以后,可以逐渐绝食而死。耆那教认为,只有这种极端的苦行才能不造新"业",消除前"业",使自己的灵魂彻底摆脱由情欲而导致的后果(业),超越生死,而达到极乐世界。

  耆那教反对用其他生物为牺牲祭神以求自己的解脱,而主张用战胜自己情欲的办法求自己的解脱;反对以神为主宰的思想,而强调人可以决定自己的命运;否认人的种姓差别,而强调人的宗教修养的差别。这些都具有明显的反婆罗门教的时代气息。但是,耆那教走向了另一极端。它教人以身体的极苦去求灵魂的极乐,以现实的自杀去求理想的永生。这对人民只能起一种消极的作用。

  耆那教的传播,得到一些国家君主和刹帝利的支持,因为他们对婆罗门的特权地位也怀有反感。耆那教对在家的信徒的要求远不如对出家者要求的严格。最重要的戒条是禁止杀生,因而也禁止从事农业,因为耕地时不免伤害地下虫蚁。所以耆那教徒中有很多商人。直到现在,印度还有许多耆那教徒。

  早期佛教 佛教是与耆那教同时兴起的另一个大宗教。它的创始人是乔达摩·悉达多。乔达摩是他自己的名字,悉达多是他的家族名或姓氏。他是伽毗罗卫城(在今尼泊尔境内)释迦族首领净饭王的儿子。关于他的生年,有多种不同的说法,其中以中国佛教传统的说法公元前566年较为可信。悉达多出生不久即丧母,由其继母也是姨母抚养成长。他自幼就喜欢离群索居并思考人生的种种问题。他的父亲让他很早结了婚,并尽量在物质生活上满足他。可是他所关心的仍然是人世的种种苦痛。他在29岁时生了一个儿子,不久即抛弃家庭,外出修道。他先后到过吠舍厘城、王舍城,去从那里的修道者学道,而不能感到满足。此后他又修了6年苦行,人瘦成了皮包骨头,差一点死去,仍然没有得道。于是他重新进食,后来在一次长达七天七夜的苦思冥想以后,终于认为自己已经得道。这是在他出家修行第七年的事。他被人们尊称为"佛陀"(简称为佛,意为觉者)、释迦牟尼(意思是释迦族的寂默贤者)。佛陀在恒河流域摩揭陀等国游历传教40多年,至80岁逝世(约公元前486年)。佛陀去世以后,佛教继续传播,逐渐至于南亚以外,后来佛教虽在印度不再流传,却成了世界性的三大宗教之一。

  佛陀传教,不是从世界起源之类的哲学问题开始,而是从分析人生问题入手。有人问他为什么不先从基本哲学问题谈起,他回答说,譬如有一个人中了一箭,生命危在旦夕。这时候医生应该怎样做呢?如果先考虑这支箭是用什么材料造的、谁造的、造箭者的经历和技术如何、这箭有何特点等等问题,那么问题还没有提完,中箭人早就死了。佛陀认为,世人正处于无边苦海之中,如同中了箭的人一样,当务之急是拯救世人,而不是从抽象的大道理谈起。

佛陀所传的最根本的教义是"四谛",即四条神圣的真理。四谛包括苦谛、集谛、灭谛、道谛。苦谛是佛陀讲道的起点,也就是从人生的各种苦恼的现象说起。他说,苦大体有八种:一是生苦,二是老苦,三是病苦,四是死苦,五是所求不得苦,六是怨憎会苦,七是爱别离苦,八是五受阴苦。佛教认为,人由"色"(形式、物质)、"受"(感觉)、"想"(知觉)、"行"(意志)、"识"(意识)五种因素构成。"五受阴"(五种 Skandha,即上述五种因素,或译"五蕴")苦,就是指人的身心等一切方面的苦。集谛说明形成苦的原因。佛陀对人世的苦避免从客观的社会条件方面作分析,而专从人的主观方面求原因。他认为,产生苦的原因在于有"欲爱",包括对淫乐的欲爱、对长生的欲爱、对权力的欲爱。欲爱要求有常,可是世界上的一切都是无常的;欲爱要求肯定自我,可是又没有一个恒常的"我"。佛教所说"诸行无常,诸法无我",就是这个意思。既然一切无常也无恒常的自我,那么"欲爱"就从根本上不能实现。这样,苦就成为不可避免的事。佛教又继承了婆罗门教的轮回思想,认为有欲爱就有思想和行动,有思想和行动就必然造成其后果,这就是造了"业"。业是以前的欲爱的果,果又成了以后的因。于是因果不断,生死轮回不已。如果说,佛教强调欲爱是痛苦的原因,这还是一种认识上的片面性(片面强调痛苦的主观原因),那么,佛教所说欲爱引起生死轮回,纯粹是一种宗教迷信的说法,是无法用理性给予论证的。灭谛说明佛教的目的,就是要消灭苦。佛教认为,消灭苦的关键在于消除欲望,要做到"欲爱永尽无余,不复更造"。人类社会总是在不断地克服客观的障碍和困难中前进的,所以应该珍视人的不畏苦、不怕难的奋进精神。佛教却教人消除欲爱,用消除主观的方法消除主客观的对立,以达到佛教所谓的"不生不灭"的绝对宁静的"涅槃"境地。道谛说明佛教修道的主张和途径,包括"正见"(信仰正)、"正思维"(决心正)、"正语"(言语正)、"正业"(行为正)、"正命"(生活正)、"正精进"(努力正)、"正念"(思念正)、"正定"(精神集中,禅定正)等"八正道"。八正道大体包括两个方面的内容:一方面从理论上领悟佛陀所宣扬的教义,以提高信徒的宗教智慧;另一方面从静坐中体验佛陀所宣扬的境界,以提高信徒的宗教修养。

佛陀的教义和婆罗门教有一个很大的不同之处,就是主张"众生平等"。婆罗教认为,神是人的命运的主宰,神和人当然是不平等的;在人类之中又分为不同的种姓,种姓之间又是不平等的。可是佛教不承认神的主宰地位,把"神"和人以及其他生物都放在"众生"之列。佛教认为神比人有大得多的神通,但是神作为众生之一种也不能免除轮回之苦。神还必须从佛陀教义的启示中求得最终解脱,祭神求福就完全是荒唐的事了。佛陀又驳斥婆罗门教的不同种姓从普鲁沙身体不同部分产生的神话。他指出,一切人都是母亲怀胎而生,没有什么区别;每个人洗澡以后都能变得清洁,根本不存在婆罗门教所说某一种姓清洁、某一种姓不清洁的问题。佛陀还说明,社会上的不同种姓只是由于不同职业分工形成的,而不是自然如此的;而且如果从分工看,刹帝利作为君主所属的种姓,地位应该比婆罗门更高。

从佛陀反对婆罗门教的不平等的主张来看,它的作用是积极的。可是,佛陀所主张的"众生平等"的正面意思是,一切众生,只要信奉佛教,都有可能超脱生死轮回,进入极乐世界。这平等只是进入虚无缥渺的天国的平等,本质上只是一张空头支票,所起的也只能是一种麻醉人民的消极作用。而且,佛教还禁止收纳负债的人和奴隶出家为僧,因为怕触犯债主和奴隶主的现实权益。这就更可以说明佛教主张的平等是没有实际社会意义的。

佛陀所传的教义适应了当时各种姓(尤其是刹帝利和富有的吠舍)反对婆罗门种姓特权的要求。佛教反对苦行,并用比较易懂的通俗语言传教。因此,佛教得到了摩揭陀等国君主的支持,受到了富人的大量布施,也从各种姓中获得了大批的信徒,很快地就发展成了一个大的宗教。

第二节 孔雀帝国的兴衰

摩揭陀的兴起 从列国分立到统一帝国的形成的过程中,摩揭陀逐渐强大起来,并最终统一了印度其他各国。

在北印度列国中最先兴起的是迦尸。它长期与居萨罗进行争夺霸权的斗争,一度还兼并了居萨罗。迦尸对鸯伽、对摩揭陀也常有敌对行动。迦尸地处上述几个重要国家之间,便于与邻国争衡,也易于受到邻国的威胁。后来居萨罗强盛起来,又转而兼并了迦尸,并将包括佛陀故乡伽毗罗卫城在内的一些小国纳入自己范围之内。这是佛教兴起以前北印度的大概形势。

与佛陀同时代的频毗沙罗(或译瓶沙王,约公元前544—前493年在位),是摩揭陀历史上第一个著名的国王。他建都于王舍城,用通婚的方法和居萨罗、拔祇等国建立友好关系,稳定了西部和北部边界的局面,集中全力征服了东方的邻国鸯伽。鸯伽控制着恒河三角洲的一些重要港口,在贸易上有重要地位。占领鸯伽有利于加强摩揭陀的经济实力。他对内加强对国家机构的控制,实行严刑峻法,同时又支持佛教的传播,收揽人心。

频毗沙罗晚年,他的儿子阿阇世(约公元前493—前462年在位)弑父篡位。阿阇世的母亲就是居萨罗的公主,她在嫁频毗沙罗时曾带来迦尸村庄作为陪嫁品。她母亲对丈夫被杀十分悲痛,不久也死去。于是居萨罗王要求收回陪嫁的迦尸村。双方发生了战争,最后迦尸村仍保留在摩揭陀版图之内。阿阇世又对拔祇进行了长达16年的战争,最后兼并了拔祇。以后发展成为重要城市的华氏城也在这时作为要塞开始建立了。在阿阇世时期,摩揭陀已经成了恒河流域一个霸国。

阿阇世以后一段时期的摩揭陀历史,不同材料说法不同,模糊不清。相传阿阇世以后的几代继位者都是暴君,引起人民不满。最后一个暴君被起义的人民推翻,他的一个大臣希苏那伽登上了王位(约公元前430年)。他在位的时期,摩揭陀征服了阿般提,国势又有了进一步的发展。居萨罗和拔沙也可能是在这一时期被摩揭陀兼并的。希苏那伽王朝的末王最后被摩诃帕德摩·难陀所杀,时间可能是在公元前364年(这一年代的说法分歧很大)。

摩诃帕德摩·难陀建立了难陀王朝(约公元前364—前324年)。他是一个出身低下的人。据一种传说,他的父亲就是希苏那伽王朝末王,而母亲却是一个首陀罗。另一传说认为,他的父亲是一个理发匠,而母亲是一个妓女。还有一说认为,他本人是理发匠,与希苏那伽朝末王的王后有私情,二人勾结杀死国王及诸王子,篡夺了政权。从这以后,不少王朝的创立者都出身低下,这说明当时统治者与高等种姓渐趋腐朽,而下层人民的力量正在增长。

在难陀王朝时期,摩揭陀统一了恒河流域地区,已经初具帝国规模。据希腊作家记载,难陀王朝有2万骑兵、20万步兵、2 000战车、3 000战象。还有一说是,8万骑兵、8 000战车、6 000战象、20万步兵。总之,难陀王朝已经准备了向印度河流域推进的力量,不过这一进展被马其顿亚历山大的东侵打断了。

马其顿亚历山大的入侵与孔雀帝国的建立 公元前327年,马其顿王亚历山大在灭亡波斯帝国之后,侵入印度西北部。这一地区,在公元前6世纪以后落入波斯帝国统治之下。公元前4世纪时,波斯帝国的统治削弱,这里分布着许多小邦和部落,它们在实际上是独立的。在亚历山大入侵时,它们不仅未能形成一支统一的抵抗力量,而且内部存在着分裂和敌对的形势。

犍陀罗地区的咀叉始罗王因为与其东邻波鲁斯王处于敌对状态,就想借用外力来打击自己的对手。亚历山大刚刚率兵渡过印度河,咀叉始罗王就遣使送来了大量的白银、牛、羊、象,以及700骑兵,补给他的军队。还有一批部落首领也投向了亚历山大一边。当亚历山大准备进一步东渡杰卢姆河的时候,却在河对岸面临着波鲁斯王一支强大的力量。亚历山大用计从上游偷渡过河并用巧妙的战术击败了波鲁斯王的军队,可是波鲁斯王英勇奋战,直到身受重伤被俘。当亚历山大问他想得到何种待遇的时候,他还说:"应以国王之礼待我。"亚历山大对他采用怀柔政策,保留了他的王位,他也就成了亚历山大手下的又一傀儡。亚历山大继续东进,征服了整个旁遮普地区。但是他遭到了当地人民的顽强抵抗,他的部队损失不轻。

当亚历山大还想继续向恒河流域推进时,他的部队因为备受长期进军的辛苦与伤亡的打击,又不能适应印度的水土而多染病,在公元前326年夏拒绝前进。他企图说服部队而无效果,只好回师到杰卢姆河地区。在此河以西,他任命总督统治,在此河以东,则仍由归顺了他的国王们治理。同年十月他引兵循印度河而下,沿途又遇到许多部落的顽强抗击。到达印度河口以后,他将军队分为水陆两支回巴比伦,于公元前325年回到巴比伦。两年以后,亚历山大在巴比伦病死。

亚历山大一走,印度人民就开始了反对马其顿人的起义。亚历山大所任命的总督带着大部分军队退出了印度,剩下的守军不久就被印度起义军消灭了。

在印度人民起义中,一个名叫旃陀罗崛多(或译月护王)的人成了起义的领袖。关于他的出身,有不同说法。一说,他出身于一个养孔雀的家族,起于寒微;又一说,他出身于刹帝利,属于莫里亚家族,"孔雀"(maurya)的名称是从"莫里亚"一字演化而来的。相传,他曾在旁遮普地区见过亚历山大,因为有语言冒犯,险些被亚历山大处死。他逃走后,得到了一个名叫侨底利耶的婆罗门的帮助。他帮助旃陀罗崛多弄到了一笔钱财,召募了一支军队,使他在起义中能处于领导地位。旃陀罗崛多赶走了旁遮普地区的侵略者以后,又回师东向,攻下华氏城,推翻难陀王朝,建立了孔雀王朝(约公元前324—前187年),他就是该王朝的第一个国王(约公元前324—前300年在位)。

旃陀罗崛多在位期间,亚历山大的部将塞琉古继承了亚历山大帝国在亚洲的大部分领土,并一度想恢复在印度西北部的统治。公元前305年,他领兵侵入印度,但是被旃陀罗崛多打败。于是他把印度河以西的一些地方也让给了旃陀罗崛多,旃陀罗崛多则送给他500头象。双方缔结婚姻(谁娶了对方的儿女,有不同说法),维持和平。随后塞琉古派遣使节驻在孔雀王朝首都华氏城,这位使节关于印度的记载成了研究印度古史的重要材料。

旃陀罗崛多为孔雀帝国的建立打下了根基。他本人晚年笃信耆那教,后来抛弃王位出家,终于按着耆那教的教义逐渐绝食而死。他出家后,其子宾头沙罗(约公元前300—前273年在位)继位。宾头沙罗曾经镇压了呾叉始罗地区的人民的起义,保持了帝国在北印度地区的统治。他可能还向南扩展了领土。佛教文献说,他曾经杀死16个君主而夺取了他们的土地。不过这些国家的具体地点不详。宾头沙罗继续和塞琉古王国保持友好关系,曾接纳塞琉古王国的使者驻在首都。埃及的托勒密王朝也曾在他当政时派使节驻华氏城。这些使节亦有关于当时印度的记载。可惜这些记载原本都已失传,只有零文散篇被引在其他历史家的著作里。

阿育王的统治与宣扬"圣法"　宾头沙罗死,其子阿育王(或译无忧王)继位。他原在西北地区担任总督,在父亲病重时回到首都华氏城。据佛教传说,他在父王死后,杀了99名兄弟,才坐稳了宝座。据说他在父死4年之后才举行正式即位典礼(因此他的在位年代一说约公元前273—前236年,一说约公元前269—前232年),也许这四年正是争夺王位的期间。

阿育王在位初期曾镇压西北地区的一次起义。按佛教传说,他原是一个穷凶极恶的暴君,曾经专门挑选最凶恶的人设立"人间地狱",去残害人民。在正式即位后8年,阿育王征服了羯陵伽。据他自己所刻铭文的记载,在这一次战争中,羯陵伽有15万人(畜)被掳走,10万人在战争中被杀,还有若干倍于此的人死亡。经过这次战争,除半岛南端以外,北起喜马拉雅山南麓,南至迈索尔,东起阿萨姆西界,西至兴都库什山,都并入了孔雀帝国版图。从旃陀罗崛多至阿育王,经过三代人的经营,孔雀帝国至此达到了极盛阶段。

阿育王所统治的孔雀帝国是一个君主专制的帝国。国王掌握着各方面的最高权力。他是国家首脑,决定一切最重要的政策,委任最重要的官员,有最高行政权;他发布的诏书和法令就成为法律,有最高立法权;他是国家军事行动的决策人和最高统帅,有最高军事权;他还审理重大案件,有最高司法权;他又派遣密探到全国各地,侦察官员和人民的行动,有最高的监察权。国王手下有一批顾问和官员作为辅佐。官员有三类:第一类是主管地方事务的长官,他们负责开修河渠,丈量土地,监督灌溉用水的公平分配;管理猎户,酌情给予赏罚;收税并监督与土地有关的行业如伐木、采矿等;修治道路。第二类是主管城市的长官,他们分为6组,每组5人,各组分别负责手工业、外侨、生死登记、市场交易与度量衡、产品检查以及征收什一之税等等。第三类是主管军事的长官,他们也分为6组,每组5人,各组分别负责海军、后勤辎重、步兵、骑兵、车兵和象兵。

孔雀帝国对地方实行分省统治。开始时大概有两个省,到阿育王时约有五个省。靠近首都的由国王直辖,边远省区则往往派王子去统治。阿育王在作王子时就在西部行省担任过总督。不过,在若干省里都有很多部落,它们是在内部实行自治或半独立的。现在我们还看不出孔雀帝国有一个严整的类似中国秦汉时期郡县的行政系统。

阿育王在基本完成帝国统一以后,对国策作了重大的变更。他在征服羯陵伽以后,对这次战争的伤亡表示忏悔。他变成了佛教徒,佛教文献尽量夸张阿育王以前的暴虐和以后的仁慈,并把这一转变归功于佛教的感化。阿育王的一些铭文说明,他的确信了佛教。但是他并没有把佛教规定为人民必信的国教。他在铭文中大为宣扬"圣法",而这个圣法似乎也不能简单地被理解为佛法。

阿育王所宣扬的圣法,包括以下几个互相关联的内容:第一,宣扬仁爱和慈悲,要人们孝敬父母,善待亲戚、朋友以及一切僧人,宽待仆人、奴隶。第二,宣扬宗教容忍精神,要人们尊重他人的教派,不许各教派互相攻击。第三,宣扬非暴力的主张,小则要求人们尽量不杀生,不用屠杀牲畜的方法献祭求福;大则表示他将不主动发动战争,在不得已而发生战争时也将尽量按慈悲的精神办事。他表示,即使有人触犯了他,凡能原谅者,他一定原谅;同时他也宣布,一切人都应改恶从善,否则,他还是有力量惩罚他们的。第四,倡导做有助于公益的好事,例如修路、种树、掘井、建亭,以利行旅之类。阿育王在多处刻石记下圣法的有关内容,还派人四出宣扬圣法。

佛教文献总是把阿育王的圣法说成是佛家慈悲精神的表现,其实他所宣扬的圣法实际是为巩固他的帝国服务的。阿育王知道,他们祖孙三代人所经营起来的帝国,其内部有多种复杂矛盾和不稳定因素。不同地域和不同部落之间的差别很大,种姓之间的矛盾严重,各种教派之间斗争激烈,这些都会使阿育王不得不强调宽容,以便缓和社会上的各种矛盾;必须找到一种超出各教派具体教义之上而又原则上能为各教派都能接受的主张,以便确立一种趋同的目标;帝国已经建立,进一步的暴力征服已无必要,这时强调非暴力的主义,毋宁说是更有利于帝国的统一和稳定的,更何况他也没有放弃在必要时使用暴力的权力。因此,阿育王的圣法是一种宗教政策,也更是一种维护帝国的国策。

帝国的解体 阿育王维护帝国统一的努力最后未能奏效,在他死后不久,帝国就分裂了。当时,孔雀帝国并没有客观的长久统一的基础,帝国内部存在着种种深刻复杂的矛盾。阿育王的政策目的在于缓和这些矛盾,可是实际上他不仅没有能做到这一点,而且有些方面还不免加深了矛盾。他为了维持一个大帝国,建立了庞大的官僚机构和监察系统,养着一支庞大的常备军,派出大量的宣扬圣法的官员,修建了 84 000 佛塔以及种种设施。这就必然使财政开支十分巨大,而其结果又通过收税落到了人民的头上。这样的情况当然是难以持久的。

阿育王死后,他的作为西北地区总督的儿子据地独立,原来在帝国内处于半独立状态的安度罗也在南部宣布独立。孔雀王朝在恒河流域继续维持统治约50年。约公元前187年,孔雀王朝末王被大臣普沙密多罗·巽伽所杀,孔雀帝国正式结束。

普沙密多罗·巽伽(约公元前187—前151年在位)建立了巽伽王朝(约公元前187—前75年)。他出身于婆罗门家庭,奉行婆罗门教,曾经两次举行马祭,以显示国力强盛。巽伽王朝初期仍然统治整个恒河流域,初期的君主也曾力图抵御来自大夏的希腊人对西北部的侵入并抵抗东南方的羯陵伽,但是国势日趋不振,最终只剩下了摩揭陀这一地区。约公元前75年,巽伽王朝末王被杀,伐苏迪跋·甘华建立了甘华王朝(约公元前75—前30年)。这个领土仅限于摩揭陀地区的小王朝,最后为安度罗所灭。从这以后,直到公元4世纪笈多王朝(约公元320—550年,已入中古时期)以前,摩揭陀在印度历史上无声无息,这一时期的印度历史也处于内部分裂和外族不断入侵的时期。

羯陵伽和安度罗是印度史上这一分裂时期中的两个重要国家。约公元前1世纪,羯陵伽在卡罗维拉王统治下曾盛极一时。据说,他与安度罗维持友好关系,而多次进兵西北地区,打败过侵入那里的希腊人。他还曾打败摩揭陀,占领了王舍城。他也曾向半岛南端远征。不过羯陵伽的强盛未能持久,卡罗维拉死后,国家即分崩离析,从历史上销声匿迹了。安度罗在羯陵伽之西,于公元前1世纪开始强盛,曾经举行马祭,灭摩揭陀的甘华王朝。但是不久之后被侵入印度西北部的塞种人赶出了德干西部,被迫退到东部。到公元2世纪前半期,安度罗再次兴起,把塞种人赶出德干西部,版图北起温德亚山北麓,南至克里希纳河。安度罗也是一个维护婆罗门教和种姓制度的国家。不过到公元3世纪时安度罗王国又趋分裂,随后就在历史上消失了。

公元前2世纪至公元3世纪期间,印度西北部长期多次地受到外来民族的侵入。公元前2世纪初,来自大夏的希腊人侵入到印度西北部。大约在大夏王国解体之后,弥兰王(公元前155—前130年)是在印度的希腊人王国中最著名的统治者。他曾进攻巽伽王朝,可能兵锋一度达到华氏城。他没有能在恒河流域确立统治,而只是巩固了在西北部的政权。他信奉了佛教,与东部的信奉婆罗门教的印度人的王朝形成鲜明对照。希腊人在印度西北部的统治并不长久。公元前1世纪,塞种人进入印度西北部,打败了在这里的希腊王朝,取代了它的地位。公元前1世纪末,一批安息人又侵入这一地区,建立王朝,实行统治。可是他们的统治也不长久。公元1世纪,月氏人中的贵霜部落建立了贵霜王朝,并从中亚进入喀布尔和克什米尔地区。至迦腻色迦王(约公元78—102年)时期,印度的贝拿勒斯以西、纳巴达河以北的地区又成了贵霜帝国版图的一部分。公元3世纪时贵霜帝国分裂,残留在印度西北部的一些贵霜人小邦又维持了约一个世纪,才最终消失。迦腻色迦王也信奉佛教。在他的支持下,大乘佛教由中亚传入中国。

土地制度 关于古代印度社会经济制度(如土地制度、奴隶制度、种姓制度)的材料,大都来自婆罗门教的法论、佛教的经书等,而这些文献一般都是经过几个世纪若干代人之手才编定成书的,比较难于用以说明某一具体时期的历史。例如,相传为旃陀罗笈多的宰相憍底利耶所作的《政事论》,或说成书于公元前4世纪末,或说成书于公元3世纪末4世纪初,学者之间意见分歧很大。实际上此书可能形成于公元前后几个世纪之中。因此其中反映了不同时期的情况。著名的《摩奴法典》(严格地说,应称《摩奴法论》)的情况也大体相似。因此,这里把孔雀帝国时期和其后的帝国解体时期放在一起来说,同时也尽可能地指出其中不同阶段的变化。

古代印度的土地是否国有或属于国王所有,这是学者们长期争论的问题。塞琉古王国驻孔雀帝国首都的使节美伽斯提尼就曾说过"全国皆属王有"。佛教文献中也有把国王说为"田主"的明文。《摩奴法论》(Ⅷ,39)也说国王"是土地的主人"。不过,《摩奴法论》(Ⅸ,44)又说土地属于伐树开荒的人。因此,对这个问题要作具体的说明。当时印度的土地实际分为以下几类:

第一是国家或国王直接占有的土地,这包括山林、水源、地下矿藏或宝物、无人占有的荒地和农田。国王或者从人口过密地区调出过剩人口到荒地上来建立村庄,耕种土地,或者用奴隶、雇工、囚徒来耕种荒地。在前一种情况下,调来的主要是首陀罗种姓的农民。他们只要向国家纳税,就可以终身耕种一块份地,但不能由后代继承。凡是不好好耕种土地而影响纳税者,其份地即被没收。在后一种情况下,奴隶、雇工、囚徒们并不占有份地,只是领取一定的口粮或工资而已。

第二是贵族、官吏占有的土地。《政事论》(Ⅱ,1)中说到国王赐予从事种种神职的婆罗门土地,这种土地不仅免除赋税,并且可以继承;又说到赐予各种官吏土地,他们无权以出卖、抵押等形式转让这种土地。佛教文献中也多次说到占有大片土地以至用500具犁耕种的婆罗门财主。婆罗门的免税土地只能转让给享有同样免税权利者。

第三是公社占有的土地。当时印度各地区之间社会经济的发展很不平衡,所以公社又基本有两种。一种是氏族部落公社。亚历山大侵入时曾遇到很多部落的抵抗,美伽斯提尼说印度共有118个部落,实际远不止这些。亚历山大的一名部将尼亚库斯说,"在一些部落中,不同人群以血缘关系为基础,共同种植作物,收获时各取一年给养所需之量,烧毁其余,以求以后有事可做而不致怠惰。"这就是以血缘关系为基础的共同劳动共同分配的原始公社。这样的公社内土地没有分成份地,也谈不上有土地私人占有。这样的部落一般都在比较边远的地区,对于当时的王朝处于独立或半独立的地位。他们的土地也许在名义上承认国王是最高所有者,而在实质上是部落公有制。另一种是农村公社。在当时印度的广大农村里,土地一般分为两类。水源、森林、道路等土地属于全村公有,村民有义务共同兴修桥梁、道路、水池、沟渠等公共设施,也有权利使用它们。村民每户有自家的份地,份地已经不再重新分配,各户村民对份地的占有权由法律保证其不受侵犯。农民耕种份地,必须向国家纳租税。基本的土地租税一般为收成的1/6,高可至1/4,低可至1/8。此外还有一种向国王交纳的经常性的贡税和种种临时性的苛捐杂税。

相对于一些国家的情况而言,古代印度的土地私有制发展较为迟缓。比较早期的法律文献中都没有关于土地买卖的内容。早期佛教文献中说到一个信徒用大量金钱买一花园献佛的故事。《政事论》(Ⅲ,9)说到农村土地买卖的规则。村民要卖土地,必须先在村长老面前确证要卖土地的边界,并确证没有别人能对此土地提出权利要求。有权购买土地者依次是亲属、邻居和其他有钱的人。其目的显然是尽量不让土地卖出本村村民范围之外。而且出价买地的人必须同时确认今后交纳这块土地的赋税的义务。所以,有的土地即使转让了,而这个村的公社整体并无变化,对国家纳税的义务也无变化。在较晚的法律文献中,土地买卖的合法性也被承认了。古印度的土地私有制有一个较长的进展过程。

奴隶制和种姓制的发展 关于孔雀帝国的奴隶制,古代有不同的说法。曾在孔雀帝国首都作使节的美伽斯提尼说:"所有印度人都是自由民,连一个奴隶都没有";"印度人不使用任何异族奴隶,印度人本身更无当奴隶者。"但是曾随亚历山大侵入印度的一个部将却明确地说有些地方是有奴隶的。古代印度的多种文献也都说明,奴隶制曾经是存在的。美伽斯提尼的结论肯定是错误的。至于他为何会有此错误看法,那显然与他不能正确理解当时印度奴隶制的特点有关。

根据《政事论》的记载,孔雀帝国已经建立由奴隶、雇工和囚徒劳动的农庄。这种农庄由掌握生产经营经验的人主管,种植谷物及种种其他作物,并有多种手工工匠生产农具,有牧人照看耕牛。对奴隶、囚徒只发口粮,对手工工人则兼发口粮和工资。孔雀帝国的统治者征服广大地域以后,在人口较少的地方建立这种庄园,既反映出王室经济的加强,又反映出奴隶制的发展。因为这种奴隶劳动已不再具有家内劳动的性质,和以前的小农带着奴隶种地或小农种地奴隶送饭的情况大不相同了。

《政事论》中还反映了当时奴隶制发生的一些新变化。首先,雅利安人沦为奴隶的现象受到了限制。如果一个未成年的雅利安人的亲属把孩子出卖或抵押为奴隶,那么就要按孩子所属种姓的高低而给予其亲属以不同的处罚。如果出卖或抵押孩子为奴隶的人不是孩子的亲属,这个人就要被判以罚金并受死刑。如果蔑戾车(Mlecchas,指外国人或边境上的未雅利安化的部落)出卖或抵押自己孩子为奴隶,则不受惩罚。再则,奴隶的地位有了一定的改善。出身于雅利安人的奴隶,不仅应由其亲属尽早赎回,而且在为奴隶期间仍保持雅利安人的身份。他在应为主人赚得的钱以外所得的一切,都归他所有,他还可以保有从父亲继承来的遗产。他只要付清身价,立即就恢复原有的自由身份。对于一般奴隶的虐待也受到了限制。例如让奴隶搬运死尸、清扫粪便,或打骂奴隶,破坏女奴贞操等,就要给予受害奴隶以自由。如果主人和女奴隶生了孩子,那么这个女奴和孩子一同都成了自由人。

以上情况说明,在孔雀王朝时期,印度的奴隶制度发展到了最高点,同时也开始了走向衰落的过程。大概正因为当时奴隶地位的某种改善,美伽斯提尼觉得他们不像希腊的奴隶了,所以才作出了印度无奴隶的错误结论。从孔雀帝国的解体到笈多王朝的建立,这一段时间是古印度奴隶制日趋衰落的时期。

古印度的种姓制度,在列国时代就因为不能适应阶级分化新情况而受到广泛的批评和冲击,在阿育王时期又因其不利于帝国的统一而受到抑制,在帝国解体时期又因其不便容纳外来民族而不为外来民族所接受(外来民族多信佛教)。为了适应形势,婆罗门教法律文献对种姓制度作了新的补充和解释。四大种姓仍然留作种姓制的基础,但同时承认了许多"杂种姓"。这样,不同的职业集团、不同的部落或民族就可以被安排在这些杂种姓里。《摩奴法论》第十章中对杂种姓作了许多说明和解释。曾经侵入印度的波斯人、希腊人、塞种人等都被说成堕落了的刹帝利,连中国人也被列在这一类。大概是因为这些民族的人按身份多为武士或军事贵族,近于刹帝利,可是他们又不信奉婆罗门教,于是就被列为堕落的刹帝利了。《摩奴法论》中提到的杂种姓已有几十种之多。"诸杂种姓产生的原因在于诸种姓间的通奸、娶禁止娶的女子和放弃本业"。这就是《摩奴法论》(X,24)对于杂种姓产生原因的解释。《摩奴法论》规定了各种姓的职业,但允许高级种姓的人在不得已时从事较低种姓的职业以谋生,而严禁低级种姓的人从事高等种姓的职业。它要求各种姓的人在种姓内通婚。如果不得已而与其他种姓的人通婚,它只许高级种姓男子娶低级种姓女子,称这为顺婚;而反对高级种姓的女子嫁低级种姓的男子,称此为逆婚。这些规定都是为高级种姓的利益服务的。

奴隶制的阶级关系渐趋弱化,而各种姓和杂种姓之间的等级区别却更加森严,这是印度古代社会没落时期的一个值得注意的特点。

古代印度文化 印度是世界文明古国之一。且不说早期的印度河流域文明,就是自吠陀时代以下的文化,也是内容十分丰富,并对世界文化起了重要作用的。

(一)语言和文字。古印度民族众多,语言自然不一。自雅利安人进入印度以后,他们的语言成了占支配地位的语言。这种语言在词根和语法上都与古代波斯语、希腊语、拉丁语有许多相似之处,同属于印度欧罗巴语系。印度雅利安人最古的语言是"吠陀梵语",后来语言逐渐变化,人们对于吠陀中的语言已难理解。约公元前4世纪,波你尼对吠陀梵语作了详细的解释和分析,整理出一套梵语语法规范。梵语是一种典雅而复杂的语言,主要用于官方和宗教方面。民间则使用比较简单的方言。早期佛教经典所用的巴利语就是一种比较通俗的方言。孔雀王朝官方使用摩揭陀的方言,佛陀也曾以这种方言传教。

印度河流域文明的文字失传以后,雅利安人的吠陀等作品长期都靠口耳相传。再次出现文字约在列国时代之初,流传至今的最古的文字是阿育王所刻的铭文。阿育王铭文所用文字有两种:一是婆罗谜文,可能起源于塞姆人的字母;二是佉卢文,可能起源于阿拉美亚人的字母。佉卢文后来逐渐失传,而婆罗谜文则在公元7世纪时发展成天城体的梵文字母。天城体梵文字母共47个,其中元音14,辅音33。这是近代印度字母的原型。

(二)文学。吠陀是雅利安人最古的文献,既是宗教经典,又包含多方面的知识,其中还有许多诗不愧为古老的文学作品。

古代印度最著名的文学作品是《摩诃婆罗多》和《罗摩衍那》两部史诗。《摩诃婆罗多》分为18篇,长达10万颂(每颂两行诗,每行16音),是世界文学宝库少见的长诗。它的主题是说婆罗多家族中居楼王一支与般度王一支之间争夺王位的斗争。双方经过曲折的斗争,最后进行了为期18天的大战。战争牵入了印度所有的国家和部落,结果是居楼王一支全部战死,般度王一支取得胜利。主题以外又插入了许多其他内容的大篇诗章。相传它的作者是毗耶娑,实际上是很多代民间诗人逐渐积累并编集起来。它的基本内容在公元前5世纪已大体形成,而最后写定则在公元4世纪。《罗摩衍那》分为7篇,长24 000颂(精校本约19 000颂)。它的主题是,居萨罗国王子罗摩与妻子悉达隐居时,魔王劫走了悉达;罗摩在神猴协助下,率猴兵打败并杀死魔王,救出了悉达,然后携悉达回国为王。相传此诗的作者是蚁垤,实际上此诗也是在公元前4世纪至公元2世纪间逐渐编成的。两篇史诗的基本内容都是神话性的,但也反映了当时印度社会生活多方面的内容,还反映了雅利安人向东、向南扩展中的一些斗争情况。

《佛本生经》名义上是讲佛陀前生前世的经历的,实际上是搜罗民间故事加工而成的。此书有故事500多个,约编于公元前3世纪,反映了列国时期社会上多方面的情况。《五卷书》也是一本有名的故事集。它的原本(现传已非原本)约编于公元3世纪。

(三) 造型艺术。印度的早期的建筑物和雕刻未能保存下来,因为其构造材料是木质的。现在能看到的是阿育王以后的文物。"窣堵波"(即塔)是一种半球形的土丘,其内藏有佛教圣物,其上有一方台,台上立有伞盖。塔外有栅栏围绕,栏杆四面开有四门,每门都是一座牌楼形的建筑,其上有种种人物和动物的浮雕。阿育王时开始修建的桑奇大塔是其最出色的代表。从山岩开凿出来的佛教殿堂和寺庙也集建筑艺术与雕刻艺术于一体。约公元前2世纪开始修建(至公元7世纪才完工)的阿旃陀石窟是其出色代表。阿育王还建立了许多刻有诏令的石柱,柱身雄伟,柱头上刻有狮子等动物形象,神气逼真。孔雀帝国解体以后,西北部犍陀罗地区深受希腊文化影响,形成融合希腊与印度风格的犍陀罗雕塑艺术,后来这种艺术随佛教一同传入了中国和东亚其他地区。

(四) 科学知识。由于农业生产和生活方面的需要,古代印度人民很早就注意观察天象。在吠陀时代,他们就知道金、木、水、火、土五星,将五星与日、月并称为七曜。他们还知道月亮所经过的星座,共27宿。以后又增加一宿,成为28宿。古印度人将一年定为12月,每月定为30日。每年共360日,所余差额用增置闰月的方法来弥补。当然,他们那时的天文知识还是和占星学的迷信混合在一起的。

古代印度人民在数学上也有不少发现。他们创造了从1到9九个数字,又加上一个0(原先是用一个点来表示),并提出了数字按位计值的方法。这对数学运算起了重大作用。现在我们都把这种数字称为阿拉伯数字,实际上那是阿拉伯人从印度人那里学过去的。为了建筑祭坛的需要,古印度人很早就学会了测量土地面积以及画出种种几何图形。《仪轨经》中的《准绳经》就专门讲了这方面的知识,其中还包含了直角三角形的勾方加股方等于弦方的定理。

　　古代印度人民在医药方面积累了丰富的知识。在《阿闼婆吠陀》中已经记载了 77 种病症之名并开出了对症治疗之药。药物基本属金、石、草、木之类。当然在吠陀时代医巫尚未分途,巫术亦被视为一种医术。《仪轨经》中的《考什伽经》也是既讲家庭中的祭祀与巫术,又讲有关医药知识的。佛教也很重视医药知识。在佛教所重视的五明(即五种学问)中,医方明即居其一。古代印度最著名的医学作品有阇罗迦的《阇罗迦本集》和妙闻的《妙闻本集》。相传阇罗迦是迦腻色迦的御医,即生当公元 2 世纪。他的书中探讨诊断、疾病预后与疾病分类问题,并把营养、睡眠与节食作为维护健康的三大要素。他的著作原书已佚,现存的是经过他人增订的版本。妙闻的时代稍晚于阇罗迦。他的书涉及外科医学,这是与阇罗迦书不同之点。妙闻还强调医生医德的重要性,主张给孤寡、贫民、行人等免费医疗。妙闻的书原本也已不存,现存者是经过后人加工的。

第八章　希腊城邦的形成和古典时代

第一节　希腊城邦的形成

一、城邦的形成和殖民

希西阿德时期　公元前8世纪是希腊地区在爱琴文明灭亡后重新普遍出现国家的时期,此时的国家皆以一个城市或市镇为中心,结合周围农村而成,一城一邦,独立自主,故称希腊城邦。留传至今有关这一时期的文献史料较多集中于诗人希西阿德(约生活于公元前750—前700年间)的诗篇中,史学界遂称之为希西阿德时期,这是希腊城邦最初形成的时期。

在荷马时代之末,随着铁器的普遍使用,希腊社会发展速度加快。从公元前9世纪晚期到公元前8世纪初,雅典和希腊中部的优卑亚岛已有贵族(甚至称为"王族")的豪华墓葬,铁器和青铜生产大有发展,优卑亚岛的勒夫康迪且在叙利亚的阿尔·米纳建立商站,恢复了和东方的海运贸易与文化联系。在希腊社会内部,阶级分化明显,奴隶逐渐增多,终于达到建立城邦——早期的奴隶制国家的程度。首先建立城邦的是邻近东方文明的小亚沿岸和爱琴海诸岛,以及希腊本土的雅典、优卑亚岛等文化最发达地区,继之而有多利亚人占据的伯罗奔尼撒半岛和克里特岛等地,中希腊和北希腊也迅速赶上,纷纷建城立国。因此,在公元前750到公元前700年间,众多的城邦涌现于希腊世界,如满天星斗般闪现文明的光辉。

这时,希腊各地生产力有新的增长。铁制工具普遍使用,农业中有装铁铧的重犁及铁锄铁斧铁锹施展威力,希腊多山而贫瘠的土地因之成片地得到开垦与深耕。各地除种植葡萄橄榄两大经济作物外,粮食生产也有较大增长,而手工业中制陶、造船、冶金业的发展尤为明显。对希腊城邦的形成具有特殊意义的因素则是和东方的联系。这时希腊和东方的商业联系已恢复甚至超过爱琴文明时的水平,小亚各邦和优卑亚岛最为活跃。希腊本土和东方交往并不限于商业,希腊对东方文明先进遗产的吸收也硕果累累,希腊这个后起的文明很快就利用了东方文明历经数千年才取得的丰盛成果。这些发展表明希腊城邦形成之际已站在较高的历史起点上,和数千年前古代东方文明最早建立国家时不可同日而语。

在希西阿德时期,与城邦建立同时,希腊世界出现了标志希腊文明光辉的一系列重大发展:希腊人袭用腓尼基字母,创造了自己的文字;第一届奥林匹克运动会于公元前776年举行,使希腊各邦有了共同的传统节日和历史纪年;继荷马之后,希西阿德这位农民诗人开展了诗歌创作,不仅为希腊文学揭开了新的篇章,也为世界文学宝库留下了不朽的典范作品。

希西阿德出生于希腊中部的彼奥提亚,有《神谱》和《田功农时》等诗篇传世,前者记述了希腊的神话传说,后者则抒写农业劳作和农村生活,是了解当时社会状况主要的、最生动的材料。他以农民的朴质和真诚描述小农的辛苦劳累,也揭露社会的贫富分化和土地兼并。诗中以鹰隼欺凌夜莺的寓言揭露贵族对小农的残酷压榨,他说当时"强权就是公理",揭示了文明社会阶级压迫的本质。他以告诫兄弟的形式劝谕世人务农要勤苦操作,最好设法弄到一头耕牛和一两个作为助手的奴隶,必要时还须出海做点生意,表明了这时希腊的小农经济和奴隶制以及商品经济的联系。由此可见,希西阿德虽是土生土长的农民诗人,他的视野却很广阔,具有很高的文化水平。这反映希腊城邦形成初期文化普及已有较好成效,一般公民素质不低。这和希腊海运方便、人员往来较易、信息传播较快有关,也和当时使用的字母文字简单易学、城邦公民生活相对自由宽松有关。因此,希西阿德的诗篇也在一定程度上说明了希腊城邦体制自有其不同于其他古代文明的特点。

一般而言,世界各民族从原始社会进入文明社会,最早建立的国家都是城邦类型的小国,再由小国演变为大国以至帝国。希腊文明的特点却是,它保留城邦小国纷立的局面远较其他文明为长,而且是在城邦体制下达到其文明的繁荣昌盛的高峰。那么,希腊城邦体制又有什么特点呢?应该说,这种形式上小国寡民的城邦最本质的特征就是其公民政治获得了较充分的发展,乃至建立起了奴隶制民主政治。从军事民主制转变为阶级国家,最早的小国通常都有国王(由军事首领或宗教首领变为国王)。希腊城邦亦不例外,各邦最早都有传说中的国王与王朝;另外还有贵族会议和公民大会。但在发展过程中,王权却不像东方各国那样日益强大,反而逐渐衰微;绝大多数城邦终于废弃君主而实行共和;而后又限制贵族的权力,乃至在一些城邦中推翻贵族统治,建立了古代公民权利最发达的民主政治。因此,城邦建立数百年后,希腊著名哲学家亚里士多德在《政治学》中总结城邦公民政治说:"(一)凡有权参加议事或审判职能的人,我们就可以说他是那一城的公民;(二)城邦的一般涵义,就是为了要维持自给生活而具有足够人数的一个公民集团。""城邦不论是哪种类型,它的最高治权一定寄托于'公民团体',公民团体实际上就是城邦制度。""凡享有政治权利的公民的多数决议,无论在寡头、贵族或平民政体中,总是最后的裁判,具有最高的权威。"城邦公民政治的这个本质特征有助于希腊奴隶制经济形成以小规模的私有制为主和商品经济较发达的特点,更对希腊文化能取得优秀成就影响巨大。

海外殖民 希腊城邦建立以后,便有海外殖民运动的开展,前述最早在叙利亚建商站的优卑亚岛,在公元前750年左右又向西远航,来到意大利那不勒斯附近的皮提库萨岛建立了殖民点,组成一个最早的殖民城邦,其后不久又在此岛对面的意大利土地上建丘米城。这些殖民活动已为近年的考古发掘证实。从此直到公元前6世纪的200多年间,希腊殖民者开疆立国多取扬帆渡海之路,在地中海区域广泛开展殖民活动。除了在东面因有东方各国存在仅于埃及、叙利亚建立少许商站外,他们在南面达到非洲利比亚至突尼斯沿岸,在西面进入意大利、伊利里亚(今南斯拉夫和阿尔巴尼亚)、西班牙和法国南部沿岸,在北面进入色雷斯,并通过赫勒斯滂海峡而入普罗朋提斯海,又通过博斯普鲁斯海峡而入黑海广大地区(包括今土耳其、保加利亚、罗马尼亚、乌克兰、俄罗斯及高加索等地),在这些比希腊本土不知大多少倍的海岸地带建立了众多的殖民城邦。据统计,在此期间参加殖民的希腊城邦(包括殖民城邦又进行新殖民者)共有44个,在上述各地共建殖民城邦至少在139座以上。用希腊人自己的比喻说,这些新邦为数众多地分布于地中海、黑海地区,犹如雨后池塘周围此呼彼应的青蛙一样。这种海外殖民活动,其范围之广泛与影响之深远在古代是没有先例的。

　　希腊的海外殖民不仅和古代一般的民族迁移不同,更与近现代的资本主义殖民侵略有别。从过程上看,海外殖民通常是由某一城邦发起,它就称为母邦;母邦把部分公民迁移到海外某地另立家园,它就是子邦——殖民城邦。因此,这种殖民活动是城邦(母邦)为解决自身发展问题而采取的措施,也可说是古风时代希腊国家形成和扩散过程的一种表现形式。参加殖民的是母邦公民团体的一分子,殖民后便是新邦公民团体的成员,而殖民城邦和母邦在政治经济关系上都是平等的。所有子邦都是希腊世界的新成员,它们在政治、经济、文化各方面都和希腊本土诸邦相类似,殖民城邦最集中的海外地区——意大利南部且有"大希腊"之称。

　　海外殖民不仅缓解了希腊城邦发展过程中的内在矛盾,还大大促进了整个希腊世界的经济发展、尤其是商品经济的发展。殖民的原因是多方面的,最常见的是由于人口增加、耕地有限而到海外寻找土地,也有因土地兼并破产失地而到海外另谋生路;经济上的另一重要原因是商业发展谋求原料和开辟市场,它在早期不太明显,愈到后期便愈为重要。也有在政治斗争中失败而被遣送出国或安插于外者;在遇到严重灾荒时,也有殖民海外以求渡过难关者。因此,总的说来,海外殖民是为了解决城邦内部的困难,但它是城邦有组织的活动,移民往往由母邦提供领袖、船只和所需各项生产资料,这样到殖民点后可较顺利地进行农工商业活动。于是子邦和母邦、殖民地区和希腊本土之间展开频繁的经济往来,希腊的商业贸易受惠良多。希腊本土可从殖民地区获得粮食及铜铁锡等原料,同时以本土所产工业品和油酒之类相互交换,双方皆获利而使希腊世界的奴隶制商品经济获得较充分的发展,这可说是海外殖民为希腊文明作出的最大贡献。

广泛密切的贸易联系还进一步扩大了海外市场,使希腊世界向东连接埃及、叙利亚、巴比伦等东方文明地区,更南通非洲,北出黑海,西及中欧西欧内陆,构成了一个海洋与大陆交错、东方与西方联结的前所未有的地中海最大贸易圈和经济圈,远远超过爱琴文明的规模。这个更大的活动天地在政治和文化方面对希腊城邦的影响也是很积极的。它有助于公民集体的稳定和城邦制度的巩固,而随着经济发展而出现的工商业奴隶主阶层的壮大,也加强了平民阵营的力量,有助于平民反对贵族的斗争和民主政治的建立。几乎和殖民运动同步发展的文化交流对希腊吸收东方文明成果大有促进,不仅使殖民兴盛的公元前7世纪在希腊史上有"东方化时期"之称,而且扩大了希腊人的眼界,丰富了他们对世界和历史的认识,有助于他们探索到一条通过比较分析而获得智慧的科学之路。

早期僭主政治 随着海外殖民的开展,希腊城邦形成初期普遍存在的贵族专权的局面受到挑战,平民反对贵族的斗争渐趋激烈。这时的贵族多靠古老的氏族关系而确立其特权,他们的主要工具是从氏族部落议事会演变而来的贵族会议,凭此而掌握城邦的军政财权,公民大会形同虚设。他们拥有众多奴隶和大片土地,还通过土地兼并和高利贷剥削压迫以小农为主的平民群众。当时债务奴隶盛行,负债和破产的公民往往沦为债奴,甚或被卖到国外。由此可见,平民反对贵族压迫是城邦政治发展的必然趋势。何况殖民引起的经济发展还使少数经营工商业的平民致富而成为新兴的工商业奴隶主,他们一般不能参加贵族会议,政治地位比较低下,对贵族专权也很不满,故在政治斗争中往往接近平民而反对贵族。但是,在当时具体条件下,这种平民反对贵族的斗争尚不能直接导致平民当政的民主政治,却使那些利用平民力量建立个人统治的僭主得到了机会。

僭主一词来自小亚,本与君王同义,这时被希腊人用来专指城邦政治中依恃武力和非法的手段僭越夺权的专制头领。他们把公民大会抛在一边,不经过公民选举而握有终身独裁之权,还可将僭主之位传于儿孙。这些僭主为了取得群众支持以巩固统治,往往奉行打击贵族、争取平民的政策,重视殖民活动并推动工商业发展,因而受到工商业奴隶主阶层的欢迎。当然,僭主独裁终究与城邦公民政治的原则背道而驰,何况后代僭主多属骄奢残暴之徒,更遭人民唾弃,所以僭主统治皆不能持久。但在它的早期阶段,僭主政治客观上还有一定的进步作用。从公元前7世纪中期到公元前6世纪中期,是这类早期僭主政治比较盛行之时,建立了僭主统治并使国力强盛的城邦有阿哥斯、科林斯、麦加拉、西息温、那克索斯和萨莫斯,等等。

阿哥斯的斐冬被称为最早的僭主(约公元前670—前660年在位),他是王族后裔,夺得政权后立意重振阿哥斯在伯罗奔尼撒的霸权,挥兵西进控制了奥林匹亚所在的依利斯地区,成为第28届奥林匹克运动会(公元前668年)的幕后主持人,从而使阿哥斯的国际声誉大为提高。但斐冬的活动主要是在军政方面把阿哥斯变成强国,尚未能多注意于经济。

得到斐冬支持的居普赛洛斯在科林斯建立的僭主统治,却有青胜于蓝的发展,使科林斯一跃而居希腊大工商业城市之列。居普赛洛斯(约公元前657—前625年在位)据说与一直统治科林斯的氏族贵族巴其阿代家有亲缘关系,但他却自居为巴奇阿代的克星,当权后结束了这一贵族家族的统治,其首领被杀,许多人被放逐,所拥有的土地被没收分配于支持僭主的平民群众。居普赛洛斯常以平民头领自诩,注意争取民心;同时扶持工商业的发展;先后组建三个殖民城市,为科林斯提供丰富的银铜矿产和优质木材,也为科林斯的工农业产品开辟了广阔的市场。他也大力资助奥林匹亚和德尔菲的神庙、神像的建造,热心于奥林匹克运动会,提高科林斯的国际声誉。

居普赛洛斯之子皮里安德当政时(公元前625—前585年在位),科林斯工商业达于极盛。他做的一件大事是修建了横跨科林斯地峡的石造拖运船舶专线,古称"曳道"(迪奥尔科斯)。它长约6.5公里,石砌路面刻有凹槽专供拖车行驶,起着类似铁轨的作用,在科林斯地峡两边的船舶连同货物都可在这条平直宽的曳道上"陆地行舟",极大地方便了两岸之间的通航。有了这条曳道,东边的爱琴海便和西边的科林斯湾连接起来,为扼守其间的科林斯带来滚滚财源,大大促进科林斯工商业的繁荣。这时科林斯已发展为希腊海运商业和陶器、纺织、金属加工与造船业的主要中心。皮里安德也组建两个殖民城邦,一个在西边的爱奥尼亚海北岸;另一个在东边爱琴海的北端,这说明科林斯已从传统的面向西方转入东面的爱琴海甚至黑海。皮里安德又设立地区法庭以取代贵族法庭,进一步打击贵族势力。他还提倡文艺、延揽诗人学者,他本人曾被誉为希腊七贤之一。但僭主宫廷的豪华已引起人民不满,他死后由侄子继位,不到三年便被人民推翻,家族房舍全被夷为平地,连尸骨也被挖出抛弃,可见群众对僭主独裁仇恨之深。

其他城邦僭主的作为与结果也和科林斯大体相仿。总的说来,早期僭主统治促成氏族贵族衰微并推动了工商业的发展。在麦加拉建立僭主统治后,它的贵族诗人色奥格尼斯曾哀叹道:"城市依然如故,人却换了面目,换成旧时此辈,不知法为何物,身披破烂羊皮,野居宛如麋鹿,此辈今成高门,高门于今为庶!"倒是很生动地反映了僭主政治造成的新形势。

早期希腊文化 公元前8—前6世纪的早期希腊文化可分为后期几何形风格(公元前800—前720年)、东方化风格(公元前720—前630年)、古朴风格(公元前630—前500年)三个阶段,有时也把整个早期希腊文化通称为古朴文化或古风文化。总的说来,就像城邦的形成那样,这一时期也是在世界文化史上极有特色的希腊文明的形成时期,为日后古典文明的繁荣辟路奠基。从某种角度看,这一时期的探索和开创精神甚至更有引人入胜之处。

在公元前 8 世纪时,希腊陶器仍继续着荷马时代以来的几何形风格,即陶器装饰以几何形图案为主,但也有表现贵族车马行列和海船作战的图画,反映城邦国家正在形成。这时希腊文化的主要成就是荷马史诗和希西阿德的诗歌创作。荷马史诗在情节集中、性格突出和语言鲜明上达到了古典诗艺的高峰。希西阿德的诗篇也和荷马史诗同样起着开创希腊诗艺以至希腊文明的伟大作用。它们不仅为我们提供了丰富的历史信息,也不仅是日后所有希腊诗人和文艺家的经典,还是希腊所有城邦进行公民教育的基本教材,为希腊民族确立了共同的人生理想和宗教信念。公元前 7—前 6 世纪期间,随着平民与贵族之间矛盾的激化,希腊在史诗之后,兴起了更能反映现实生活的抒情诗、哀歌诗和长短格诗。著名的诗人有卡里诺斯、阿客罗科斯和女诗人萨福等。

希腊宗教仍是多神教,除了代表旧的神界的各位巨人之神外,希腊人最信奉的是以宙斯为首的新一代天神,其神宫建于奥林普斯山上,故通称奥林普斯众神。奉祀宙斯的最重要圣地为奥林匹亚,而在其地举行的最盛大的全希腊运动会即称为奥林匹克运动会。一般而言,宗教思想在城邦意识形态中仍居相当重要的地位,所有希腊公民无不以笃信宗教自诩,触犯宗教传统会受到城邦政府和公民大众重罚,直至判处死刑,而所有希腊文艺作品也都带有一定的宗教色彩。但是,在希腊社会中没有享受特权的祭司阶级,神庙由城邦兴建,也由城邦委派人员管理,著名圣地如奥林匹亚、德尔菲等,由类似城邦的公民团体管理,其中虽有男女祭司等神职人员,社会地位却和城邦公务员等同,在政治和文化生活中皆不起权威主宰作用。因此,希腊宗教不像东方各国那样受到国王和祭司贵族的控制。

源于民间信仰的希腊宗教观念在城邦政治的条件下带有一些民主色彩,其中最重要的就是通常所谓的希腊宗教的"神人同形同性论"。它认为神就是人的最完美体现,无论主神宙斯、文艺之神阿波罗、智慧女神雅典娜、爱与美之女神阿美洛提,等等,都与人的形象与性格相同,只不过天神更能青春常驻、威力无边、更有智慧、更为健美而已。按此逻辑,希腊宗教就会形成和东方的宗教崇拜很不相同的观念。例如,古代东方只许帝王显贵和神灵发生牵连,帝王可称天子,而天神则被抬得更高,被奉为人间的主宰,于是神性与人性有天渊之隔:神性高逾九霄,人性贱同草芥。相比之下,希腊宗教则把神拉到人的中间,神性与人性不仅没有不可逾越的界限,而且相互辉映,神是人的完美典型,在神的形象中可以想见人的智慧和美质可能达到的最高境界。这样一来,希腊宗教中神的形象和神话故事都变得美丽动人,丰富多彩。古希腊人还强调神像塑造最好以人体的本来面目——裸体来表现,神像不过是人像的最佳体现,并不神奇古怪,高不可攀。因此希腊文艺作品虽带宗教色彩,却兼具生活气息而逐渐走向现实主义。所以马克思说:"希腊艺术的前提是希腊神话","希腊神话不只是希腊艺术的武库,而且是它的土壤。"①希腊宗教的"神人同形同性论"的思想促使整个希腊文明带有人本主义的色彩,即以人作为衡量一切的尺度和出发点,这有助于哲学与科学的发展。

经过公元前7世纪东方化时期对东方文明成果充分吸收之后,到公元前6世纪希腊文化便在哲学和艺术上取得了突出的进展。哲学中最重要的是有了朴素的唯物论和辩证法思想的萌芽。小亚的米利都(当时最大的工商业和文化中心之一)产生了第一个希腊哲学家泰利士(约公元前624—前547年),他认为万物起源于水,改变了自古相传的神造世界的迷信。其门生阿那克西曼德(约公元前610—前546年)主张万物本原是"无限",一切生于无限又归于无限。阿那克西美尼(约公元前585—前525年)又认为万物之源为气,由气而生自然界之千变万化。他们三人的自然哲学虽各有主张,却都肯定物质第一性之哲学原理,可称为希腊哲学中最早一批唯物论者。另一小亚大城以弗所的哲学家赫拉克利特(约公元前530—前470年)则强调万物之原是一种更生动、更灵活亦更富于变化的物质,它即是火——"过去、现在、将来都按规律燃烧,按规律熄灭的永恒的火"。他从火的运动进而指出世界万物莫不处于有规律的永恒运动之中,而对立面的斗争则为一切运动变化的原因,这些思想已具有朴素的辩证法的色彩。另一位哲学家毕达哥拉斯(公元前580—前500年)尤精于数学的研究,他认为数生万物,虽有唯心论的倾向,但在数学和几何学上的贡献却不可磨灭,体现了希腊学术界注重科学的研究风气。

在艺术方面的突破则是希腊的雕刻绘画迈向现实主义已有空前进展。前已指出,希腊人以裸体表现神圣意义,但他们最初制作石像时仍以埃及雕刻为师,受程式手法的束缚。公元前6世纪开始,希腊雕刻家转而面向自然,经过观察写生,探索现实主义的道路,到公元前6世纪末,他们已能雕刻栩栩如生的神像和人像,把写实表现奠基于对人体结构和运动姿态的科学考察中,不再为传统程式所限制,故其作品在真实生动方面已超越埃及,突破了埃及文明3 000年间始终固守的一些禁区。与此同时,以神庙为主的希腊建筑也奠定了两种基本的柱式风格:厚重朴实的多利亚柱式具阳刚之气,秀巧优雅的爱奥尼亚柱式则有阴柔之美。它们以后一直是西方古典建筑的基础。

二、斯巴达城邦及其强盛

斯巴达来库古改革的传说 斯巴达是领土面积最大的希腊城邦之一,它的国家制度也很有特色。早在荷马时代之初,南侵的多利亚人便把伯罗奔尼撒南部的斯巴达作为他们盘踞的重要地区,他们经过很长时期才完全征服了原有居

---

① 《马克思恩格斯选集》第2卷,人民出版社1972年版,第113页。

民,到公元前9世纪末开始建立国家。据说,建国之初斯巴达由于有一位名叫来库古的伟人主持国政、定立法制,才逐渐形成了其特有的国家制度,这就是传说中的来库古改革。对于来库古是否确有其人,古代作家和现代学者都争论颇多。目前较流行的看法是:斯巴达制度完整严密,似应在其立国之初确有像来库古这样的立法者为之规划;但又要看到,所谓来库古改革中包含的各种制度是植根于多利亚族固有的传统,因此它们也或多或少见于其他多利亚人的城邦;而且它们在来库古之后数百年间不断得到加强和补充,后人托古改制,把不少较晚时期才有的东西也归于来库古名下,增加了问题的复杂性。按这种观点,来库古大约在公元前825—前800年间推行了他的改革。①

来库古宣称他是从德尔菲的阿波罗神谕中获得有关改革的基本思想的,从而为改革披上了神圣的光彩。这个神谕就是后人称为《大瑞特拉》的文件,它主要包括以下几句话:要为宙斯神和雅典娜女神建立神殿;要组成新的部落和选区,建立包括两位国王在内的30人的议事会,并按季节召开民众大会;议事会向大会提建议并宣布休会;公民们皆参加大会并有决定之权。实际上从这几句古朴的话衍生出来的改革措施要完备得多。

首先,组成了新的部落和选区。这意味着用国家组织的户籍原则取代氏族组织的血缘原则,标志着来库古改革宣告了斯巴达国家的建立。接着,就国家的政治制度做出了各项规定。这是具有立宪意义的斯巴达国家的根本法,是很有特点的。例如,把两位国王(双王制是斯巴达特有的传统)"包括"在议事会内,实际上等于剥夺了王权,因为包括之意是把国王也看成议事会的成员而非领袖,他们也同其他成员一样每人只有一票之权,而议事会本身则变成了氏族贵族的会议。除两位国王职位世袭以外,其余28名议事会成员分别由各个胞族推举,由民众会(亦称公民大会)以欢呼方式通过,只有60岁以上的公民(实为贵族)才能当选,任期终身。只有议事会才能向民众会提出议案及解散大会。参加民众会的公民表面上说有"决定之权",其实只能对议事会提出的候选人和各项议案以欢呼表示赞同,不能发表异议和讨论,更不能自己提出议案,民众会形同虚设。斯巴达的议事会叫吉罗西亚,还有另一官方名称叫"国王和长老"(中文亦译称元老院),因为它的成员除国王外都是长老。它实际上是掌握城邦实权的贵族会议。

来库古还设立了5名监察官,均由吉罗西亚提名、民众会欢呼选出,当然全属贵族及其亲信之流。这时的监察官还不像以后那样重要,其职责只是监督公

---

① 关于来库古改革年代的说法很多,这里只取其一。重要的是应记住:斯巴达的国家社会制度的形成有一个发展过程,其特点是在多次征服中(先后征服斯巴达、拉哥尼亚和美塞尼亚)得到建立和发展,在激烈的阶级斗争和镇压被征服居民反抗中不断强化定型。

民"刮净胡须、遵守法律",即在保证执行来库古立法的同时,特别注意青年公民的风纪与体质锻炼。为此,来库古搞了一套最具特色的制度:要求青年公民一律过军营般的集体生活,整日操练,随时听命出征。

为了让斯巴达公民完全脱离生产专搞军事操练,国家遂在经济方面提供一些保证,把全国土地按户分给公民,世袭占有,但不得买卖;土地上的劳动者由被征服居民变成的国家奴隶担任。据说斯巴达最初是在征服拉哥尼亚地区、攻陷希洛斯城后使所有被征服者沦为农业奴隶的,这些国有奴隶就以希洛特为名。这样一来,斯巴达人就可以全力从事军事活动了。由此可见,这套制度的目的是为了保持斯巴达奴隶制国家的武力,以便对内镇压对外作战,而斯巴达人却美其名曰"平等人公社",每个剥削希洛特的斯巴达公民都自居为平等人。应该说,这套制度在来库古立法中只具雏形,它日后由于镇压希洛特的需要而进一步强化甚至僵化起来,遂使斯巴达在希腊各邦中独具一格。

美塞尼亚战争和制度的强化　公元前8世纪中期到公元前7世纪中期,斯巴达对其邻邦美塞尼亚进行了两次大规模的战争,终于完全征服其地,将其居民变为希洛特。美塞尼亚和斯巴达同属多利亚人,据说其最初之王与斯巴达双王之祖原是亲兄弟。它位于斯巴达西面,土地肥沃,大约也和斯巴达同时建立国家,只是不像斯巴达那样推行严格军训的"平等人公社"。可是,正需要大量土地和奴隶的斯巴达却把兄弟邻邦当作猎物,必欲灭之而后快。

第一次美塞尼亚战争进行于约公元前740—前720年间。斯巴达人借口发生边境冲突而突然兴兵入侵,美塞尼亚奋起应战,坚持达十余年,最后终因饥荒流行、国力耗尽、国王自杀而败。少数美塞尼亚人远走国外,大片国土则被斯巴达侵占。但美塞尼亚人不甘屈服,公元前7世纪中叶后又举行武装起义,遂演变为第二次美塞尼亚战争。领导起义军的阿里斯托明尼是位杰出统帅,多次重创敌军,斯巴达人伤亡惨重,士气低落,几乎无心恋战。后来,阿里斯托明尼因盟友背叛,才率众退入山区,继续坚持斗争达十余年。斯巴达人终于平息起义而结束第二次美塞尼亚战争之后,当地所有肥田沃土皆被作为斯巴达国有土地而归其"平等人"公民分享。美塞尼亚人则沦为希洛特,作为国有奴隶备受奴役。只有少数边远山区和沿海地区的居民变成了没有政治权利但可经营工商业的庇里阿西人。

由于需要重兵劲旅以巩固对美塞尼亚的占领和对希洛特的镇压,斯巴达原有的那套制度得到进一步强化。土地国有和奴隶国有制度成为斯巴达经济生活的基础,也决定了斯巴达特殊的阶级结构。以平等人自称的斯巴达公民是居于统治地位的奴隶主阶级,他们约有9 000户,每户从国家领得一份土地以及若干耕种此地的希洛特,但土地和希洛特的所有权属于国家,各户只能世代相传,不得买卖。耕种土地的希洛特则是主要的被剥削阶级,也可说是奴隶群众的主要类型,他们生活在自己的村落里,按户(或数户)各自耕种斯巴达人的份地,每年向份地主人交纳82麦斗大麦以及一定数量的油和酒,大约等于田地产量的一半。虽然希洛特身属国家而不能被其份地主人变卖,交纳量亦不按主人需求变动,但作为奴隶他们的身家性命却完全在"平等人公社"的掌握之中,斯巴达政府可以任意杀害希洛特,其受虐待迫害之残酷,较之其他城邦的奴隶有过之而无不及。

希洛特而外,庇里阿西人构成斯巴达国家的第三阶级,他们没有公民权却有人身自由,有自己的土地、作坊和店铺,从事农工商业。由于国家规定斯巴达人不能经商做工,所以在斯巴达国内从事工商业的主要就是庇里阿西人(其他工商业者则属外邦侨民)。庇里阿西人不得参与任何"平等人公社"的政治活动和政治会议,没有任何政治权利,却需纳税和服兵役。由此可见,斯巴达国内的阶级压迫和阶级矛盾是极其尖锐的,斯巴达的国家制度和生活习俗便始终以镇压希洛特为首务。

政治制度与社会风尚　　斯巴达的政治制度基本按来库古改革确定的体制发展,双王制和吉罗西亚会议继续保持,监察官的权力则大为加强。两位国王分别由两个王族家族世袭,权位均等,平时只能作为贵族会议一员活动,战时则由其一人统军出征。当监察官权力扩大以后,国王出征时往往有监察官随军监督,他们还可以审判国王并在两王族中决定王位继承人。吉罗西亚会议作为贵族会议总揽军政大权,国家大事都由它讨论决定,再交民众会通过,它还是最高司法机关,并协助一些主要官员处理政务。监察官权力加强后,吉罗西亚会议也归他们主持。民众会——斯巴达的公民大会由所有年满30岁的男性公民参加,名义上监察官和贵族会议成员都由它选出、决议也由它通过,但在欢呼表决法限制之下它实际上没有任何权力,一切听监察官和贵族会议操纵,也由监察官主持召开。由此可见,五位一年一选的监察官此时成了斯巴达国家的真正主宰,他们掌握了城邦的主要实权,不仅国王贵族都在其监督之下,对普通公民更可随时以违犯风纪的罪名逮捕直至处死,而强化斯巴达那套特殊制度的重任也主要由他们承担。

在社会风习方面,自称"平等人"的斯巴达男性公民必须按国家要求终生过着严格的军事生活,其全民皆兵、重武轻文的程度在世界历史上可谓空前绝后。每个斯巴达男性公民从小就受严格到不近人情的体育和军事训练,甚至婴儿出生时体质不合要求即被抛弃。少年时要历经缺衣少食日夜操练等艰苦生活的考验。成年后,则始终生活在军营中,除了行军作战就是反复操练,回家会见亲人只能偷偷进行。精神上,也以培养绝对服从视死如归的军人气质为首义。这样,直到60岁才能解甲归田过平民生活。由于这套制度执行得非常彻底,斯巴达的公民社会确实有如军营,历史上流传不少形容少年军训执法如山、斯巴达战士赴汤蹈火的佳话。这样一来,确实使斯巴达拥有一支希腊世界实力最强、纪律最严的军队。但其他文化建设则完全被忽视了,以至于在辉煌的希腊古典文明中,所有重大文化创树皆与斯巴达人无缘。

另一方面,斯巴达人对希洛特的残酷迫害,却始终在古代历史上保持着最高记录。不论有无过失,希洛特每人每年都要按时挨打,为的是要他们"牢记"自己的奴隶身份。斯巴达政府常令青年公民组成小队到希洛特居住的村庄明察暗访,白天探查寻觅希洛特中壮实勇敢或露不满反抗者,夜晚就突然袭击把他们活活打死。每年新当选的监察官上任,首先必履行一个向希洛特"宣战"的仪式,既经宣战希洛特便成为法定的公敌,任意屠杀都合理合法并不受宗教忌讳约束。严酷的军训制度和对希洛特的无情镇压充分反映了斯巴达社会的阶级实质,它不仅是一个奴隶社会,而且是一个贵族专权的奴隶社会。斯巴达公民内部仍有贵贱之分,监察官、王族和贵族不仅垄断官职、指挥一切,还拥有远较普通公民为多的土地、希洛特奴隶和个人财产。因此,连古希腊人也承认,斯巴达实行的是最为彻底的贵族寡头统治的政体。

伯罗奔尼撒同盟 在国际关系方面,斯巴达凭靠其号称无敌的陆军,在伯罗奔尼撒半岛上也以霸主自居。原来可和斯巴达分庭抗礼的伯罗奔尼撒大邦只有阿哥斯。它在斐冬僭主统治时一度强大,但斐冬之后无以为继,逐渐降为二流城邦,虽与斯巴达有仇却无力挑战。科林斯和西息温等在僭主统治时强盛起来的多利亚城邦,僭主政治结束后也落入斯巴达的控制。到公元前6世纪后期,伯罗奔尼撒半岛上的各个城邦,除阿哥斯和西北部阿卡亚少数小邦外,都被斯巴达纠集起来组成了伯罗奔尼撒同盟。所谓的伯罗奔尼撒同盟实际应称斯巴达同盟,是由斯巴达分别与盟邦签订双边盟约组成,因此斯巴达是同盟当然的核心和领袖。

斯巴达利用伯罗奔尼撒同盟作为控制入盟各邦的工具。同盟是军事性质的,决策依斯巴达利害为准。斯巴达的军队占绝对优势,召集会议之权也归斯巴达,所以入盟各邦实际上皆听斯巴达指挥。一般而言,入盟城邦仍保持自己的独立,只在外交、军事问题上按同盟决议一致行动,若个别盟邦自行作战,不经斯巴达同意便得不到同盟的支持。盟约还特别规定,若斯巴达国内希洛特起义,入盟各邦就必须派兵援助斯巴达并受其指挥,充分体现了这个同盟的奴隶制国家同盟的阶级实质。有了这个同盟,斯巴达不仅可以称霸于伯罗奔尼撒半岛,在整个希腊世界也具有举足轻重的作用。斯巴达还利用同盟影响各邦的发展,使它们也建立和斯巴达类似的贵族寡头的统治。

三、雅典城邦的形成

早期雅典及其贵族统治 雅典是唯一可和斯巴达相比的领土面积最大的一个希腊城邦。它在荷马时代已是铁器文化和几何形风格陶器生产的大中心,但对海外殖民运动雅典却以其国大地广而始终未积极参与,因此早期雅典的历史比较沉寂,有关资料也较贫乏。一般认为雅典国家大约是与斯巴达同时建立的,但标志其建国立邦的古代传说却比较含糊,因为后世按托古改制的惯例把雅典城邦建立放在一位传说中的英雄身上,编造出"提秀斯改革"的故事,遂使问题复杂化了。按古代神话,提秀斯是属于迈锡尼时代的人,距离建立城邦的公元前9世纪末有好几百年,显然名不符实。但若把改革看作城邦建立的一种活动,则有其历史内容。因此,可以说所谓提秀斯改革是指当时雅典某位头领和民众共同进行的创建城邦宪制的活动,它的中心内容是联合境内各村社建立中央议事会和行政机构。这一过程希腊人称之为"塞诺西辛",意为联合一统。雅典是以协议方式建立国家,和斯巴达之通过征服立国不同。通过塞诺西辛而建立的中央议事会和行政机构,便是城邦国家的雏形。

提秀斯改革的另一重要内容是把国内公民分为贵族、农民和手工业者三个等级,规定贵族充任官职、执行法律,农民和手工业者只在公民大会中有一席之地,绝不能当官掌权。这样一来,公民中贵族和平民(农民和手工业者)的划分便很明显,为日后雅典的贵族政治奠定基础。当时雅典的国家首脑,显然仍是国王,古史传说也提到雅典曾有一个王朝,只是具体情况不很清楚。以后的演变则是王权逐渐衰落,贵族大权独揽。到公元前8世纪间,雅典城邦的首脑已不是国王而是执政官(或称"名年执政官",因公元前683年后以其名纪年),但国王(巴赛勒斯)之名仍保留在行政官名中,它是位于名年执政官之下的一个执政官的称号,可译为王者执政官或祭仪执政官。从王名保留的情况看,王权的取消似乎未经过暴力废黜。此时中央议事会已成为贵族会议,只有贵族才能参加,各执政官由它从贵族中选定,交公民大会形式上通过。执政官最初是终身职,后改为十年一任,到公元前683年改为一年一任,雅典的贵族政治至此达其顶峰。

这时雅典的执政官多达9人:首席或名年执政官是国家元首,执掌内政;王者执政官主持节日庆典、宗教仪式并管理氏族事务;军事执政官统理军务;最后6名司法执政官管理司法和整编法令。九执政之制使贵族对国家政治的垄断无孔不入,他们包揽官职,自订法律,在政治上压迫平民群众,经济上则通过高利贷、土地兼并和债务奴隶制使贫苦的农民、手工业者破产流离,甚至卖儿卖女,无以为生。希腊哲学家亚里士多德充分揭露当时贵族统治的黑暗,他在《雅典政制》中指出:

"贫民本身以及他们的妻子儿女事实上都成为富人的奴隶,他们被称为保护民和六一汉(因为他们为富人耕田,按此比率纳租,而全国土地都集中在少数人手里),如果他们交不起地租,那么他们自身和他们的子女便要被捕,所有借款都用债务人的人身为担保,这样的习惯一直流行到梭伦的时候才改变。""这时雅典的政治完全是贵族寡头的统治,在民众眼中,宪法上最残酷最苛虐的部分就是他们的奴隶地位。"

梭伦改革 正如亚里士多德上文所提,贵族统治的改变是从梭伦之时开始的,这就是历史上著名的梭伦改革。梭伦也出身贵族,所以他有资格当选首席执政,但他不是那些作威作福的贵族显贵。他的家境中平,早年曾兼营贸易,与商旅为伍,并且周游海外,成为饱学之士,被时人誉为"七贤"之一。他常在诗中抨击贵族,同情平民,又曾在雅典与邻邦麦加拉的战斗中勇立军功,率众攻克应属雅典的萨拉米岛,因此他在群众中很有威望,既是英雄诗人,又是一位体察民情的革新派政治家。当时雅典的阶级矛盾异常尖锐,政局动荡。不满的平民群众已准备铤而走险,武装起义一触即发;贵族统治阶级依然顽固不化。但社会上却有了一批靠经营工商业致富的奴隶主,他们多出身平民,有钱而无势,也对贵族统治不满,政治上逐渐站到平民一边。应该说,梭伦以整个城邦公社的利益为重,主张不偏不倚的立场,在阶级阵营中实际上是这批工商业奴隶主的代表。他既痛恨贵族的顽劣,也不愿引发平民的暴动,主张以改革方式解决平民备受压迫的各类问题,搞一个带有立宪意义的改革运动。他的立场得到大多数公民的支持,遂在公元前594年选举他为"执政兼仲裁",全权进行宪政改革。

梭伦改革的第一项重大措施是颁布《解负令》,即解除债务及由于负债而遭受的奴役。这是一个解放平民的伟大法令,根据这个法令,平民所欠公私债务一律废除,雅典公民沦为债奴者一律解放,同时永远禁止放债时以债务人的人身作担保,也就是在公民中取消债务奴隶制。不仅国内因负债被奴役的公民立即获得自由,国家还负责赎回那些被卖到国外的人。与此有关的是,那些因负债而押出土地变为"六一汉"的人,现在也把田地上的债权标志一扫而光,重新成为自己土地的主人。

《解负令》不仅使雅典公民中的贫苦大众解除了最沉重的负担,而且由于它取消了债务奴隶制,还对雅典和希腊的奴隶社会产生极其深远的影响。不过,这种取消只是指公民而言,并不阻碍奴隶制本身的发展。以后雅典的奴隶便全由外邦人充当,由于公民不再受债务奴役,城邦体制更为巩固,民主政治也发展起来,遂使希腊奴隶制经济走向繁荣。因此,从辩证角度看,《解负令》实际上代表着促进希腊奴隶社会发展的进步方向。出于同样精神,梭伦还规定了公民个人占有土地的最高限额,防止土地过分集中,通过保护小农而使城邦体制获得健康发展。

第二项重大改革措施是按土地收入的财产资格划分公民等级,取消以前的贵族、农民、手工业者三级之分。这个政治改革自然使工商业奴隶主大得其利,因为他们按财产必居第一等级和第二等级。同时,对贵族也并非彻底打击,因为贵族以其财产仍可列第一和第二等级,只是他们的特权受到削弱,不能再独占政权了。具体细则是第一等级的财产资格为每年收入按谷物、油、酒等总计达500

麦斗以上(每麦斗约合52公升),称"五百麦斗级";第二等级是收入300麦斗以上者,称"骑士级";第三等级的标准则是200麦斗以上,称"牛轭级"(有牛耕田者);其余收入不及200麦斗者统归入第四等级,他们靠打工为生,故称"日佣级"。分等级的目的是为了分配政治权利:第一级可任执政、司库及其他一切官职;第二级与第一级同,惟不得任司库;第三级可任低级官职,对执政官等高官则无缘;第四级则依旧不得担任一切官职,但可和其他等级一样充当陪审法庭的陪审员。由此可见,梭伦使工商业奴隶主以第一和第二级而获得掌握政权的机会,把他们上升为统治阶级。他给予平民的政治权利却有一定限度,反映他的改革始终保持着他自以为荣的"中间路线"。

第三项重大改革是设立新的政权机构,贵族会议大受限制。新机构中最重要的是四百人会议,由4部落各选100人组成,除第四级外,其他公民都可当选。四百人会议获得原属贵族会议的众多权力,如为公民大会拟订议程,提出议案,成为公民大会的常设机构等等。贵族会议虽然保存,却没有原先的威风与实权了。对比于贵族会议权力地位的降低,公民大会却从原先的形同虚设逐渐恢复了它作为城邦最高权力机关的威严,因为选举梭伦和通过各项改革法令都必须在公民大会进行,公民群众参加大会的积极性空前提高。梭伦建立的另一新机构是陪审法庭,它不仅参与例行审判还接受上诉案件,等于雅典的最高法院。梭伦规定每一公民都有上诉之权,而陪审法庭是以陪审员当法官,人数在数十甚至百名左右,各级公民都可通过抽签任职,审案时投票作出判决,因此比较民主,打破了贵族垄断司法的积弊。梭伦还制定一些较进步的法律,规定除杀人罪外其他罪犯不得处死、任何公民皆有权提出控告、禁止买卖婚姻、保护孤寡妇孺等等。

第四项改革措施则包括那些促进工商业的法规,例如奖励国外技工迁居雅典,对携眷移民给予公民权;雅典公民必须让儿子学一门手艺,否则儿子可拒绝赡养其父;禁止除橄榄油以外的其他粮食出口;对度量衡和币制进行改革,使雅典更好地开展对外贸易。这一系列发展工商业的措施突出体现了工商业奴隶主的要求。

综观梭伦的各项改革,可见它在解救人民疾苦、消除贵族特权方面迈了很大的一步,同时也为工商业奴隶主掌握政权准备了条件。总的说来,它是把雅典引上了建立奴隶制民主政治和发展奴隶制工商业的道路,这也是符合当时希腊城邦发展要求的康庄大道。亚里士多德说梭伦"采取曾是最优秀的立法,拯救国家",是很正确的评价。在梭伦改革后的百余年间,雅典始终遵循着他开辟的这条道路,继续进行一些民主改革,终于使雅典成为一个经济繁荣、国力强大、政治民主、文化昌盛的居领导地位的希腊城邦。

庇西特拉图僭主政治　梭伦肩负仲裁制宪大任的执政任期只有一年,届满后便飘然离任,出国远行,此后始终未入政坛,直到公元前560年去世。据说改革后期曾有人建议他搞僭主政治,被他婉言拒绝,以示他对城邦政治的忠诚,反对个人独裁。但是,梭伦以后雅典公民内部派别斗争又趋激烈,出现了平原、山地、海岸三派相持不下的局面。从阶级背景看,大体可说平原派代表贵族,山地派代表农民,海岸派代表工商业者。按希腊城邦的惯例,派别斗争激烈时,往往有利于执政者加强权力,走上僭主政治的道路,而僭主政治一般有反贵族的倾向。何况,在雅典梭伦改革已为反贵族阵营奠定了基础。因此,长期斗争的结果,是山地派的领袖、曾为梭伦之友的庇西特拉图在雅典成功地建立了僭主统治。他依靠农民支持以武力夺取政权,给贵族一定打击,从公元前541年开始牢固统治雅典。他于公元前527年逝世后,其子又继而统治了18年,直到公元前510年被人民推翻。将近半个世纪的庇西特拉图僭主政治在雅典历史上也写下重要的一章。

庇西特拉图的统治总的说来对农民比较关怀,也支持平民势力而反对贵族。他继续执行梭伦的立法,使雅典仍然按梭伦改革确定的路线发展。公民大会和执政官的选举照常进行,只是担任官职的人皆属他的党羽。他帮助农民发展生产,提高其政治地位,以低利贷款支持农民种植葡萄。在把司法权集中于城邦政府的同时,又设立乡村巡回法庭,就地解决纠纷,削弱贵族对地方司法的干扰。他还经常四处视察,解决僻远山区农民提出的问题。尽管他组建私人卫队并过着豪华的生活,平民对他的僭主政治犹有好感,他掌权期间雅典的经济和文化都有较大发展。因此亚里士多德评述说:"庇西特拉图处理国政是温和的、而且是宪法形式的;他每事仁慈温厚,对待犯法的人尤其宽大……在他统治时期,从不与大众为难,总是致力和平,保持安靖;所以人们常说庇西特拉图的僭主政治有如黄金时代。"

在僭主统治的公元前6世纪后半期,雅典工商业有显著发展。雅典陶器生产在希腊世界位居前列,畅销于地中海东西各地,也深入黑海沿岸,随着精美陶器外销的还有酒与油,这两项农产品也居雅典外贸的大宗。由于庇西特拉图与邻邦和小亚、黑海一带国家皆保持友好关系,雅典对外联络方便、商路畅通,它铸造的钱币在国际市场上开始受到重视。庇西特拉图特别注意控制雅典通往黑海的商路,在小亚西北角建立了雅典殖民地西吉昂,并支持雅典商人开发色雷斯的金矿。他在雅典大兴土木,既促进了建筑业和有关行业的发展,也使雅典开始成为希腊建筑和雕刻艺术的中心。他还注意提倡文艺,出资组织隆重壮观的节日庆典,把许多诗人请到雅典,礼遇优渥,荷马史诗的整理写定便在雅典进行。因此,总的说来雅典在僭主统治之下仍是按梭伦期望的那样繁荣起来了。

庇西特拉图之子希庇亚斯却未能继续其父的"仁政",专制的黑暗、奢侈、傲慢引起人民越来越大的不满,终于在公元前510年被群众推翻,被逐的希庇亚斯最后跑到波斯,叛国求荣。雅典人民获得自由后继续奋斗,赶跑了乘机和流亡贵族勾结而一度进入雅典的斯巴达军队,并促成了公元前508—前507年的克利斯提尼改革,把雅典民主政治推进了一大步。

克利斯提尼改革 克利斯提尼也是像梭伦那样出身贵族却支持平民的民主政治家,他针对梭伦改革犹未深入触动的雅典选举体制和血缘团体作了较彻底的改革。其内容之一是废除传统的4个血缘部落而代之以10个新的地区部落,按新部落体制进行选举。实际上这些新部落就是城邦的选举区,仅袭用部落之名而已。由于雅典政坛上早有平原、山地、海岸三派之分,新部落的组成就注意到在消除氏族贵族影响的同时,也注意糅合三派,因而组成比较复杂。其办法是每一地区部落都包括三个位于上述三种地区的"三一区",例如新组成的名为潘迪奥尼斯的地区部落就包括位于海岸的三一区米里诺斯,位于山地的三一区派阿尼亚,位于平原的三一区古达特内昂,三地合一而成新区。这个办法巧妙地利用了原来血缘部落也分三个三一区的传统,只是旧三一区是按胞族划分,现在则按地区户籍组成,而且兼容平原山地海岸三部分。正是在彻底按地区组成这一点上,克利斯提尼改革沉重打击了氏族贵族,使他们依靠旧的氏族血缘关系影响选举成为不可能,雅典的国家组织也由于摆脱氏族关系的残余而完全形成了。

在组成新的选区之后,克利斯提尼便以10个部落各选50人组成新的五百人会议,取代梭伦的四百人会议。五百人会议的成员是所有公民不分等级皆可担任,比四百人会议更民主。选举办法也有新创:各选区基层单位(相当于村庄的德莫斯)按人口比例确定的名额在合格候选人中抽签产生。这样一来,每个身体健康并关心政治的雅典公民,原则上都有当选五百人会议成员的权利,实际上在他一生中也总有一两次获选的机会。五百人会议的权力也更为扩大,除了为公民大会准备议案、所有议题均先由它讨论并由它主持公民大会外,它又在公民大会闭会期间负责处理国家日常政务,由其500成员按部落分为10组,在一年内轮流值班,称为"主席团",每组50人内部也是轮流抽签值班,而在每人值班那天,他便是雅典国家地位最高的公职人员,有权主持公民大会、接见外国使团。

克利斯提尼改革还导致雅典军队组成的改动,以前按血缘部落征兵的办法现在改为按地区部落征兵,每部落提供一队重装步兵、若干骑兵及水手,并且选举一名将军为统领。10名将军组成将军委员会,由军事执政官任主席。将军之职按公民自费服役的传统,不仅没有薪饷而且要由自己出资装备一切(包括勤务兵),因此只有家产丰厚的人才愿意和可能担当。所以,它始终不搞抽签而只由选举产生,并可连选连任(但也可以随时罢免),后来这一职务便成为奴隶主上层掌握的要职,对雅典政局影响较大。

克利斯提尼改革的最后一个措施是实行陶片放逐法(陶片是指选票),它是按公民投票来决定是否对某一公民实行政治放逐,因投票时把定罪人的名字写在陶片上而得名。每年由五百人会议提请公民大会讨论是否应行此法,若大会同意就召开全体公民集会进行投票,只要出席人数达到 6 000 而某人获多数票就要流放国外 10 年,但不动其财产。这个放逐法对那些不受群众欢迎的头面人物(往往是贵族)是很大的威胁,不失为民主政治的一个重要工具。

综上所述,可见克利斯提尼改革是继梭伦之后把雅典民主政治推向高峰。此后,雅典城邦的民主洪流便不可逆转地向前猛进,因此亚里士多德说这一改革"比梭伦宪法要民主得多。"恩格斯也认为它是雅典国家建立过程的完满结束,而且,"现在已经大体上形成的国家是多么适合雅典人的新的社会状况,这可以从财富、商业和工业的迅速繁荣中得到证明。"① 雅典在将近百年之间由于一系列民主改革而跃升为希腊世界中居领导地位的城邦,其经济、政治和文化的实力已可使它在即将到来的波斯帝国的入侵中接受空前严重的挑战。

第二节 希腊古典时代(上)

希腊波斯战争 希腊世界在地中海东部地区的发展到公元前 5 世纪末已颇具规模。与此同时,在西亚兴起的波斯帝国也统治了小亚、叙利亚、巴勒斯坦至埃及的广大地区,并进军多瑙河,控制色雷斯,直接逼近希腊,呈锐不可当之势。古代东西方两大政治力量的接触,必然导致双方之间的战争,亦即希腊波斯战争。但就具体情况而论,则战争的起因和双方攻守的态势都表明主要是波斯帝国的侵略扩张引起了希腊各邦奋起应战,正义是在希腊一边,这也是希腊能在数量上处于劣势的情况下击退波斯大军的原因。

希腊波斯战争的导火线是公元前 500 年小亚的米利都发动爱奥尼亚诸邦起义,反抗波斯对小亚沿岸希腊城邦的统治。在起义中,雅典曾派兵给予援助。起义被波斯镇压后,波斯便以雅典援助起义为由,渡海入侵希腊。公元前 492 年,第一批以海陆军组成的波斯问罪之师沿色雷斯海岸南下,但由于波斯海军在北希腊的阿多斯海角遭飓风袭击,几乎全军覆没,没有交战就退回亚洲。历史上一般便以此役作为希腊波斯战争的开始(也有以米利都起义之年作为战争开始的)。主要的战斗发生于公元前 490 年和公元前 480—前 479 年的两次波斯大军入侵期间,但波斯都遭到失败而退回亚洲。以后战争仍时断时续,直到公元前 449 年希波双方缔结和约才告结束。

在希腊各邦中,反抗波斯最为坚决的是雅典与斯巴达,以此两国为首,联合其他城邦组成了有统一指挥的希腊联军。应该指出,在城邦体制下已有长期自由独立传统的希腊人,是不能容忍波斯帝国的入侵和蹂躏的,因此大多数市都

---

① 《马克思恩格斯选集》第 4 卷,人民出版社 1972 年版,第 115 页。

积极投入反波斯斗争,为联军提供各种支援。而刚刚完成克利斯提尼民主改革的雅典,民主政治大有发展,奴隶制经济也呈蓬勃上涨之势。特别是雅典这时扩大了与黑海各地的贸易往来,由爱琴海进入黑海的航道对雅典至关重要,波斯占领小亚和进一步西进便完全控制了这条航道,对雅典形成巨大威胁,更何况波斯铁蹄一旦践踏希腊本土即将造成国破家亡的惨剧。因此,雅典公民群众在战争中爱国热情大为高涨。当时曾参战的雅典悲剧诗人爱斯奇里斯在《波斯人》一剧中生动描述了希腊战士在反侵略战争中发出的爱国救亡的呼声:

"前进呀!希腊的男儿,
快救你们的祖国,
救你们的妻子儿女,
救你们祖先的神殿与坟茔!
你们现在是为自己的一切而战!"

但是,不能脱离古代社会的条件来评价这次战争。作为奴隶制国家的雅典,它的作战也是为了本城邦的奴隶制经济的利益,而且随着战争的胜利,雅典的地位就逐渐从救亡图存转到扩张争霸,遂在战争后期通过控制提洛同盟而发展了雅典的海上霸权。这种转变进一步揭示出这场战争本质上仍是奴隶制国家之间你争我夺之战。

公元前490年,波斯皇帝大流士派其甥阿尔塔弗涅斯率大军乘坐600艘舰只渡海西侵,直指雅典和曾出兵援助米利都的厄律特里亚。波斯军先攻厄律特里亚,遭到顽强抵抗,但这个位于优卑亚岛上的城邦终因叛徒出卖而陷落,城市被焚毁,居民被降为奴隶。此后波斯军便乘船来到雅典东北部的马拉松,登陆扎营,要像攻掠厄律特里亚那样夷平雅典。但波斯骄横之师却在马拉松平原上遭到雅典公民军队空前勇猛的打击。据估计,当时波斯海陆兵员总数在5万以上,还有号称无敌的骑兵。雅典倾全力征集的部队只能达到1万人,斯巴达援军又因故不能赶来,雅典明显处于劣势,公民们都为这场战斗的结果担心。但是雅典方面也有自己的优越条件:首先,雅典全体公民战士有以死卫国的昂扬斗志,而波斯军多属各族强征入伍者,斗志不坚;其次,希腊有重装陆军的配备,当时雅典步兵全身皆着铜铁盔甲,以密集队形冲刺,波斯步兵则仅有藤盾护身,轻装而无甲胄;再加上雅典指挥官米太亚德曾在色雷斯居留,对波斯军队的虚实比较了解,又选择了恰当时机在清晨向波斯军营发动猛攻。因此当战斗开始后,以前在波斯大军面前常遭败北的希腊人这次却取得极为光辉的胜利,波斯士兵被打死的达6 400人,希腊方面则仅牺牲192人。波斯军被打得狼狈不堪,只有窜上舰船,离岸远遁。这次马拉松大捷使希腊人破除了波斯不可战胜的迷信,增强了保卫祖国的决心和信心。

马拉松战后,波斯军虽然退走,雅典以一邦之力还难以追击,双方便隔海对峙,都在积极准备日后的再度决战。波斯方面虽遭损兵折将之辱,但整个帝国实力未受触动。大流士死后,继位的薛西斯便大张旗鼓地集中全国军力财力,准备以更大的规模卷土重来,必欲扫平希腊而后快。

希腊方面的有识之士也看到初战告捷只是即将到来的更大风暴的前奏,希腊民族仍处在危险之中,全力备战确属当务之急。这些人中最有影响也最有见识的是雅典民主派领袖泰米斯托克利,他曾参加马拉松战役,对波斯舰船之多和未来决战中海军的极端重要性体会甚深,便极力主张雅典应首先建立强大的海军。恰巧雅典的劳立温银矿这时发现一支富脉,可开采出大量白银,他即说服群众不要按旧例把属于国有的银矿出产分给公民,而把它集中起来用于海军建设,终于造好了 100 艘新式的三列桨战船。再经过其他方面的努力,雅典海军在短短数年间达到拥有三列桨战船 200 艘,实力猛增数倍。它们在数量上虽仍远不及波斯海军,却有灵活快捷坚牢强劲的优点,在士气高昂的雅典公民水兵掌握之下,已具备和波斯海军拼搏的力量。

与此同时,经雅典和斯巴达的努力,许多希腊城邦已认识到局势的严峻和联合抗敌的必要,到公元前 481 年,31 个城邦集会于斯巴达,决定组成全希腊的同盟,一致对抗波斯。大会推举斯巴达为海陆军统帅,重要决策则由同盟各邦共同商定。雅典为了增强同盟内部的团结,明智地把海军的最高指挥权让给斯巴达,但事实上它是希腊海军的主力,足可左右作战方针。此外,雅典公民大会在泰米斯托克利提议下还决定让所有流放者回国,团结一致共同对敌,使雅典国力更见强盛。因此,当薛西斯下决心要征服希腊,严令各路大军云集小亚,又在海峡修桥筑路,扬言以百万之师问罪西邻之时,希腊人也为挽救他们的民族和文明作出了充分的准备。

公元前 480 年的春天,薛西斯亲自率领波斯海陆大军开始了历史上空前的横渡赫勒斯滂海峡的军事行动,他下令建造两座联结亚欧两岸的浮桥,全军兵马辎重即由此踏上欧洲土地。据希腊历史家希罗多德的记载,渡过海峡进入希腊的波斯部队仅战斗人员即有 2 641 610 人之多,此数显然过于夸大,可能他是引用了波斯皇帝举行全国大阅兵时宣布的全军人数,实际上,渡过海峡的波斯陆军最多只有 50 万人,战斗人员只有 40 万之数,加上波斯海军千余艘战船上的 15 万水兵,海陆军战斗人员总数为 50 余万,它和希罗多德说的虽然相差很多,但在当时仍是空前庞大的部队。对比之下,希腊联军劣势明显:陆军仅 11 万人,海军只有 400 艘战船,而且由于城邦众多,地域分散,能集结在一地抗击波斯的联军往往只有一两万人,因此战争形势对希腊人说来仍非常严峻。

在中希腊的主要道口温泉关,波斯陆军主力和希腊人进行了首次大战,此关傍山靠海,地形极为险要,守关部队决心在此打一场与国土共存亡的决死之战。他们仅有 7 200 人,核心是 300 斯巴达战士,以斯巴达王李奥尼达为司令,面对的却是数十万波斯大军。初次接触后,带头作战的斯巴达人非常英勇、波斯军数度猛攻皆不得手。后来波斯军找人带路迂回绕行至温泉关后面,使希腊守军腹背受敌,难以坚守。李奥尼达命令大部分守军撤离关口,安全转移到后方,他和全体斯巴达战士则留下死守,鏖战竟日,终于全部牺牲,另外请求留下和斯巴达人并肩战斗的还有400底比斯人和700特斯皮亚人,他们也都英勇牺牲。温泉关之战为希腊全军树立了榜样,鼓舞了整个民族的战斗意志,其精神力量之伟大远胜于具体关隘的得失。从战略部署上看,这场守卫战也是成功的,它为联军主力在后方的集结和希腊舰队驻防于萨拉米湾赢得了宝贵的时间。当薛西斯随后席卷中希腊各邦,攻占雅典,把全城付之一炬而得意之时,却不知道等待他的只是失败。

公元前480年秋,希腊和波斯的海军在萨拉米湾展开决战。此地位于雅典西南,有萨拉米岛和大陆之间形成的狭窄水域,以雅典舰队为主的希腊海军便利用了有利地形充分发挥自己灵活机动的特点,重创波斯舰队,击沉敌舰300余艘,希腊则仅损失40艘。波斯海军残余作鸟兽散,已无力抗拒希腊舰队;薛西斯也无心恋战,匆忙撤回亚洲,战局遂起根本变化。波斯虽然还在希腊土地上驻有一支陆军,采取攻势的却是希腊人,这支陆军很快便在前479年的普拉提亚战役被歼,希腊本土全境获得解放。与此同时,希腊海军在小亚的米卡尔海角再次取得对波斯海军的胜利。此后希腊胜利日渐明朗化,下一阶段(公元前478—前449年)的军事行动主要是希腊人乘胜追击,进一步解放爱琴海上和小亚沿岸的希腊城邦,使整个希腊世界摆脱波斯统治,免除波斯的威胁。公元前449年,波斯同意缔结和约,波斯承认小亚各希腊城邦的独立,并承担义务不再派军舰进入爱琴海,希波战争遂正式结束。

希腊波斯战争以希腊的胜利告终,在世界历史上影响深远。此后,世界文明发展的格局便逐渐形成东西方并立共存之势,一直延续至今。希腊的胜利不仅使希腊各邦得以继续发展,尤其使雅典达到空前的繁荣,遂为日后的西方文明奠定基础。希波战争波斯虽败,对整个帝国说来仍只是局部的边境事件,希腊人还无力越过小亚进入东方,因此波斯帝国仍在继续发展,它所继承的古代东方文明的传统后来又经安息、萨珊波斯和伊斯兰文明而持续不绝,这就是世界文明分为东西方的大格局,而它最初的分水岭可以说就是希波战争。

雅典海上同盟 普拉提亚战役后,雅典成为希腊联军中最有威力的强国。它的海军是和波斯继续作战的最重要力量,遂使雅典逐渐凌驾各邦、尤其是爱琴海和小亚沿岸各邦之上。这种形势导致了雅典霸权的建立。公元前478年底至公元前477年初,雅典组织中希腊、爱琴诸岛和小亚的一些城邦形成新的同盟,以同盟金库设于提洛岛而名为提洛同盟。它的目的原是为继续对付波斯联合作战,最初入盟之邦有35个,后来愈聚愈多,最后达到近250个邦,几乎包括全部爱琴海和小亚的城邦。同盟的章程和伯罗奔尼撒同盟近似，以盟主雅典为一方，所有其他盟邦为一方，双方立盟认共同之敌和共同之友，实际上军事外交皆得听从雅典指挥，所以这个同盟实即雅典霸权的工具，亦称雅典海上同盟。

按协议，入盟各邦皆承担义务共同组建海军。最初同盟可能有300艘三列桨战舰，其中雅典负责装备150艘，余由各邦提供。实际上直接提供舰只的盟邦不多，一般都出钱委托雅典代办，遂形成交纳盟金，雅典用之组成舰队的制度。盟金本来是为对波斯作战而收集，但后来却演变为雅典对入盟各邦的一种经济勒索，带有贡金的性质。随着入盟城邦加多，盟金猛涨，最后达到年入600塔兰特之数，在希腊当时可算空前庞大的巨款。同盟金库后来也由提洛岛迁到雅典，部分盟金被雅典挪用作国内城市建设之用，可见盟金已全归雅典支配。

随着希波战争接近尾声，作战任务退居次位，雅典对盟邦的控制却与日俱增，同盟就逐渐变质，终于成为雅典控制盟邦的工具。希波战争结束后，提洛同盟便转化为雅典帝国。自行退盟的城邦要遭到残酷镇压，盟金份额和使用完全由雅典决定，各邦在军事、外交以及政治经济制度方面都得按雅典意旨行事。入盟各邦按地域分为5个纳税区，实即雅典的监督控制区；除了军事暴力统治而外，雅典还通过在各邦议会和政府中派人常驻甚或担任要职、支持各邦倾向雅典的政派、干涉各邦司法等等而在政治、经济、文化各方面加强控制。

雅典海上霸权的建立为雅典自身的发展提供了优厚条件，是使雅典在公元前5世纪经济文化全面繁荣的一个重要因素。表面上看，雅典这个古典文明的中心和民主政治的灯塔，却要奴役统治它的盟邦，在海上同盟内称王称霸，似乎难以令人理解。但若揆之古代奴隶制国家的发展规律，这种看似矛盾的现象却有其必然性，因为古代奴隶制国家强大以后都要奴役邻邦，尽可能地寻求扩张，即使在国内实行民主共和制，在国外却同样横蛮地推行帝国统治——甚至连雅典人自己也承认当时的对外统治是搞"雅典帝国"。与古代东方帝国和后来的罗马帝国不同的是，所谓的"雅典帝国"是在希腊城邦体制之下建立的霸权，雅典并未吞并结盟各邦，变它们为自己治下的一个城市或行省。并且雅典的霸权不断受到来自其他城邦、首先是斯巴达的严重挑战，终于引起希腊世界内部相残的伯罗奔尼撒战争，雅典失败，提洛同盟终被解散。而雅典霸权的建立和伯罗奔尼撒战争的战乱却也使希腊城邦体制陷于不能自拔的危机。

雅典民主政治 雅典的民主政治在希波战争中不断取得新的进展。公元前487年，执政官不再经过选举，而是像五百人会议成员那样抽签产生。虽然梭伦改革以来只准第一、二等级任执政官的限制仍然有效，但由众多候选人抽签决定任职终究意味着官职向更广泛的群众面扩散。到公元前457年，公民大会便决定可让第三等级公民任执政官，后来又扩大到第四等级，并一律由抽签产生。从这一点可以看出，到希波战争结束，雅典政治可说是已达到在古代奴隶制条件下最民主的程度。

当时担任雅典民主派领袖并执掌政权数十年的是伯里克利（公元前495—前429年），故又称此时为"伯里克利时代"。他虽然出身名门望族，在第一等级中亦居首富之列，但他的家庭却和民主政治有密切联系：他的母亲是克利斯提尼的侄女，他从青年时就投身民主运动，他的老师和净友是富于民主和科学思想的唯物主义哲学家阿那克萨哥拉斯，而提携他的政治家则是出身平民下层的厄菲阿尔特。在公元前461年厄氏被刺杀后，他便接任为民主派舵手，指导雅典政局直至逝世。因此，可以说他是一身二任，既是代表工商业奴隶主的殷富公民的政治家，也是平民群众的代言人，恰好反映了雅典奴隶制民主政治既是奴隶制的又是民主的双重性质。伯里克利为人廉洁奉公、守正不阿，有眼光，善演说，具备一个优秀政治家的品格和气质。雅典在他领导之下达于极盛，因此马克思说："希腊的内部极盛时期是伯里克利时代"①。

伯里克利曾在一篇演说中描述雅典民主政治的理想说："我们的制度是别人的模范，它之所以被称为民主政治，因为政体是在全体公民手中，而不是在少数人手中。解决私人争执的时候，每个人在法律上都是平等的，让一个人员负担公职优先于他人的时候，所虑的不是某一个特殊阶级的成员，而是他们的真正才能。任何人，只要他能够对国家有所贡献，绝对不会贫穷而在政治上湮没无闻。"雅典当时的民主政治当然与奴隶群众无缘，但在公民群众中却基本上能实现伯里克利标榜的这些优点。它具体表现在以下四个方面：

首先，各级官职向一切公民开放，并都以抽签方式产生。当然，抽签方法也依职位轻重而略有区别。执政官这类最高官职尚须各选区按比例提出一定数量的候选人，然后再从候选人中抽签决定，但候选资格已尽量放宽，无任何财产、等级、资历的限制。其他各级官职和五百人会议成员则在各选区从合格公民中直接抽签产生。当时希腊人的宗教思想仍很浓厚，他们相信抽签是天意所归，赋予它以一定的神圣意义，因此也更显得公平。尽管这种看法有点可笑，它实际上却为公民提供了在古代条件下最广泛也最平等的参政机会，公民的政治素质也大为提高。

其次，民主政治的主要机构公民大会、五百人会议和民众法庭握有充分的权力。特别是公民大会，这时成为名副其实的国家最高权力机关，所有公民都是大会成员，都有参加讨论发言和投票表决之权，它实行的是直接民主制，即所有公民都直接参加握国家最高权力的公民大会。据估计，当时公民大会每隔八九天便召开一次，讨论国家安全、对外政策、粮食供应、国家债务、官员审核、惩罚和罢免；执政官抽签和十将军选举也在公民大会上进行。公民大会还曾允许任何公

---

① 《马克思恩格斯全集》第1卷，人民出版社1995年版，第212页。

民就任何问题自由发言(无论违法与否),只要他在祭坛上放一橄榄枝表示请愿即可。当此民主政治鼎盛之际,雅典城邦任何公职人员,无论地位多高,皆不能离开公民大会而擅自决定任何政务大事。他们都处于公民大会和五百人会议的经常督察监视之下,若公民大会认为他有失职守,则无论其功勋威信多高,皆依法惩处,从罢官放逐直至处死。实际上所有公元前5世纪的著名政治家都受过公民大会的责罚,泰米斯托克利和伯里克利亦不例外。

第三,在公民大会和公民群众获得国家主权的同时,原有的氏族贵族势力则被铲除殆尽。贵族会议丧失了一切政治权力,只处理与宗教有关的事务。而且,由于贵族会议成员照例由卸任执政官终身担任,此时执政官已向一切公民开放,出身平民的公民也能通过担任执政官而在贵族会议据有席位,这个会议也逐渐变质。因此,总的说来,旧日的氏族贵族奴隶主不再成为一支政治力量,贵族特权也烟消云散,这就是伯里克利津津乐道的"任职优先不属某一特殊阶级"。但这不等于上层奴隶主被赶出政治舞台,实际上雅典国家仍是奴隶主阶级的国家,只不过取消了贵族左右政坛的特权,让工商业奴隶主得到掌权的机会,并将政权向广大公民开放而已。伯里克利是整个奴隶主阶级"最优秀"的代表,他仍属上层奴隶主,偏重代表工商业奴隶主。

第四,为担任公职和参加城邦政治活动的公民群众发给工资和补贴。按城邦旧制,公民担任公职是尽义务,一律不给工资,甚至要由自己负担有关开销(至于贵族当官以权谋私,借官发财则是另一回事),这种作法实际上使贫苦公民参政大受限制,民主政治的发展必须打破这个传统。伯里克利首先为担任民众法庭陪审员的公民发给每日生活补贴,颇得民心;遂加以推广,使五百人会议成员和包括执政官在内的政府官员在执行公务时皆由国家提供膳费;后来发展到参加公民大会可领取津贴,甚至入场观看城邦组织的戏剧会演也可得"观剧津贴。"这为贫苦公民广泛参政提供经济保证,在某种意义上还有生活救济的作用。这种公薪制和补贴制最受第四等级欢迎,也使广大群众关心城邦收入而支持对外扩张掠夺。

综上所述,可见雅典民主政治在古代历史上确实发展到空前绝后的地步。但作为奴隶制民主政治,它的局限性也相当明显。首先,广大奴隶群众不仅毫无权利可言,而且被明目张胆地列为专政对象。雅典一切法制、政策都必须服务于剥削与统治奴隶的最高原则,血腥立法而外,还有警察和特务。而且雅典公民群众各个等级都是大大小小的奴隶主(第四等级往往也有一两个奴隶),他们无不支持城邦对奴隶的专政,在经济上对奴隶剥削的苛酷亦不下于其他古代国家。其次,这个民主政治的范围即使在自由民中也是很有限的,妇女皆不能参政,外邦人也无任何权利,这就使自由民人口总数一半以上与它无缘。第三,雅典对内虽行民主,对外、特别是提洛同盟的盟邦却是极端专横残暴的,毫无民主可言。

而由于城邦只给自己公民享受权利,公民权本身变成一种特权,公民范围不见扩大反而缩小,非公民获得公民权相当困难,这也就堵塞了雅典在政治上自我扩大之路。最后,还要看到这个民主政治的领导权仍掌握在奴隶主上层手中,只是这些上层分子不再属反对平民的贵族而是支持平民利用民主的工商业奴隶主。在体制上,雅典民主政治也留有一个"漏洞"以便于这些上层分子掌握实权,那就是十将军始终保持选举制,连选连任,并不给薪俸,这就决定了贫穷公民很难当选将军。而将军是掌握兵权的实力人物,伯里克利就是从公元前443年起到公元前429年连选连任首席将军而控制了雅典政局,成为事实上的终身政府首脑。所有这些局限都说明雅典民主政治是古代奴隶主阶级实行统治的一种手段。

公元前5世纪希腊的社会经济状况 奴隶制经济在公元前5世纪的希腊已得到相当充分的发展,学者们公认希腊为古代最突出的奴隶制社会之一。但是,希腊世界的经济发展并不平衡,奴隶制度亦不尽相同。就希腊本土而言,在伯罗奔尼撒半岛的内陆以及中、北希腊的西部与北部地区,经济发展比较落后,奴隶劳动尚未普遍使用。在奴隶制国家建立较久和奴隶制经济比较发达的地区,奴隶制度又分为两大类型,即斯巴达型和雅典或开俄斯型。斯巴达型以农业为主,工商业不发达,实行土地国有制,使用国有的农业奴隶。这种国有农业奴隶多由被征服居民集体遭受奴役而成,耕种土地,向奴隶主交纳一部分收成。雅典或开俄斯型奴隶制经济虽也以农业为基础,但工商业比较发达,农业生产也卷入商品经济,葡萄、橄榄等经济作物的生产在农业中占重要比重。土地、奴隶、手工业作坊等重要生产资料归奴隶主私人所有,奴隶多通过市场买卖而来,使用于社会生活的各个方面。雅典型奴隶制经济在希腊世界较斯巴达型更普遍和重要,代表着希腊奴隶制经济发展的主要方向。以下有关希腊社会经济的分析,将以雅典型奴隶制经济为主。

在希腊世界,农业中使用奴隶可分三种情况:一是斯巴达式的国有奴隶制,农业劳动全由国有奴隶希洛特担任。这种制度不仅见于斯巴达,在克里特岛和色萨利地区也有不同程度的存在,它往往通过征服而建立,并且是城邦为避免公民分化和加强公民军事活动而强制推行的一种剥削形式,在公元前5世纪已处落后地位而逐渐衰退。第二是贵族田产中使用的奴隶,是农业中使用私人奴隶的集中方式,但规模不大(一般在20人左右),也不很普遍。第三则是自耕农或小农所私有和使用的奴隶,在雅典等希腊城邦农业中最常见,在公元前5世纪也是最为发达的农业奴隶经济形式。当时奴隶价格约等于一头毛驴,因此能拥有一两头牲口的小农往往也购买一两名奴隶。在雅典这样民主政治发达的城邦中,小农经济巩固,以第三等级为主的小农几乎都使用奴隶,数目由五六名至二三名不等,甚至第四等级的贫农也常以一名奴隶帮工。从以上三种情况看,可见希腊农业中使用奴隶是非常普遍的,几乎可说有耕牛处就有奴隶,但另一方面,公民和自由民中小农的劳动在农业经济中也占有很大的比重,这是希腊城邦社会必备的特点。

在工商运输业和家务劳动中使用奴隶的情况,在雅典等城邦中,则较农业有过之而无不及①。手工业作坊可按使用奴隶的规模分为两大类。大作坊使用奴隶约 20~30 人,最多可达 100 余人。小作坊使用奴隶在 5~10 人之间,作坊主一般就是公民中第三等级的手工业者,往往参加劳动,此外也有只用一二名奴隶的小手工业者和小商小贩。在雅典,使用奴隶最多、最集中的行业是国有矿山的采矿业。例如著名的劳立温银矿使用奴隶多达 1 万人以上,由采矿奴隶主分片承包管理,全用奴隶下井开采,奴隶有业主自置者亦有租用者。出租奴隶的多来自中上阶层,往往是大奴隶主。例如雅典首富尼西亚斯就有出租奴 1 000 人之多,但他自己不经营矿业,奴隶全用于出租。在矿穴中劳动条件最差,剥削最残酷,奴隶死亡率极高。在家庭劳务中使用奴隶的情况,则几乎包括所有等级的公民。不仅第一等级之家奴仆众多,第四等级的贫苦公民中也不乏用一名家奴者。同样地,几乎所有文化名人,无论他是哲学家、艺术家、诗人或学者,全都使用奴隶。在雅典,还把奴隶用于一般公务部门,如管理档案文书、担任警察刑吏之类。由此可见希腊社会中奴隶已被普遍使用。在斯巴达,奴隶集中于农业劳动,其数量为斯巴达公民的七倍;而在雅典,奴隶则充斥社会的各个方面。所以古典文明的光辉成就实际上是以奴隶劳动为其基石的。

公元前 5 世纪的希腊奴隶制经济,就其自身的发展过程说,可说是达到了充分的繁荣。雅典是当时希腊各邦中经济最发达的,不仅包括奴隶在内的人口总数和工农业生产居全希腊之冠,它的产品还远销整个地中海区域和黑海地区,以它为代表也最能说明希腊奴隶制经济的一些特色。从古代奴隶社会总的发展情况看,希腊是继古代东方文明而晚出者,因此,它使用奴隶的普遍和发展程度之高,应看作整个古代奴隶社会已臻发达阶段的一个反映。但和同样也经历了自己的发达阶段的东方古国的奴隶制经济比较起来,以雅典为代表的希腊奴隶制经济又具有一些自身独有的特点,大致表现在以下四个方面:

(一) 希腊奴隶使用虽很普遍,却以小规模为主,而且,可称为大奴隶主的公民和小奴隶主之间的差别也不是很大。以雅典为例,它的公民等级财产差别之比按一、二、三等级收入计算,是 5∶3∶2(即分别为 500、300 及 200 麦斗),尽管第一等级中首富之人比一般同级公民要突出一些,但总的来说距离这个基本标准不是很大。据估计,这三个等级拥有奴隶的数目大致是第一等级 25 人左右,第二等级 15 人左右,第三等级 3 人左右,和东方国家帝王将相豪门显贵的奴

---

① 在斯巴达,工商业不发达,斯巴达公民不从事工商业活动。只有庇里阿西人经营少量工商业,使用奴隶不多。

仆动辄成千上万、甚至十万至数十万的情况相比,雅典第一等级的大奴隶主,在东方看来只能算中等甚至中小奴隶主。这种小规模是和希腊城邦的公民体制密切相关的。

(二)在上述特点的基础上,各等级在国民经济的重要地位也是以第三等级为首。即在希腊奴隶制经济中,占优势的是小农和小作坊的经济,与东方之王室、贵族、神庙经济占主导地位不同。仍以雅典为例,据估计当时雅典公民人口(包括家属)总数约为 168 000 人,第三等级即占 100 000 人,一、二级合算亦仅4 000 人,况且各级财产收入相差不太大,可见第三等级的重要了。因此马克思说:"小农经济和独立的手工业生产……还构成古典社会全盛时期的经济基础"。①

(三)奴隶劳动使用于商品生产的比重较大,或者说,以雅典为代表的希腊社会经济中商品经济的比重较之其他古代社会为大。前已指出,自从开展殖民活动以来,希腊世界的商品经济便比较发达。公元前 5 世纪时,像雅典这样的城邦可说是以市场和商品经济为一切生产活动的杠杆,不仅工商业完全是商品生产,农业中也以经济作物为主,面向市场,反过来粮食却又大部分依靠进口,也是通过市场。这样一来,尽管古代奴隶制经济始终不脱自然经济的总范围,古代国家也无不以农为本(雅典亦不例外,农村人口仍占多数),希腊社会中商品经济的比重已有超过自然经济之势。商品经济的活跃,反映了私有化比较彻底,市场交换的原则在社会生活中起着重大作用,工商业奴隶主势力比较强大,这对希腊民主政治和文化思想都有不小的影响。但商品生产却不能改变奴隶制剥削的本质,甚至可以说奴隶主为了追求商品利润,对奴隶的剥削更为残酷,更不顾奴隶的死活。

(四)希腊各邦一般不以本城公民为奴,所使用的奴隶都是外邦人和蛮族人。雅典自梭伦改革以后已取消公民中的债务奴隶制,在雅典影响下,提洛同盟和其他希腊城邦在公元前 5 世纪也普遍保护本国公民不遭奴役。因此,在雅典和其他海运发达的大城邦中,奴隶多来自海外异域,其中有小亚、叙利亚、腓尼基和亚洲各地之人,也有色雷斯人和黑海沿岸的西徐亚人,还有来自非洲的黑人。战争俘虏仍是奴隶的重要来源,而海盗劫夺拐卖的奴隶和家生奴隶也不在少数。各城邦都有奴隶市场,希腊世界最大的奴隶市场则是爱琴海上的开俄斯岛。本城公民不得为奴以后,有利于使全体公民共同对付奴隶,奴隶主的专政反而更见巩固,甚至像雅典这样号称民主典范的城邦,公民群众对奴隶的镇压也从不放松。

由于这些特点,希腊奴隶制可称为古典奴隶制,和古典城邦体制有不可分割

---

① 《马克思恩格斯全集》第 23 卷,人民出版社 1972 年版,第 371 页。

的联系。但是,对希腊社会中奴隶人数的估计,却不能因其使用普遍而认为奴隶一定要比自由民多得多,从上述的小规模、第三等级为主等特点可以作此推定。目前史学界较普遍的看法是,以最发达的雅典为例,总人口40万人中,奴隶20万,公民16.8万,外邦侨民3.2万,因此奴隶只占人口的50%,至于整个希腊世界,则比率还要低一点。例外的恐怕只有斯巴达和开俄斯岛,因为斯巴达那套希洛特制度比较彻底,作为国有奴隶的希洛特显然要比斯巴达公民多得多;而开俄斯岛则是最大的奴隶市场,所以古人都说那里的奴隶多如牛毛。但总的说来,希腊社会奴隶与自由民之比不会超过50%,虽然较之古代东方各国,这个比例仍是大大超过了(古代东方约在30%以下)。

希腊奴隶社会尽管在公民内部实行民主,对奴隶仍是非常严酷的,奴隶与奴隶主的阶级矛盾异常尖锐。不仅希腊城邦的专政措施无孔不入,奴隶主对奴隶的虐待更是五花八门,从鞭打开始、直到吊起脚来、抽筋折骨、剥皮、绞杀、烧死、从鼻子里灌醋、在肚子上压砖……无所不用其极。这一切对奴隶的虐杀构成希腊古典文明最阴暗的一面,却也是最本质的一面。在这样严酷的压迫之下,希腊奴隶群众的反抗斗争异常激烈,方式多样,从怠工、逃亡、击杀个别奴隶主、利用奴隶主内部矛盾打击奴隶主,直至武装起义,发动奴隶主最害怕的"奴隶战争"。在伯罗奔尼撒战争之际,雅典的奴隶和斯巴达的希洛特都发生过大规模的逃亡,尤以公元前412年雅典2万名手工业奴隶大逃亡对雅典打击最大。奴隶起义战争多次爆发,其规模最大的两次皆发生于伯罗奔尼撒:公元前494—前468年的阿哥斯奴隶起义,先后坚持20余年;公元前464—前453年的斯巴达希洛特大起义则几乎摧毁斯巴达城,虽然最后失败,却坚持斗争达10年之久,粉碎了斯巴达陆军天下无敌的神话。

第三节 希腊古典时代(下)

伯罗奔尼撒战争 提洛同盟演变为雅典帝国后,雅典成为希腊最大势力,引起斯巴达和它领导的伯罗奔尼撒同盟的敌视。在伯里克利执政期间,帝国政策未尝放松且有变本加厉之势,斯巴达的干扰对抗亦与日俱增,终于爆发了历时二十余年的伯罗奔尼撒战争(公元前431—前404年,其中公元前421—前415年一度休战)。两强相争,必有一战,这是奴隶制国家对外关系的必然规律,但此次伯罗奔尼撒战争除了一般的奴隶制强国争霸之战的意义而外,还反映了希腊城邦体制的危机:它既不能阻止战争的爆发,战后又无法导向稳定的联合,于是战乱频仍,表明城邦制度已难以适应希腊奴隶制进一步发展的要求。此战以雅典失败为结束,更使处于上升阶段的古典文明顿遭挫折。

战争的第一阶段从公元前431年开始,至公元前421年休战而止。公元前

431年春,加入伯罗奔尼撒同盟的中希腊城邦底比斯袭击雅典的盟友普拉提亚,被击溃,雅典随即拘留所有雅典境内的底比斯侨民,战争遂不可免。原来,在此之前,雅典和伯罗奔尼撒同盟已有多次摩擦。从公元前457年起,雅典海上帝国与色萨利和阿哥斯结盟,同斯巴达为首的伯罗奔尼撒同盟已兵戎相见,进行了多年战争。至公元前445年才签订和约,但矛盾继续发展。公元前432年,伯罗奔尼撒同盟召开大会,决定向雅典提出一些明知它不能同意的强硬要求(例如驱逐伯里克利)。雅典亦针锋相对,在公民大会上对这些要求断然拒绝,意味着双方都在准备诉诸战争。底比斯袭击普拉提亚便成为导火线引发了希腊两大势力的决战。在公元前431年6月,斯巴达军侵入雅典,战争遂全面爆发。

从战前的基本形势看,雅典海上同盟积极扩张,四处插手,已危及伯罗奔尼撒同盟的利益,而雅典民主政治的霸权更使坚持贵族寡头统治的斯巴达深感不安。雅典工商业发展已从黑海而西扩入爱奥尼亚海,侵犯了伯罗奔尼撒同盟最大工商业城邦科林斯的传统势力范围,矛盾更难以缓和。伯里克利认识到战争绝难避免,作了一定的准备。他知道斯巴达将采取陆上围攻之策,遂把雅典取胜的条件放在海上反击和城市固守等方面。为此他修筑并加固了连接雅典城和海港皮雷埃夫斯的长垣夹道,相信只要此墙未破,雅典城就能直通大海,不仅不怕斯巴达的围攻,同时还可凭其优势海军袭击斯巴达和伯罗奔尼撒同盟的城市。

出乎雅典方面意料的是,当斯巴达军占领郊区农村,农民纷纷逃入雅典城内时,密集的人口和恶劣的卫生条件却使海外传来的瘟疫(可能是鼠疫)大为流行。据估计,全城居民的1/4染疾而死,更严重的是,伯里克利也被瘟疫夺去性命(公元前429年)。此后提洛同盟内部的矛盾和雅典公民中主和与主战派的矛盾也日渐发展,遂使雅典战斗实力大受影响。在第一阶段的战争中,双方互有胜负,呈相持之势,最后雅典主和派得势,双方遂缔结和约,规定各自退出占领对方的领土,交换战俘,保持50年和平。但实际上双方互占之地都未退还,矛盾依然存在,只是暂时的休战。

战争第二阶段(公元前415—前404年)以雅典发动西西里远征开始。当时西西里岛最大城邦叙拉古与斯巴达为盟,雅典想以空前规模的海上远征夺取叙拉古,结果事与愿违,全军覆没。这次惨败使雅典元气大伤,特别是海军受损最巨,再也无力恢复,从而决定了雅典失败的命运。此后斯巴达不断出兵侵入雅典国内,长期盘踞雅典城北面的狄西里亚地区,雅典农村遭严重破坏,城内又发生了两万奴隶的大逃亡,加速其经济的崩溃。斯巴达方面则不仅有优势陆军,还借波斯资助建立海军,实力大增。公元前405年的羊河之役,雅典海军被全部歼灭,只好屈膝求和。

公元前404年的和约规定解散提洛同盟;雅典只能保留12艘警卫用的舰只,拆除长垣通道和海港防御工事,并加入伯罗奔尼撒同盟。这样一来,失败的雅典便被降为俯首听命于斯巴达的二等城邦。这次战争虽是希腊人之间的内战,其牵涉之广、损失之大、杀戮之残酷却较希波战争尤有过之。此后希腊历史进入城邦危机阶段,希腊古典文明亦由全盛走向衰落。

公元前4世纪社会经济状况 在公元前4世纪的城邦危机时期,希腊奴隶制经济在战乱之中仍继续有所发展,因为从实质上说,城邦危机本身就是奴隶制发展的结果。奴隶制经济要求建立大国甚至帝国,原来小国寡民的希腊城邦却和这一要求背道而驰。城邦体制要被奴隶制的进一步发展所抛弃,于是出现了城邦危机,而在危机中,奴隶制经济仍将不断取得进展。危机引起的战争虽然破坏生产,却对奴隶制发展不无好处,因为战争提供了滔滔不绝的奴隶来源,还使许多奴隶主借战争大发横财。另一方面,奴隶制的发展又破坏了城邦的经济基础,公民中的小农和手工业者在战乱之中纷纷破产,进一步加深城邦的危机。

伯罗奔尼撒战后直到公元前4世纪末,江河日下的希腊世界中唯一不见衰减反而显著发展的是奴隶制。历次大小混战中卖作奴隶的战俘和被征服人口不计其数,各城邦的奴隶市场到处"货源"充足,而奴仆成群的大奴隶主也日见增多。伯罗奔尼撒战争中获胜的工商业大城如科林斯、叙拉古、底比斯等固然是继续繁荣,连战败的雅典也恢复较快,到公元前4世纪中期雅典的奴隶制经济从数量看已超过公元前5世纪的极盛期。甚至高唱"平等人公社"的斯巴达,贫富分化亦趋激烈,许多指挥作战的将领大发战争财。其中最突出的如组建海军的莱山德,私敛家财达2 000塔兰特,相当波斯的巴比伦、亚述省一年的税金总额。据雅典演说家希培里德之言,公元前338年之际,雅典银矿及其他行业使用成年男奴之数高达15万人,若加上女奴和老幼奴仆,则雅典奴隶总数已在30万人以上,比公元前5世纪至少增加50%。

和大奴隶制经济的流行相伴,公民中的小农和独立手工业者则处境艰难,破产日多。雅典公民中的第三等级受创最剧,人数大减,不少沦为无地公民,甚至流离失所,靠当雇佣兵糊口。而第四等级的贫苦公民却明显膨胀(其中有许多是第三等级沦落而成),数目至少增加了一倍,变成在城市里靠救济施舍为生的游民。上述各种因素加在一起,就说明曾作为古典城邦体制基础的小农与手工业者的经济以及兵农合一的公民兵制此时已遭严重破坏,广大贫民(破产小农、手工业者和无地公民)与大奴隶主的矛盾日趋尖锐,城邦内部的阶级斗争再次高涨起来。

城邦内部矛盾的发展 许多城邦都爆发了贫民起义,有时奴隶亦响应参与,共同开展反抗大奴隶主的斗争。公元前401年,北非的殖民城邦昔兰尼首举义旗,贫民杀死500富人。接着在公元前399年,斯巴达发生了基那敦组织起义的活动,因叛徒告密,起义遭到扼杀。公元前392年,科林斯又爆发了贫民反对奴隶主上层集团的武装斗争。到公元前370年,阿哥斯更进行了规模空前的"棍棒党"起义(因起义群众以棍棒为武器,故名)。他们在前一阶段尚与城邦民主派共同对敌,镇压豪富千余人,后来民主派表现动摇,他们便推翻民主派政府而进行更激烈的斗争。尽管起义最后仍归失败,但群众的激进却表明城邦民主政治体制再也满足不了贫民的要求。

随着城邦内部矛盾的加剧,希腊政治家有关公民内部团结共谋福利的梦想遭到破灭。过去城邦曾出现平民反对贵族的斗争,结果建立了民主政治,使这种梦想一度有所依托。但此时的贫民反对大奴隶主的斗争(也有人称之为第二次平民斗争)却不再导致贫民的胜利,镇压贫民的大奴隶主也不再容忍民主政治的口号,而要加强镇压,与人民群众完全对立。公元前4世纪的著名演说家伊索克拉特曾形容这种梦想破灭的形势说:"富人宁肯把钱投入海中,也不愿救济穷人;而最穷的人则不以分享富人财产为满足,必欲剥净其财而后快——这种不通过互相谅解以求共享太平的心态已达如此不共戴天的地步,真令人可悲!"

奴隶制国家的安全和奴隶主阶级的利益现在已不能靠日趋薄弱的公民武装来保护,代之而起的是雇佣兵。到公元前4世纪,希腊各邦对外作战对内镇压便主要依靠雇佣兵,这些雇佣兵的头目成为风云人物,更使城邦政治有名无实。为了壮大自己的力量,希腊奴隶主阶级想到只有向东方侵略、掠夺东方财富才是唯一出路,可是指挥各路兵马向东方进军仍得依靠国王之类专制势力。于是,无论从加强对内镇压和对外侵掠说,希腊奴隶主都感到城邦无用而把眼光转向王权统治。前面提到的演说家伊索克拉特就曾代表这种思想致书马其顿国王腓力,希望他领导希腊各邦"把战争引向亚洲,把财富夺归希腊。"这一口号,不仅反映了希腊奴隶主的野心,也透露出他们对城邦体制的深刻失望。

城邦间的争霸斗争　城邦危机既由奴隶制发展而引起,势必导致各大邦为争霸而混战不已、愈演愈烈,最后是把希腊纳入奴隶制发展所要求的建立王国和帝国统治的轨道。

伯罗奔尼撒战争后,斯巴达成为希腊霸主,又引起新的矛盾。一方面是失败的雅典和原提洛同盟各邦的不满和伯罗奔尼撒同盟内的科林斯、底比斯等大邦对斯巴达独断专横的抵制;另一方面还有波斯的从中利用,挑拨离间。原来波斯在伯罗奔尼撒战争中是支持斯巴达对抗雅典的,这时斯巴达过于强大,它又想遏制斯巴达以求对希腊有操纵之利。于是在公元前395—前387年间爆发了科林斯战争,雅典、科林斯、底比斯、麦加拉等竟在波斯暗地支持下联合起来向斯巴达宣战。此战使斯巴达穷于应付,遂向波斯请和,由波斯出面拢合双方缔结和约。雅典乘机恢复了海军,在衰败中渐有起色,但波斯的插手却使小亚各地的希腊城邦又接受了波斯的统治,小亚希腊人在希波战争中的胜利成果丧失殆尽。

斯巴达是以出卖小亚各邦讨好波斯才得苟延其霸权,因此遭到各邦唾弃,但它的干涉却并不见减弱,反而变本加厉,终于引起底比斯再度反对。此时底比斯民主派领袖佩罗庇达和伊帕密南达相继执政,渐趋强盛,并恢复了以它为首的彼奥提亚同盟。公元前371年,底比斯在留克特拉一役痛歼斯巴达军,次年冲入伯罗奔尼撒,解散其同盟,斯巴达虽未亡国,却已失去一切强权地位。但底比斯的霸权未能长久,当时乘机组成第二次海上同盟的雅典又对底比斯的强大深感不安,反而和斯巴达联络以抵制底比斯。公元前362年的曼丁尼亚战役,底比斯主将伊帕密南达阵亡,底比斯的霸权迅速瓦解。接着,雅典又重蹈覆辙,对第二次海上同盟的盟邦摆出霸主架势,引起同盟战争(公元前357—前355年),雅典失败,第二次海上同盟亦告解体。这几十年中,各邦的混战和同盟的分合层出不穷,始终未能找出摆脱战乱和危机之路,可见城邦体制的生命力已濒枯竭,而城邦危机却为马其顿王国的兴起及其控制希腊提供了方便。

希腊古典文化 一般而言,公元前5世纪和公元前4世纪都属希腊文明的古典时期,但若按城邦危机发生和发展的程度,通常又把公元前5世纪称为古典盛期,公元前4世纪则是古典后期。日后人们羡称的古典文明光辉成果大都产生于这两个世纪间,其中许多代表人物将永远照耀于人类文明的史册。

希腊古典哲学在公元前5世纪继续发展了自然哲学的唯物主义传统,其较早的代表有西西里岛的希腊哲学家恩培多克勒(约公元前495—前435年)和伯里克利的老师阿那克萨哥拉斯(约公元前500—前428年)。恩培多克勒承认事物的客观独立存在及其不断的运动变化,主张认识源于感觉,客观事物是经过流射而引起人的感觉,其认识论属于一种朴素的反映论。他还改进了以前自然哲学诸家认为万物本原为一种原素的理论,提出本原应有四种,即水、火、气、土,合四根而为一物,引导出物质可分为更细成分之思想,开启了原子论的思路。阿那克萨哥拉斯则是伯里克利民主政治的坚决支持者,他发挥了物质可分之说,认为一切事物都是许多性质不同的微粒组成,称为"种子",从而直接启发了日后的原子论。最后完成原子理论的希腊哲学家则是德谟克利特(约公元前460—前370年),他奠定的原子学说是公认的古代唯物主义最高体系。

德谟克利特出身于色雷斯的阿布德拉,但长期活动于雅典。他游历极广,访问了埃及、巴比伦,甚至传说远达印度,是一个学识渊博、眼界开阔的哲学家和科学家。他认为一切事物之本为原子及其虚空,原子是最后不可分割之物质微粒,肉眼难见,数量无限,而运动是原子的固有属性,原子运动聚合而成万物,万物之差异即源于构成此物之原子有形状、次序及位置之差异。他的认识论也很有特色,认为人之感觉思想皆由外在事物影像渗入而生,故无外在影像,人即无感觉与思想,而人之智慧才能端赖于学习与实践。除了哲学研究,德谟克利特还进行了数学、天文、生物、医学、伦理、修辞等方面的著述,可说是古代第一位杰出的百科全书式的学者。

在古典时期,雅典产生了三位最著名的希腊哲学家:苏格拉底(约公元前

469—前399年）、柏拉图（公元前428—前348年）和亚里士多德（公元前384—前322年）。前两人都是雅典公民，亚里士多德虽出身于北希腊的斯塔吉罗斯，却长期教学于雅典。

苏格拉底认为哲学的任务主要在于探讨与人生幸福有关的道德伦理问题，提倡知德合一之说，认为美德基于知识，而两者之获得皆有赖于教育。他喜欢强调人之求知首先需承认自己的无知，"我知道自己一无所知"，便是他的名言。因此他坚持以破求立，让人通过辨析认识到原以为正确合理的各种传统观念的谬误，进而树立新的思想。从他的基本思路看，他属于唯心主义阵营，但他的弃谬求新的哲学教育方法却包含一定的辩证原理。他以身作则，对认识到的事理坚守不渝，至死不悔。由于他性格倔强、言辞激烈，雅典公民法庭以渎神罪判他死刑，他却毫无悔意坦然饮下行刑的毒液，从容就义。他这种为真理献身的精神为西方哲学界树立了崇高的榜样。

苏格拉底的学生柏拉图则是一位更为彻底的唯心主义者，他出身雅典显贵，政治上鼓吹斯巴达式的城邦体制。他认为只有理念或观念才是万物之本原，理念世界是真，物质世界反成虚幻，这显然是一种本末倒置的唯心论。柏拉图追随苏格拉底直到他服刑而死，以后柏拉图虽曾赴西西里和南意大利讲学，但主要是在雅典办学授业。他在雅典开办的学校位于北郊的阿卡德美，教研成绩皆臻上乘，日后西方即以阿卡德美作为高等研究机构或科学院之名。在西方文化史上，柏拉图的博学多才、文笔优美是很有代表性的，他的许多哲学著作都以对话体写成，妙趣横生，引人入胜，有深远的影响。然而他的唯心主义理论和贵族政治理想却不能不说是当时奴隶主阶级上层人士已对城邦民主政治丧失信心的一个反映。

作为柏拉图的学生，亚里士多德更以学识渊博著称。他不仅青出于蓝而胜于蓝，处处皆有超过老师的成就，还对柏拉图的唯心论谬误进行了批判，"吾爱吾师，但更爱真理"便是他的名言。他认为柏拉图的观念论不合事理，观念或理念皆属人的思维抽象，客观上并无理念世界的存在。但他的唯物论亦不彻底，虽承认物质客观存在，却认为物质受形式的支配，只有属于精神世界的形式才赋予物质以确定性和现实性，从而陷入二元论的泥坑。亚里士多德在自然科学和社会科学许多领域展开的深入研究，却比他的哲学观点更为伟大。据说，他一生著述达400甚至1 000卷之多，现存者亦有47部。包括逻辑、伦理、政治、经济、文艺理论和自然科学中的动物学、植物学、生理学、物理学等方面，长期被西方学术界奉为各学科的经典之作。但是，像所有希腊文化名人那样，亚里士多德也是奴隶主阶级的哲学家，他对奴隶制是极力拥护的，他认为奴隶是会说话的工具，完全是主人的私有财产，而文明的希腊人奴役蛮族也合乎正义，甚至说人生而有主奴之分，主奴的不平等亦即真正的平等。看到这位如此博学的大师竟为奴隶制作这样无理的辩护,也就可知古典文化打上的奴隶制烙印之深。

古典时期的希腊在自然科学的研究上堪称古代最有成就的范例。这时有关天文、地理、数学、几何、物理、生物、医学等科学知识的积累和理论探讨都逐渐形成学科体系,虽然还未达到近代自然科学那样的条理性和实验性,却已标志着人类科学发展过程中的一个重要阶段,即开始抛弃宗教神学的影响,坚持从物质世界本身去说明事理。这种实事求是的科学态度和一定程度的考察分析,使许多希腊科学家在一般原理方面常有天才的洞见,不失为近代西方自然科学的滥觞。在这方面,哲学家的自然科学研究也作出重要贡献,从恩培多克勒到亚里士多德,无不在其具体的科学研究成果上显示出科学精神的典范。

古典时期天文学的研究已开始探索天体运行的客观规律。恩培多克勒首先正确解释了日食形成的规律:月亮走在太阳和地球之间;接着阿那克萨哥拉斯又正确解释了月食:地球走在太阳和月亮之间。他还说银河是许多远处的星星所发出的光,月亮上有山有谷,而太阳不过是一块灼热的石头、并不存在什么太阳神。此后天文学家更热衷于用几何数学和物理原理解释天文现象,到公元前4世纪时,天文学家欧多克索斯(约公元前408—前355年)便根据实际观测和几何原理,尝试构想宇宙的几何模型。尽管他以地球为中心的模式是错误的,他却第一次在人类文化史上提出了天体运行的全方位的科学概念。他不仅试图用科学原理解释一些简单的天文现象,还想以此解释天体的各种不规则运动的规律,也就是说,对这些天文学难题力求给予科学的回答,对后世影响甚大。

在数学、几何学方面,希腊学者们也努力探求公理、公式以获难题的解决。继毕达哥拉斯之后,古典时期的希腊几何学家已得出有关平行线、三角形、多边形、圆、球和正多面体的许多定理。开俄斯岛的希波克拉底(约公元前470—前400年)还致力于化圆为方之类难题的解决,得出了求以两不等径圆弧为边的月牙形面积的方法,后来又有人提出可以把圆看成是无穷多边的正多边形或以圆外接正多边形的思考方法,为计算圆面积的穷竭法开其端绪,后来欧多克索斯又以此法用于计算曲边形面积和曲面体的体积,他的学生美尼克穆斯(约公元前375—前325年)更开展了圆锥曲线的研究,显示了古典数学和几何学研究的深度。在地理学方面,则不仅有较多的地志学的著述,还开始考虑对地理位置进行科学测量。天文学家欧多索克斯提出根据恒星视角以定地球上某一地点正确纬度的方法,可说是开科学的地图学之先河。

在医学方面,古典时期产生了一位最伟大的希腊医学家——有"医学之父"之称的科斯岛的希波克拉底(约公元前460—前377年),他不仅医术高明,还写有丰富的理论著作,使医学成为真正的科学。他坚信人的各种疾病皆是生理失调和外界影响所致,排斥宗教迷信,强调明确病因、按人用药并注意"预后",保证病人的彻底康复。他制定了著名的"希波克拉底誓言",规定医生的职责与医德,至今仍为西方医学界遵奉。

社会科学方面,古典时期已开始对逻辑学、修辞学、政治学、经济学方面作了探讨并获较大成果,但业绩最辉煌的当推史学。这时期先后出现三位伟大的古典史学家:希罗多德(约公元前484—前425年)、修昔底德(约公元前460—前400年)和色诺芬(约公元前431—前354年)。希罗多德被西方人士尊为"史学之父",他出生于小亚的哈利卡尔纳苏斯,但在希波战争以后居留于雅典,后来成为伯里克利的朋友,参加了雅典在南意大利建立图里殖民城邦的活动,成为该城公民。希罗多德的传世之作名为《历史》,是以希波战争为主轴的通史般的巨著。全书分9卷,约有一半篇幅用来介绍埃及、巴比伦和波斯各东方古国的历史,其眼界之开阔,材料之丰富和文笔之生动都是古代史学中前所未见的。更为可贵的是希罗多德述史着重探究核实,所采史事皆经过一定的筛选、比较和分析,力求历史真实性与艺术性的完美结合,为后世的历史叙述体奠定基础。在希波战争的记述中,他歌颂希腊的爱国热情和雅典的民主精神,写下了许多有声有色、脍炙人口的篇章,因而《历史》在西方始终是最受欢迎的史书。

修昔底德的著作是《伯罗奔尼撒战争史》。他曾任雅典将军参与作战,后因故被流放,遂专心记述这次他认为是希腊历史上最重要的战争。他的特点是在纪实求真方面更为精到,非常注意对史事去粗取精、辨伪存真,因此他的著作具有很高的科学性,为古代其他史家所难及。《伯罗奔尼撒战争史》近百万言,详略得体,精彩纷呈,而史笔之老练遒劲,论述之精辟严密,皆不愧为西方史学的楷模。较诸希罗多德和修昔底德,生活于城邦危机时代的色诺芬不免略逊一筹。他出身雅典上层公民,拜苏格拉底为师,政治观点与柏拉图相近。但他军政阅历丰富,学识广博,史学而外,在军事学、经济学、教育学、政治学、哲学方面都有建树。他的主要历史著作是《希腊史》,有意作为修昔底德的续篇,记述公元前411年至362年的史事。其书隽永可读,既精于记述亦富于情趣,仍属古典史学的上乘。

在文学艺术方面,古典时期的辉煌成就构成了古典文化遗产中最精彩的部分。公元前5世纪希腊文学的重要成果是悲剧和喜剧,这时产生了三位伟大的悲剧诗人:爱斯奇里斯(公元前525—前456年)、索福克利斯(公元前496—前406年)和幼里披底斯(公元前485—前406年);以及一位最杰出的喜剧大师:阿里斯多芬(约公元前450—前385年),他们都是雅典公民,他们的剧作都多次在雅典演出获奖,由此可见古典文学与民主政治之联系。爱斯奇里斯是悲剧体裁的奠基者,被奉为"悲剧之父",他的作品慷慨激昂,充满爱国热情,同时也对人在命运之前的奋勇反抗备至歌颂。索福克利斯的剧作则在艺术上最为完美,充分反映了伯里克利时代古典文明的鼎盛。他的风格庄重和谐、气魄宏伟,叙事抒情都恰到好处。幼里披底斯又特别注重写实和激情,他对心理矛盾刻画至深,戏剧冲突的开展也非常激烈,因此他的悲剧震人心弦,题材和思想都有超前的表现。例如他主张男女平等,同情奴隶,使他的作品更为现代人喜爱。阿里斯多芬的喜剧也和当时的悲剧一样,被后世目为难以超越的杰作,他的喜剧多取材于现实生活,嬉笑怒骂皆成文章,尤能反映农民心态,最受农民的欢迎。他以诙谐的笔调触及严肃的社会问题,奠定了喜剧寓庄于谐的基本风格。在这几位戏剧大师之后,公元前4世纪希腊各地虽继续有许多悲剧和喜剧的创作,但都难以和他们相比。

希腊艺术在希波战争期间有很大的发展。经历了马拉松和萨拉米胜利战役的希腊人民,在爱国热情鼓舞之下要求艺术家塑造理想的英雄形象,遂使古朴时期已达一定高度的现实主义更进一步,摆脱了拘谨风格的残余,集中于典型的创造,达到优雅庄重的完美境地,成为近代文艺批评家一致赞扬的"高贵的单纯与静穆的伟大"的古典盛期风格。因此,以雅典为主,但也普遍见于希腊各地的许多战后新建神庙、纪念碑和纪念雕像,无不体现着这种既高度写实又充满理想加工的古典风格。这些作品至今大都残缺无存,近几十年的美术考古却从海底打捞起几尊惊人完美的原作。其中最著名者有1928年在中希腊阿铁美西昂海角发现的宙斯青铜巨像,以及1972年在南意的莱焦海边发现的两尊希腊战士铜像。它们制作年代都在公元前5世纪中期,肯定是纪念战争胜利之作,而它们刻制之精,形象之雄伟健美也是其他古典雕刻残片上难以窥见的。由这几件新发现的原作令人想到,古代文献记载的那些著名雕刻家的杰作会是多么完美!他们中最被人称道的有三位:米隆(活跃于公元前475—前450年间),波吕克利特(公元前5世纪后半期)和菲狄亚斯(约公元前490—前430年)。米隆之作栩栩如生,例如《掷铁饼者像》,刻画运动员的姿态异常生动。波吕克利特则致力于研究人体表现的比例法则,形象坚实有力,名作《持矛者像》长期被奉为人体雕塑的楷模。菲狄亚斯则是雅典最伟大的艺术家,他是伯里克利的好友,被委托主持雅典卫城的重建工作,整个工程无论是建筑还是雕刻都达到极其完美之境,历来被人们尊奉为最集中代表了古典艺术成就的不朽作品。

雅典卫城在希波战争中一度为敌侵占,破坏严重。战后的重建是在伯里克利直接领导下进行,菲狄亚斯率领众多艺术工匠在较短期间完成了帕特嫩庙的建筑和雕刻(公元前447—前432年),接着又建门厅,伊利特盎庙和胜利女神庙等等,使卫城的建设按伯里克利的理想真正变成"全希腊的学校"。帕特嫩意为贞女,是指雅典娜女神,她是雅典城邦的保护神,因而其建筑最称宏伟隆重,在细部安置和工程质量上皆精益求精,艺术设计尤其巧妙。例如,建筑家注意到人类视觉对直线易生僵直的错觉,便在各部分作细微矫正,竟使神庙通体不见一条僵直之线,因此它在世界建筑史上一直被视为最优之作。这庙的雕刻出自菲狄亚斯之手,无论殿内高达12米的雅典娜黄金象牙镶饰巨像和门面山墙上的群像,墙面长达160米的浮雕带等等,都极其精美,被人们誉为"虽出自人工之手,却具有神奇永恒的生命"。

　　古典艺术在公元前4世纪时续有新的进展,除了现实主义表现技法更见成熟而外,还注意于表现感情和情绪的特征,例如愤怒、绝望、悲痛,这些过激的感情在古典盛期是不予强调的。各地艺术流派也特色各异,反映了古典后期百花齐放的盛况。在雕像方面,这时的突破是开始流行女性裸体雕像,题材以表现阿芙洛提(即维纳斯)女神为主。著名雕刻家有普拉克西特利(约公元前380—前320年),他雕刻的作品神情潇洒,体态俊美,所作女神像表现女性的柔和秀美甚为杰出。善于表现悲壮感情的雕刻家则是斯科巴斯(公元前4世纪中期),其作深沉有力,在一定程度上反映了城邦危机期间公民群众的思想感情。

第九章 马其顿的兴起和马其顿—希腊的扩张

第一节 马其顿的兴起

马其顿的兴起 马其顿位于希腊北部,由上、下马其顿两地区组成。上马其顿是高原山区,仅有几个关隘与外界相通。下马其顿土地肥沃,适于农业,是马其顿的政治、经济、文化中心,它对于上马其顿有传统上的宗主权。

马其顿人的民族成分比较复杂。在早期青铜时代,一批操希腊语的部落迁至马其顿,后逐步分批南下,但有一部分人仍留在北希腊。可能在公元前7世纪,这些留下人中的一支——马其顿人占领了埃盖,扩张到了下马其顿的沿海平原,形成了马其顿国家。他们崇拜希腊的神祇,特别崇拜宙斯和赫拉克里斯。其他希腊语部落则在上马其顿与伊利里亚人、派奥尼亚人、色雷斯人相混合。从整体上看,马其顿人不是纯粹的希腊人,但与希腊人有渊源关系。

马其顿人在文明发展的道路上,比南部的希腊人大大迟了一步。在希腊城邦已达到政治、经济、文化高度繁荣的时代,马其顿刚跨入文明社会的门槛。国王是全国土地的主人,战争中最高的统帅,在对外关系上代表着国家。他同时又是祭司、法官和司库。但他的统治权力也受到一定的限制,辖下的各个部落仍保持相当的独立性,拥有自己的王族和部落王,战时作为国王名义上的藩属出兵打仗。国王的王位世袭,但须经过人民的认可,人民还有权废黜国王。涉及叛国罪的案件,要由人民审判。马其顿人多为农民和牧民,同时也都是战士。国王在部落贵族中选择他的战友,战友要完全忠于国王,平时参与宫廷事务,战时随国王出征。从这些战友中,国王选拔一些人组成他的"议事会"。公元前5世纪初,波斯侵略希腊,马其顿一度受波斯统治。但马其顿王亚历山大一世(约公元前495—前450年)暗通反抗波斯侵略的希腊城邦,告以波斯的军事情报。

进入公元前4世纪,马其顿一跃而成为希腊北部的重要国家。马其顿国王们把希腊的先进文化引入他们的宫廷,与希腊城邦进行贸易。经济的发展使马其顿的面貌发生了较大变化,村庄变成村镇,佩拉成为马其顿最大的城市和王国的首都。

马其顿的真正强大是在腓力二世之时。公元前359年初夏,马其顿人选举前国王的幼子为王,腓力以新王叔父的身份摄政。腓力早年曾在底比斯为人质,与底比斯名将伊帕密南达结识为友。他细心了解当时希腊各邦的政治形势、外交方式与战争方法。这一经历大大有助于他以后的成功。他受命于危难之际,这时,马其顿局势比较混乱,某些属地企图脱离马其顿而独立,腓力的同父异母兄弟们则伺机争夺王位。腓力审时度势,干练沉着,很快稳定了局面,赢得了声威和权力。可能就在这时,马其顿人废掉了幼王,推举腓力正式为王,即腓力二世(公元前359—前336年在位)。

腓力大刀阔斧进行改革,首先加强了王权。他通过征服、联姻、挑选战友、分封等手段,把各部落的贵族控制在自己的范围之内,并削弱他们的权力。对于边远之地,由于吞并的时机还不成熟,就让当地维持旧制。至于征服来的土地则并入马其顿,并扶植自己在那里的力量,以加强马其顿的统治。他借助传统抬高自己的地位,自称是赫拉克里斯的后裔。

军队是腓力征服与统治的最重要工具。为了提高军队的机动能力与战斗技术,他在部落兵制的基础上,创建了主要由贵族和富裕农民组成的常备军,归国王直接指挥。腓力吸取底比斯军队编制的特点,组成了更为密集、纵深的马其顿方阵。他加强了军队的武器装备,并建立了强大的舰队。总之,腓力的军事改革使马其顿的各个兵种能更好地发挥优势,协同作战。腓力的平定希腊,亚历山大之远征东方,其军事凭借就是这支马其顿军队。

经济是立国的基础,腓力绝不甘心被排除于海上贸易之外。为此,他建立新城市,打开出海口,开采潘革翁金矿(年产1 000塔兰特)。尤为重要的是进行了币制改革。他放弃了古老的波斯币制,银币采取色雷斯制,金币采取阿提卡制。这样,马其顿就可在色雷斯和雅典货币流通的范围内自由贸易,特别是能同南部近邻卡尔息狄斯同盟进行贸易。

腓力的改革使马其顿成为巴尔干半岛的军事强国。西边的伊利里亚、伊庇鲁斯、东边的色雷斯、北边的派奥尼亚,都在他的势力范围之内。腓力雄心勃勃,有强烈的征服欲望。在王权强化,国土扩大,实力增强,既无内乱又无外患的情况下,南部内争犹酣的希腊城邦自然成了他进一步征服的目标。

雅典亲马其顿派与反马其顿派的斗争 马其顿的崛起,早就引起了希腊城邦有识之士的关注。腓力为打开出海口,夺取沿海一带,也早就与希腊城邦发生了冲突,与马其顿毗邻的卡尔息狄斯同盟首当其冲。面对咄咄逼人的腓力,希腊城邦内部,特别是雅典,出现了态度截然不同的两派:反马其顿派与亲马其顿派。

反马其顿派的中坚力量是民主派工商业奴隶主,其首领德谟斯提尼就是一个武器经营者。工商业奴隶主与爱琴海北部、黑海地区有着传统的贸易关系,他们不愿意自己的利益范围被马其顿人侵占。一般公民大部分也追随反马其顿派,他们既为城邦的现状担忧,又不愿接受马其顿君主的控制,于是寄希望于恢复城邦辉煌的过去,保存雅典的民主宪法。德谟斯提尼充分发挥了他的雄辩天才,发表了一连串激动人心的演讲。他号召雅典的公民振作精神,团结起来,不仅为自己而战,而且要像在希波战争中那样,为希腊的自由而战。他对腓力进行了无情的攻击，说他是荒淫放荡的僭主，他的战友是拦路抢劫的强盗。德谟斯提尼一针见血地指出，腓力的最终目的是劫掠希腊。他呼吁在雅典之船尚未完全沉没时，船上全体人员无论大小都来救亡，否则就会同归于尽。

尽管德谟斯提尼慷慨陈词，富有号召力，但在亲马其顿派看来，这不过是白费力气的空喊。亲马其顿派主要由奴隶主上层分子组成。城邦内部奴隶的反抗，贫民的抗争，以及城邦之间的战争，都危及他们的利益。他们对危机四伏、动荡不安的社会局面忧心忡忡，自己又无力改变现状，于是就寄希望于方兴未艾的马其顿，主张让腓力二世领导希腊，进攻波斯。这一派的首领代言人、雄辩术教师伊索克拉特请求腓力"不仅成为希腊统一的领袖，而且成为征服波斯人的领袖"。征服波斯的目的不是为了报希波战争之仇，而是要掠夺东方的财富，"让爱国主义思想所感发的斗争精神把希腊化为东方无穷财富的主人吧！……让我们把战争带给亚洲，而把亚洲的幸福带归希腊吧！"伊索克拉特企图借腓力领导的东侵来解脱城邦的危机，其结果只能是搬起石头砸自己的脚。然而，反马其顿派企图通过希腊内部的团结来遏止马其顿扩张的步伐，也是不切实际的空想。

主要立场上的分歧，使亲马其顿派与反马其顿派的斗争逐步升级。可能在腓力尚未公开表露敌意的公元前350年，德谟斯提尼就发表了"反腓力"的讲演，要求雅典先发制人，进攻腓力。公元前349年，奥林托斯城邦亲马其顿派占了上风，卡尔息狄斯同盟受到了腓力的威胁。德谟斯提尼连续三次就此事发表讲演，催促雅典马上派兵救援。他的主张遭到亲马其顿派的反对。腓力发动了战争，雅典在优卑亚岛遭到失败，卡尔息狄斯半岛亦落入马其顿之手，雅典无力再战，终于议和。和约签订后，曾为和谈代表团成员的德谟斯提尼却对主持签约的埃斯尼涅斯提出了控告。公元前344年秋，腓力控制了帖撒利。德谟斯提尼认为腓力背信弃义，帖撒利人遭受奴役，但伊索克拉特却向腓力祝贺，称之为正义之举。公元前341年，腓力提出愿意就与雅典的纠纷接受仲裁。德谟斯提尼鼓动人民向腓力开战，并要求人民用棍棒打死议和者。两派相争，无论谁占上风，已无法阻挡马其顿最终控制希腊的势头。

希腊落入马其顿控制之下　爆发于公元前355年的"神圣战争"给腓力插手希腊城邦事务提供了机会。底比斯早在称霸中部希腊时，就从弗西斯人手中夺走了对德尔斐神谕所的控制权。弗西斯人不堪忍受底比斯的高压讹诈政策，就夺取了德尔斐的金库，招募了一支庞大的雇佣军，带头与底比斯人为敌。夺取金库的做法使弗西斯人陷于孤立，以底比斯人为首的希腊中部城邦组织同盟反对弗西斯人，马其顿也因它正染指的帖撒利受到侵犯而跻身其列。腓力把弗西斯人赶出帖撒利后，就把注意力转向了卡尔息狄斯半岛。公元前348年，阻碍腓力南下的希腊城邦奥林托斯城被毁，半岛上其他希腊城邦被迫拆掉城防工事，爱琴海北部一带陷入马其顿统治之下。不久，神圣战争以弗西斯人失败而告终，他们被开除出德尔斐地区的安菲替温尼同盟,腓力控制了同盟议会,势力直达中希腊。

腓力的南进使雅典极为不安。它虽与马其顿在公元前346年缔和结盟,但双方显然都没有守约的诚意。神圣战争结束后,腓力从色雷斯地区夺取了一些城镇,引起雅典不满。雅典的反马其顿派占了上风,匆匆派出使团到各地游说,组织反马其顿同盟。公元前340年,雅典为首的反马其顿同盟开会,原则上同意提供金钱与兵力,与腓力作战。同盟甚至接受了波斯的金钱。约公元前339年末,腓力借口驻防军被底比斯人赶走,再次进入中部希腊,到达埃拉提亚。此地离雅典仅两天路程,形势紧急,雅典只得与底比斯结盟。公元前338年,以雅典和底比斯人为主的希腊联军在彼奥提亚的喀罗尼亚与马其顿军队决战,联军大败。这是一次决定希腊城邦命运的战役。从此之后,希腊城邦实际上失去了政治独立,反马其顿派彻底失败了。

公元前337年春,腓力在科林斯城召开全希腊会议,成立了"希腊联盟"(又称科林斯联盟),奥林匹斯山以南的所有城邦(斯巴达除外)和许多岛国都成了联盟的成员。各成员国承担如下义务:保持和平;尊重各邦现存宪法;禁止死刑、土地财产再分配以及一切与当前法律相抵触的行为;镇压抢劫者与海盗。联盟的常务机构是"希腊人议事会",议员数目根据军事力量的比例决定并选出,议事会通过的决议对所有成员国都有约束力。每次会议的五个主席从议员中抽签选出。在联盟的第一次正式会议上,联盟与马其顿国家(腓力和他的后代)签订了永久性攻守同盟条约,然后共同向波斯宣战,报复薛西斯对希腊神庙的亵渎。大会一致选举腓力为同盟的最高领袖,全权统帅军队。

宣战后,腓力即开始召集各邦军队。公元前336年春,至少有1万人的先头部队,受腓力派遣,渡过了赫勒斯滂海峡,大军将在秋天随腓力出发。一场震动欧亚非大陆的战争帷幕就要拉开,但希腊—马其顿联军统帅腓力竟突然在当年夏季女儿的婚礼上遇刺身亡。其子亚历山大继位。

第二节 亚历山大帝国及其后继者

亚历山大的东侵 腓力猝然死去,这在马其顿和希腊城邦引起了强烈的反应。马其顿的版图本来就是靠征服扩大的,这时那些被征服、被吞并的北方部落开始骚动,一部分军队投到了背离者一边。希腊的反马其顿派又活跃起来。德谟斯提尼为此高兴万分,给自己带上了花环。雅典的公民大会则投票决定给谋杀者一顶冠冕。底比斯首先打出了起义的旗帜,伯罗奔尼撒的一些城邦也闻风而动。亚历山大就是在这样的动荡形势下继父为王的,史称亚历山大三世。亚历山大此时才20岁,但早年接受的良好教育与严格的军事训练,以及宫廷政治生活的熏陶,使他不仅胸怀大志,而且积累了丰富的军政经验。他以迅雷不及掩耳之势,很快平定了各地的骚乱与起义。他严惩底比斯,将城市夷为平地,居民卖为奴隶。后顾之忧既除,原定目标犹在,亚历山大的下一步就是向波斯进军。

公元前334年春,亚历山大约率步兵3万,骑兵5 000,跨过海峡东侵。他只带了一个月给养,手头也仅有70塔兰特现金。唯有快速取胜,利用当地资源,才能保证军队的供应。

亚历山大与波斯的军队先在小亚细亚的格拉尼卡斯河附近交锋,波斯军队一触即溃。亚历山大乘胜前进,直逼小亚重要城市萨狄斯。萨狄斯不战而降,小亚的诸希腊人城邦获得名义上的自由。亚历山大接着沿海岸向叙利亚推进。公元前333年,在伊苏斯城与大流士三世亲率的大军相遇,双方展开会战。亚历山大直捣波斯军的左翼和大流士御驾亲督的中军。大流士三世怯阵脱逃,致使波斯军全线溃败。大流士的母亲、妻女都成了亚历山大的俘虏。

公元前332年,亚历山大在腓尼基的推罗遇到了出师以来最顽强的抵抗。经过七个月的围攻,推罗陷落,3万生存者被卖为奴。

大流士在亚历山大围攻推罗期间,曾表示愿割地赔款以求和,但被亚历山大拒绝。是年11月,亚历山大进入埃及,当地祭司倾心欢迎,称他为"埃及的法老"、"阿蒙神之子"。亚历山大在尼罗河口亲自勘选了以他命名的亚历山大里亚城的城址。这是他在东方建立的第一座城市。

公元前331年,亚历山大返回推罗,东渡幼发拉底河。10月1日,在尼尼微附近的高加米拉原野与大流士三世的军队再次决战。大流士对此役作了充分的准备,使用带长刀的战车横扫猛冲,试图突破亚历山大的方阵。亚历山大采取让开正面,攻其两翼的战术,大败波斯军。大流士再次带头逃跑。

高加米拉战役是亚历山大东侵以来的最大规模战役。大流士三世此后无力组织抵抗,只有仓皇逃命,亚历山大则紧追不舍。波斯大势已去,都城巴比伦、苏撒、帕塞波里斯、埃克巴坦那相继落入亚历山大之手。为了追上大流士,亚历山大率军进入帕提亚与巴克特里亚。大流士三世在逃亡中被他的巴克特里亚总督贝索斯杀害。亚历山大抓获了僭称波斯国王的贝索斯,以弑君罪将其处死。大流士三世之死标志着波斯帝国的灭亡,亚历山大以波斯帝国的当然继承人自居。但亚历山大的征服并未停止。他在中亚转战三年,于公元前327年进入印度西北部。由于此地缺乏统一强大的国家,各土邦相互敌对,亚历山大软硬兼施,进展顺利。但在他还要继续东进时,部下表示强烈的反对,亚历山大无奈,只得于公元前326年秋率军沿印度河南下,由海陆两路西返。公元前325年回到巴比伦。十年东侵至此结束。

亚历山大出发时,是马其顿的国王,希腊联军的统帅,充其量只是巴尔干半岛的小霸主。经过十年的征伐,他的统治区域扩展到了印度河流域、尼罗河流域,亚历山大建立了横跨欧亚非三大洲的大帝国。他的远征是非正义的,却是成功的。成功的原因主要在于波斯帝国的老大腐朽,同时与他灵活的政治谋略与卓越的军事才能也是分不开的。

亚历山大的远征给东方人民带来了深重的灾难,使他们饱受战争之苦。亚历山大虽然以解除波斯的奴役为号召,从小亚到埃及一路赢得了当地人民的支持和拥护,但一旦遇到抵抗时,他是不惜大动屠刀的。城市被摧毁,幸存者被出卖为奴,财富遭洗劫一空。仅从波斯金库他就抢走了18万塔兰特的金银。辉煌壮丽的波斯王宫被付之一炬。亚历山大代替大流士三世成了西亚和中亚的主人,当地人民只不过换了个统治者而已。

远征在客观上使希腊文明与埃及、巴比伦和印度的文明得以接触、交流、融汇,扩大了各民族已知世界的范围,加快了人类历史由分散走向整体的进程。在一个世界性的帝国内,世界性的政治、经济和文化的出现是必然的。亚历山大帝国的建立在世界史上具有划时代的意义。

帝国的建立和分裂　亚历山大东侵的过程即帝国建立的过程。面对日益扩大的帝国,亚历山大来不及对当地的统治机构进行认真的改造,基本上是在原来的基础上,加上马其顿—希腊的因素。所以,他的帝国统治呈现出东方、马其顿、希腊城邦三种因素的混合现象。

亚历山大把马其顿与东方的政治制度相结合,实行特殊的专制君主政体。他是以马其顿国王的身份进入亚洲的,但每到一地就自认为是当地原来统治者的继承人。他崇尚威严赫赫的东方宫廷礼节,穿波斯、米底君王的衮服,要人们向他行匍伏礼,对他敬若神明。然而,东方化是形式,而扩大统治基础,加强他个人的地位与权力乃是目的与实质。

亚历山大基本上沿袭了波斯帝国的行省制,但削弱地方权力,实行军事、财政、民政三权分离。各地的总督辖区大致上维持旧日规模。总督中既有马其顿人、希腊人,也有不少当地人。亚历山大主要依靠希腊—马其顿人进行统治,对本地人利用而不重用。当地人总督一般只管民政,军队和财政另由马其顿人或希腊人掌握。在一个行省内,有三种平行权力在同时发挥作用,它们各自向国王负责。除巴比伦外,各行省原拥有的铸币权都被取消。亚历山大在一些重要地区驻有军队,以防不测。

为了使被征服地区忠心归顺,亚历山大采取宗教宽容政策。他在埃及拜谒阿蒙神庙,为女神伊西丝建庙;在巴比伦向当地的主神马都克献祭,下令重建被薛西斯毁掉的马都克神庙。此举赢得了巴比伦祭司的好感。他们的拥戴给亚历山大的统治罩上了一层神圣的光圈。

为了扩大统治基础,亚历山大还采取联姻、招募军队等方法打破民族界限,笼络当地贵族,并解决兵力来源的不足。他在远征中亚时与当地贵族女子罗克珊结婚。回到苏撒后,又举行盛况空前的集体婚礼。他和他的80个战友都采用波斯礼仪与当地贵族的姑娘结婚。大流士长女成为亚历山大的第二个妻子。在他的带动下,与亚洲女子通婚的马其顿战士有1万人之多。他的帐幕里有当地的贵族对他效忠。他的军中有受过马其顿式军事训练的波斯人步兵服役,还有执马其顿长矛的波斯人骑兵供其驱策。他们与马其顿人混合编队,但小队长由马其顿人担任。

对帝国境内的希腊城邦,亚历山大名义上恢复它们的自由,但实际上往往干预其内政,反对他们彼此争斗,禁止它们扩大城市的领土。对鞭长莫及的地区,如小亚的内陆高原和印度、中亚的一些地区,他仅要求当地的王公贵族承认他的统治权和征税权。

征服的扩大和帝国的维持都离不开雄厚的物质资源。亚历山大一方面通过掠夺补充军用,一方面依靠税收获得财富。此外,他到处建立城市,先后建城大约20座,最远的一个在粟格狄亚那(今塔吉克斯坦境内)。这些城市的建筑形式与市政制度是希腊式的,但政治上无独立自主权,它们只是国王统治下的一些行政单位。

亚历山大设置财政监察官专掌铸币大权。他采用阿提卡标准铸银币;铸金币则自创式样。从波斯金库中获得的金银被铸成货币投入流通领域,使原波斯帝国的经济与希腊爱琴海经济进一步联结在一起。

马不停蹄的征服,使亚历山大来不及在文化上有所建树,但他建立的帝国使希腊文化与东方文化接触、交流必不可免。他的远征可谓是一次异国文化探秘。远征军中有工程师、哲学家、地理学家、测量师等专门人才。他们沿途收集资料、绘制地图,与当地哲人交往,实际上已经开始了文化的交流。

亚历山大回到巴比伦后,并不满足于已有的征服与成就。他派人考察阿拉伯半岛,在巴比伦建立码头,打算改造幼发拉底河灌溉系统,甚至设想沟通里海与海洋。他还想西征西北非、意大利和西班牙。但不久(公元前323年),一场恶性疟疾突然夺走了他的生命。亚历山大是一个杰出的军事统帅和历史上罕见的大征服者。他一连串的征服固然给当地人民带来了深重的灾难,但也开创了欧亚非文化交流的新时代。

亚历山大死后,部将们就为继承人问题展开了争夺。骑兵统帅帕狄卡斯提议等待亚历山大与罗克珊的孩子出生,如果是男孩,就立他为王。但步兵统帅美利格却提出让腓力二世心智迟钝的庶出子、亚历山大的弟弟为王。经调停后,双方妥协,采取折衷的办法,把两人都立为王,称亚历山大之弟为腓力三世,称亚历山大之子为亚历山大四世。确定了王位继承人后,亚历山大的战将们便着手瓜分帝国。帕狄卡斯权位最高,他杀害了美利格,担任摄政王统治亚洲。其他人中托勒密占据埃及,安提柯得到小亚大部分,吕辛马库斯接受了色雷斯,安提帕特仍留守马其顿。暂时的势力划分根本不能持久。从公元前323年起,继位者间的混战一直持续了20多年。

从公元前323—前320年是斗争的第一个阶段。帕狄卡斯玩弄手段,想既掌握实权,又使其合法化。他遗弃了安提帕特的女儿,欲与亚历山大的妹妹克列奥帕特拉结婚。安提帕特受辱大怒,联合安提柯、吕辛马库斯、托勒密等起兵。公元前320年,帕狄卡斯在埃及被谋杀。

从公元前320—前301年为第二阶段。这一阶段的主角是安提柯。帕狄卡斯死后,胜利者开会推举安提帕特为监护人,把宫廷移往马其顿。但安提帕特不久去世,安提柯被宣布为亚洲的将军。马其顿、亚洲、埃及分处在不同统治者的控制之下,帝国的裂痕加深了。安提柯一心想把整个帝国或帝国内尽可能多的地区置于己手,因此遭到其他竞争者的忌恨。但反对他的同盟者之间也互相拆台。战火从亚洲蔓延到欧洲,最后又烧回亚洲。腓力三世和亚历山大四世先后在残酷的王位斗争中被杀。公元前306年,安提柯称王,次年,托勒密、塞琉古也相继称王。亚历山大帝国不仅从实际上,而且从名义上都不复存在。公元前301年,安提柯与塞琉古、吕辛马库斯、卡山达(安提帕特之子)组成的联盟在弗里基亚的伊浦苏斯展开了一场大血战。安提柯兵败阵亡。他的领土被胜利者瓜分。伊浦苏斯之战标志着大帝国统一梦想的彻底破产。从此,虽然一些地区的主人有所变化,但马其顿、西亚、埃及三足鼎立的大局已定,它们走上了基本相同、但各有特色的发展道路。

托勒密埃及王国　在继位者的混战中,托勒密的势力得到加强,他巩固了对埃及的统治,扩大了地盘,建立了以希腊—马其顿殖民者为主要统治力量的托勒密埃及王国。依靠富庶的尼罗河流域提供的经济实力,托勒密王朝与塞琉古王国、马其顿王国展开了激烈的角逐。在公元前3世纪,托勒密埃及与塞琉古王国争夺巴勒斯坦与南叙利亚一带,先后发生五次战争,史称"叙利亚战争"。这场战争以塞琉古王国的胜利告终。长期的战争消耗了托勒密埃及的国力,加之内部民族矛盾与阶级矛盾的激化,从公元前3世纪末叶起,它就进入了衰落时期。公元前30年为罗马所灭。

托勒密王朝把原马其顿的具有军事民主制遗风的君主制与埃及古老的法老专制统治相结合,建立了以国王为首的中央集权制。国王把埃及视为个人的私产,他是国家的化身。政治、军事、财务甚至宗教大权都掌握在他一人手中。国王的权力因国王崇拜而加强。国王不仅死后被追认为神,而且生前也在寺庙中奉作神明崇拜。国王主要依靠马其顿人、希腊人进行统治,高级官员都由王亲国戚及国王亲信充任。他们或担任财务官,或担任将军。财务大臣位同宰相,是仅次于国王的最有实权的人物。马其顿的武将对于地方民政的管理往往不大得心应手,所以出现了马其顿的军事贵族与当地大贵族的合流。托勒密王朝保持了过去的州(诺姆)的区划,上下埃及大约分为 40 个诺姆。诺姆之下分为县,县下为村。每一级都有专门的官吏管理。诺姆的总督(州长)是当地人可以觊觎的职位,但已失去了许多重要权力。军队驻屯在全国各地。诺姆的真正首长是由希腊—马其顿人充任的将军。他负责维持秩序,也许还主管刑事案件的审判。他对财务不能插手,财务权归另一财务官。僧侣阶层力量的强大,是古埃及历史的特点,但在托勒密统治时期,祭司集团的地位有所下降。国王是神的全权代理人,寺庙土地被收归王有,寺庙的一切活动都必须在国王及其行政官员的监督下进行。国王是最高立法者。由于两种民族并存,国内实行两种法律。一种适用于希腊人,一种适用于当地人。若案件涉及双方时,则组成混合法庭。虽然国王的宫廷表面上讲希腊语,穿希腊服装,不与当地人通婚,但君主的权力超过了从前所有的马其顿国王,上承埃及法老的统治。托勒密国王不鼓励建立新城,可能是为了不让城市的自治削弱君王的权力。但希腊人多居于城市,特别是亚历山大里亚、诺克拉第斯和托勒迈伊这三个希腊和希腊化的自治市中。

托勒密国王把埃及全部土地都视为己有。他以当然的最高土地所有者的身份,把这些土地的一部分收归王室经营,称为"王田";其余的统称为"授田":或赠与神庙(神田),或赐给官员私人(赐田),或分配给军人作为份地。留在国王手中的土地由王田农夫(劳伊)耕种。他们主要采取短期租借的方式取得一块土地,交纳实物佃租,种子由国王提供,收割后必须归还。田里种植的作物品种由国王决定。王田农夫是佃农,不是奴隶,但他们未经许可,不许离开村庄。除耕种土地外,王田农夫还要服必要的劳役,如修堤坝、开运河等。他们还须交纳名目繁多的苛捐杂税,连租带税占一年收成的 50% 以上。神田和赐田上的耕种者可能也是类似于王田农夫的农民。原神庙的土地开始时大部分转归国王直接管理,但在公元前 2 世纪,祭司们趁王权削弱又扩大了神田。赐田的数目因人而异,托勒密二世的财务大臣阿波罗尼阿斯在法雍一地就有近 7 000 英亩的土地。军人份地数量不等,一般在 3.5 英亩到 70 英亩之间,分布于全国各地。军人平时种地,战时服兵役,以服兵役代租,但他仍须交纳各种税收。军人的境况比王田农夫稍好一些。最初,他个人对份地只有使用权,后来份地接近于私产,亲属可以继承。到公元前 2 世纪末,埃及人开始作为军人领有份地。在埃及,私有地的存在是肯定的,如住宅用地、园圃以及偏远的贫瘠土地,但它们无一能逃脱国王的税收之网。

税收和垄断既是托勒密王朝的经济控制手段,也是国王所有制的重申与体现。托勒密王朝的税收可谓多如牛毛,无孔不入。土地、房屋、园圃、家禽、牲畜、奴隶、人头、财产继承、买卖交易、关卡交通,各种物品、各种活动都在纳税之列。即使一个人去打鱼,也要有一官员监视以保证 25% 的鱼作为税收转入国王手中。估计埃及的税收种类在 200 种以上。这些税除土地税交实物外,大部分以货币纳税。国王有时为了简便,就把税包出去,实行包税制度。托勒密王朝的垄断是多方面的,最主要的是对油料的垄断。政府对油料作物从种植到销售的每一阶段都实行完全的控制。油料必须在当地政府监督下在国家的油坊里加工,然后以固定价格出售。此外,纺织、皮革、矿业、盐业、钱庄,甚至印染、皮毛、香料、化妆品、玻璃、陶器、酿酒等行业也都由国家垄断或控制。这种制度同样适用于托勒密国外的属地。严密的税收制度与严格的垄断经营,使托勒密王朝搜刮到尽可能多的财富。仅垄断专利一项每年收入就达约15 000塔兰特。

为扩大商业利益,加强对外贸易,托勒密二世时(公元前282—前249年)修通了往昔法老开工未竣的连接红海与尼罗河的运河。他还派人开发非洲东海岸,建立了一连串远达索马里的据点,派出海军、卫戍队保证商路的安全。当时的进出口贸易十分活跃。埃及输出谷物、亚麻布、玻璃、奢侈品;地中海的金属、木材、大理石、紫色染料,南阿拉伯和印度的肉桂、药物、香料等都源源不断地流入埃及。

国王们把通过税收、垄断、贸易搜刮到的财富,一部分用于维持庞大的政府官僚机构和军队,一部分供应宫廷的消费,还有一部分用来扶植文化事业。托勒密王朝虽以武力开国,却附庸风雅,慷慨解囊,对文化事业抱有浓厚的兴趣。都城亚历山大里亚取代雅典成了地中海最大的文化中心,城中有国王兴建的博物园和藏书70万卷的图书馆。优厚的待遇,高贵的社会地位,便利的研究条件吸引了各地的许多学者。亚历山大里亚的学者利用希腊和东方文化的优秀成果,在天文学、地理学、动植物学、物理学、数学、文学、史学上都取得了辉煌的成就,对后世产生了深远的影响。

托勒密王朝是外族统治,尽管埃及当地的大奴隶主贵族有可能跻身于统治者之列,但毕竟为数不多。希腊—马其顿人上层统治者的高压控制与垄断榨取只能激起埃及人民的强烈反抗。王田农夫的逃亡就是斗争形式之一。阶级矛盾与民族矛盾是交织在一起的。王田农夫虽不是奴隶,但是类似于隶农、农奴的地位。奴隶在农村中可能为数不多,主要集中于城市,在亚历山大里亚也许达20万之众。奴隶主要用于矿山和手工业作坊、家庭。总之,托勒密埃及的奴隶制不算发达,国内的阶级矛盾主要以民族矛盾的形式表现出来。从公元前3世纪末以后频频发生的埃及人民起义,动摇了托勒密王朝的统治,为罗马的征服铺平了道路。末代女王克娄巴特拉七世(公元前51—前30年在位)先后投靠凯撒和安东尼,最后在公元前30年亡于罗马的屋大维之手。

塞琉古王国与帕加马王国 塞琉古王国的建立者是塞琉古一世(公元前305—前280年在位),首都为奥伦特河畔的安条克城,中心地区是叙利亚,故又称叙利亚王国。中国史书称之为条支,其名来自首都安条克。王国的统辖范围因时而异,最大时从赫勒斯滂海峡到兴都库什山。国土广袤,民族众多,文化传统各异,社会发展的阶段参差不齐,这是塞琉古王朝统辖之地的特点。特殊的统治环境使其走上了一条不同于托勒密埃及的统治道路。

与其他希腊化国王一样,塞琉古国王把王国视为自己打出的天下。他们也推行国王崇拜,强化王权,宫廷设有宰相、议事会、秘书处,高级官吏由王亲国戚和王室亲信们充任。叙利亚人、犹太人、波斯人和其他伊朗人被完全排除在官僚阶层之外达两代之久。即使至后来,他们也从未超过整个统治阶级人数的2.5%。塞琉古王朝接受了波斯的行省制,但控制比较松弛。全国分为25个省,72个府。行省设总督,财政归财务使,他直接向安条克的财务大臣负责。地方有一定的自治权,偶尔负担的军事义务和不正规的纳贡。地方分权不利于国王对地方的控制,一有时机,边远地区的省份就尾大不掉。

塞琉古王朝试图通过各地的希腊—马其顿人城市和移民地来达到辖下各民族政治、经济、文化上的统一,从而保证对各地的控制。前三任国王(塞琉古一世、安条克一世、二世)堪称为伟大的建城者。塞琉古一世就建了24个城市。城市一般保持希腊城市的外在特征:如部落、公民大会、议事会、行政官员、城市法令与财务规定等建置,以及体育馆、剧场、市场等公共设施。城市拥有国王给予的土地,城中也往往有一些当地的居民。他们或杂居,或住在专门的街区。有的城市由于地理条件优越,发展很快,像首都安条克有居民50万,底格里斯河上的塞琉西亚居民达60万。这些城市有一定的自治权。移民地则是军事殖民地而非城市,一般设于当地村庄的附近,由服役期满的军人屯驻。他们从国王那里接受必要的土地和安顿费。这种移民地从属于国王,但有自己的官员,对内部事务有一定的权力。小亚沿岸的希腊人城市,自治性较大。总体上看,新老希腊人城市、移民地都处在国王的控制之下,只是从属的程度有所不同。各种类型的城市与移民地的存在,虽然确实从外部加强了希腊—马其顿人对当地的控制与影响,但从内部也削弱了国王权力的集中。这些城市在历史上所起的作用与其说是政治的,毋宁说是文化上的。它们是希腊文化与当地文化的交汇之地,希腊化文化主要是从这些城市产生的。

塞琉古王朝的土地制度与埃及托勒密王朝有同也有异。全国的土地都是"王田",名义上归国王所有,但实际上,土地的所有权和使用权并不能统一。国王的租税较轻,大部分土地税仅1/10。王室土地由农民耕种,他们以实物或货币形式交纳租税。其余的王田以"让与"的形式来分配。有些"让与"是对既成事实的承认。高官显贵们接受赐田,新建城市由国王划给土地,军事殖民地的军人领取份地。本地原有城市和神庙的土地也因国王的旨意而增减。旧希腊城市的土地归城市全体公民占有。这些让与的土地主要由王田农夫(劳伊)耕种,也有的由占有者自己耕种(如军事份地、城市一般公民的土地),或由佃农、奴隶(如神庙土地)来耕种。王田农夫的处境与埃及的农民没有差别,他们被束缚在土地上,随土地的转移而更换主人,即使有的农民移居到别处,也不能割断与原居住地的关系,不得放弃应负的义务与责任。奴隶主要集中在城市和神庙。有的神庙拥有庙奴数千人,个别的大奴隶主也有千名奴隶。

塞琉古王国的商业和手工业甚为发达。连通东西的海陆商路,遍布各地的新旧城市与移民地,统一的货币(阿提卡制)和统一的语言(通用希腊语),都给工商业的发展提供了重要的保证。塞琉古王朝主要进行转手贸易,获取利益。东方的丝绸、香料、叙利亚、两河流域、希腊等地的精巧手工艺品,都经他们的中介而转运他方。商业是重要的经济部门,王国与托勒密埃及往往因争夺商路而发动战争。商业的发达刺激了手工业的繁荣。吕底亚的萨狄斯城就是华美的地毯的制造中心,其他诸如金属冶炼、酿酒、玻璃制造、纺织印染等行业的产品也享有盛名。

公元前3世纪,塞琉古王国内外征战频仍。战争不仅消耗了国力,而且使其治下的帕加马、帕提亚、巴克特里亚等地趁机独立。塞琉古王国的直辖版图大大缩小。公元前2世纪初,塞琉古王朝与另一强大的对手罗马相遇。马革尼西亚一役,塞琉古军队大败,小亚的领土随即丧失。此后,塞琉古王国每况愈下。随着帕提亚的西向,罗马的东进,加上内部矛盾重重,中央政府近于瘫痪的塞琉古王国无法继续存在,公元前64年亡于罗马大将庞培之手。叙利亚成了罗马的一个行省。

帕加马王国位于小亚的西北部,首都帕加马城。伊浦苏斯之战后,帕加马归吕辛马库斯统治。公元前281年,吕辛马库斯在与塞琉古的战争中兵败身亡,其派驻帕加马城的部下菲勒泰洛斯自立为王,归顺塞琉古王朝。公元前3世纪中期,塞琉古王朝发生内争,帕加马的阿塔卢斯一世乘乱独立。帕加马王国是希腊—马其顿人统治世界中的后起者。为了在塞琉古、马其顿和托勒密埃及的争夺中求得生存,为了在贫富分化剧烈的社会矛盾中维持统治,它不得不在外界寻求保护伞,而这时挺兵东进的罗马就成了帕加马王朝投靠的对象。帕加马最后一个国王阿塔卢斯三世立下遗嘱,将国家拱手让给罗马,帕加马王国的历史结束于公元前133年。

帕加马的政治制度、土地制度与塞琉古王国并无多大差异。它的工商业比较发达,所产羊皮纸和纺织品最为著名,此外还生产大量的沥青。

帕加马的历史重要性主要表现在它对希腊化文化的贡献上。帕加马诸王一心想把帕加马城建成堪与亚历山大里亚媲美的文化城市。城中的图书馆藏书20万册。由于国王们奖掖学术,帕加马城成为希腊散文修辞学的中心。宙斯神庙前的大祭坛及其上的浮雕"巨人之战",为帕加马城增添了光彩。

马其顿王国及其控制下的希腊 伊浦苏斯之战后,马其顿几易其主,最后在马其顿及希腊建立长期统治的是安提柯的孙子安提柯·贡那特。安提柯王朝成为与托勒密、塞琉古并驾齐驱的三大希腊化王朝之一。

马其顿王国的政治制度与公元前4世纪相比,君主的个人权力加强了,传统上的人民权力很少受到重视。安提柯三世的即位就没有召开公民大会,只是少数"马其顿要人"的决定。马其顿虽未出现过国王崇拜,但也出现了把国王与神和国家等同的现象。实际上,安提柯王朝即马其顿国家。

马其顿的另一变化是城市的增加。公元前316年,卡山达建了两座重要的城市:帖萨洛尼卡和卡山德里亚。公元前293年,德米特里在帖撒利建了德米特里亚城。这些新城市与原来的都城佩拉等,不仅是马其顿内外贸易的商业中心,而且使马其顿的文化水平接近南方的希腊。

尽管城市发展较快,许多马其顿人仍在农村生活。他们或是自耕农,或是耕种国王和贵族土地的佃农。除了城市中某些家庭使用奴隶外,奴隶制在马其顿未广泛发展。亚历山大东征并未使马其顿摆脱贫困落后,相反使马其顿人力枯竭,影响了社会生产。马其顿约有50年的时间成为众武将及其后人争夺的战场,此外还遭受到高卢人的侵扰。马其顿与埃及叙利亚之间的经济差距明显增大。它每年的土地税仅收入200余塔兰特。

马其顿力求加强对南部希腊的控制。最通常的方法是在战略要地驻扎卫戍部队,随时准备镇压各种形式的反马其顿活动。与此同时,马其顿还在爱琴海地区与埃及、叙利亚争霸。然而,霸主的地位尚未得到,罗马大军却已压境。公元前168年马其顿本土首先亡于罗马,到公元前146年,希腊全境都落入罗马统治之下。

在南部希腊,反马其顿的势力一直存在,一有机会就跃跃欲试。亚历山大死后,雅典很快联合其他希腊城邦发起反马其顿战争(公元前323—前322年),不久即告失败。安提柯王朝建立后,希腊长期处于它的支配与控制之下。对于马其顿人的高压政策,斯巴达、雅典这时已无力领导希腊各邦进行反抗,新的埃陀利亚同盟(公元前314年)和阿卡亚同盟(公元前280年)相继兴起。这两个同盟既联合反抗马其顿,又相互斗争。虽然推翻马其顿统治的目的未能达到,但同盟组织反映了希腊内部统一和超越城邦的趋势。入盟各邦完全平等,对内各自独立,对外立场一致。联盟设有同盟大会,所有入盟各邦的公民皆可参加。同盟大会选出常设会议和联盟司令官。常设会议处理日常事务,司令官统帅联盟军队,并有权协调各邦关系。这是向联邦制的迈进,可惜来不及发展便夭折了。

亚历山大远征及希腊化王国的建立,虽然吸引了成千上万的希腊城邦公民,暂时在表面上好像缓和了社会矛盾,但实际上使城邦内部贫富分化更为剧烈,土地兼并日益严重。斯巴达的情况最为明显,在仅剩的700名全权公民中,只有100户有土地,失去土地者企图伺机发动政变。国王阿基斯四世(公元前245—前241年在位)为防止革命,复兴斯巴达,提出废除债务,平分土地的改革方案,但遭到大奴隶主的反对,遇害而死。另一国王克利奥蒙尼三世(公元前237—前222年在位)利用对外战争得胜,军队在握的有利时机,用暴力推行改革,重分土地。这一改革对其他城邦发生了影响,阿卡亚同盟中的大奴隶主惊慌失措,竟然联合马其顿扼杀了克利奥蒙尼的改革。

社会改革的失败,反马其顿运动的旋起旋伏都是必然的,希腊城邦制度已经走到了它的尽头。希腊城邦在马其顿统治时期,只不过是名义上的存在而已。

希腊化时期的文化 希腊化时期的文化是指从亚历山大东征以来,到最后一个希腊化王国托勒密埃及被并入罗马帝国为止这一新的历史时期的文化。

城邦没落,世界扩大。亚历山大帝国及其后各希腊化王国的建立既将希腊文化广泛传播至北非和亚洲,同时也有力地促进了这些地区原有的文化对希腊文化的作用与影响。因此,希腊化时期的文化具有新的时代特征与内容,是希腊文化与东方文化相互交流融汇的结晶。虽然它仍属于希腊文化的范畴,使用希腊的语文,承袭希腊的传统,但与古典时期的希腊文化有明显的不同。这不仅在于它包含了一定的东方文化的因素,而且在于它是对那个扩大了的,变化了的世界的反映。如果说希腊古典文化是一种城邦文化,那希腊化时期文化就是一种走向帝国的、带有世界性的文化。希腊一体化和地方多元性相结合,消极没落的个人主义和眼界开阔的世界主义相并存,乃是这一文化的基本特征。希腊化时期的文化中心也从雅典移到了埃及的亚历山大里亚。

(一)哲学。哲学是对世界的总体认识,最能反映出那个时代的社会心态与精神面貌。由于城邦理想的破灭和现实世界的扩大,人们的思想走上了两个极端,即都脱离城邦相背而行,一方面进而拥抱广阔的世界;另一方面却对这个世界厌弃失望,退而只顾个人。当时流行的斯多噶派、伊壁鸠鲁派、犬儒学派和怀疑主义就是这两种思潮的反映。

斯多噶派(Stoics)的创始人是来自塞浦路斯岛的芝诺(公元前335—前263年)。因他在雅典市场北部的画廊(希腊语称 Stoa Poikile)讲学,学派由此而得名。斯多噶派的学说以兼有唯物与唯心的因素,重视现实世界为特征。它承认事物是物质的,发展的,运动的,但认为发展变化的决定因素是世界理性"逻各斯"(或译为"道"),亦即神性和命运。为使人的行为符合宇宙神性,符合自然理性,就要过一种道德的,即自然的生活。道德就是幸福。因此,人不应逃避社会责任,而应参与政治,但也不能"纵欲",否则难以达到道德的境界。在宇宙理性与道德生活的基础上,斯多噶派提出了"人人皆兄弟"和世界公民的政治主张,其理想是建立一个由理性所统治的世界国家。

与斯多噶派并立的是坚持唯物主义,提倡快乐主义的伊壁鸠鲁派。伊壁鸠鲁(公元前341—前270年)也在雅典建立了自己的学园。他继承和发展了德谟克里特的原子论,既承认必然性又承认偶然性,看到了内因的作用。他宣扬无神论,认为人死魂灭。斯多噶派把自然神化,伊壁鸠鲁派却把神还归自然。这是人类思想史上的一大进步。伊壁鸠鲁派提倡寻求快乐与幸福,但他所主张的快乐绝非肉欲物质享受之乐,而是排除情感困扰后的心灵宁静之乐。伊壁鸠鲁派生活简朴节制,目的就是要抵制奢侈生活对身心的侵袭。伊壁鸠鲁发誓放弃政治生活,但并非对世界漠不关心,他认为最大的快乐是友谊,个人的幸福就在于友谊和社会之中。

犬儒学派消极对待生活。此派创始人是安提斯梯尼(公元前440—前366年),公元前3世纪风行一时。犬儒主义与其说是一种哲学理论,不如说是一种生活方式。犬儒派人士坚持个人自由、自我满足,鼓吹根据"自然"生活,对社会持批判态度,对财富、地位等无所追求。这实际上是对现实不满、又无力抗争,只好远远离去的遁世主义。

当时流行的怀疑主义派别也是这样。其创始人是曾跟随亚历山大远征到过印度的皮洛(公元前365—前275年)。皮洛派的核心思想是:一切不可知,"肯定"是得不到的,"你不妨享受目前,因为未来还无从把握"。

(二)文学艺术。这一时期文学上的成就不太显著,但在形式和内容上都有所创新。各种诗体有了明确的形式和内容。除了一般的诗体:田园诗、讽刺短诗、赞美诗、史诗之外,还出现了一种科普诗,即用诗的语言来介绍科学研究的成果。索里的阿拉图斯是创始人。他用六步韵诗体改写了天文学家欧多克苏斯关于星座的论著,名为《太空万象》。田园诗的创始人是西西里的提奥克里图斯(公元前310—前250年)。他热情歌颂田园的美景和牧人的恋情,其诗熔抒情、写景、叙事于一炉,优美动人,富有魅力,为同代人所钦佩、模仿。讽刺短诗由来已久,只是通过这时亚历山大里亚的诗人之手,才成为特别适于对周围生活发表评论的形式。

悲剧继续问世,但已失去古典时期的活力。新喜剧大获成功。米南德(公元前342—前291年)和菲力门(约公元前361—前262年)是这时的喜剧大师。喜剧的主题转向了中上层市民的私人生活趣事,从另一侧面反映了人们对社会政治的冷淡。

希腊化时期的艺术与古典时代相比,在形式上,特别在内容上有一定的变化:个人肖像剧增,群体雕塑、风俗雕塑和纪念性雕塑出现,城市建筑有了总体规划,东方的建筑技术得到应用。亚历山大里亚、帕加马、罗得斯岛是当时的三大雕塑中心。罗得斯岛上的太阳神巨像和"拉奥孔"群像,帕加马的"宙斯大祭坛",以弗所的阿泰密斯神殿,亚历山大里亚的灯塔,萨摩色雷斯的"胜利女神像"、"杀妻后自杀的高卢人","米洛斯的美神(即断臂的维纳斯)"和"市场老妇"等都是这个时期造型艺术上的杰作。有的被列为古代世界的奇观,有的至今仍给人以美的享受、力的鼓舞及心灵的震撼。

（三）史学。史学继续发展。军事远征和出使异国开拓了历史写作的范围；帝国的建立以及悠久的东方历史更引起了统治者与历史家的注意。因此这一时期历史著作的体例大为增加，出现了年代记、回忆录、人物传记、国别史、世界性通史、断代史，以及区别于政治史的文明史。其中最著名的有阿卡亚同盟首领阿拉图斯（公元前271—前213年）的回忆录（30多卷），埃及人曼涅托的《埃及史》，巴比伦人贝鲁苏斯的《巴比伦史》（这两部都用希腊语写成），狄凯尔库斯的《希腊生活》。

（四）宗教。希腊化时期的宗教具有混合主义的特征和向一神教发展的趋向。从亚历山大开始的希腊—马其顿统治者，从未把希腊的神祇强加到各地各民族的头上，而是把二者结合起来。王权神化、国王崇拜显然是受了东方的影响。托勒密朝创立的塞拉庇斯崇拜就包括了埃及、希腊两方面的因素。安纳托利亚的大母神，弗里基亚的大男神，埃及的伊西丝崇拜，都在希腊人统治的地区流行。

更重要的是宗教仪式与观念的结合。希腊奥尔弗斯教的入会式移植到了东方的秘教上。巴比伦占星术的盛行，是它所具有的"天人对应"观和希腊人的命运观相适应的结果。

当时还流行对命运之神的崇拜。伊西丝崇拜，塞拉庇斯崇拜以及对命运之神的崇拜，逐渐获得了世界性宗教的意义。这种一神教的趋向预示了基督教的胜利。

（五）科学。这一时期科学上的成就最为辉煌，影响也最深远。其特点是：科学与哲学相分离，各学科日益专门化。数学、物理、化学、地理、生物、医学、天文学都成为既互相渗透，又相对独立的学科。天文学的成就最大。利用巴比伦几千年的天文观测资料，亚里斯托库斯（约公元前310—前230年）提出了"太阳中心说"。希帕库斯（公元前160—前125年）错误地提出了"地球中心说"，他的学说谬传了十几个世纪。他还制出了有850（另有1020、1080之说）个恒星的图表，发现了岁差，推算出的太阳年长度一年只误差6分14秒。地理学家厄拉托斯梯尼在埃及实测了子午线，计算出的地球周长与实际数值仅差300公里左右。他主张"地圆说"，认为从西班牙沿同一纬度航行，最后可达印度。值得注意的是，他还是提到中国人的第一位西方地理学家。希腊化时期最后一位地理大师是波赛东尼厄斯（公元前135—前51年）。他著有《论海洋》，提出五带的划分，把潮汐之因归于月之盈亏。数学家欧几里德（约公元前310—前230年）著的《几何原本》，直到近代仍作为教科书使用。物理学以阿基米德（公元前287—前212年）为代表。他发现了杠杆原理、比重原理、斜面定律、浮力定律等，并将科学用于实践，发明创造了滑轮组、螺旋吸水器、军事防守器械。希罗菲洛斯是"古代最伟大的解剖家"，扩大了人们对大脑、眼睛、十二指肠、肝脏和再生器官的认识。厄拉西斯托拉图斯是"最伟大的生理学家"。他主张用自然原因解释一切生理现象,通过合理的生活来预防疾病。这二人共同发现了神经系统,区别出了感觉神经与运动神经。提奥弗拉斯图斯是亚里士多德的养子,他利用亚历山大送回的资料,写了巨著《植物史》和《植物的本原》。

这一时期文化的另一成就是对以前希腊古典作品的整理。这项工作主要是在亚历山大里亚图书馆完成的。《荷马史诗》的第一个校定本出自芝诺多德斯之手。卡利马库斯(约公元前310—前245年)编写了120卷本的《希腊图书总目》。这二人都曾担任图书馆馆长之职。希腊语《圣经》(即七十子之本)据说也是这时在亚历山大里亚译出的。

希腊化时期的文化是对希腊古典文化的总结和发展,也是对东方文化的吸收和利用,更是从希腊文化到罗马文化,继而到西方文化的桥梁。从这个意义上说,希腊化时期的文化影响了西方文化发展的方向。

第十章 罗马的兴起

第一节 伊达拉里亚文明和王政时代的罗马

意大利的自然环境和居民 意大利是古罗马的发祥地,位于地中海中部。它是一个靴形半岛,东濒亚得里亚海,南临爱奥尼亚海,西为第勒尼安海,北有阿尔卑斯山。亚平宁山脉自北而南纵贯其境,把意大利分为一些带有地方特色的自然区域:北部波河流域,为富饶的冲积平原;东部狭长地带南接阿普利亚高地,适宜畜牧;西部山势渐趋平坦,形成伊达拉里亚、拉丁姆和坎佩尼亚平原,宜于农耕;南部沿海地区也适合农牧业,与半岛南端隔水相望的西西里岛,尤以盛产谷物著称。这些有利农牧业发展的条件,比希腊优越。但意大利海岸线平直,缺少港湾,沿海岛屿较少,航海和对外贸易的条件则逊于希腊。

意大利气候属地中海类型,冬季温暖湿润,夏季较为干热,但各地区也有差别。雨量随季节变化,冬多夏少,半岛东部不如西部充沛。境内河流较密,以波河、第伯河最为重要,但大多水流湍急,夏季缺水干涸,不便航行。亚平宁山区森林茂密,丘陵和河谷地带覆盖着灌木丛和草坡,宜于作为牧场。平原土壤肥沃,西部平原富于火山灰,可种植大麦、二粒小麦、小麦和豆类,栽培橄榄和葡萄。山区出产木材,沿海有盐场和渔场。意大利矿藏资源并不丰富,仅伊达拉里亚有铜、铅、锡矿,伊尔巴岛有铁矿。

根据考古材料,早在旧石器时代,意大利半岛就有居民,在亚平宁山麓和利古里亚都发现他们穴居的遗址。新石器时代(公元前 5000 年代开始)遗址主要在阿普利亚和西西里等地,居民已有原始农业,驯养家畜,制作陶器,聚居于圆形屋组成的村落中。新石器后期居民人口增多,逐渐向北扩散。当时的居民身材矮短,长脸黑发,属于地中海人种。

公元前 2000 年代初,一支操印欧语的部落从东北方越过阿尔卑斯山,进入意大利。大概是他们创造了青铜文化——特拉玛拉文化。特拉玛拉文化分布于意大利北部,居民广泛使用青铜器,从事畜牧业和农业,制造光润的灰陶和黑陶,实行火葬。他们常在湖中竖起的木桩和平台上建造房屋,并按一定布局排列成行,构成水上村落。同时在亚平宁中部山区和阿普利亚等地也发现有青铜文化,称为亚平宁文化。其居民原为游牧部落,活动范围较大,后来亦经营农业,渐趋定居。与北方居民不同,他们的埋葬方式是土葬。亚平宁文化居民主要是意大利新石器时代居民的后裔,同时也混合了外来的一些印欧语部落居民。

大约从公元前1000年起,意大利进入铁器时代。早期铁器文化以维兰诺瓦文化为代表,主要分布在半岛的北部和西部平原地区。其特点除了使用铁器外,便是实行火葬,风行把骨灰置于陶罐中埋葬的习俗。居民经营农牧业,并出现了交换。财富的增长导致社会的分化。在维爱的遗址中还发现一些居民村落围有堡寨并联成城市的趋向。这些说明原始社会已近末期。维兰诺瓦文化究竟是来自中欧的另一批印欧语部落所创造,或是特拉玛拉文化发展的结果,还是北方新移民和本地文化结合而成,迄今史学界尚无定论。这时,亚平宁文化也发展为铁器文化。南北两种铁器文化逐渐接触,互相影响。而在半岛东北部和东部沿岸,从伊利里亚迁来一些印欧语部落居民,自有其文化特点。

金属时代进入意大利的印欧语部落,经过不断迁徙和长期融合,逐渐占据半岛大部分地区,成为意大利主要的居民。原来的土著居民和新来者融合一起,或被迫退至边远地区。传说为意大利最古老的利古里亚人,可能是新石器时代居民的后代,偏居于半岛西北部山区。后来,在半岛中部和南部的印欧语部落中形成了两支地方性语言:翁布里亚—萨比利安语言和拉丁语言。说前者的有翁布里亚人、萨宾人、萨莫奈人、鲁卡尼亚人和布鲁提亚人等,说后者的有拉丁人、赫尔尼西人、厄魁人和马尔西人等。罗马人的祖先是拉丁人中的一支,后在第伯河畔建立罗马城,古代罗马国家便是以罗马为基础发展起来的。

公元前8世纪起,又有新的移民浪潮涌向意大利。先是伊达拉里亚人来到意大利,起初活动于亚努河和第伯河之间地区,后又向外扩展势力范围。公元前8世纪至公元前6世纪,希腊人向意大利南部和西西里大规模移民,建立了许多殖民城邦。同时迦太基人在西西里西部也建立了一些商业据点。此外,公元前5世纪,高卢人从阿尔卑斯山以北进入意大利,逐渐占据波河流域,成为当地的居民。

伊达拉里亚文明 伊达拉里亚人的起源问题,至今尚未得到圆满的解决。据希罗多德记载,吕底亚王子带领半数公民出外逃荒,渡海来到了意大利的翁布里亚。伊达拉里亚人的语言并不属于印欧语系,他们的一些风俗习惯又和古代东方民族相似。据此,许多学者支持这种东来说。但是,古代历史学家狄奥尼修斯坚持本土说,认为伊达拉里亚人是意大利本地居民。考古学发掘材料也证明,伊达拉里亚地区的维兰诺瓦文化与伊达拉里亚文化之间有着连续性和继承性。这两种说法各有依据,长期争论不休。近年很多学者趋向于综合说,即认为小亚细亚的移民来到伊达拉里亚,统治当地的维兰诺瓦文化居民,经过长期的融合,最后形成伊达拉里亚人。

公元前8世纪至公元前7世纪,伊达拉里亚人逐步过渡到阶级社会。当时社会经济以农业为主,同时经营畜牧。为了排干沼泽地,改良土壤,他们广泛采用简单协作,兴修各种水利设施,保存下来的大规模水利工程可以说明当时农业发展情况。从公元前7世纪起,手工业迅速发展,特别是制陶和金属加工技术相当进步,手工制品大量销往拉丁姆、波河流域和高卢地区。从墓葬中发现有迦太基、希腊和埃及的产品,这表明对外贸易十分活跃。经济发展引起了社会和阶级的分化。伊达拉里亚军事、祭司贵族占有大量土地和奴隶,经常从事海上贸易和海盗活动,掠取财富。他们住在山巅堡寨里,过着奢侈的生活。当时社会盛行保护制,被征服的部落居民不同程度上依附于贵族,担负各种徭役和赋税。奴隶人数很多,大多充当家庭仆役。伊达拉里亚社会还保留着母系制残余,妇女享有较为独立和自由的地位。

大约在公元前7世纪,伊达拉里亚出现了城市国家,重要的有卡勒、塔魁尼、伏尔西、维图洛尼亚、沃尔西尼和维爱等。国王称作卢库摩,执掌国家大权。后一世纪贵族势力强大起来,卢库摩被季拉特即由选举产生的行政长官所取代,实际上实行的是贵族政治。伊达拉里亚城市国家的军队有骑兵和重装步兵,还拥有大批战舰。全境12个城市国家结成联盟,不过仅有宗教性质:城市联盟每年例行集会,各城市派代表参加,在沃尔西尼附近的伏尔吐乌娜女神庙举行庆典。伊达拉里亚人始终没有建立统一的国家,各城市国家皆独立自主,各自为政。

公元前6世纪,伊达拉里亚势力达到鼎盛。其势力范围南达拉丁姆和坎佩尼亚,北抵波河流域。传说伊达拉里亚人曾入主罗马,建立了所谓塔克文王朝。但由于内部纷争和外遇强敌,伊达拉里亚渐趋衰落。公元前524年和公元前474年两次丘米战争都败于希腊人之手,拉丁人乘机反抗,萨莫奈人又攻占他们在坎佩尼亚的重要据点卡普亚,迫使伊达拉里亚人退出意大利中部地区。公元前5世纪末,他们所控制的波河流域也为高卢人所侵占。后来罗马兴起,伊达拉里亚城市国家相继被征服,终于全部被兼并。

伊达拉里亚人吸收古代东方国家和希腊文化,在当时创造了较高的文明,并在意大利进行传播,对罗马的发展产生重要的影响。伊达拉里亚人传入先进的生产工具和技术,促进了公元前6世纪罗马经济的高涨,他们擅于城市建筑和其他工商业技艺,对于罗马城的兴建和繁荣起着重要作用。他们的城邦制度及其他社会制度,对罗马也有影响。在宗教方面,罗马尊奉的三位一体神,以及神像拟人化和占卜等,显然是从伊达拉里亚沿袭而来。罗马社会生活中常见的诸如王和执政官的服饰与仪仗、凯旋式、角斗、拖袈长袍等,也都来自伊达拉里亚。伊达拉里亚文字至今尚未释读成功。他们借用希腊字母,然后又传授给罗马人,由此而产生拉丁字母,后来成为欧洲多种字母的基础。

南意大利的希腊城邦　　意大利和希腊的联系,可追溯到克里特—迈锡尼时代。克里特商人在西西里及其北面的利佩克岛留下了踪迹。迈锡尼时代的商人活跃于意大利南部和西西里,并在他林敦附近建立了商业据点。迈锡尼时代制作的陶器,在西西里的叙拉古和米列以及意大利半岛西海岸都有发现。在迈锡尼国家崩溃以后,希腊和意大利还保持着小规模的贸易往来。

公元前8世纪至公元前6世纪,希腊城邦大举进行殖民活动。希腊人在意大利最早建立的殖民地是在那不勒斯湾北面的皮特库塞岛,它是在公元前760年左右由优卑亚人建立的。不久,部分移民迁居对岸的丘米。公元前8世纪下半叶,优卑亚人和科林斯人在西西里分别建立了纳克索斯和叙拉古等。在意大利南部,阿卡亚人和斯巴达人相继建立了叙巴里斯、克罗顿和他林敦等。公元前7世纪至公元前6世纪,希腊人在意大利南部和西西里继续进行殖民活动,建立了一系列城邦,重要的有洛克里、麦塔蓬杜姆、塞林努斯、革拉、阿克拉加斯。先前的殖民城邦也向外扩展,建立自己的子邦。这样,在意大利南部和西西里东部遍布希腊殖民城邦,以致意大利南部地区有大希腊之称。这些殖民城邦大多经营农业,辅以手工业,像他林敦那样手工业发达且又从事海上贸易的城邦实属少数。它们和希腊的母邦保持着自然联系,但在政治上都是独立的。

希腊人向意大利殖民,不断扩张势力,与力图控制西地中海的腓尼基—迦太基人和在意大利西北部崛起的伊达拉里亚人发生冲突,展开角逐争雄。弗凯亚人向西地中海殖民遭到迦太基的阻遏,曾屡次发生海战。约在公元前480年,正当波斯入侵希腊本土之时,迦太基也发兵进攻西西里岛上的希腊殖民城邦希墨拉,但被叙拉古僭主革隆的援军挫败。以后,希腊人和迦太基人在西西里形成长期对峙局面。在意大利中部,希腊人和伊达拉里亚人进行激烈争夺。伊达拉里亚人在战争中屡遭失败,被迫向北退缩。然而,希腊殖民城邦内部矛盾重重,城邦之间又不断发生战争,削弱了自身的力量,非但没有进一步扩张,反而最终导致为罗马所吞并的结局。

希腊在意大利殖民城邦的建立和发展,扩大了希腊和意大利的经济联系和贸易往来,同时又在邻近地区传播了较为先进的希腊文明,促进意大利的发展。希腊移民带来制陶、金属加工、建筑和雕刻等手工业生产技术,以及葡萄和橄榄的栽培技术,有利于意大利经济的发展。一些殖民城邦成了传播希腊文化的中心,特别是丘米位于希腊人和伊达拉里亚人势力范围的交接处,在沟通文化交流方面起着重要的作用。希腊字母正是由此传入伊达拉里亚,再传到罗马。罗马在宗教和文化方面,也受到希腊文化很大的影响。

罗马城的起源和王政时代 早在新石器时代末期,罗马地方就有居民生活。公元前2000年代中叶青铜时代居民的遗物也有发现,属亚平宁文化。约在公元前2000年代初,属于维兰诺瓦文化的拉丁部落分支移居罗马,融合了原先的亚平宁文化居民,在第伯河畔帕拉丁等山岗建立了居住地。不久,从意大利中部山区来的萨宾部落,也占据了奎里那尔和厄斯奎林等山岗。公元前8世纪,罗马居民普遍使用铁器,经营农牧业,他们居住的村落散布于罗马诸山岗之巅,以墓地和自然屏障为界线,彼此隔离,各自组成公社。到公元前7世纪,分散的山村公社逐步走向联合,先是以帕拉丁为中心的拉丁部落建立"七丘联盟",①后又和住在奎里那尔等山村的萨宾部落实行联合,发展为"四区之城"②。不过,当时罗马只是氏族部落聚居地,还称不上城市。大约从公元前7世纪末起,大批伊达拉里亚人迁居罗马,不久建立了所谓塔克文王朝。由于受到伊达拉里亚文明影响,罗马社会经济出现高涨,手工业和商业得到迅速发展,并在此基础上产生了城市。公元前6世纪,罗马大兴土木,挖水道、辟广场、铺街道、建神庙、筑城墙、造住房,使罗马面貌焕然一新,真正成为城市。随着城市的兴起,山村公社联合趋势终于发展为以罗马城为核心的范围广泛的统一运动,从而奠定了罗马城市国家的基础。

罗马建城之前,各氏族部落处于分散状态,各有自己的首领(勒克斯),后来经过联合和统一,结成公社,部落或部落联盟首领才转变为王。根据罗马历史的传统说法,从公元前753年罗慕路斯建城起到公元前510年高傲者塔克文被推翻为止,先后有七个王统治罗马,这个时期称为王政时代。③ 现代许多学者认为,传统有关罗慕路斯建城立国之说不足为信,他们除了对神话式人物罗慕路斯的历史真实性表示怀疑以外,相信其他六个王都是历史人物,尽管也认为古典作家关于他们事迹的记载不尽真实,夹有许多时代错位之误。实际上,王政并非统一的制度,所谓王政时代乃是罗马从氏族社会到阶级社会的转变时期。

在王政前期即所谓前四王统治时期(约公元前8—前7世纪),罗马人生活在氏族社会末期的军事民主制之下。相传最早的罗马公社包括3个特里布斯(部落),每个特里布斯分为10个库里亚(胞族),每个库里亚分为10个氏族,而氏族则由数目不等的家长制家庭组成。当时家长制家庭已发展为社会基本经济单位。土地属于公社财产,每个家庭从公社领得土地耕种,只有宅旁园地才归家庭所有。管理机构有王、元老院和库里亚大会。作为公社首领的王,掌握军事指挥权、审判权和宗教权,其职位虽为终身职,但并非世袭的;元老院是王的咨询机构,在王决策和处理内外事务中发挥顾问作用;库里亚大会则是按库里亚召集的全体公社成员大会,决定公社一切重要问题,如宣布战争、选举王和审判重大案件等。在此时期,罗马社会已开始分化,逐渐形成氏族贵族;元老从这些贵族家族中选出,已渐成惯例。

到王政后期,伊达拉里亚人在罗马建立了统治,即所谓的塔克文王朝(约公元前6世纪)。在社会经济高涨和私有制发展的基础上,罗马社会分化进一步

---

① 据现代学者考证,所谓七丘并非后来罗马城的七座大山丘,而是指帕拉丁的两个山头、厄斯奎林的三个山头和凯里乌斯以及谷地维利亚。

② 四区是指帕拉丁、厄斯奎林、凯里乌斯和奎里那尔。

③ 传说中的七王为罗慕路斯(一度与塔提乌斯共治)、努玛、图鲁斯、安库斯、老塔克文、塞尔维乌斯和高傲者塔克文。前四王为拉丁人和萨宾人,后三王是伊达拉里亚人。

加深了。贵族(包括外来的伊达拉里亚贵族和本地的罗马贵族)利用特权侵占大量公有地,垄断元老院和其他公共职务,成为特权等级。破产的公社成员和被释放的奴隶以及被征服的部落居民纷纷投靠贵族,变为依附于他们的被保护人。被保护人从保护人那里领得土地耕作,但必须为他们服役和缴纳部分收获物。在法律和其他事务方面,双方互相承担义务,违背者将受惩罚。当时奴隶制也在发展,奴隶主要来源于战俘,但奴隶数量不多,主要从事家内劳动。此外,还出现了人数众多的平民等级。平民的成分和来源比较复杂,一般认为平民的产生是同罗马社会经济发展、对外扩张和吸收外来移民有关,包括罗马公社一些中下层成员、外来移民和被兼并的其他部落居民以及脱离了保护关系的被保护人与被释放的奴隶。平民人身自由,享有不完全的公社成员的权利,后来的平民可能被排斥于公社之外。其中,有些从事农牧业,仅有少量土地;有些居于城市,经营手工业和商业。大多数平民在经济上处于贫困境地,他们向贵族租佃土地,借贷财物,受着贵族的压榨,特别是遭受残酷的债务奴役。在政治上,大多数平民不是氏族成员,无权参加库利亚大会,在元老院中更无代表。因此平民和贵族等级的矛盾和对立日益加深。

罗马社会发生两极分化以及阶级、等级的矛盾和斗争,促使氏族制度日趋瓦解和国家的产生。王政后期以军事民主制为传统的氏族制度管理机构逐渐发生蜕变,或被新的国家机关所代替。从老塔克文(公元前616—前579年在位)建立塔克文王朝起,开始了部落首领僭取王权的过程;王的权力不断扩大,地位日益提高,逐渐凌驾于元老院和库里亚大会之上,有了体现国家权力的性质。接着塞尔维乌斯(公元前579—前534年在位)实行一系列改革,终于完成了在罗马创建王制或称原始君主制城市国家的历史性任务。所以,在王政后期国家已经萌芽和产生出来,罗马逐步进入了阶级社会。

塞尔维乌斯改革 王政时代后期,为了适应当时社会发展和对外扩张的需要,增强罗马的实力,调整社会内部关系,第六王塞尔维乌斯实行了一系列改革。传统归于塞尔维乌斯名下的所有改革措施不完全合乎历史真实,但有关这次改革主要内容的记载,符合当时罗马社会历史发展情况,无可怀疑。根据古典作家的记载,塞尔维乌斯改革的主要内容如下:

(一)建立新的地域部落,代替原来按照血缘关系组织起来的3个氏族部落。塞尔维乌斯把罗马分为4个城区部落,又把罗马的乡村分为15(或16)个乡村部落。同时,在新建的地域部落中设置管理机构,负责公民登记、征兵、征税和摊派徭役。凡在地域部落登记入册的自由民都获得公民权,于是,广大平民、大量的外来移民和被释放的奴隶等,因被吸收进所在的地域部落而加入罗马公社。这就拆毁了人种和血缘关系的藩篱,促使公社内外的自由民融合起来。这不仅打击了氏族制度,而且大大增加罗马公民的人数,壮大了罗马公民集体的力量。

（二）对公民及其财产进行普查,在此基础上按财产多寡把公民划分为5个等级,并确定其相应的权利和义务。据说,5个等级的财产资格分别为10万、7.5万、5万、2.5万和1.1万(或1.25万)阿司。① 财产低于第5等级的列作等外,称为无产者。各等级提供数目不同的森都利亚(或称百人队),其中17—46岁的年轻者和47—60岁的年长者所占森都利亚的数目,各为一半。第1等级出80个,第2、3、4等级各出20个,第5等级出30个森都利亚。第1等级中最富有者还组成18个骑兵森都利亚。此外,另有5个非战斗性森都利亚,其中,工匠、乐师和号手各占2个,无产者只有1个森都利亚。各等级的森都利亚都自备武器装备,第1等级配备着全套武装,第2和3等级依次减少,第4等级为轻装步兵,第5等级只有投石器。

（三）创设森都利亚大会,作为新的公民大会。森都利亚大会产生后,库里亚大会在政治上便失去作用,它拥有的权力逐渐转归森都利亚大会。森都利亚大会实行集体投票制,每个森都利亚只有一票表决权。投票顺序先是骑兵,后是5个等级依次进行。第1等级公民拥有98个森都利亚,超过总数之半,控制着大会的多数票,如果他们投票一致,表决即告终止。因此,富有公民在居民中虽占少数,他们在森都利亚大会中却居于统治地位。

塞尔维乌斯改革是王政后期罗马社会发展变化合乎规律的产物。按照地域和财产原则来划分、组织和管理所属居民,与氏族制度格格不入,分明是阶级社会的制度。在森都利亚组织制度基础上建立起来的罗马公民公社,实行财产资格和权利义务相一致的原则,无疑具有崭新的性质,它实际上是社会阶级和等级分化后有产者重新组合起来和实行统治的组织形式。同时,塞尔维乌斯不仅设立森都利亚大会代替库里亚大会作为国家权力机关,而且还改变以氏族制度为基础的武装力量,在地域和财产原则基础上创建了公民兵,以此作为国家公共权力的重要体现来维护新生的国家。所以,塞尔维乌斯改革标志着罗马国家的产生。正如恩格斯所说:"这样,在罗马也是在所谓王政被废除之前,以个人血缘关系为基础的古代社会制度就已经被破坏了,代之而起的是一个新的、以地区划分和财产差别为基础的真正的国家制度。"②

第二节 早期罗马共和国

共和国的建立 王政时代统治罗马的最后一个伊达拉里亚王高傲者塔克文

---

① 阿司在罗马出现于公元前4世纪末或公元前3世纪初,因此有些学者推测,古典作家是以钱币折算表示塞尔维乌斯时代土地财产关系。当时大概是按土地财产来划分公民等级,5个等级的财产资格似应为20、15、10、5、2.5或2犹格的土地。

② 《马克思恩格斯选集》第4卷,人民出版社1972年版,第126页。

（公元前534—前510年在位），相传是个暴君。他压制打击贵族势力，使王权和贵族的矛盾日趋尖锐。他统治的时期，对外不断扩张，在国内大兴土木，又加重了平民的负担。公元前510年，贵族联合平民的力量，终于驱逐了塔克文及其家族，继而建立了共和国。

塔克文家族被逐出罗马后，曾从伊达拉里亚城市维爱和塔魁尼引兵反扑，结果遭到失败。接着，另一个伊达拉里亚城市克鲁西昂的波尔辛纳率军进攻罗马。据塔西佗和老普林尼记载，波尔辛纳曾占领罗马并置罗马于自己保护之下，但并未称王。公元前506年波尔辛纳之子在阿里西亚战争中被希腊城邦丘米和拉丁城市联军打败，罗马可能趁伊达拉里亚势力严重受挫之际恢复了独立。伊达拉里亚人后在公元前474年丘米海战中又一次败于希腊联军，他们的残余势力从拉丁姆完全退走，罗马才彻底摆脱了伊达拉里亚人的控制和影响。同样，考古材料也证明，共和初期罗马和伊达拉里亚在经济和文化方面仍保持着密切联系，由此推断在此时期罗马还从属于伊达拉里亚人，大概从公元前5世纪中叶起，罗马才走上独立发展的道路。

推翻王政和建立共和国，是早期罗马发生的一个重要的政治事件。废除王政后，取代王执掌国家政权的是两个执法官，后称为执政官。两个执政官权力相等，彼此有否决权，任期一年。他们拥有最高统治权，在军事和行政方面握有很大权力，包括在战时对其下属人员操有生杀予夺之权，而且还掌握最高裁判权和财政权等。他们主持召集元老院和公民大会，负责执行决议。在正常情况下，新的执政官人选大概由前任执政官提名，经森都利亚大会表决通过，元老院批准，最后由库里亚大会授予最高统治权。

共和初期，元老院成员增至300人，成为贵族势力的堡垒。元老院在当时还是咨询机构，尚未达到后来那样具有广泛权力的地步；但按照惯例执政官每逢重要事宜必须提交元老院讨论，听取意见和建议。由于执政官本身即是元老贵族，任期短暂，而元老为终身职，享有威望，地位显赫，这就决定了执政官听从于元老院的意旨。这时，森都利亚大会逐渐获得重要的政治权力，决定重大问题，但大会的多数票操纵在少数富有公民手中，表决通过的决议最后还需元老院批准。因此，在共和初期罗马国家政权机构中，元老院处于权力中心的地位。

罗马共和国实质上是贵族共和国。执政官选自贵族，元老院也为贵族所把持。平民虽有权参加公民大会，但他们享受的政治权利是不完全的。在一般情况下，平民不能进入元老院和出任国家高级官职。[①] 同样，宗教职务也都被贵族垄断，平民不得染指。贵族内部实行联姻，严格自动封闭起来。这样，贵族在推

[①] 共和初期，平民能否担任元老和国家要职，涉及《执政官名年表》中出现的平民姓氏的历史真实性等问题，目前史学界尚有争论。

翻王政后直接掌握政权,竭力维护和扩大自己的特权地位,逐渐发展成为一个拥有特权和凌驾于平民之上的阶层,成为一个排他性的等级。在经济上,贵族大量侵占国家由征服而得来的公有地,平民却得不到公有地的分配。平民中只有少数人由于经营工商业发财致富,大多数平民缺少土地,生活困苦。连年不断的战争,也加重了平民的兵役和赋税负担,致使许多平民负债破产。当时盛行债务奴役制,债务人以自身及其家属人身来抵押,到期不能偿清债务,债主有权拘禁抵债者,甚至处死债奴或把债奴卖到国外。贵族和平民在政治、经济和社会方面的地位与权利的不平等,必然激起矛盾,导致冲突。平民展开反对贵族的斗争,要求分得土地,取消债务奴役,同时在政治上也要求维护人身自由和合法权益,特别是富裕平民要求享受与贵族平等的权利,参与政权,结束贵族独揽大权的局面。而公元前6世纪以来的军事战术的重大变化,即普通公民充当的重装步兵取代贵族的骑兵成为战争的主力,使平民有了进一步的要求和条件与贵族展开这场斗争。

平民和贵族的斗争　共和国建立后不久,罗马平民便掀起反对贵族的斗争;这两个等级的斗争延续两个世纪之久,构成了共和早期罗马社会斗争的主要内容。在斗争过程中,平民联合起来,屡次采取"撤离"运动,即以集体退出公民公社和军队作为斗争手段,迫使贵族逐渐作出让步。传说公元前494年平民因不堪忍受债务奴役举行第一次撤离,当时罗马面临外敌侵袭的紧张局势,平民的撤离使贵族大为惊慌,只得向平民妥协让步。从此以后,平民每年可选出两个保民官,以保护平民免受贵族官员的专横暴虐,保民官的人身不可侵犯。到公元前474年,平民按特里布斯(地域部落)召集会议已获正式承认,称作平民会议,经该会议通过的议案称为平民决议,起初只对平民有效,后来围绕其法律效力问题展开了长期的斗争。

为了限制贵族滥用职权,随意解释习惯法,平民要求制定成文法。经过一番斗争,成立了拥有全权制订法律的十人团,于公元前451—前450年公布了十二铜表法。该法典基本上是习惯法的汇编,其实质是维护贵族奴隶主的私有财产。然而,法律既已编订成明确的条文,量刑定罪以此为准,这就在一定程度上限制了贵族在司法上的专横行为。平民达到公布法律的目的后,继续为争取政治权利而斗争。公元前449年瓦列里乌斯和荷拉提乌斯当选为执政官,实施了一项重要法案,规定全体公民都必须遵守平民决议。大概在此同时或稍后,贵族也被允许参加按特里布斯召开的立法会议,于是增设特里布斯大会作为新的公民大会。公元前445年,根据坎努利优斯法,废除了十二铜表法中平民与贵族通婚的禁令。次年设置具有执政官权力的军政官职位,初为3人,后增至6人,并规定平民也可当选。这是贵族的一大让步,同时也可能出于当时军事上的需要。

公元前5世纪末和公元前4世纪初,罗马接连不断地进行对外战争,平民和贵族斗争一度沉寂,共同对敌,但不久后重又爆发,并深入到社会经济领域。传说经过十年斗争,终于在公元前367年通过了著名的保民官李锡尼和绥克斯图法案:所有债务的已付债息折作本金计算,尚欠部分分三年偿清;占有公有地的最高限额为500犹格;取消军政官,重选执政官,两执政官之一须由平民担任。该法案的通过,是平民反对贵族斗争胜利的一个里程碑。既然平民获得担任最高官职的权利,其他原有和新设的官职如高级市政官、独裁官、监察官、执法官,也都陆续对平民开放了。同时,平民在社会和经济方面的斗争也有进展。公元前326年通过了波提利阿法,禁止以人身抵债,实际上废止了债务奴役制。

公元前287年,平民举行最后一次撤离。结果,平民出身的霍腾西阿被任命为独裁官,颁布了一项法律,重申平民决议对全体公民都有法律效力。① 这一事件标志着平民反对贵族斗争的胜利结束。

经过对贵族的长期斗争,平民在法律上取得了罗马公民在政治和社会方面的全部权利。平民在经济方面也取得一些成果,地位有所改善,尽管土地问题没有根本解决。随着对外扩张而实行的军事移民和公有地的分配,以及债务的减免和土地集中相对缓和,罗马小农经济得以恢复和维持,从而巩固了罗马城市国家赖以生存的基础,增强了罗马的军事力量。特别是废除债务奴役制,划清自由民和奴隶的界限,促进了罗马公民集体的稳固,从此罗马走上奴役外籍奴隶的道路,这对罗马社会发展有着重要影响。国家高级官职对平民开放,对于平民上层具有重要的意义。他们担任高官要职,地位提高,遂与贵族逐渐合流。约在公元前4世纪下半期和公元前3世纪初,富有平民和贵族融合为新贵,共同把持政权,使罗马从氏族贵族专权的国家变成新的奴隶主贵族专政的国家。从此平民的概念也和以前不同了,以后的平民主要指城乡居民中的下层群众。同时,在平民反对贵族斗争过程中,不断增添新的国家机构和官职,颁布新的法律,创设新的组织制度,使罗马国家制度日臻完备。所以,恩格斯曾说:"平民的胜利炸毁了旧的氏族制度,并在它的废墟上面建立了国家,而氏族贵族和平民不久便完全溶化在国家中了。"②

对意大利的征服及其统治政策 共和初期罗马的外部形势十分严峻,北方强大的伊达拉里亚城市虎视眈眈,东部和南部山地部落经常入侵骚扰,同邻近的拉丁城市也常有摩擦。罗马先和拉丁城市结盟,战败了沃尔斯奇人和埃魁人,后经三次维爱战争,终于在公元前396年攻陷伊达拉里亚城市维爱。该城居民惨

---

① 据记载,公元前449、前339和前287年都通过了这项法律,对此史学家有着各种不同的解释。有的否认前两次具有历史真实性;有的坚持传统说法,认为贵族不服从新法,因而后来一再重新确认;也有学者认为,公元前449年通过时可能附有条件,即须经元老院批准和提交森都利亚大会通过,这些条件后在公元前339和前287年分别取消了。

② 《马克思恩格斯选集》第4卷,人民出版社1972年版,第165页。

遭屠杀或被卖为奴,土地尽被没收,充作罗马公有地。这样,罗马解除了直接威胁,控制了第伯河流域广大地区。

不久,罗马遭到来自北方的高卢人的侵袭。公元前390年高卢人在大败罗马军后,曾乘胜进入罗马城。他们围攻卡皮托利乌姆卫城达七个月之久。最后罗马可能因粮尽而降服,高卢人也苦于疫病流行,在接受赎金后撤离了罗马。

高卢战争后,罗马元气大伤。伊达拉里亚人首先发难,沃尔斯奇人和赫尔尼西人也乘机侵犯,一些拉丁城市倒向敌人一边。经过约半个世纪的战斗,罗马才恢复了它在拉丁姆的领导地位。

罗马日益强大,向南扩张,与萨莫奈人发生冲突。通过第一次萨莫奈战争(公元前343—前341年),罗马占领了坎佩尼亚重镇卡普亚。接着,拉丁同盟城市群起反抗罗马,爆发了拉丁战争(公元前340—前338年)。结果,罗马得胜,拉丁同盟遂被解散。在第二次萨莫奈战争(公元前327—前304年)中,罗马军队曾屡遭失败,后经长期苦战才取得胜利。不久,不甘失败的萨莫奈人联合伊达拉里亚人、翁布里亚人和高卢人同罗马作战,发生第三次萨莫奈战争(公元前298—前290年),最后被罗马击败。从此意大利中部地区都落到罗马手中。

接着,罗马向南意大利扩展势力,干预当地事务。罗马舰队驶入他林敦海湾,与希腊殖民城邦他林敦发生战争。他林敦向伊庇鲁斯国王皮洛士求援。公元前280年,皮洛士率领大军在意大利登陆,在赫拉克里亚和阿斯库伦战役中接连击败罗马军队,但自己也遭到很大损失。皮洛士提议和谈,罗马拒不接受。罗马趁皮洛士移兵西西里之际,占领了南意大利一些希腊殖民城邦。公元前275年皮洛士重返意大利,在贝尼温敦决战中被罗马击溃,率残部退回希腊。公元前272年他林敦见大势已去,投降罗马,南意大利一些城市和部落也先后被罗马降服。至此,除高卢人占据波河流域以外,意大利半岛其余地区都臣服于罗马。

罗马征服意大利后,未并组成统一的国家,而是根据被征服者不同情况,采取分而治之政策进行统治。为了控制被征服地区并缓和罗马农民土地问题,罗马将被征服者部分土地收归国有并进行移民,建立罗马公民殖民地。这些殖民地具有军事性质,初为罗马管理,后实行自治,其居民构成罗马全权公民的一部分。一些拉丁城市获得完全的罗马公民权,所以也称作有投票权的公社。这类城市享有自治权,其居民加入罗马的部落,有权参加公民大会和在军团中服役。另有一些自治城市享有部分罗马公民权,其居民有财产权和通婚权,但不能参加罗马公民大会和担任官职,因此称为没有投票权的公社。伊达拉里亚和坎佩尼亚的一些城市即属此类。还有一种是拉丁同盟城市在罗马征服地区建立的殖民地。这种拉丁殖民地有拉丁权,即内部实行自治,居民没有罗马公民权,但只要迁到罗马便可获得罗马公民权。被征服地区最普遍的形式是所谓同盟者,其地位按与罗马签订的条约而定。伊达拉里亚一些城市、意大利中部山地部落和南部希腊殖民城市多属此类。同盟者的内政保留独立自治,但丧失外交权。有些同盟者还被剥夺 1/3 到 1/2 的土地,供罗马和拉丁城市建立殖民地。同盟者须提供条约中所规定的数量的军队,若是滨海城市即所谓海上同盟者,则供应战舰和舰上人员。此外,向罗马投降的意大利南部一些部落,则成为"降民",他们几乎没有任何权利,归属罗马长官管辖。据波里比阿记载,公元前 225 年在意大利约有 100 万人享有完全和不完全的罗马公民权,50 万人享有拉丁权,150 万人为同盟者。罗马将被征服的城市和部落置于各种不同的政治和法律地位,又根据他们对罗马的忠诚程度予以升降,随时加以调整,这样就使得被征服者之间产生矛盾和分裂,从而防止他们联合起来进行反抗,并加强和巩固罗马对意大利的长期统治。

罗马军队 早期罗马的军事活动,特别是征服意大利的长期战争,使罗马军队得到锻炼和发展,军事组织不断完善,军事技术和装备也日渐进步。罗马在王政前期的武装力量以氏族部落为基础,有步兵 3 000 人和骑兵 300 人。到公元前 6 世纪,重装步兵方阵制从伊达拉里亚传入罗马,塞尔维乌斯实行军事改革可能与引进重装步兵方阵有关。他不仅扩大和改组了军队,而且按地域和财产原则建立了公民兵制。凡 17 至 60 岁的有产公民,皆有自备武装和给养服兵役的义务。5 个财产等级公民配备不同的武器装备,第 1 等级公民备有头盔、胸铠、胫甲、圆盾、短剑和长枪等全套武装,以下等级依次减少。当时罗马有重装步兵 6 000 人,分成 60 个森都利亚,可能由前 3 个等级的年轻公民组成,担负前线作战任务,年长公民负责后方守卫。第 4 和 5 等级公民则组成轻装步兵。同时,骑兵增至 18 个森都利亚,分为 60 个小队,以配合 60 个步兵森都利亚。

共和初期,罗马沿袭公民兵制和重装步兵方阵制,不过把王政后期建立的军队一分为二,组成两个军团,分属两个执政官指挥。每个军团约有 3 000 名重装步兵,并配置一定数量的轻装步兵和骑兵。军团作战采用方阵,把战士排成六行,持精良武器者居前,方阵较长的一面对着敌人,前面有轻装步兵的散兵线,侧翼配置骑兵加以掩护。两个军团联合作战时,方阵并列,形成密集阵线。尽管当时战争连绵不断,但规模较小,战场就在附近,一般都在夏季作战。遇有战事,公民兵应召出征,战后即解甲归田。

随着战争的扩大和时间的延长,为了适应对外扩张的需要,公元前 4 世纪罗马实行了军事改革。传统把军事改革和著名统帅卡米路斯联系在一起。据说在围攻维爱战争中,卡米路斯开始实施军饷制,以解决低等级公民不胜负担购置武器的经费和维持在战争期间的给养问题。大约在高卢战争后,卡米路斯又改进了军团组织和战斗阵形。[①] 每个军团分为 30 个连队,每个连队分为 2 个百人

---

① 有些学者认为,罗马军团组织和战斗队形的改变,发生在萨莫奈战争期间。

队。同时,废弃原来按财产等级所提供的武装来安排队列的原则,根据年龄、经验和训练程度将重装步兵分为枪兵、主力兵和后备兵,排成三列队。每列各有10个连队,前两列连队各有120人,后备兵连队仅有60人。交战时,各列连队之间保持一定间隔,以便前列退却或后列插进,组成密集阵形进行战斗。三列队阵式优越于密集方阵,既能灵活机动,阵线又较巩固,适宜任何地形作战,所以一直沿用到共和后期。与此同时,罗马军队也逐渐统一和改进武器装备。原先作为重装步兵防御武器的圆盾,大概在公元前4世纪初为凸盾所取代。在萨莫奈战争中,罗马重装步兵配置投枪代替了长枪,成为主要的进攻武器。用来砍杀的锋利的双刃短剑即西班牙短剑,则是在以后的布匿战争中开始采用的。公元前4世纪至公元前3世纪,罗马军队已有攻城槌、弩砲等攻城武器,并使用各种棚罩和盾牌合成的所谓"龟阵"掩护攻城的战士。

罗马军队的基本战术单位是军团。共和早期罗马一般有2个军团,战争紧急时增至4个军团,军团人数也增至4 200人至5 000人。其中,多数为重装步兵,少数为轻装步兵。罗马军队由执政官担任最高司令官,两个执政官同在军中时,则逐日轮流指挥军队。军团的指挥官是6位军事保民官,由公民大会选出或由执政官任命。他们也实行轮值制,每两位军事保民官负责两个月,彼此又逐日轮流负责指挥。军事保民官之下有百人队长,各连队中第一个百人队长,同时兼任该连队长。征服意大利后,同盟者也为罗马提供军队,编为辅助部队,其数量约与军团相等,由罗马将领指挥,配合军团作战。

罗马军队行军作战,即使只过一夜,也都必须建造营地。据说这是从皮洛士的希腊军队学来的。营地按照固定格局布置,周围挖壕筑墙,夜设哨巡逻,以防敌人偷袭。这种营地在进攻时可作前进的基地,退却时可作固守的堡垒,构成罗马军队战术的重要组成部分。罗马军队纪律苛严,违犯军令者被处死刑。其他处罚有鞭笞、服苦役、降薪、降职和褫夺公民权,等等。对临阵脱逃的队伍,执行"十一抽杀律",即令全体列队,按抽签法十人杀一。将士立功给以奖赏,统帅获重大胜利,举行凯旋式。因为罗马实行公民兵制,加上军队组织严密,装备优良,赏罚分明,所以罗马军队在当时有着较强的战斗力。罗马国家利用这支军队征服了意大利,后又用来作为海外扩张和侵略的工具。

政治制度 在平民反对贵族斗争和征服意大利过程中,罗马不断增设国家机构,逐步完善国家政治制度,最终完成了城市国家的形成过程。

王政倾覆和建立共和后,王的权力大部分转归执政官。执政官是共和国的首脑和军队的统帅,拥有最高统治权,在行政、军事、审判等方面掌握着很大权力。国家遇到非常情况,元老院旋即宣布国家处于紧急状态,由执政官宣布任命独裁官,而独裁官再任命骑兵长官作为助手。独裁官拥有绝对权力,任期六个月,期满后必须卸权。据说罗马第一次任命独裁官是在公元前500年,后在战争危急时屡屡任命独裁官。

　　由于政事日渐繁杂,罗马逐渐增设一些新的官职,分担执政官的部分职权。公元前443年设立两位监察官,负责公民和财产普查。后来监察官权力扩大,负责编制元老名单,掌管国家财产租赁和承包合同,监督社会风尚等。公元前366年添置了一名执法官,在公元前242年又增至两人,其主要职权为审理诉讼。但执法官拥有最高统治权,可代理执政官行使职权。共和之初,已有两个财务官作为执政官在司法和军事方面的助手,到公元前421年增至四人,其职责改为管理财政和保管档案。同样,两名平民市政官原来是保民官的助手,到公元前367年另设两名高级市政官,他们的职权逐渐划一,负责城市治安和社会秩序,管理市场,主办节庆娱乐活动等。保民官的人数,在公元前471年增至四人,到公元前449年之前多达十人。起初,保民官在罗马不被视作国家官职,后来由于他们主持召开的平民会议取得立法权,以及他们从运用否决权保护平民发展到否决任何国家机构和官员的决定,地位日益提高,实际上成为罗马国家一种特殊的监督机构。这些国家高级官员的下属人员有秘书、侍从、传令员和公告人等,通常由被释放的奴隶担任。高级官员还有权委任低级官吏,代理行使部分职权。一些常设和临时的委员会,便在高级官员的领导下处理专门性工作。此外,为了适应战争需要,公元前326年起开始对率领军队作战的执政官和执法官实行卸职留权,也就是在他们任职期满后仍保留其权限,后来在共和后期产生重要作用和影响。

　　罗马的行政长官有常设和临时、高级和低级之分。常设的高级官职都由选举产生,一年一任(监察官除外)。同官阶的职位都实行双位制或多位制,彼此具有协议性。所有高级官职都无薪俸,这在实际上剥夺了贫穷的公民当选的资格,使高级官职成为少数富有公民独占的权利。

　　在共和早期罗马国家政权机构中,元老院占有突出的地位。元老初由执政官任命,后改为监察官遴选。监察官把卸任的高级官员选入元老院逐渐成为惯例,到公元前4世纪末通过奥维尼乌斯法,又在法律上得到确认。元老院集中了当时社会上显要人物,因而具有很高的威信和影响。元老院在名义上仍是咨询机构,但由于接连不断地发生战争,应急的决策措施往往在元老院商议决定,元老院实际权力逐渐扩大,军事领导权、外交权、财政权和宗教监督权后来都掌握在元老院手中。元老院获得这些权力并不具有法律根据,但在习惯上却为公民所遵守。因此,元老院实际上成为罗马国家最高的行政和监督机构。

　　当时罗马国家机构还有公民大会。古老的库里亚大会作为氏族制度的残余虽然保留了下来,但它在政治上已不起任何重要作用,仅在形式上通过法案,赋予选出的高级官员最高统治权。森都利亚大会拥有决定战争以及其他立法权,选举产生执政官、执法官和监察官等,并审理牵涉公民重刑的上诉案件,作出最终裁决。可是，这个大会既没有创议权，也不能在会上进行自由讨论，仅就主持大会的高级官员所提议案举行表决；投票又以森都利亚为单位，富有公民掌握着多数票，于是他们便控制了大会。平民会议最初是平民按特里布斯召集的会议，后经长期斗争，发展成为主要的立法机构。在此过程中吸收贵族参加，形成不分等级和财产资格的特里布斯大会。这个大会除立法以外，还选举产生高级市政官、财务官和其他低级官员，审理和判决与罚金有关的案件。而平民会议后来限于解决纯属平民等级的问题，如选举保民官和平民市政官。同样，这两个大会亦无创议权，采用集体投票制，每个特里布斯只有一票。① 所以，罗马的公民大会在名义上是国家最高权力机构，实际权力有限，具有很大的局限性。

---

① 罗马在公元前387年以前约有21个特里布斯，在公元前241年以后则有35个特里布斯，其中，4个为城区特里布斯。

第十一章　春秋战国时期的中国与同时期的世界

第一节　中国古代史上的一个剧变时期

春秋战国历史概况　中国第一部编年史《春秋》始于公元前722年,终于公元前481年。因此学者常称这一时期为"春秋时期"。战国时期的起点有不同说法,终点则为公元前221年秦统一六国。这里所说的"春秋战国"时期泛指公元前770年至公元前221年由东周至秦的这一转变时期,并以《史记·六国年表》起始的公元前475年作为春秋战国的分界,将这约550年时间分为前后两个阶段,前一段称为春秋时期,后一段称为战国时期。

平王东迁以后,周王室地位日益衰落。西周晚期在东方(今河南新郑一带)建立起来的郑国曾经是周王室的主要依靠力量,并且强盛一时。当时北方的戎狄族时常侵犯中原诸邦,南方的楚逐渐兴起,吞并附近小邦,并且力图向中原扩展。有华夏之称的中原诸邦,面对来自南方和北方两面的压力,又缺乏一个团结的中心,形势相当危险。公元前685年,齐桓公即位,以管仲为相,励精图治,齐国强大起来。齐桓公以尊王攘夷为号召,联合华夏诸侯,公元前679年与一些诸侯会盟于鄄(今山东鄄城县),开始称霸。公元前656年,齐桓公伐楚,与楚定盟而还。一时对楚的北上起了抑制作用。

从齐桓公称霸起,进入了春秋中期,即大国争霸时期。齐桓公死后,齐国一度内乱,虽不失为大国,但已失去霸主地位。宋襄公曾经想作霸主,但失败了。楚的势力更加强大,严重威胁中原各邦。公元前632年,晋文公率齐、秦等国联军在城濮(今山东鄄城县西南)大败楚、陈、蔡联军,再次抑制了楚的北上。晋国从此成为中原霸主,历时约百年。同时楚则称霸于南方,与晋争霸。公元前597年,楚庄王大败晋军于邲(今河南荥阳东北),势力伸入中原。公元前575年,晋军大败楚军于鄢陵(今河南鄢陵北)。公元前557年,晋军再败楚军于湛阪(今河南平顶山市北)。晋楚长期争霸,互有胜负,而成为它们争夺对象的中原郑、宋等国却受尽了战争与向霸主贡赋之苦。东周初在关中建国的秦,大体与晋同时强盛起来,因为被晋挡住了东进的出路,只好称霸西戎,并与齐相对应,成为仅次于晋楚的东西二大国。

公元前546年,宋国大夫向戌利用自己与晋、楚两国执政大臣都有私交的条件,向他们提出"弭兵"的建议,结果约了十几国的代表在宋集会,晋、楚两国共同作为霸主。从此进入春秋时代的晚期。这一时期,晋国内部卿大夫势力扩大,互相争夺,公室地位削弱。楚国也因东方的吴国(都于今江苏苏州)兴起而受到了严重牵制和打击。公元前506年,吴大举攻楚,陷楚都。后来吴虽退去,楚国却受到了沉重的打击。不过,在吴国的后面,越国(都于今浙江绍兴)也在楚的支持下兴起。公元前494年,吴王夫差大败越军,越王勾践表面屈服于吴,实际上准备复仇。公元前482年,夫差北上,会诸侯于黄池(今河南封丘县),迫使晋人让出盟主地位。可是就在这时,越人已经从后方乘虚攻入吴都。吴刚夺得中原盟主地位,就被越人捣了老巢。公元前473年,勾践灭吴,夫差自杀。勾践亦曾北上争霸中原,但是越的霸权也只是昙花一现,不久就衰落了。春秋时期少数大国争霸的局面结束,代之而起的是战国七雄间的剧烈斗争。

在春秋时长期称霸的晋国,公元前453年实际已被韩、赵、魏三家大夫所瓜分。至公元前403年,韩、赵、魏三家又被周王"命"为诸侯,正式成为三个独立国。公元前391年,齐国国君(姜姓)已被田氏迁于海岛;公元前386年,田和又被周王"命"为齐君。齐、楚、燕、秦、韩、赵、魏成为战国七雄,其他十几个小国则渐趋衰亡。周王实际上也只是一个无足轻重的小国君主;承认韩、赵、魏三家与齐田氏为诸侯,是周君以"王"的身份做的最后一批官样文章。以后的战国群雄中就很少有人再来打尊周王的旗帜,与春秋时期的霸主们以"尊王"为号召的情况大不相同了。

在战国初期,魏在七国之中最为强盛。魏国第一代君主文侯以子夏、段木干等儒者为师,以法家李悝为相,以军事家吴起为将,还任用西门豹等贤能之士。李悝实行改革,一面用种种措施促进农业生产,一面废除世禄制度,不以出身而按能力用人。因此,当时魏国富强,曾几次打败秦国,占有了西河(今陕西北洛水以东、黄河以西地区)。

公元前361年,秦孝公即位,随后任用商鞅进行改革:开始就重农抑商,奖励军功,即使是宗室,无军功也不能受爵;进而又废井田、开阡陌,普遍置县,统一境内度量衡等。改革持续了约20年,秦国由原先的落后并较弱的国家一变而为强国。与西方秦国兴起同时,在东方,齐威王也任用贤能,整顿吏治,广招学者,使齐国强盛起来。在南方的大国楚国,楚悼王曾任用从魏到楚的吴起(公元前382年)为令尹(即丞相),实行废除贵族某些特权、撤销烦冗的官职、加强军事训练等改革。这次改革虽然因楚悼王死而很快中止,但旧贵族的力量在此前后受到了不小打击。其他燕、赵、韩诸国,在以后不同时期也在某些不同方面有程度不同的改革。从商鞅改革起,可说战国时代开始进入了中期。

战国中期是各国内部变化迅速的时期,也是七雄进行殊死搏斗的时期。原来强盛一时的魏国,到这时东面一再败于齐国,西面屡次受到秦的攻击以致失去西河之地,南面也曾受挫于楚。魏失去原来的优势,秦却迅速强大起来。秦继续向东扩展,使东方各国,首先是韩、魏、赵受到严重的威胁。魏曾想联合齐国抗秦,没有成功。公元前318年,魏、赵、韩、燕、楚五国计划联合攻秦,并推楚怀王为联盟首领;联军攻秦函谷关(今河南灵宝),秦人开关迎战,五国失利而回。秦又向南扩展,灭了蜀巴,并夺取楚占的汉中。楚与齐原曾有联盟关系,但受到秦的离间而绝齐亲秦,结果导致大败。以后,东方各国又曾再三合谋攻秦,但都因相互间矛盾、冲突不已,很容易就被秦瓦解了。当时,东方各国南北一线形成的反秦联盟,史称"合纵";秦人则全力瓦解"合纵",让各国从东到西形成一个服从秦国的体系,史称"连横"。齐与燕距离秦国远,初未受到秦的直接打击。可是其间齐曾利用燕国统治集团内部争权夺位的机会,一度出兵攻占燕国(公元前314年),大掠而归;以后(公元前284年)燕又攻齐,下70余城,齐在莒与即墨二城守了五年,才将燕军逐出齐境。秦利用东方各国的矛盾,不断东进。公元前278年,秦大败楚,攻占楚郢都,楚被迫迁都于陈(今河南淮阳)。原来还可以和秦较量一下的齐、楚两大国严重削弱,秦国独强之势已成。

楚都东迁,可说是战国晚期的开始。这一时期是秦继续利用东方诸国的矛盾,逐渐予以各个击破以最终实现统一的时期。不过,秦的兼并仍然遇到抵抗,有时甚至是很有力的抵抗。公元前260年,秦大败赵于长平(今山西高平),坑赵降卒40万。赵都邯郸一度岌岌可危,但是魏公子信陵君救赵,挫败秦军(公元前257年),赵得以不亡。以后秦攻魏,也曾被信陵君所击败。但是魏王不信任信陵君,使他在郁郁不得志中死去。公元前246年,秦王政即位,他在统一后称秦始皇帝。公元前241年,赵、楚、魏、燕、韩五国联军攻秦,但被击退。这是东方国家的最后一次合纵行动。秦继续东进,但仍然曾经被赵将李牧所击败(公元前233年,公元前232年)。公元前230年,秦灭韩。公元前229年,攻赵,用反间计使赵杀其名将李牧。公元前228年,灭赵。公元前225年,灭魏。公元前223年,灭楚。公元前222年,灭燕。公元前221年,灭齐。至此秦统一六国,战国时代结束。

经济的发展和社会结构的变化 春秋战国时期是中国古代史上的一个经济飞跃发展的时期。在春秋时期,中国开始进入铁器时代。迄今发现的最早的人工冶炼的铁都是公元前6世纪(春秋晚期)的。不过在这些最早的铁制品中,不仅有在较低温度中炼出的块炼铁,而且有在高温中炼出的生铁。西亚、南欧、印度的铁器时代开始较早,可是那里长期只能生产块炼铁,直到公元14世纪欧洲才成功地炼出生铁。中国铁器时代开始较晚,而进步很快,炼出生铁竟比欧洲早了近2 000年。在农业方面,从前靠人用木制的耒耜翻地,随着铁器的制造,出现了用牛引铁犁的耕种方法,农作的效率空前提高。

从前每一个邦的领土面积都不大,通常包括国和野两个部分:都城(在古代也叫做国)和周围的郊区算作国,郊以外的边远地区叫做野。居住在国的人称国人,居住在野的人称野人。国人包括卿大夫等贵族和作为士的享有政治权利的自由民;因为士在国人中居大多数,所以古书上有时又把国人和士等同起来。

在国中专门划出千亩称为籍田的土地,每年由国君率领国人耕种(籍田原是部落公田的残余,自应由部落首领率领大家耕种;后来国君和贵族的参加都变成象征性的),收入供本邦宗教和礼仪之用。郊区的土地划为份地分给一般国人即士,士的义务是服兵役和纳军赋(交一定数量的军用物品)。国君掌握野的土地,并把其中一部分作为封地封给贵族。野的土地分为公田和私田两部分。野人必须先在公田上为国君或贵族献出无偿劳动,然后才能种私田来维持自己的生活。野人没有政治权利,主要义务是为国君和贵族种地,还必须服劳役和辅助性的兵役。到春秋中后期,以上情况逐渐改变,例如,鲁国在宣公十五年(公元前 594 年),"初税亩",由借民力耕公田改为按亩收税;哀公十二年(公元前 483 年)又"用田赋",由国人出军赋改为按所占田亩交军赋。这种情况的出现显然与农业生产的发展有关。正是因为农田亩产量的提高,统治者才会认为按亩征收赋税是更为有利可图的事。这一改变又带来了两种重要的后果:第一,既然按亩征收赋税,从前的公田和籍田就没有存在的必要了,不要和公田发生关系的农民变成为个体的小农;第二,既然赋和税都按人们所占田亩来征收,从前国人和野人的区分也就没有存在的必要了,除了贵族以外,他们都一律成了平民。

随着铁器的使用,春秋战国时期的手工业也有了巨大的发展。不仅在制陶器、制漆器、制皮革、制盐、纺织、酿酒等方面有很多进步,而且一些豪民经营相当大规模的冶铁业,成为战国时期有名的家族,如赵国的卓氏、魏国的孔氏等等。与农业和手工业发展的同时,商业也发展起来。不仅地方性的商业有所发展,而且还出现了一些往来经营与各国之间的大商人。孔子的大弟子子贡就是一位由经商而致富的大富翁,到各国都能受到人的尊重。从前,只有贵者才是富者,不同数量的财产总是和不同等级的社会地位结合在一起的;到这时候,由手工业尤其是商业的发展中产生的一批大富翁,他们没有从国君获得封地,没有贵族身份,可是他们掌握了大量的财富,甚至比一些没落中的贵族"封君"还富有得多。古人把这些没有封地而富于"封君"的人称为"素封",意思就是没有"封君"身份的封君。

原来贵族们的主要剥削对象是野人。野人无偿地为他们耕种封地,也就可以耕一分私田来养活自家。号为"素封"的新富人在经营手工业和商业中主要剥削奴隶和雇工,在经营农业中则除奴隶、雇工以外,还剥削租佃土地的农民。刚刚同公田断了关系而新产生的个体农民,他们成了可以自由经营的小自耕农。他们一般是以五口之家种田百亩。可是他们的生活一般是不富裕的。战国初年魏国的李悝为个体农民的年收支算了一笔账。他说:"今一夫挟五口,治田百亩。岁收,亩一石半,为粟百五十石。除十一之税十五石,余百三十五石。食,人月一石半,五人终岁为粟九十石,余四十五石。石,三十,为钱千三百五十。除社闾、尝新、春秋之祠用钱三百,余千五十。衣,人率用钱三百,五人岁终用千五百,不足四百五十。不幸疾病死丧之费及上赋敛,又未与此。"①在这种情况下,大多数个体农民只有靠加强劳动和降低生活水平来勉强维持生存;一遇天灾人祸,他们就会陷于破产处境,失去土地,沦为雇工、佃农以至奴隶。

原来在国人内部是有着固定的宗法关系的,在野人中也有宗法或类似的血缘关系,二者之间却有一条明显的界限。随着国人与野人区别的消失、破产农民的流徙以及商业人口的移动,曾经长期存在的宗法关系逐渐解体了。社会的结构发生了大变化。

由"封建"而郡县 以上说过,逐级的"封建"关系是和逐级的宗法关系相辅相成的。宗法关系的解体的过程也就是原来的"封建"制度的社会基础被挖空的过程。不过,这种过程是自然的、渐进的。而春秋战国时期的国与国之间的急剧的兼并,对"封建"的解体与郡县的产生起了明显的加速作用。

西周以上,邦国之间虽常有战争,但灭国的现象不显著。一个大邦征服了一个小邦,只要求后者纳贡并听从指挥,结成一种不平等的联盟关系。商、周时期天子(王)与诸侯的关系实际就是这种不平等的联盟关系。春秋以下,灭国的现象日益盛行。征服者常常把被征服国并入自己的领土,而取消了其原有的国家。征服者怎样处置这块新土地呢?按传统,一邦的郊区是国人分地所在,而郊以外的野直属于代表国家的国君;国君可以直接掌握它,也可以分封给贵族作封地。新征服的地区在郊以外,其地位和野是相当的,因而其处置权也就落入国君之手。春秋时期就开始有了"县"和"郡"的名称,这两个词原来都有直属于国君的意思。晋和楚是春秋时期两个最强大的国家,它们灭国很多(楚灭国尤其多),设立县和郡也较早。晋、楚两国设郡县的办法有所不同。晋常把县、郡分封给功臣,走的基本是分封的老路;结果晋国内部贵族纷争,曾经是春秋时期最强盛国家的晋最后分裂成为韩、赵、魏三国。楚国也有过把县分封给功臣贵族的事。但是楚很快改变了这种办法。例如,申、吕两国(在今河南南阳以北、以西)被楚兼并以后,成为楚与中原争霸的重要前沿阵地。曾经有人想把申、吕变为功臣、贵族的赏地,可是有人反对这样做,因为这样就会削弱楚与中原争霸的力量。于是楚国的重要地区都掌握在国君手中,其他地区的贵族、功臣封地也逐渐由永远世袭改为两代人以后就收归国家。这样,楚在春秋时期就成了君权最集中的强大国家。

到了战国时期,郡县制开始有所发展。边防重镇地区往往设郡,而在内地则相当广泛地设县。齐不设郡而设都,性质大体与郡相当。郡县制是和官僚的俸禄制密切相关的。奉国君之命镇守郡县的官员,不再得到封地,而是得到俸禄。在战国时期,功臣或贵族变为封君的现象还是存在的。但是这时的封君和过去

---

① 见《汉书·食货志》。

的封君已有很大的区别。过去的封君就是其封地范围内的世袭统治者,而战国时期的封君只能收取封地的赋税以代替俸禄,封地的行政不是由国家委派的官吏管理就是由国家派来的"相"来管理,而且封君也不再有世袭封地的权利。所以,这种封君实际已经是一种由"封建"制向郡县制过渡的形式了。

春秋战国时期的政治历史呈现了一种复杂的现象。从一方面看,随着强大的西周王朝的衰落,出现了诸侯长期纷争的混乱分裂局面;可是,从另一方面看,在这个纷争过程中,郡县制逐渐取代"封建"制,众多的小邦兼并成为少数几个大国,最终又由秦统一为一个郡县制的帝国。所以,春秋战国的分裂实际上为更高一个层次的统一准备了条件。

夷夏界限的变化 远古时代在各地散布许多部落,无所谓夷夏问题。夏、商两代的王朝和一些方国进入了文明时期,同时还有许多部落仍处原始时代。周原是一个进入文明较晚的方国。在武王伐纣的时候,他的同盟军中还有庸、蜀、羌、髳、微、卢、彭、濮等部落。这些部落的名称见于《尚书·牧誓》,是可靠的。但是它们的详情现已不得而知,大抵都是居于中原西南方的少数民族。周统治者一方面和少数民族保持友好的关系,一方面又自称为"夏"。这大概是为了表示自己是夏文化的继承者,因而不在殷商以下。"夏"字在古代还有"大"的意思,周人以夏自称,也包含了尊大自己的意味。于是周王朝和从属于周的中原诸侯国逐渐自称为"诸夏",并把蛮、夷、戎、狄等少数民族的部落当作野蛮人而和诸夏对立起来。在春秋时期,诸夏又称为诸华,或华夏,少数民族则泛称为夷或夷狄。

华夏和夷狄之间,的确曾经有民族、语言、文化等方面的不同,但是又长期有着密切的共处关系。在西周时期,距离都城镐京(今陕西西安附近)和东都洛邑(今河南洛阳)不很远的地方都有夷狄居住,封在今山东省的齐国和鲁国必须与附近的东夷、淮夷反复周旋,封在今山西省的晋国长期和戎狄杂处,南方的楚国的统治家族虽然可能是早先从中原移居去的,但实际上也入乡随俗而蛮夷化了。西周的国王们曾多次发动对北方的严允(犬戎)和对南方的楚(荆蛮)的战争,都未能征服他们。最终西周却灭于犬戎之手。到春秋时期,北方的山戎南下,一度灭了卫国,南方的楚国向北扩展,封在汉水流域的姬姓诸国都被吞并了。中原的诸夏一度面临很严重的局面。

齐桓公在管仲协助下,打出"尊王攘夷"的旗帜,联合诸侯,打败山戎,帮助卫国复国,又抑制了一下楚北上的势头。孔子曾经说,如果没有管仲,我们就都是"披发左衽"的野蛮人了。他肯定了齐桓公和管仲保存中原先进文化的历史功绩。以后齐的霸业为晋所代替,形成了长期晋楚争霸的局面。就在大国争霸的同时,晋、齐、秦等国都把邻近的夷狄纳入本国版图,加速了夷夏的融合进程;楚则一面兼并附近诸小国和蛮夷,一面迅速地华夏化。到春秋晚期,吴、越先后起来争霸时,他们自身也迅速地由蛮夷转变为华夏。到战国时期,各大国内部都不再有夷夏的问题,所谓夷狄主要已指北方塞外的胡(即匈奴)和华南地区的越了。这样就形成了一个人口众多的华夏族,也就是以后汉族的前身。

古代中国人有重华夏而轻夷狄的思想,这就同古代印度的雅利安人称异族为"蔑戾车"和古希腊人称异族为"蛮族"一样。不过,古代中国人对夷夏的区分还有其自己的特点。这就是在长期的过程中形成了一种重文化而非重种族的区分标准。

孔子到过许多华夏的国家,都不得意。他一度想到"九夷"(可能就是在鲁国以南的淮夷)去居住。有人说那里太落后(陋)了。孔子说:"君子居之,何陋之有"?① 孔子没有把夷当作异类,甚至认为,只要"君子居之",他们的落后状态也是可以改变的。孟子说,舜是"东夷之人",而周文王是"西夷之人",可是他们都在"中国"(指华夏地区)行仁政,就都成了圣人。② 夷狄之人不仅可以变为华夏之人,而且可以成为代表华夏文明最高品位的圣人。孔、孟这些思想不是凭空而来的。因为,中国古代的夷夏关系史上有两个明显的特点。其一是,夷变夏和夏变夷的事例太多。例如,相传周人的先祖弃是尧舜禹的后稷(负责农业的官),原来属夏;后来子孙迁居戎狄之中,一变为戎;到公刘时期又逐渐向文明过渡,再变为夏。又如,周族一支在殷末南迁入吴,一变为蛮夷;到春秋后期,吴又再变为夏,等等。其二是,夷夏之间的交往和婚姻很多。例如,著名的霸主晋文公本是犬戎狐姬之子。按母系,他是夷狄,可是不妨成为尊王攘夷的诸夏首领。晋文公的母亲无疑是夷狄,可是又姓姬,与周王和晋君都同姓,所以这一支戎在历史上可能与周有血缘关系。由于这两种情况,人们很难以种族或血统来确指谁为夷谁为夏。于是文化上的先进与落后自然地就成了区分夷夏的标准了。

以文化为标准的夷夏观形成于春秋战国时期,这对中国以后的历史有十分重大的影响。

士的活跃与百家争鸣 当一邦之内国和野的区分还明显存在的时候,士在国人中占了大多数。他们在本邦拥有份地,既参与邦内政治斗争,又是军队中的主力。他们和自己的邦有着密切的关系,所以把离开"父母之邦"当作一件大事。随着国野区分的消失,士的情况也发生了巨大的变化。他们可以来自原来的国人,也可能来自原来的野人;可以家财富足,也可能一贫如洗。他们从农、工、商业中游离出来,到处求师访友,小则学得一技之长,大则自成一家之学。他们的活动已不再限于本邦,为了求职或实现其理想,不惜奔走于各国之间。

在春秋后期,孔子首先开私人讲学之风。从他受过学的人很多,其中学得某

---

① 《论语·子罕》。
② 《孟子·离娄下》。

种专长的杰出之士也有几十人。孔子开创了儒家学派。他主张实行仁政。仁政就是爱人之政。不过,孔子主张的仁,是从爱自己的老人和小孩开始,从近亲到远亲以至不相识的人,一层层地把爱推展出去。当然对于不同层次的人的爱的程度也是不同的。把爱分成不同的层次和等级,这就是礼。孔子的仁是和礼结合在一起的。孔子认为,各国的君主和贵族,只要把对自己亲属的爱推施于人民,那么理想的盛世就会到来,当时各国内部和各国之间的残酷斗争就会消除。孔子为了实现其理想,曾经到过许多国家,想说服其国君,而结果都无成效。他回到鲁国整理《诗经》、《尚书》等古代文献,以教育事业终老。

战国初期,墨子继孔子而起,开创了墨家学派。墨子看到当时不义战争既多而又残酷,所以主张"非攻"。为了非攻,他主张"兼爱"。他反对孔子主张的分层次、有差别的爱人即仁,而主张爱无差别,爱陌生人的父母要像爱自己的父母一样。这就叫"兼爱"。他把"兼爱"说成是天神的意思,这就是他的"天志"。墨子和他的弟子自己生活极其刻苦,随时准备牺牲自己以帮助被侵略国家的人民。墨子的主张也没有被任何国家的君主所采纳。

约自战国中期起,开始形成道家学派。这一学派的两部代表作是《庄子》和《老子》。《庄子》书中主要思想是战国中期的庄子的。老子其人为谁,司马迁写《史记》时并存三说,已难断定。《老子》一书晚于《庄子》,这大概是无问题的。《庄子》和《老子》都从当时历史看出一种矛盾现象:知识和技术越进步,人们之间的争斗也就越诡诈,越野蛮。他们都主张使人们回到无知无欲的自然状况,以解除当时的激烈社会矛盾和斗争。道家主张君主"无为",这样人民就朴实了,一切问题都解决了,也就是"无不为"了。《庄子》和《老子》也有不同之处:《庄子》倾向于逃避现实,以保全自己;《老子》则主张以柔克刚,倾向于以退为进。

在战国中后期,还形成了法家学派。商鞅是一位有系统法家思想的政治家;不过今本《商君书》中的大部分内容都是后世法家托商鞅之名写的。真正系统地提出法家思想体系的是战国末年的韩非子。韩非认为历史是在进步的,但也承认与这种进步同时出现了人心不古的现象。他也和道家一样认为仁义道德是无用的,不过他不主张复古,而主张利用人们好利恶害的欲望,通过赏罚来控制人民。韩非和道家一样主张愚民,主张堵死人们以知识、技能谋富贵的道路。他要求人民在平时尽力种田,上战场拼死杀敌,凡是在耕与战上有成绩的都给予奖赏,否则给以重罚。他也主张君主"无为",那就是不做任何具体工作,只独自掌握并运用好赏罚的大权。这样臣民们自然会把一切都做好。韩非认为,对人民施仁政是没有意义的,儒家和墨家的主张早过时了。他主张君主要独断无情,实行严格的专制统治。法家思想成了秦统一六国并建成专制帝国的理论支柱。

在儒、墨、道、法以外,还有阴阳家、名家、农家、神仙家等等,而作为"显学"的儒、墨两家内部又各自分成许多流派。这种百家争鸣的现象,是西周社会体系与礼乐崩坏的自然结果,也是应战国时期社会剧变的需要而生的产物。战国的百家争鸣,在中国古代史上形成一个文化空前繁荣局面,在世界古代史中也占居一个极为重要的地位。

第二节　公元前8世纪至公元前3世纪的世界

古代世界的巨大转变　公元前1000年代,古代世界发生了空前巨大的变化。其中与中国的春秋战国时期相当的公元前8世纪至公元前3世纪,尤其是巨变的关键时期。这一时期的巨变,可以概括为以下几点来论述。

第一,铁器开始普遍使用。铁器时代的开始,在不同地区早晚不同。在地中海以东的西亚地区,约开始于公元前12世纪。在希腊"荷马时代"(公元前11—前9世纪)开始进入早期铁器时代,而铁器的大规模使用则在公元前800年以后。在印度次大陆,铁器时代约开始于公元前1000年,但其广泛使用则自公元前1000年代中叶开始。在埃及约开始于公元前6世纪,至今中国发现的最早炼铁也在公元前6世纪。自公元前1000年代中叶开始,在上述地区以外,在北欧以及东南亚的许多地区也开始进入铁器时代。

铁器的使用并非开始于文明发生最早的两河流域南部和埃及,那里经历了漫长的青铜文明时期。铁器的使用消除了最古老的文明对于周边地区民族的优势。原先落后的民族一旦将铁器用于生产和军事,就会变成对古老文明的巨大威胁。在公元前8世纪至公元前3世纪间,古代世界发生的多种格局变化,看来都直接或间接与铁器使用的发展有关。

第二,文明的区域的扩大与中心的转移。以上说到,大约与中国西周时期相当的时期(公元前11—前8世纪早期),古代世界其他地区的文明正处于一种萧条或萎缩的状态。印度河流域的文明早已衰亡,而新到的雅利安人还处于部落逐渐解体阶段。爱琴文明衰亡了,希腊正处于"黑暗时期"。从埃及经地中海东岸到两河流域,这一古老文明地区也处于风雨飘摇之中。公元前9世纪至公元前8世纪中期,亚述统治者采用烧杀抢掠的征服政策,给两河流域、叙利亚、巴勒斯坦等地造成了灾难性的破坏;结果亚述本身一度也因内部发生斗争而被削弱。

从公元前8世纪中期起,亚述的政策开始有所改变,但是征服并未停止。到公元前7世纪,亚述已成为一个包括全部两河流域、埃兰、叙利亚、巴勒斯坦以及埃及北部的大帝国。这些地区的文明已经衰老,所以落入亚述统治之下。公元前7世纪是亚述帝国最繁盛的时期。可是到公元前7世纪晚期,亚述帝国又被巴比伦的迦勒底人和伊朗高原西部的米底人所消灭。不久以后,米底王国又被波斯人推翻。到公元前6世纪后期至公元前5世纪初,波斯变成一个包括中亚大部(至阿姆河一带)、印度河流域西北部、伊朗高原、两河流域、小亚、叙利亚、巴勒斯坦、埃及、色雷斯等广大领域的帝国。波斯大帝国的出现说明两个问题：伊朗高原和中亚广大地区进入了文明阶段，文明的区域扩大了，中亚、西亚、北亚、东南欧之间的联系加强了；同时古老的文明中心已经衰朽，因而落入后起者的统治之下，文明中心转向新的地区。

从公元前8世纪至公元前6世纪，在希腊半岛、爱琴海岛屿和小亚西海岸等地兴起了为数众多的希腊人城邦。这种城邦一般幅员很小，但是进展很快。公元前5世纪早期，它们奇迹般地打败了强大的波斯帝国的侵略，随后便进入了其极盛时期——古典时代。就在公元前5世纪晚期，希腊城邦之间发生了伯罗奔尼撒战争，结果是经济、文化最发达的雅典惨败，而落后的斯巴达胜利了。但是斯巴达也好景不长。到公元前4世纪上半期，希腊城邦出现危机，而北方落后的马其顿迅速兴起。到公元前4世纪下半期，马其顿不仅实际上将希腊各邦置于自己控制之下，而且在亚历山大统率下征服了波斯帝国。亚历山大帝国本身又迅速分裂为几个希腊化的王国。公元前3世纪时，安提柯王朝统治着马其顿，托勒密王朝统治着埃及，塞琉古王朝初曾统治原波斯帝国在亚洲所占地区的大部，但公元前3世纪中叶伊朗地区的安息和中亚地区的大夏独立以后，它就只占有叙利亚、巴勒斯坦和两河流域一带。这三个希腊化国家在地中海东部鼎足而立，可是西方的罗马迅速崛起，不仅统一了意大利半岛，而且称雄于西部地中海。

在南亚次大陆，公元前8世纪，正是雅利安人从印度河流域向东部的恒河流域移动的时期。到公元前6世纪至公元前4世纪，在北印度已经兴起了许多国家，经济和文化迅速发展。到公元前3世纪时，形成了一度统一印度大部地区（南端除外）的孔雀帝国。不过，这个帝国历时甚短，在公元前2世纪时就已经分裂了。

公元前8世纪至公元前3世纪在中国是以上刚说过的春秋战国时代。当时中国的文明地区从黄河流域发展到长江流域的广大地区，而没有发生文明中心大转移的现象。

在公元前8世纪至公元前3世纪中，古代的文明在空前广阔的区域中以空前的速度发展起来。亚述帝国、波斯帝国、希腊城邦、亚历山大帝国，它们的兴衰和代谢的速度，是公元前3000年代和公元前2000年代的埃及和两河流域的古文明所不能比拟的。在古代中国，夏、商、周三代长时期中都以不平等的方国或部落联盟为基础建立"封建"的王朝与诸侯的政治体系，而在春秋战国时期（尤其是战国时期），这种体系迅速地就被以地域为基础的郡县制所代替了。中国虽无大规模的文明中心转移，但是在社会和政治方面也发生了空前迅速的变化。

三个古典文化中心的出现 人们常说人类文明四大摇篮：埃及的尼罗河流域、西亚的两河流域、南亚的印度河流域、中国的黄河流域。有时又加上爱琴文明，并称五个文明古国。其实早在公元前8世纪至公元前3世纪这一时期之前，印度河文明和爱琴文明就已经先后衰亡而中断了,而埃及和两河流域文明在这一时期中也因失去独立而式微,最后也中断了。世界上最古老的埃及文明和两河流域文明,只是作为遗产被其后继者所继承,从而在后世的历史上间接地起着作用。

公元前 8 世纪至公元前 3 世纪,中国、印度和希腊成了世界上三个古典文化中心。这三种文化对以后的世界历史发生了长久而深远的影响。

中国、印度和希腊的古典文化和公元前 2000 年代以上的上古文化有一个明显的不同点,就是在人类历史上出现了最早的一批哲学家。这反映人类的精神开始进入了一种觉醒的状态。

众所周知,人从猿发展而来,原先本是自然界的一部分。自从开始创造工具,人就开始改造自然,并从自然中分离出来。原始人在客观上日益和自然界区分开来,可是在主观上没有也不可能认识到这一点。原始人可以把作为本氏族、部落的图腾的非人的生物当作自己的同类,也可以把本氏族、部落以外的原是同类的人当作异类的牲畜一样。当时的人还没有"人类"的概念。他们只知道氏族、部落的界限,而不知道人作为一类的界限;只知道氏族、部落内部的关系,而不知道人类内部的关系。

随着生产的发展、城市的兴起、文字的出现、国家的发生,人类开始进入文明时代,也开始有了一种人为万物之灵的自豪感。但是当时生产力的水平仍然很底,人在自然面前仍然软弱无力,所以人把自然当作天神来崇拜,把人与自然的关系当作人与天或神的关系。随着国家代替了氏族、部落,原先的人的氏族、部落界限也被阶级和国家的界限代替了。残杀敌国的俘虏,不把奴隶当作人看待,在文明的早期不仅是常有的事,而且也没有人对此有过反省。

到公元前 6 世纪,在中国、印度和希腊都开始出现了哲学家。他们开始对人与天或神的关系和人与人的关系问题作了认真的思考。在此以前,中国已有《尚书》、《诗经》,印度已有《吠陀》、《梵书》,希腊已有《伊里亚特》、《奥德赛》等等,它们都在不同的程度上为公元前 6 世纪开始出现的古代哲人们提供了思考的资料。

在古代印度,婆罗门教认为,神是世界的主宰,人可以通过祭祀而向神求福。这反映了人屈服于自然的一种迷信状态。释迦牟尼则认为,人不可能靠祭神得福,而只能靠自己的觉悟来解除痛苦;因为世间的一切都是无常的,根本没有一个固定的"我",人不觉悟到这点就永远不能超脱痛苦。佛陀认识到世间一切都在运动变化之中,并主张人应该依靠自己的觉悟来求福,这都反映了一种人在自然关系上的某种精神觉醒。不过,佛陀由看到世界无常而教人看空一切,这只是一种消极的"觉醒",其前途仍只能通向宗教。在古代希腊,原先也有祭神求福的传统,可是当泰利士等哲学家出现以后,他们开始思考世界"始基"是什么的问题,并且试图以某种物质作为"始基"来解释世界。当然,甚至像赫拉克利特这样的唯物主义哲学家都没有彻底否认神的存在,不过他把"神"和世界运动的规律(逻各斯)等同起来。于是对于神的信仰与对于自然的研究可以并行而不悖,这反映了希腊人在人与自然关系上的精神觉醒。在古代中国,也长期有祭神求福的传统,可是在西周时期就开始有了对天将信将疑的思想倾向。孔子则公开主张"务民之义,敬鬼神而远之。"①可以祭祀鬼神,但是不能迷信或依靠它们,而关键则在于把人民的事办好了。孔子开创的儒家学派重人事而不重天。战国晚期儒家代表荀子则直接把天解释或还原为自然,一扫人对天的迷信。这些都反映了中国先哲在人与自然关系上的精神觉醒。

在古代印度,婆罗门教把人分为不同的种姓,而不把人看成同类。释迦牟尼则主张"众生平等"。佛陀所说的"众生"包括人和其他有生命的物,所说"平等"是无差别的意思。因为他认为一切众生都可因佛教而得解脱。佛陀反对婆罗门教对人的区分,这是在人与人的关系上的一种精神觉醒;可是当他认为"众生"无差别并皆能因佛教而得救的时候,他就重新混淆了人与非人生物的界限并重返宗教迷信之中。在古代希腊,许多哲学家都讨论了人与人之间的关系问题,柏拉图的《理想国》、亚里士多德的《政治学》等书更是集中讨论这一问题的著作。城邦公民之间是否应有平等,怎样才算平等,学者们的认识并不相同;而在奴隶与主人之间无平等可言,意见基本则是一致的。不过,古希腊的哲学家也无法否认奴隶在自然上仍然是人。他们看到了这一问题,而未能给予解决。在古代中国,哲学家们对人与人的关系问题的讨论,尤其热烈。孔子主张爱有等差的"仁",墨子主张爱无区别的"兼爱"等等。不同的学派都为自己的主张作了论证,处于争鸣的状态中。古代印度、希腊和中国的哲学家们当然不可能解决人与人的关系上的认识问题。他们能对此有所反省,提出问题,并试图提出自己的见解,这就是一种精神的觉醒了。

古代印度、希腊和中国的哲学家们在人与自然之间和人与人之间的关系上所提出的问题,一直被后世的哲学家们思考着、讨论着,这是三者之间的共同性。具体地说,古代印度、希腊和中国的哲学家们在思考和论证上述问题时,又各有其特殊的方法和侧重点,这就开辟了三个各有特色的文化传统,而且各自影响了周围的地区,并且为后世不同地区的文化交流准备了条件。

---

① 《论语·雍也》。

第十二章 公元前2世纪至公元2世纪的帝国(上)

第一节 罗马在地中海区域的统治与社会后果

布匿战争与对西地中海地区的征服 罗马在征服意大利后向海外扩张,与西地中海强国迦太基发生冲突。迦太基原是腓尼基人在北非的商业殖民地,大约建于公元前814年。公元前7世纪开始兴盛起来,后一世纪起又不断向海外扩展势力,其统辖的领土包括北非西部海岸、西班牙南部、撒丁、科西嘉和西西里西部,人口达300万左右。迦太基实行寡头政治,政权掌握在大奴隶主贵族手中,军队主要由雇佣兵和从附属国或部落中征集的部队组成。起初,迦太基和希腊人竞争激烈,而和罗马保持着友好关系。公元前6世纪末,双方曾签订条约,划分了势力范围。公元前348年又修订了条约。在皮洛士战争中,迦太基和罗马订立协议,向罗马提供军事和财政援助。但罗马征服意大利南部后,成为与迦太基争夺西地中海霸权的劲敌,两国在公元前264至公元前146年间进行三次战争。因罗马人称迦太基人为"布匿",故称为布匿战争。

第一次布匿战争(公元前264—前241年),是因为争夺西西里岛而引起的。罗马进兵西西里,初战得胜,迦太基则以强大海军封锁西西里和意大利海岸,进行回击。罗马乃扩建海军,在舰首安装名为"乌鸦"的接舷吊桥,变海战为陆战,取得了米列和埃克诺穆斯海战的胜利。但进攻迦太基本土的远征军遭到失败,载着残余军队的罗马舰队在回国途中又遭风暴袭击,损失惨重。最后双方在西西里展开激战,罗马占据上风,迦太基被迫求和。根据和约,迦太基把西西里及其与意大利之间岛屿让与罗马,赔款3 200塔兰特。战后,西西里变成罗马的第一个行省。不久,罗马乘迦太基雇佣兵和奴隶暴动之机,强占了撒丁岛和科西嘉,也置为罗马行省。

迦太基不甘心失败,战后在西班牙拓展势力范围,营建反击罗马的基地。公元前218年爆发了第二次布匿战争。罗马的战争计划是分兵两路,进军迦太基和西班牙。但迦太基名将汉尼拔先发制人,率领大军从西班牙的新迦太基城出发,翻越冰雪封盖的阿尔卑斯山,突入意大利。沿途军队减员不少,抵达意大利时只剩下2万步兵和6 000骑兵。汉尼拔在山南高卢稍作休整,吸收高卢人补充军队,在波河支流接连打败罗马调集的阻击队伍,然后挥师南下。罗马集中兵力在意大利中部进行拦截。汉尼拔采取迂回战术,穿越亚平宁山脉,涉过亚努河下游沼泽地,绕到罗马军队的后面。罗马军队跟踪追击,在特拉西美诺湖畔遭到汉尼拔的伏击,几乎全军覆没。

特拉西美诺湖一战的失败,震撼了罗马。元老院宣布紧急状态,任命费边为独裁官,统一指挥军事行动。汉尼拔没有贸然进攻严加设防的罗马城,引兵抵达亚得里亚海岸,继而南下,沿途对意大利联盟进行分化瓦解,以图使罗马陷于孤立无援的境地。费边则采取拖延战略,尾随汉尼拔之后,牵制和消耗敌人力量,但避免与之进行决战。战争的拖延使意大利城乡遭受兵燹之苦,引起普遍不满,因此在罗马要求速战速决的呼声日高。公元前216年,双方部署大量军队,在坎尼进行会战。汉尼拔发挥骑兵优势,采用两翼包抄战术,重创罗马军队。罗马军士大部分阵亡,万余人被俘,而汉尼拔仅损失6 000人。坎尼会战后,罗马处境十分危急,南意大利和西西里的同盟城市纷纷倒戈,意大利中部一些城市也开始转向,卡普亚在当年就背离了罗马。马其顿国王腓力五世公开和汉尼拔结成同盟。为了挽救危局,罗马征召17岁以上公民入伍,甚至将奴隶编入军队,重新组织军事力量。他们重新恢复费边的战略,避免决战,积蓄力量,严惩倒向汉尼拔的城市,破坏敌人的补给线。战争的优势渐渐转到罗马一边。公元前212年,罗马军队围攻卡普亚,不久迫其投降。公元前209年又攻陷他林敦。同时,罗马派遣普·斯奇比奥率军去西班牙,攻克新迦太基城,清除迦太基的势力,切断了汉尼拔的后方支援。公元前204年,斯奇比奥在北非登陆,进逼迦太基城,迦太基立即召回汉尼拔救援。公元前202年斯奇比奥和汉尼拔在扎玛决战,双方步兵势均力敌,但努米底亚骑兵对罗马军队的胜利起了决定作用,汉尼拔有生以来第一次被打败。迦太基无力再战,于公元前201年被迫接受屈辱性和约。和约规定迦太基丧失一切海外属地,交出所有舰只(只留10艘)和战象,不经罗马准许不得对外作战,赔款1万塔兰特。从此迦太基失去独立地位,罗马在西地中海确立了霸权。

半个世纪后,迦太基农业和商业得到恢复,呈现繁荣景象。罗马唯恐迦太基东山再起,必欲置于死地。罗马先是纵容努米底亚侵占迦太基领土,迦太基被迫反击,便借口迦太基破坏和约,于公元前149年挑起了第三次布匿战争。这次战争性质不同于前两次战争,完全是强者对弱者的欺凌。罗马军队一登陆,迦太基即向罗马求和,对罗马所提的苛刻条件一再退让,最后罗马执政官指令迦太基人摧毁城市,居民撤到离海15公里的内地另建居民点。迦太基人拒不接受,杀死主张投降的元老,决心抵抗到底。罗马军队围困迦太基两年未下,第三年因城内发生饥馑和瘟疫,罗马军队才破城而入。迦太基城被付之一炬,夷为平地,城址用犁耕和撒盐加以诅咒,被俘的5万居民卖为奴隶。从此,迦太基领土划为罗马的阿非利加行省。

早在第二次布匿战争之前,罗马曾派兵镇压高卢部落的起义,在波河流域建立殖民地,控制了山南高卢。汉尼拔进入意大利,许多高卢部落归附汉尼拔。战后罗马再次出兵,镇压和驱赶高卢部落,扩建殖民地,将山南高卢归入罗马版图。在地中海西部,罗马在第二次布匿战争中占领了西班牙东部和南部,在公元前197年设置了近西班牙和远西班牙两个行省。但后来罗马向内地推进,遇到强悍的西班牙部落居民的反抗,不得不经常派遣大军前往镇压。凯尔提贝里亚人坚持斗争,在公元前181—前179年和公元前153—前151年同罗马进行两次战争。公元前2世纪中叶,路西塔尼亚爆发起义,领导者是牧人维里阿萨斯。起义者在8年中屡败罗马军队,迫使罗马承认维里阿萨斯为路西塔尼亚王。后来,他被罗马人阴谋刺杀,起义才随之失败。大约在此同时,北部的努曼提亚也掀起反罗马的暴动。罗马执政官率领军队被围后投降。公元前134年,罗马指派征服迦太基的斯奇比奥前去镇压,围攻15个月,终于攻陷努曼提亚城。该城被夷为平地,居民卖为奴隶。这样,西班牙除西北地区外部落到罗马手中。至此,罗马完全控制了西地中海地区。

对东地中海地区的征服 罗马战胜西地中海强国迦太基后,便向东地中海地区扩展势力。当时,东地中海地区处于混乱状态,希腊城邦、城邦联盟、马其顿、塞琉古、托勒密王国等大小国家互相争夺,时而发生战争,各国内部矛盾重重,社会斗争十分激烈。在这种形势下,罗马运用外交手段和军事力量,在不到一个世纪时间内控制了东地中海地区,达到了称霸整个地中海的目的。

在第一次布匿战争后,罗马借清剿海盗之机,侵入伊利里亚。第二次布匿战争期间,马其顿和迦太基结为联盟,罗马则联合埃陀利亚同盟反击马其顿,史称第一次马其顿战争(公元前215—前204年),但这次战争未获结果。不久,马其顿国王腓力五世和塞琉古国王安条克三世合伙瓜分埃及的海外领地,引起东地中海地区局势动荡。罗马乘机插手,联合一些希腊城邦组成反马其顿联盟,并成功地使安条克三世保持中立,派兵在阿波罗尼亚登陆,展开军事行动。公元前197年,弗拉弥尼乌斯统率罗马军队和马其顿腓力五世在辛诺塞法利(狗头山)进行决战,罗马军团打败马其顿方阵,取得了第二次马其顿战争(公元前200—前197年)决定性的胜利。马其顿被迫接受和约,放弃本土以外全部领地,交出舰队,赔款1 000塔兰特。战后,根据元老院的法令,弗拉弥尼乌斯在艾斯特米亚赛会上宣布希腊人获得自由,这在实际上是罗马保护下的自由。以后,罗马到处干预希腊事务,激起希腊人强烈不满。

安条克三世在第二次马其顿战争中乘机扩张领土,占领小亚细亚,甚至越过赫勒斯滂,占据色雷斯沿海城市。他在希腊人中竭力煽动反罗马运动。这就严重威胁罗马在希腊的霸权地位。而汉尼拔逃到东方,策划塞琉古联合迦太基夹击罗马,更是加剧了矛盾。公元前192年,罗马和塞琉古战争(又称叙利亚战争)爆发。次年,罗马军队击溃安条克军队,将其逐出希腊。与安条克结盟的希腊城邦几乎都归顺了罗马。在帕加马和罗德斯的支援下，罗马海军粉碎安条克的舰队，控制了爱琴海，从而保证罗马军队安全通过海峡，进兵小亚细亚。公元前189年初，安条克在马格尼西亚决战中大败，小亚细亚城市都倒向罗马。次年签订和约，安条克放弃小亚细亚和色雷斯的属地，只保留10艘舰船，赔款15 000塔兰特。帕加马和罗德斯乘机夺取塞琉古的领土，扩大自己的势力。塞琉古王国从此一蹶不振，失去了东地中海强国的地位。

马其顿国王腓力五世在叙利亚战争中趁火打劫，占领帖萨利亚和色雷斯一些城市。其子百尔修继位后，积极寻求反罗马的同盟者，在希腊人中煽起反罗马运动。罗马恐怕马其顿复兴，发动了第三次马其顿战争（公元前171—前168年）。结果，百尔修失败，马其顿被分为四个自治区，彼此分立，不得来往。马其顿王室财产尽被没收，居民缴纳直接税的半数转交给罗马，除边防地区外，居民的武装悉被解除。同时，罗马在希腊人中清除亲马其顿势力，进行所谓叛逆审讯和血腥屠杀。阿卡亚联盟被迫把1 000名显贵送到罗马当做人质，其中包括著名历史学家波里比阿。罗马对马其顿的同盟者实行残酷报复，伊庇鲁斯70个城区遭到罗马士兵洗劫，15万人被卖为奴隶。此外，罗马还插手小亚细亚国家内部事务，到处培植亲信，扩展势力。为了打击日渐强大的罗德斯，罗马先是强迫它放弃所占领的大陆上的领土，后又把提洛岛交给雅典，宣布为自由港，因而削弱和降低了罗德斯在东地中海的商业中心地位。

罗马的统治和压迫，在希腊居民中激起普遍的不满情绪。公元前149年马其顿爆发反罗马运动，领导者为手工业者安德里斯库斯，自称为百尔修的儿子腓力。但运动最终失败，安德里斯库斯被俘处死。从此，马其顿失去自治，成为罗马的行省；伊庇鲁斯和伊利里亚南部并入马其顿行省。不久，又爆发了以阿卡亚联盟为首的反罗马运动，很快扩及中希腊和南希腊地区，科林斯和底比斯成为运动的两个中心。这次运动不仅具有反抗罗马统治的民族斗争性质，而且带有社会斗争的性质。科林斯在斗争中实行改革，废除债务，释放12 000名奴隶并吸收他们入伍。公元前146年，终因力量悬殊，运动被罗马镇压下去。科林斯城被彻底摧毁，城址受到诅咒，居民卖为奴隶。中南部希腊并入马其顿行省，仅雅典、斯巴达和德尔斐等保留有名无实的自治。从此结束了希腊城邦分立的局面，确立了罗马在希腊的统治地位。

公元前132至公元前129年，因帕加马国王阿塔洛斯三世把王国遗赠给罗马，在帕加马爆发了阿里斯东尼克领导的奴隶和贫民起义。这次起义反对本国奴隶主的压迫和罗马的兼并，也具有阶级斗争和民族斗争的双重意义。起义者提出了建立"太阳国"的斗争纲领，吸引许多城市贫民、奴隶、农民和手工业者参加起义队伍，起义风暴席卷帕加马和小亚细亚其他地区，后来被罗马联合帕加马及其邻近国家的奴隶主扑灭。帕加马终为罗马所吞并，置为亚细亚行省。至此，罗马控制了东地中海地区,建立起横跨欧、亚、非三洲的霸国。

行省制度 罗马向海外扩张过程中,在所征服地区建立行省来统治当地人民。① 到公元前 2 世纪 30 年代,共设置了 7 个行省:西西里、撒丁尼亚和科西嘉、近西班牙、远西班牙、马其顿、阿非利加和亚细亚。以后,还陆续建立了一系列行省。各个行省都派驻总督治理。起初,总督由选任的高级官员担任,公元前 227 年增加两位执法官,担任西西里、撒丁尼亚和科西嘉行省总督;公元前 197 年又增加两位执法官,分别担任远、近西班牙行省总督。后来,由于行省数目增多,元老院委任卸任执政官和执法官为行省总督。这一原则逐渐成为惯例,后又获得法律上的认可作为制度固定下来。行省总督任期一年,如遇特殊情况,任期可延长到 2 至 3 年。从公元前 2 世纪中叶起,罗马逐渐形成一套行省的组织管理制度。每当筹建一个行省时,元老院首先对此行省作出原则决定,并派出十人委员会协同征服该地区的军事统帅具体执行,共同制定有关该行省的基本法规,确定行省内城市或公社的行政划分和法律地位。总督拥有该行省的军事、民政和司法全权。其下属人员中,配有一位财务官,负责管理财政和军需供应;另有一位或多位副将,其职位由元老担任,可代理行使总督的部分职权;此外还配备一些副官。因为行省远离罗马,总督实际上不受同僚官员协议性和保民官否决权的限制,在司法方面除了涉及罗马公民的案件,也不受上诉权的束缚,所以,他在行省中握有绝对权力。这就为行省总督滥用职权,横行不法,搜刮钱财,提供了便利条件。

行省由征服而来,被视为罗马国家的财产,其居民被视作外国投降者。但在行省中各城市地位不一,视它们对待罗马的态度而定。少数对罗马忠实而友好的城市,列为自由城市。这种城市又分为同盟城市和非同盟城市两类,前者与罗马缔结盟约,其地位较为独立和稳固,后者根据元老院颁布的法令取得地位,随时都有被改变的可能。它们享有全部或部分自治权,居民保有土地,平时免税,战时为罗马提供军队或舰船。向罗马降服的城市占据大多数,被列为纳税城市。这些城市虽然保留自治机构和处理一些内部事务的权利,但必须置于行省管辖和监督之下,其居民保有土地,每年须向罗马缴纳赋税。至于对罗马抵抗到底的城市,则被彻底摧毁,土地充作罗马公有地。

行省制度是罗马奴役海外被征服地区人民的一种形式。罗马对行省课征赋税,一般沿袭该地区以前统治者的旧制,所以,各行省税收制度因地而异,不尽相同。税收的主要来源是土地税,由耕地和种植园的所有者负担。在西西里,根据土地每年收入抽取什一税,以实物交付;在亚细亚,什一税折成货币缴纳;在西班

---

① 行省原为委托给高级官员行使权力的区域范围,但随着海外扩张,获得新的意义,即指交给高级官员管辖的意大利以外的被征服地区。

牙、马其顿和阿非利加,则征收固定的贡赋。放牧的牲畜按头计算收取年金。港口进出口货物也要征收5%的关税。此外,罗马在行省的官吏和军队的费用,都由该省居民负担。

罗马在行省通常实行包税制。除了实行贡赋制的行省,其直接税由地方当局办理,交给财务官以外,其他行省一切直接税和间接税的征集,都包给罗马或当地的包税人。公有土地和财产的经营,公共工程的兴修,也都包给承包商办理。包税人按合同预付税额,然后对行省居民加捐加税,肆意搜刮,甚至进行公开的敲诈勒索。承包商则和行省官员上下串通,贪赃枉法,大发横财。他们还从事投机倒把活动,发放高利贷,盘剥行省居民。罗马对行省的掠夺,一方面加重了行省居民的负担;另一方面,也加速了罗马社会的腐败。公元前149年罗马通过反贪污法,并设立专门审理勒索案件的常设法庭,但因法庭成员由执法官从元老中挑选,势必官官相护,难以奏效。因此,在罗马统治下,行省中只有少数上层显贵和罗马人勾结一起,得以升官发财,而中下层居民则受尽压榨和奴役,苦不堪言。

奴隶制的发展　在长期的对外征服和扩张战争中,罗马掠夺了大量财富和土地,也俘获了大批奴隶,为奴隶制迅速发展提供了条件。公元前3世纪至公元前2世纪,罗马从家内奴隶制发展到发达的奴隶制,即由"家长制的、以生产直接生活资料为目的的奴隶制度,转化为以生产剩余价值为目的的奴隶制度。"①

当时,被征服地区的军民俘虏,源源不断地流入罗马,成为罗马奴隶的主要来源。据统计,在第一次布匿战争中,罗马总共把7.5万名俘虏卖为奴隶。公元前209年罗马攻占他林敦,约有3万居民沦为奴隶。卡普亚被罗马攻陷后,全城居民都被卖为奴隶。公元前177年罗马占领撒丁尼亚时,将8万人变卖为奴,以致当时奴价暴跌,"撒丁尼亚人"成为廉价物品的代名词。公元前167年罗马占领伊庇鲁斯,俘虏居民15万人,全部卖为奴隶。反抗到底的迦太基、科林斯和努曼底亚城,被罗马彻底摧毁,居民也都卖为奴隶。除了战俘变为奴隶以外,奴隶来源还有奴隶生育的子女,这些所谓家生的奴隶比较顺服而受到奴隶主的重视,也占据相当数量。公元前326年罗马废除了债务奴役制,但在意大利各地无罗马公民权的居民以及行省居民中还流行债务奴役,贫困者及其家属沦为债奴者甚多。此时,当时地中海海盗猖獗,他们在海上或沿海地区掠人为奴,带到奴隶市场出售。在此时期,奴隶贸易十分兴盛,许多城市都有奴隶市场,如罗马圣道附近便有买卖奴隶的场所,雅典的爱非塞斯、亚得里亚海北岸的奎雷亚、伦河口的马萨利亚以及塞浦路斯和开俄斯岛等,都是有名的奴隶市场,进行大宗的奴隶交易。提洛岛是奴隶贸易的中心,据斯特拉波记载,该地一天内买卖奴隶的成交

---

① 《马克思恩格斯全集》第25卷,人民出版社1974年版,第371页。

量竟达万人之多。

当时罗马社会经济出现高涨,使大规模使用奴隶劳动成为可能。奴隶广泛使用于农业、畜牧业、采矿业和手工业,逐渐成为罗马社会的主要生产者。农业中奴隶劳动占据明显的优势,不论是大田庄、大牧场,还是种植葡萄和橄榄的庄园,都充斥着大群奴隶。据加图的《农业志》记载,在100犹格的葡萄园中,需用包括奴隶管庄在内的奴隶16人,240犹格的橄榄园则需奴隶13人。种植谷物的田庄所需奴隶的数量更多,而牧场则相对地少些。采矿业和建筑业中繁重劳动都由奴隶担当,西班牙新迦太基附近的银矿就有奴隶4万人。其他各种手工业也使用奴隶劳动,但自由劳动者还占有相当比例。还有奴隶为主人经商放债。同时,大量奴隶使用于家内劳动,充当奴仆。在富有的罗马家庭中,拥有许多奴隶,他们担任看门人、厨师、马伕、侍从,有文化知识和技能的奴隶则担任教师、医生、乐师、理发师,等等。国家也有一批奴隶,从事狱卒、皂隶以及行刑人等贱役。以外,有些身强力壮的奴隶被训练为角斗士,在角斗场上互相残杀,或与野兽搏斗,供罗马人观赏取乐。大多数奴隶终生受奴役,只有少数奴隶经主人准许获得解放,成为被释放奴隶。被释放奴隶为原主的被保护人,仍要为主人家庭服务。公元前357年罗马通过法令,征收5%的释奴税,到公元前209年此项税金累计达4 000磅黄金,平均每年释放奴隶1 350人,可见罗马奴隶数量之多。

罗马奴隶的地位十分低下。奴隶被视为主人的财产,是"会说话的工具",与牲口和其他财物并列一起。他们既没有财产权,也没有婚姻和家庭权,男女奴隶同居所生的子女属于奴隶主的财产。法律上不承认奴隶有独立的人格,不能在法庭上作证。奴隶对任何公民造成损害,则由奴隶主赔偿损失,或把奴隶交给受害人,任其处置。奴隶的生活很苦。加图的《农业志》等文献资料记载着农业奴隶的生活情况:吃的是二粒小麦、橄榄油和发酸的葡萄汁,且有限量;穿的是一年发一件紧身衣,隔年发一件长袍和一双木屐;住的是简陋的板房或潮湿的地窖。他们长年累月几乎不停地从事劳动,一旦身患重病或年老力衰,即被变卖或抛弃。在田地劳动的奴隶经常带上脚镣,以防他们逃跑;在磨坊工作的奴隶,脖子上戴着大木枷,防止偷吃面粉。矿山奴隶则在恶劣条件下从事繁重的劳动,死亡率很高。家内奴隶的生活待遇稍好,但他们必须唯命是从,温顺侍候,否则便要受到处罚。奴隶主对奴隶可以随意打骂,肆意虐待,甚至操有生死之权。奴隶主采用各种残忍手段惩罚奴隶,木棍、鞭子、烙铁、脚镣手铐、十字架等,都是常用的刑具。野蛮的奴隶制给奴隶带来难以忍受的苦楚,激起他们进行反抗斗争。奴隶反抗斗争的形式多种多样,如破坏工具和牲畜、消极怠工、逃亡、杀死主人直至举行公开的起义。总之,奴隶和奴隶主阶级之间的矛盾和斗争,逐渐发展成为罗马社会的主要矛盾。

社会经济结构和阶级关系的变化 公元前3至公元前2世纪,由于罗马社会经济和奴隶制的发展,社会经济结构和阶级关系也发生了变化。罗马在所征服地区没收大量土地充作国家公有地,出租或卖给富有公民。在第二次布匿战争中,在意大利本土也没收了背叛城市的土地。同时,由于农村长期遭受战争的蹂躏,许多农民家破人亡,荒芜的土地都落到国家手中。这些土地除了用于建立殖民地以外,也都由国家出租或拍卖给私人。于是,罗马贵族和富商竞相侵占、租赁和购买公有地,投资土地,兴建庄园,以获取可靠又可观的收入。① 罗马显贵大量占用公有地,同时兼并小农土地,致使大土地所有制迅速增长。当时显贵家庭往往拥有几处地产和庄园,占据了数千以至上万犹格的土地。大土地所有制在意大利各地和行省的发展速度与规模不尽相同。公元前3世纪至公元前2世纪,意大利的大地产以中型田庄(维拉)为主,占地100至500犹格。公元前2世纪以后,在意大利南部和西西里开始出现大田庄(拉蒂芬丁),随后扩及北非、高卢和西班牙等地。大田庄多为大牧场,也有由几种不同类型的中型田庄联合而成,一般占地500至1 000犹格。从加图的《农业志》中可以看到,当时意大利中部田庄的经营分为葡萄园、菜园、柳树园、橄榄园、牧场、谷物和森林。这些田庄大量使用奴隶劳动,甚至管庄也都由奴隶担任,庄园主则住在城里,坐享其成。这种田庄特别是经营葡萄和橄榄等经济作物的庄园,与市场有着紧密联系,其产品除了满足本庄园和奴隶主家庭消费外,主要用于出售以牟取利润,而庄园也从市场购买农具和其他必需物品。所以,奴隶制庄园经济具有商品生产的特征。有些大土地所有者也把土地分散出租给佃农。经营小块土地的佃农以及保存下来的独立小农,主要从事谷物生产。此时,农业生产技术有所改进,产量也较前提高。当时粮食充斥市场,粮价低廉。这固然与从行省进口粮食(数量有限)有关,但主要还是意大利本地农业发展的结果。

  大土地所有制的发展造成严重的社会后果。大量使用奴隶劳动的各种庄园的出现,开始排挤小农经济,产生严重的土地兼并和土地集中现象。汉尼拔战争在意大利造成的破坏,使得许多农民纷纷破产。农民长期参军作战,也荒废了自己的家园。加上粮价的低落,高利贷的发展,更是加速了农民的没落过程。当然,大土地所有制的增长和小农的破产在意大利各地发展也不平衡,一般说来,在意大利南部和中部发展比较迅速,奴隶制庄园占据着优势,北部特别是波河流域发展较为迟缓,在那里还保存着相当数量的小农。农民破产后,少数在本地充当雇工或佃农,大多数人则流落城市。流入城市的破产农民,一部分转入手工业生产,或从事商贩等活动,绝大部分成为无业游民即流氓无产者。他们依靠国家赈济或富人施舍过活,沦为罗马社会中的一个寄生阶层。但他们毕竟从农民演

---

  ① 公元前218年通过克劳狄乌斯法,禁止元老经商,于是他们便投资于土地,但仍通过代理人从事商业活动。

化而来,与农民利益还有着联系,因此在政治斗争中和城乡平民站在一起,反对元老贵族兼并土地,要求恢复自己的土地。因此,小土地所有者与大土地所有者的矛盾重新激化起来。

在此时期,罗马的手工业和商业也有所发展。在罗马和意大利一些城市中出现了具有相当规模的手工业作坊,制造武器、农具和各种生活用品。手工业者以自由民为主,同时也使用奴隶劳动。手工业分工日益专业化,产品也逐渐多样化。意大利各地区商业和交换活动相当活跃,加图在《农业志》中就列举了生产和销售农具与生活用品的一连串意大利城镇名单。但在许多地区,商业限于地方性质。当时意大利消费的大量手工业产品尤其是奢侈品,需要从海外输入。总之,当时罗马手工业和商业的发展水平,在古典世界不算很高。然而,伴随着海外扩张,罗马的海外贸易以及金融和高利贷活动却飞速发展起来,对于沟通地中海区域的贸易起着重要作用。罗马和意大利商人,利用罗马国家提供的优惠条件,经营居间贸易,将各种商品转运各地市场。他们也跟随罗马军团,为军队提供军需物品,收购和贩运卤获品和奴隶,从中牟取暴利。有些商人还在意大利承包公共工程和国家财产,在行省经营包税业务,同时从事高利贷投机活动。高利贷活动在东方行省特别猖獗,年息高达50%。商业金融活动刺激了货币的发展。约在公元前3世纪初,罗马出现了铸币,最初为铜币,以阿司为单位,不久又铸造银币。大约在公元前211年罗马实行币制改革,发行新的银币第纳里,相当于10个阿司,从此奠定了银本位制的基础。作为交换媒介的铸币流通,促进了商品货币关系的发展,引起了对金融业的需要。当时罗马设有小型钱庄,专门经营存款、贷款、汇兑、转账等业务。

随着海外扩张以及海外贸易和金融商业的发展,一些商人因经商、包税、承包和信贷活动而发财致富,在罗马社会中形成了一个新兴的富有阶层即骑士[①]。他们在政治上没有实权,仅能担任军事保民官之类军职,因此和元老贵族发生矛盾。但他们和元老贵族同属奴隶主统治阶级,两者又有千丝万缕的联系,当罗马城乡平民和元老贵族展开激烈斗争时,却又和元老贵族勾结起来反对平民。

由于社会经济结构发生变化,罗马社会阶级关系日趋复杂。到公元前2世纪下半叶,在罗马社会中,奴隶和奴隶主阶级的矛盾,小土地所有者和大土地所有者的矛盾,罗马和同盟者、被征服者的矛盾,统治阶级内部元老贵族和骑士阶层的矛盾,都充分暴露,日益尖锐。这些矛盾错综复杂,相互交织,最后导致共和后期爆发激烈的社会斗争。

---

① 骑士名称来源于森都利亚大会中由第一等级最富有公民组成的骑兵森都利亚,但在后来则指财产相当于这一等级的新兴的金融商业奴隶主。

第二节　罗马共和国的危机与覆亡

西西里奴隶起义　公元前3世纪至公元前2世纪,罗马的奴隶制获得发展,奴隶和奴隶主阶级矛盾逐渐成为社会的主要矛盾。奴隶主残酷压迫和剥削奴隶,激起奴隶起而反抗。从公元前2世纪初起,奴隶不断发动武装斗争。公元前198年,一些拉丁城市中的迦太基奴隶曾密谋暴动,后因叛徒出卖而失败,被处死者达500余人。公元前196年,伊达拉里亚发生了乡村奴隶和农民起义,波及全区,罗马派去一个军团才把起义镇压下去。公元前186年,南意大利的阿普利亚牧奴发动起义,起义者达7 000余人,使该地区的道路和牧场都变成了危险地带。这些斗争预示着大规模起义风暴即将来临。半个世纪之后,西西里奴隶大起义便爆发了。

西西里土壤肥沃,素以粮仓而著称。在那里奴隶制大田庄产生较早,大田庄中聚集着成百上千个奴隶,大多数来自同一民族或地区,有利于反抗斗争的组织发动。恩那城的庄园主达莫披洛斯以虐待奴隶出名,他不仅不给奴隶起码的衣食,还打发奴隶抢劫过路的旅客,并要分赃一半。奴隶们忍无可忍,揭竿而起。公元前137年夏,在叙利亚籍奴隶攸努斯领导下,400名奴隶以锄头、镰刀、斧头、长竿、短棒为武器,冲进恩那城,得到城里奴隶的响应,占领了城市。起义队伍迅速壮大,在恩那城建立了政权,取名"新叙利亚王国",攸努斯被推选为国王,取号"安条克"。在国王之下,还设立一个由足智多谋的奴隶组成的顾问院。恩那城建立起来的奴隶政权,固然带有东方王国的色彩,但它在本质上是作为与罗马奴隶主政权相对抗的一种独特的奴隶政权形式而出现的。

恩那城奴隶起义,得到西西里其他地区奴隶的积极响应。在该岛西南部阿格里根特,西里西亚籍奴隶克勒翁领导一支5 000人的起义队伍,与攸努斯汇合起来。克勒翁尊重攸努斯,自愿当其副手。起义范围迅速扩大,西西里东部和中部许多城市如墨萨纳、托洛明尼亚、卡塔涅、列昂提尼等,先后落到起义者手中。起义者人数日益增多,据狄奥多拉记载,达到20万人之众。起义奴隶到处摧毁大庄园,杀死庄园主,但他们对小庄园特别是农民和手工业者则加以保护,因而得到当地农民和手工业者的同情和支持。

起义军屡败罗马军队。公元前134年和公元前133年又击败罗马两个执政官分别带领的罗马军团。公元前132年,罗马派遣大军前往镇压,攻陷起义军主要据点马尔干提纳和托洛明尼亚,最后围攻恩那城。在突围中,2万奴隶阵亡,克勒翁英勇牺牲,攸努斯被俘后死在狱中,起义被残酷镇压下去。

不久,西西里又爆发了第二次奴隶起义。这次起义的直接原因是由总督涅尔瓦停止释放奴隶而引起的。当时罗马在北非进行朱古达战争,又和北方入侵的日耳曼人作战,需要大量军队。但许多行省和同盟国的自由民因债务沦为奴隶,不能提供兵源。因此,元老院下令行省总督审查自由民出身的奴隶,予以释放。西西里总督涅尔瓦释放了800名奴隶,后因接受奴隶主的贿赂,停止了审查。于是,渴望自由的奴隶愤然举行起义。公元前104年,西西里西部赫拉克利城附近的奴隶在萨维阿斯领导下首先发动起义,后在卡普里恩山建立根据地,并击溃涅尔瓦派来的军队。不久,在利利贝附近又聚集了一支在阿铁尼奥领导之下的起义队伍。为了联合起来进行斗争,这两支起义队伍在特里奥卡拉城会师,并在该城建立政权,共推萨维阿斯为王,取号"特里丰",阿铁尼奥为军事统帅。下设议事会,作为共商大计的机构。大批奴隶和农民投奔起义队伍,力量迅速壮大,挑选强壮的奴隶组成2万步兵和2 000骑兵的起义军。公元前103年和公元前102年,起义军先后击败了两个执法官带领的罗马军队。这时,起义烽火燃遍西西里大部分地区。起义军分兵出击,四出活动,捣毁大庄园,袭击行省机构,毁坏驿站,切断城乡交通联系。

不久,起义者遇到了不利情况。萨维阿斯在公元前102年不幸死亡,使起义者失去了一位杰出领袖。粮食匮乏也使起义者面临困境。罗马在战胜日耳曼人后,便集中力量镇压奴隶起义。公元前101年,执政官阿奎里乌斯率领大批军队进攻起义军,在墨萨纳附近发生激战,阿铁尼奥英勇牺牲,起义军败退特里奥卡拉。不久特里奥卡拉陷落,许多奴隶被俘后都被钉死,剩下1 000名奴隶坚持斗争,后来受骗归顺阿奎里乌斯,竟被卖为角斗士。他们发现受骗后,互相刺杀而死。

西西里两次奴隶起义,因历史条件和奴隶阶级本身的局限性,最终归于失败。但起义有着重要的历史意义。起义奴隶曾建立自己的政权和军队,标志着罗马奴隶起义斗争发展到较高水平。西西里奴隶起义沉重地打击了罗马奴隶主阶级的统治,揭开了共和后期大规模社会斗争的序幕,产生广泛而深远的影响。

格拉古兄弟改革 第一次西西里奴隶起义烈火尚未完全扑灭,罗马城乡平民在格拉古兄弟领导下,掀起了一场以土地改革为中心的社会改革运动。当时罗马土地集中和农民破产已造成严重社会后果,失地农民迫切要求重新获得土地,而贵族中一些有识之士鉴于农民破产有损兵源和安定,也在筹划复兴小农的土地改革方案。格拉古兄弟出身名门望族,从小受到良好教育,循着罗马贵族的传统仕途先后担任神职和军职,在人民中颇有威望。他们根据形势发展,从奴隶主阶级长远利益出发,怀着富国强兵之志和忧国忧民之心,积极投身于社会改革运动。

公元前133年,在罗马平民和贵族改革派的支持和拥护下,提比略·格拉古就任保民官,随即提出土地改革法案。法案规定,每户家长占有公有地限于500犹格,如有儿子,则其子尚可各占250犹格,但每户占地总数不得超过1 000犹格。所占公有地永久使用,免交租金。超占部分收归国有,划为30犹格的份地,分给无地农民。此种份地须要交纳少量租金,世袭使用,不得出卖或转让。肥沃的坎佩尼亚土地,不在此法案范围之内。提比略提出土地法案后,遭到元老贵族极力反对。他们唆使提比略的同僚保民官奥克塔维乌斯使用否决权阻止法案的通过。元老贵族的破坏和人民的拥护,都推动提比略采取激烈的措施,召集公民大会付诸表决,结果,奥克塔维乌斯被罢黜,并通过了土地法案。同时,选出提比略本人、他的岳父克劳狄乌斯和他的弟弟盖约三人组成委员会,负责处理收回和分配土地事宜。可是,法案的实施遇到许多实际困难,元老院拒不提供必要的经费。于是,提比略趁帕加马国王将其王国遗赠给罗马之际,提议把该王国金库作为贫穷农民的补助资金,并把该王国的处理权交给公民大会。这就和一向把持外交和财政大权的元老院发生严重冲突。为了实施土地法案,提比略竞选连任下一年保民官。元老贵族以连任保民官出乎常规为借口,乘机攻击提比略心怀叵测,欲施暴政。公民大会选举时,农民忙于夏收而无暇进城,贵族反对派策划阴谋,寻衅滋事。大祭司长纳西卡纠集一群元老、被保护人和奴隶,冲进会场,在混战中打死了提比略及其拥护者300余人,当晚把死难者尸体扔入第伯河。

  提比略殉难后,改革运动并未停止。元老院不敢贸然取消土地法。三人土地委员会经改组后仍继续活动。据李维记载,公元前125年罗马公民人数约有39.5万人,比公元前131年增加7.5万人,一般认为这是失地农民分得份地而具有公民资格的结果。但是,土地分配日渐困难,大土地所有者百般隐瞒地产,产权纠纷也难以裁决,而且还牵涉到意大利同盟者的交界地区,引起同盟者的不满,他们也要求获得罗马公民权。因此,土地改革运动便在更加复杂的形势下高涨起来。

  公元前123年和公元前122年,提比略之弟盖约在罗马平民的支持下连任两届保民官。任职之初,盖约即向反对改革的权贵发起进攻,提出法案禁止被人民罢免的高级官员和保民官再次任职,规定非经人民审理不得判处公民死刑,然后便转向社会和经济改革。他不仅恢复提比略的土地法案,而且还实行一些其他的重要法案。因为公有地分配已近枯竭,所以他提出殖民法作为土地法的补充,在南意大利建立了米奈维亚和奈普图尼亚等殖民地,甚至设想建立海外殖民地。为了防止粮荒,他实行了粮食法,由国家从海外购入谷物,储存于公共粮仓,以低于市价每月一次定量卖给公民。盖约还实施筑路法,亲自筹划修建一些大道,以改善交通运输,同时解决无业平民就业问题。又实施军事法,禁止征召17岁以下的人服役,由国家出资供给公民战士军装。为了争取骑士支持改革,盖约实行亚细亚行省包税法,规定该省采取包税方式征集什一税、关税和牧场税,由监察官把包税权拍卖给骑士。同时还制定审判法,打破了元老对法庭的垄断,使骑士获得担任法庭成员的权利,并惩处司法审判方面的腐败行为。此外,还颁布法律,规定元老院应在执政官选举前确定其卸任后担任哪一行省总督,以免以最好的行省私相授受。

元老贵族施展诡计,反对改革。他们利用盖约的同僚保民官德鲁苏提出法案,建议在意大利建立12个殖民地,每个殖民地移民3 000人。在当时意大利已无可供殖民之地,德鲁苏的殖民法实属欺人之谈,旨在笼络人心,破坏改革。他还蛊惑人心地提出禁止鞭笞拉丁人的法案。针对反对派的阴谋,盖约借助同僚保民官卢布里乌斯提出新的殖民法,即在原迦太基领地上建立朱诺尼亚殖民地,安置6 000人,一些意大利人可能也包括在内。公元前122年春,盖约到北非筹建殖民地,反对派乘机造谣惑众,破坏盖约的殖民计划。盖约返回罗马后,斗争进入决定性阶段。他采取坚决措施,毅然提出公民权法案,授予拉丁同盟者以罗马公民权,意大利同盟者以拉丁公民权。但是这一法案不仅遭到元老贵族的激烈反对,而且也引起那些不愿把公民权分给意大利人的公民强烈不满。而大批意大利同盟者在当时又被排斥于罗马城之外。因此,法案未能通过,盖约的威信随之下降。同年夏,盖约竞选第三任保民官失败。在他卸任后,反对派便进行报复。取消北非殖民地的法案被提到公民大会,集会时双方发生冲突。元老院借机镇压改革派,盖约及其支持者占领阿芬丁山进行抵抗。最后,盖约被追逼而死,3 000余名支持者惨遭杀害,他们的尸体也被投入第伯河。

格拉古兄弟实行改革,企图通过限制占用公有地和分配土地给农民的立法,遏止土地兼并,保护小农经济,以维护罗马国家的社会基础和军事力量。但是,当时罗马处在城邦危机时期,小农的分化和破产已成历史发展必然趋势,已不可能维持小土地所有制。盖约死后不久,罗马又通过了允许出卖份地的法案,土地委员会也被取消。不过,格拉古兄弟改革在历史上仍有重要意义。改革在一定程度上缓和了土地集中进程,改善了部分平民的生活条件。特别是盖约在形势推动下由单纯的土地改革发展到实行多方面的社会改革,沉重地打击了元老贵族势力,改进了国家行政和司法管理机能。这些都是符合当时罗马社会发展要求,在后来罗马历史发展过程中得到肯定和充实,因而具有明显的进步性。

马略军事改革　格拉古兄弟改革失败后,罗马社会内部斗争继续发展,形成所谓民主派和贵族派,双方在朱古达战争(公元前111—前105年)期间和战后展开激烈的斗争。当时,努米底亚王室发生内讧,朱古达占领塞尔塔城后,利用当地居民反罗马情绪,杀死了住在该城的罗马和意大利商人以及高利贷者。罗马于公元前111年向朱古达宣战。战争伊始,罗马贵族政治和军事制度的腐败暴露无遗,高级官员和军事指挥官接受贿赂,士兵为所欲为,军纪松弛,士气涣散,致使战争连连败北。公元前109年,执政官麦特鲁斯到达北非,整顿了军队,开始扭转局面,但未能迅速结束战争。骑士因其利益受到损害大为不满,加剧了他们与元老贵族的矛盾。

此时,军人出身的马略崭露头角。他和骑士有着密切关系,在平民中也有一定威信。在民主派的支持下,马略当选为公元前107年执政官,获得朱古达战争的指挥权,并在后几年中连任执政官,率军作战。在此期间,为了增强罗马军事力量,取得战争胜利,马略实行了军事改革。罗马原来实行公民兵制,公民须有一定财产资格才能参军服役。由于战争需要大量兵源,财产资格便逐渐降低,在布匿战争中最低财产资格曾降到4 000阿司。同时在军队中也出现志愿兵,不过他们多半为服役期满的老兵。到公元前2世纪,特别是在格拉古兄弟改革失败后,罗马兵源危机日趋严重。马略为了迅速征集军队,取消了财产资格限制,吸收无产者入伍,即以募兵制代替了公民兵制。实行这一制度,使他很快征集到补充北非军团所需的新兵,大约有5 000—6 000人。不过,马略采用募兵制后,公民兵制并未完全废除,在公元前1世纪,当招募志愿兵不能满足需要时,往往又强制征集公民参军。马略实行募兵制后,士兵除获得薪饷外,还可得到国家提供的武器给养,不再在军饷中扣除。服役期限也有明确规定,一般认为马略把士兵服役期限延至16年,服役期满的老兵可从国家分得一块份地作为补偿。随着财产资格的取消,罗马公民在军团中只当重装步兵,而骑兵和轻装步兵改为从同盟者和行省中征集。

马略军事改革的另一个重要措施是改革军团组织。为了加强军团的机动灵活性,马略在军团中推行联队制。联队是介于军团和连队之间的组织,配有600名重装步兵,能够单独执行战术任务,独立进行军事行动。每个军团有10个联队,每个联队辖3个连队(6个百人队)。联队制军团的作战阵式仍保持三列队法,前列配置4个联队,后两列各有3个联队,各列联队之间留有空隙,前后列联队交叉排开,以便插上和退却。马略还统一军队的武器装备,重装步兵一律配备投枪和短剑,并改进了投枪构造和运载工具。此外,马略对军队进行严格训练,把当时角斗学校训练方法引入军中,以提高士兵的战术技能。在训练中,注重锻炼军队适应艰辛的作战环境和生活条件。为了提高部队的机动性和独立作战能力,马略要求士兵在行军中除携带武器外,还背负行军背架,内有挖掘工具和其他装备,以致当时马略军中士兵获得"马略骡子"的谑称。

经过军事改革和整顿,罗马军队的战斗力大为提高。马略依靠改组的军队,于公元前105年胜利结束了朱古达战争。这时,原住在波罗的海沿岸的日耳曼部落为寻找新的居住地,向西南迁徙,侵入那尔旁高卢,威胁意大利。罗马派兵抗击,屡遭失败,损失惨重。公元前102年马略第四次就任执政官,率军与条顿人激战于阿克维·塞克斯提埃,条顿人几乎全军覆没。次年,又在维尔凯列附近大败森布里人。日耳曼人的入侵终被粉碎,消除了来自北方的威胁。公元前101年,马略的副将玛尼乌斯·阿奎里乌斯率军镇压了第二次西西里奴隶起义。

马略军事改革具有重要的历史意义。这次改革冲破旧的城邦制度的传统,改变了罗马以公民兵为基础的军事制度。募兵制代替公民兵制,使得大批无业游民加入军队,部分地解决了小农破产而引起的社会问题,在一定程度上有利于国家安定。同时,通过广开兵源和提高军队战斗力,解决当时罗马军队出现的问题,符合奴隶主阶级加强统治和进行对外战争的需要,进一步推动罗马奴隶制国家的发展。另一方面,这次改革对罗马社会历史发展有着深远的影响。改革导致罗马军队社会成分的变化,使罗马军队由农民为骨干的公民兵变成了以无产者为主要来源的职业军队。改革后逐步建立起来的老兵分配份地的制度,也改变罗马土地问题的性质,即由破产农民要求恢复土地的斗争变为老兵争取份地的斗争,这就在共和后期罗马社会斗争中增添了新的因素。职业军队长期追随和服从自己的统帅,而统帅则笼络收买军队,并利用军队作为争权夺利乃至夺取政权的工具,这样就为后来罗马奴隶主权贵建立军事独裁提供了条件。

同盟者战争 罗马征服意大利后,经过长期的政治统治和经济文化交流,意大利逐步罗马化。一些具有部分罗马公民权的公社地位上升,获得完全的罗马公民权。在新建的拉丁殖民地中,罗马移民越来越多,新老拉丁殖民地都享受拉丁公民权。但是,众多的意大利同盟者的地位非但没有改善,反而更加恶化了。他们在名义上是罗马的同盟者,实际上则是罗马统治下的属民。同盟者没有罗马公民权,不能参与罗马政治活动和担任官职,也分不到公有地和战利品,但却要为罗马提供辅助部队,而这种"血税"随着战争的频繁和扩大日益加重。罗马元老院加紧控制和经常干预同盟者的内部事务,同盟者还受到罗马人的歧视和虐待。因此,同盟者对罗马的统治和压迫深为不满,他们强烈要求获得罗马公民权和其他权利,或者与罗马完全脱离关系,争取独立地位。于是,意大利同盟者争取民主权利的斗争,便和罗马社会改革运动汇合起来。

在罗马统治阶级中,不少有识之士主张给予意大利同盟者以罗马公民权。公元前125年,执政官弗拉库斯首次提出向同盟者授以公民权的议案,但由于元老院的阻挠,弗拉库斯被派往高卢出任总督而被迫放弃了提案。此事引发了弗列盖列城居民起义,后遭罗马镇压。公元前122年盖约·格拉古又提出公民权议案,大批同盟者涌入罗马表示支持,但被执政官赶出城外,结果议案未获通过。公元前103年和公元前100年,萨杜尔尼努斯两次当选为保民官,他依靠平民和骑士的支持,颁布了粮食法等法案,并与马略结盟强行通过土地法案,将阿非利加和那尔旁高卢行省的公有地分给马略老兵,每人100犹格,其中包括服役期满的意大利同盟者。可是,萨尔尼努斯运动以失败告终,使同盟者的幻想再次成为泡影。公元前91年,保民官德鲁苏企图调和矛盾,实施粮食法和殖民地法,向贫穷公民廉价售粮并分配坎佩尼亚和西西里余下的公有地,还提议法庭成员由元老和骑士共同组成,授予意大利同盟者以罗马公民权。可是,这个妥协方案遭到普遍反对,不久德鲁苏也被暗杀了。意大利同盟者通过和平和合法途径争取罗马公民权的希望完全破灭,于是他们愤然拿起武器,发动了同盟者战争。

意大利同盟者以马尔西人为核心,秘密结成反罗马联盟。他们互相交换人质,商议联合发动起义。公元前91年,皮凯努姆的奥斯库伦城首先起义,参加反罗马联盟的城市和公社纷纷响应,除伊达拉里亚人和翁布里亚人以外,几乎所有的意大利同盟者都卷入了起义。起义的同盟者建立联盟共和国,定都于皮里根尼的城市科菲尼姆,更名为意大利,并按罗马国家模式,设立公民大会、元老院、执政官等。还发行铸币,镌有公牛掀翻母狼的图案,象征意大利战胜罗马。起义者的军队有10万人,马尔西人西罗和萨莫奈人穆提鲁斯作为意大利执政官并担任起义军统帅。罗马征集了18个军团,派遣执政官率领出征,一些著名将领如马略和苏拉等担任副将。战争主要分成南北两大战场进行。战争初期,起义军在南北战场都占据明显的优势。迫于形势的严重性,罗马元老院采取让步政策,对同盟者进行分化瓦解。公元前90年底,罗马通过尤利乌斯法,向所有迄今仍忠于罗马的意大利同盟者和拉丁殖民地以及在罗马军队服役的同盟者授予罗马公民权,很可能还向放下武器的同盟者授予罗马公民权。这一法案的公布,有效地制止了起义的扩展,加强了罗马的统治基础。伊达拉里亚人和翁布里亚人率先取得了公民权。公元前89年初,罗马又颁布了普劳提乌斯-帕皮利乌斯法,进一步补充了尤利乌斯法的实施细则。① 于是战争局势发生变化,罗马逐渐掌握主动权,在两个战场上都发起了进攻。在北方战场,罗马军队击溃北上的起义大军,占领了奥斯库伦。不久,西罗率军向南撤退,同盟者的首都失陷。在南方战场,苏拉击溃萨莫奈人的主力部队,攻占其首府波维亚努姆。但西罗撤到萨姆尼乌姆与穆提鲁斯汇合,以爱塞尔尼为中心,坚持抗击敌人,甚至一度收复波维亚努姆。后来,终因力量悬殊,在公元前88年被镇压下去。同时,阿普利亚的起义军也遭到失败,同盟者战争遂告结束。

同盟者战争是意大利同盟者要求罗马公民权,即争取与罗马人在政治和社会方面平等权利而发生的,因而具有民主运动的性质。同盟者在战场上虽被罗马人打败,但经过战争终于达到他们的目标。罗马不得不把公民权授予波河以南所有的意大利同盟者。然而,罗马对这些新公民作了限制,把他们单独编成8个(或10个)特里布斯,使他们在表决中对拥有35个特里布斯的老公民处于劣势地位。不过,从此同盟者的上层得以跻身于罗马显贵的行列,而广大中下层居民也享受到罗马公民权带来的财产权、婚姻权、税务豁免权以及人身的保障,等等,从而扩大了罗马国家的社会基础。同时,这次战争冲破了旧的城邦制度的框架,改变了意大利社会政治结构,把罗马控制下的意大利各城市和部落组成的联

---

① 有些学者认为,普劳提乌斯-帕皮利乌斯法规定,凡在60天内放下武器向罗马官员登记申请的同盟者,均可得到罗马公民权。但是许多学者认为这一说法缺乏史实依据。

盟,变成了以罗马为核心的意大利统一国家,因而也加速了意大利各地区和罗马的融合过程。总之,同盟者战争对于罗马社会历史发展有着重大的历史意义。

苏拉独裁 正当罗马和同盟者酣战之时,在小亚细亚发生了密特里达提战争。本都国王密特里达提六世乘罗马无暇东顾之机,于公元前89年进军亚细亚行省,当地居民苦于罗马的压榨,把他当作解放者。占领小亚细亚后,密特里达提派兵从色雷斯进入马其顿,同时本都舰队控制了爱琴海。此时,雅典也发生反罗马的起义,希腊各邦纷纷倒向密特里达提一边。因此,罗马在东方的霸权地位受到严重的威胁。

同盟者战争结束后,罗马抽出力量对付东方,但在派遣战争的统帅人选上,贵族派和民主派发生了争执。公元前88年,在元老院主持下,担任当年执政官的苏拉抽签获得了指挥权。可是,苏拉的军队尚未离开意大利,马略和保民官卢福斯结盟,在公民大会通过提案,免除苏拉的指挥权而代之以马略。苏拉旋即带兵向罗马进军,开创了罗马人进攻自己祖国的先例。苏拉攻下罗马后,杀害了卢福斯和大批民主派分子,并宣布马略等人为"公敌"。还废除民主派法律,规定任何议案不经元老院批准,不得提交公民大会表决,所有议案一律提到森都利亚大会。恢复了元老贵族的统治,苏拉于公元前87年率军出征东方。他在希腊围攻雅典,血洗了这座文明古城。接着又战胜本都和希腊联军,挫败了密特里达提进入欧洲的计划。

这时,罗马的形势发生逆转,马略从北非返回意大利,在伊达拉里亚纠集军队,联合执政官秦纳占领了罗马。他们进行血腥报复,捕杀苏拉的拥护者,取消苏拉的法律。公元前86年马略和秦纳当选为执政官,但马略就任第七任执政官后不久即死去,大权落在秦纳手中。秦纳采取一系列有利于骑士和平民的措施。如取消部分债务,实行币制改革,把意大利新公民分配到35个特里布斯等。不久,秦纳死于兵变,但罗马政局仍控制在民主派手中。

与此同时,小亚细亚也起风云。当地居民不堪忍受密特里达提专制统治和战争负担,相继发动起义。秦纳当政时曾派弗拉库斯率军代替苏拉出征,但他因内讧被杀,接替其职务的费姆布里亚转战到小亚,占领了帕加马。苏拉副将鲁库鲁斯指挥的舰队也夺回了爱琴海的岛屿。这样,小亚细亚的希腊城市重又归于罗马。军事上的失败迫使密特里达提求和,而苏拉也急于结束战争,赶回罗马夺取权力。于是,双方于公元前85年缔结了和约。密特里达提放弃战争以来所占领土,交出舰队,赔款2 000塔兰特,苏拉则承认他为本都国王和罗马的同盟者。第一次密特里达提战争结束后,苏拉策反了费姆布里亚带领的军队,并在小亚严厉惩罚亲密特里达提的城市,在行省摊派巨额军费和赋税,恣意劫掠和搜刮行省居民。

公元前83年,苏拉率领4万大军在南意大利的布隆迪西乌姆登陆。克拉苏和庞培等一批贵族青年闻讯后立即投奔苏拉。民主派在小马略等人领导下组织抵抗。最后,苏拉在科利那城门外击败民主派和萨莫奈人的联军,以征服者姿态进入罗马。他宣布"公敌"名单,大肆屠杀民主派分子和无辜平民,抢劫其财产和土地,至少有40名元老和1 600名骑士遭到杀害。同时,释放原属其政敌的1万名奴隶,组成一支卫队,赐姓"科尔涅利乌斯"(苏拉之姓)。苏拉还对背叛的意大利城市实行残酷报复。他在没收的土地上建立10个军事殖民地,安置了12万老兵,这些老兵成为苏拉建立军事独裁的重要支柱。

稳定局势后,苏拉开始实行所谓宪政改革。他授意摄政弗拉库斯恢复独裁官职位,并将此法案提到公民大会通过,批准苏拉为独裁官,任期不限。无限期独裁官职务使苏拉集国家大权于一身,成为名副其实的独裁者。这在实际上破坏了共和制的基本原则,但他却又维持共和机构和官职,并在共和体制下实行了一系列措施。他从忠于自己的骑士和意大利自治市贵族中,选拔300人补充元老院,使元老名额增至600人。元老院恢复了旧日的权力和特权,在立法上任何提案非经元老院审议不得提交公民大会;在司法上原由骑士控制的常设刑事法庭收归元老院掌握。保民官的权力被剥夺殆尽,其立法创制权受到元老院的钳制,司法指控权也被废除,否决权则受限制,还被禁止继任其他高级官职。为了适应形势的发展,苏拉把执法官由6人增至8人,财务官由12人增至20人。2名执政官和8名执法官任职期满后出任10个行省的总督,他们就职于哪个行省则由元老院决定。并规定行省总督无权发起战争,禁止总督带兵离开行省或把军队调出行省境外。苏拉还重申和规定高级官职的年龄资格、任职间隔期,以及财务官以上高级官员卸任后进入元老院等制度。为了加强和巩固统治,苏拉颁布了一系列法令,设立了7个常设刑事法庭,制定了审判程序。法庭的法官由元老担任。此外,他把卢比孔河定为意大利北界,变更了意大利行政区的划分。还大兴土木工程,废除了向城市贫民廉价配粮制度。

苏拉独裁是在罗马奴隶制城邦严重危机的情况下,元老贵族企图挽救其衰败命运而采取的个人军事专政。因为苏拉独裁在共和体制规范内实施,目的在于恢复和巩固元老贵族统治地位,所以,其政策措施带有保守甚至反动的性质,尽管迫于形势需要,也作了某些调整和改革。苏拉建立独裁统治,并没有解决当时罗马面临的问题,反而使局势更加恶化了。公元前79年苏拉放弃独裁官职位隐退,次年死去。在苏拉死后不久,他所颁布的法律随即被废弃了。但是,苏拉依靠军队实行独裁统治,给予共和制度以沉重打击,为日后凯撒等人的独裁开了先河。

斯巴达克起义 公元前1世纪70年代末,罗马爆发了斯巴达克领导的大规模的、震撼了罗马奴隶制国家的奴隶起义。斯巴达克是色雷斯人,曾在反罗马的战争中被俘,初在罗马辅助部队服役,后因多次逃亡,被卖到卡普亚角斗学校当角斗奴。角斗奴遭受非人待遇,在角斗场上互相残杀或与野兽搏斗,以供罗马人取乐,生命毫无保障。公元前73年春,在斯巴达克的鼓动下,卡普亚角斗学校的奴隶密谋暴动,不慎泄密,斯巴达克迅即带领70余名角斗奴以厨房刀叉为武器,杀死了卫兵,逃到维苏威火山,并建立了营地。附近许多逃亡奴隶和破产农民前来投奔,起义队伍迅速扩大,不久就发展到万余人。起义者推选斯巴达克为领袖,高卢人克利克斯成为他的副手。他们四出活动,袭击奴隶主庄园,震动了整个坎佩尼亚地区。

公元前72年春,罗马调集一支由执法官率领的3 000人军队,围困维苏威火山。起义者利用野葡萄藤编成绳梯,从陡峭的悬崖攀援而下,绕至敌后发动突击,出奇制胜。以后,起义者声威大振。同年秋,当起义者从坎佩尼亚向亚得里亚海滨转移时,罗马又派出一名执法官率军进行拦截。起义者打败罗马军队,驰骋于卢卡尼亚和阿普利亚大地,占领了意大利南部许多城市。这时起义队伍扩大到7万人。

当时,起义军内部由于出身成份不同,目的要求不一,在战略上产生了意见分歧。外籍奴隶渴望自由,主张越过阿尔卑斯山,返回祖国;本地奴隶和破产农民则要求获得土地,坚持在意大利斗争到底,起义者意见分歧导致起义力量的分裂,斯巴达克率主力向北进军,而克利克斯带领3万人留在意大利南部,不久,在加尔干山附近,克利克斯部队被罗马执政官打败,克利克斯及其2/3的战士英勇牺牲,余众突围北上,重归前来救援的斯巴达克。斯巴达克向东南迂回,然后穿过亚平宁山脉继续北上,一路上先是粉碎了罗马一名执政官的堵截,后又挫败了另一名执政官的追击。庆功之时,斯巴达克强迫300名罗马战俘进行角斗表演,用以祭奠战友克利克斯的亡灵。接着,起义军进入山南高卢,打败了总督卡西乌斯的军队,占领了穆提那城,胜利抵达阿尔卑斯山脚下。这时起义军力量进一步发展壮大,人数达12万人之众。

可是,斯巴达克并未翻越阿尔卑斯山,突然挥师南下。起义军之所以改变计划,大概是因为冬季越过阿尔卑斯山存在困难,而在意大利北部又得不到当地农民的支持,于是决定南下以谋出路。当斯巴达克率军向南挺进时,罗马元老院担心起义军直捣罗马,慌忙宣布国家处于紧急状态,免去两名执政官对军队的统率权,任命克拉苏为军队统帅,征集6个军团迎击斯巴达克。斯巴达克打败克拉苏副将带领的先遣部队,迅速推进到意大利半岛的南端,准备渡海到西西里。但由于原来答允提供船只的海盗被西西里总督收买未履行协议,致使渡海计划落空。起义军自己制作木筏渡海,又因海上大风暴未获成功。这时,克拉苏追踪而至,在布鲁提伊挖掘了横跨地峡的深沟,并筑起土墙,围堵起义军。起义军多次组织突围,终于冲破封锁,通过卢卡尼亚,向布隆迪西乌姆进发,计划从那里东渡亚得里亚海出境。其间,起义军在进军路线上又有分歧,万余人脱离主力部队,结果在鲁干湖畔被克拉苏歼灭。斯巴达克率领起义军击溃尾随之敌,急速向东行进,可是,战胜密特里达提的鲁库鲁斯从东方率军回国,抢先占据了布隆迪西乌姆港,切断了起义军的退路。斯巴达克决定避开罗马主力军,回师迎战克拉苏,公元前71年春双方在阿普利亚发生激战。在这场殊死的战斗中,斯巴达克身先士卒,杀向敌群,不幸腿部被投枪刺伤,仍奋战不止,最后壮烈牺牲。此役起义军阵亡6万人,6 000名起义奴隶被俘后全部被克拉苏钉死在卡普亚到罗马的大道旁。突出重围的起义军部队转战伊达拉里亚,后与从西班牙返回的庞培军队遭遇,也都英勇献身。至此,轰轰烈烈的斯巴达克起义被罗马奴隶主阶级血腥镇压下去。

斯巴达克领导的奴隶起义,是罗马奴隶阶级发动的一次伟大的反抗斗争运动,其人数之多,时间之长,范围之广,在古代世界实属罕见。但由于历史条件的限制,起义奴隶始终缺乏明确的斗争纲领和远大的斗争目标,在起义者中未能形成奴隶和破产农民牢固的联盟,代表不同阶层利益的起义领袖意见分歧,导致组织上的分裂,削弱了起义力量,终于被奴隶主阶级扑灭。然而,斯巴达克不愧为古代无产阶级的光辉典范。马克思称赞说:"斯巴达克是整个古代史中最辉煌的人物。一位伟大的统帅(不像加里波第),高尚的品格,古代无产阶级的真正代表。"①列宁也说:"斯巴达克是大约两千年前最大一次奴隶起义中的一位最杰出的英雄。"②斯巴达克起义沉重地打击了罗马奴隶主阶级的统治,促使奴隶制剥削方式发生变化,起义后隶农制③开始发展起来,同时又在一定程度上加速了罗马从共和向帝制的转变过程,推进了罗马奴隶社会的发展。

前三头同盟与凯撒独裁　苏拉的独裁统治及其倒行逆施,引起普遍不满。苏拉死后,公元前78年执政官李必达企图取消苏拉部分立法,后又利用伊达拉里亚失地居民暴动,联合向罗马进军,结果被苏拉部将庞培镇压下去。在西班牙,马略余党塞多留坚持斗争,他们和当地土著部落结合一起,使斗争运动迅速发展壮大。公元前77年,庞培奉元老院之命讨伐塞多留,在连年战争中屡遭败北,直到公元前72年塞多留被叛徒刺杀,才把运动扑灭。庞培班师回国,协助克拉苏消灭了斯巴达克的余部。庞培和克拉苏分别镇压了西班牙和意大利起义后,成了罗马显赫人物。公元前70年两人一起当选为执政官。

公元前1世纪70年代末,罗马局势发生变化,民主派势力逐渐得到恢复和发展。庞培和克拉苏执政期间,恢复了保民官的权力,清洗了元老院中的苏拉

---

① 《马克思恩格斯全集》第30卷,人民出版社1974年版,第159页。
② 《列宁选集》第4卷,人民出版社1972年版,第50页。
③ 隶农(Coloni,音译科洛尼),原指承租他人土地的自由佃户,此处所说的隶农制即自由佃农制。公元1世纪末之后,科洛尼的身份和地位逐渐恶化,才由自由佃农降为隶农。

派,以争取民众的支持。公元前67年,庞培被公民大会委以全权清剿海盗。他采用分区围剿办法,三个月便完成了在地中海消灭海盗的任务。次年,庞培受命指挥对密特里达提战争,接替同本都国王交战已获重大战果的鲁库鲁斯。经过3年时间,庞培胜利结束了密特里达提战争,把本都西部和比提尼亚合并为罗马行省。并在小亚细亚扶植一些附庸国,置于罗马控制之下,随后引兵南侵,把叙利亚置为罗马行省,公元前62年,庞培凯旋返回罗马,成为罗马最有权势者。元老院勉强允许举行凯旋式,但拒绝批准其在东方实行的各项措施以及分给老兵土地。庞培极为不满,开始同元老院对抗。

　　受骑士支持的克拉苏,也怀有野心。他在追随苏拉时候,通过侵吞赃物和从事高利贷与投机商业活动,聚敛了大量财富。他在担任执政官期间,大摆宴席,广疏钱财,收买人心,扩大影响。当庞培出征东方时,克拉苏活跃于罗马政界,企图染指西班牙、山南高卢和埃及事务,均未成功。公元前65年担任监察官,一事无成。庞培返回罗马,克拉苏嫉妒在心,从中作梗,力图钳制庞培。

　　此时,凯撒崛起于罗马政治舞台。在当时,凯撒论权势不如屡建军功的庞培,论资财不及罗马巨富克拉苏,但他出身名门贵族,与民主派领袖有着密切关系,又曾参与反苏拉活动,因而在平民中颇有威望。凯撒历任财务官、市政官、大祭司长。公元前62年任执法官,期满后出任西班牙总督。公元前60年凯撒返回罗马,因元老院作难,他放弃凯旋式,竞选执政官。经他调解和撮合,庞培和克拉苏捐弃嫌隙,三人出于政治需要,达成了互相支持的秘密协议,即建立历史上所谓前三头政治同盟,以期共同对抗元老院。为了巩固这个同盟,凯撒还把自己的女儿嫁给了庞培。

　　根据三头协议,凯撒担任公元前59年执政官。他在执政期间,实施了一些法令,批准庞培在东方实行的措施,分给2万老兵和贫民土地,免除小亚细亚包税人欠款的1/3,等等。凯撒卸任后,担任山南高卢和伊利里亚总督,为期5年。后来,元老院又给他增加了那尔旁高卢的统治权。凯撒到高卢后,兼施外交手段和军事行动,步步推进,在3年内征服了高卢大部分地区,不仅为罗马开拓疆域,掠夺了大量财富和奴隶,而且也为自己赢得了雄厚的实力和政治资本。凯撒声望提高,引起贵族派以及庞培的戒心。庞培和克拉苏因争夺出征埃及指挥权产生矛盾。罗马元老院代表人物西塞禄乘机挑拨离间,并攻击凯撒的土地法案。凯撒需要时间征服全部高卢,于是在公元前56年先和克拉苏在拉温那会面,后又一起到路卡同庞培会晤。在这里,三头弥合了同盟之间的裂痕,达成重要协议:延长凯撒担任高卢总督的期限;庞培和克拉苏出任公元前55年执政官,期满后分别担任叙利亚和西班牙总督。路卡会谈除三头外,还有200余名元老参加,所以这次会谈具有公开的政治结盟的性质。公元前55年,庞培和克拉苏担任执政官后,通过保民官提案,规定叙利亚和西班牙总督任期皆为五年,同时也将凯撒的高卢总督期限延长五年。克拉苏求战心切,任期未满便赴东方任叙利亚总督,进行帕提亚战争。庞培卸任后留在罗马,指派其副将管辖西班牙。凯撒则在高卢继续率军作战。

公元前54年,凯撒的女儿尤利娅去世,凯撒和庞培的联姻关系即告结束。次年,克拉苏死于帕提亚战争,三头同盟只剩下两雄对峙。公元前52年高卢部落举行起义,被凯撒镇压下去,山北高卢并入罗马版图。凯撒权势的增长,既使元老院心怀戒惧,也使庞培产生妒忌。元老贵族竭力拉拢庞培,庞培也逐渐倒向元老院。当时罗马政局日趋混乱。公元前52年元老院通过紧急法令,授权庞培征集军队,平定骚乱。不久,元老院又任命庞培为"没有同僚的执政官",这在实际上开始了庞培在罗马的独裁统治。庞培上任后,利用职权提出高级官员和卸任高级官员担任行省总督应有五年间歇期等法律,把锋芒指向凯撒;并把自己在西班牙的统治权延长五年,完全不提凯撒的高卢总督是否延长问题。一些贵族群起攻击凯撒,要求解除凯撒的高卢总督职务,交卸兵权。凯撒通过其代理人提出对等条件,要求与庞培同时交卸兵权。元老院拒不接受,授权庞培招募军队保卫共和国,继而宣布凯撒为公敌。于是,一场新的内战爆发了。

公元前49年1月10日,凯撒率军渡过卢比康河,迅速攻占罗马和意大利。庞培偕同大批元老仓皇逃往希腊。凯撒巩固政权后,出兵西班牙,肃清了庞培的势力。后挥师东进,在法萨卢决战中大败庞培。庞培逃往埃及,为托勒密廷臣杀害。凯撒进兵埃及,转战小亚细亚,随后又剿灭了北非和西班牙的庞培残部。到公元前45年,罗马内战以凯撒的胜利暂告结束。

在内战期间,凯撒曾担任执政官等职务,还三次被任命为独裁官。公元前44年又被任命为终身独裁官。他独揽大权,成为罗马世界的最高主宰者。在凯撒统治时期,虽然共和制机构和各种官职仍然保存,但都听命于凯撒,所以凯撒政权实质上是君主专制政权。为了加强中央集权,扩大奴隶主阶级统治基础,凯撒在内战和独裁期间,采取了一系列改革措施。重要的有:(1)改组元老院,安插亲信,把一些军人、被释放奴隶以及意大利和行省奴隶主选入元老院,并把元老院名额增至900人。(2)增加高级官职的数目,执法官由8人增至16人,市政官由4人增至6人,财务官由20人增至40人。(3)改善行省管理制度,提高行省各城市的自治权,改进行省的税收制度。在亚细亚诸行省和西西里,废除了什一税的包税制,代之以课征固定数额的土地税,在山北高卢实行固定的贡赋制。(4)扩大授予罗马公民权的范围,山南高卢和西班牙的一些城市得到罗马公民权,山北高卢和西西里的一些城市获得拉丁公民权。(5)在意大利和行省建立了至少有20个殖民地,安置老兵和贫民10万人。凯撒还满足部分平民的要求,取消部分债务,安置游民就业。另一方面,则将免费领取粮食的贫民人数从32万削减到15万人,取缔了各种工商业公会活动。此外,凯撒还对罗马的币制和历法进行了改革。

凯撒的独裁统治及其改革措施,加上当时流传凯撒企图登位称王,引起了部分固守共和传统的元老贵族极端的不满。经过一番精心策划,公元前44年3月15日,以布鲁图和喀西约为首的阴谋者,在元老院刺杀了凯撒。

后三头同盟与共和国的覆灭　凯撒遇刺后,罗马陷入了混乱。当年执政官、凯撒的部将安东尼联合骑兵长官李必达,力图控制政局。元老院通过了西塞禄提出的折衷方案,既赦免凶手,又尊重凯撒的遗愿,为其举行葬礼。凯撒的遗嘱一公布,群情激愤不已;举行遗体火化时,安东尼乘机进行煽动,引起了平民和老兵的暴动,迫使阴谋者逃离罗马。但安东尼地位不稳,他在镇压暴动后便和元老院与阴谋者达成妥协协议。

这时,凯撒的甥孙和继承人屋大维从阿波罗尼亚来到罗马,借助凯撒的声望,争取老兵和平民的支持,成为安东尼的竞争者。当安东尼被任命为高卢总督,使用武力强占山南高卢时,元老院利用安东尼和屋大维的矛盾,拉拢屋大维反对安东尼。公元前43年,屋大维以卸任执法官头衔与两位执政官一起率军同安东尼作战,在穆提那和波伦尼亚打败了安东尼。安东尼逃往山北高卢和李必达汇合。

凯撒派内部纷争,使元老院地位得以增强。元老院对屋大维也采取蔑视态度。屋大维率军开进罗马,元老院被迫接受他当选为执政官。当时,原属凯撒部下的军官和老兵不愿互相残杀,希望凯撒派领袖联合起来。安东尼在他们支持下重又进占山南高卢。同时,阴谋者逃到东方,在行省纠集大量兵力,伺机反扑。在这种形势下,安东尼、屋大维和李必达于公元前43年11月在波伦尼亚附近会晤,达成协议,史称后三头政治同盟。与前三头政治同盟的私人协议性质不同,后三头政治同盟后来获得罗马公民大会的承认,授权他们颁布法令和任命高级官员,统治国家五年,因此具有公开和合法的性质。他们三分罗马西部行省:安东尼统治高卢;屋大维控制阿非利加、西西里和撒丁尼亚;李必达掌握西班牙。意大利则为三人共管。另外,李必达担任公元前42年执政官,安东尼和屋大维负责征讨占领东方行省的共和派。

后三头结盟后便进军罗马,大肆屠杀政敌,没收财产,大约有300名元老和2 000名骑士被杀,西塞禄也被杀害。公元前42年,安东尼和屋大维率领28个军团出征希腊,在腓力比决战中击败共和派军队,喀西约和布鲁图相继自杀身亡。战胜共和派军队后,安东尼赴小亚细亚惩罚一些支持共和派的城市,征集赋税以充军费。他在塔索斯城召见埃及女王克娄巴特拉七世,后即随她前往埃及。

屋大维返回罗马后,没收意大利一些城市的土地分给老兵,引起意大利居民的强烈不满。安东尼之妻福尔维娅和安东尼之弟鲁基乌斯乘机占领罗马,但很快即被屋大维赶走,并被包围于佩鲁西亚,最后不得不投降。屋大维还趁安东尼派在高卢的副将去世之际,控制了高卢。公元前 40 年安东尼返回意大利,险些重开内战,后经调解才避免发生冲突。三头在布隆迪西乌姆达成新的协议,对行省重新进行分配:安东尼管辖东方行省,筹备帕提亚战争;屋大维治理包括高卢在内的西方行省,负责平定绥克斯都·庞培(庞培之子);李必达管理阿非利加。意大利仍由三头共管。安东尼还娶了屋大维的姐姐屋大维娅为妻,以联姻巩固同盟。

绥克斯都·庞培吸收对三头不满而从意大利逃亡的人,并联合海盗,其势力日益增强。他占据西西里、撒丁尼亚和科西嘉,派出海军干扰地中海商路,切断罗马的粮食供应。三头一时无力对付他,遂于公元前 39 年在米塞努姆与庞培达成协议,承认庞培的统治权,归还逃到他那里的流亡者的财产。不久,协议即被破坏。屋大维指派阿格里帕建造舰队,准备对庞培作战。公元前 37 年,安东尼又回到意大利,同屋大维在他林敦缔结了一项新协定,将三头权力延长五年,并商定在反对庞培和帕提亚战争中相互支援。公元前 36 年,屋大维联合李必达进攻西西里,初战失利,后阿格里帕在纳乌洛卡附近的海战中大败庞培,庞培逃往小亚,被安东尼处死。战后,李必达接收了庞培的部分军队,企图独占西西里,但其军队不愿再战,经屋大维引诱纷纷倒戈。屋大维剥夺了李必达职权,只给他大祭司长之职。从此李必达结束了政治生涯,三头也就只剩两头了。

当屋大维在意大利得势之时,安东尼在东方也巩固了统治地位。为了出征帕提亚和对抗屋大维,争取埃及的支持,安东尼遗弃屋大维娅,而和克娄巴特拉七世进一步勾搭一起。公元前 36 年,安东尼出兵帕提亚受挫,损失巨大。公元前 34 年,安东尼出征亚美尼亚取得胜利。他按照埃及的礼仪,在亚历山大里亚举行凯旋式,与克娄巴特拉七世同登黄金做成的王座,宣布凯撒里昂(凯撒和克娄巴特拉七世所生之子)为凯撒合法儿子,称作"诸王之王",克娄巴特拉七世为"诸王之女王",并将罗马的征服地赠与克娄巴特拉七世及其子女。这在罗马激起普遍的不满和愤怒,也为屋大维向东方进军提供了口实。

公元前 32 年,三头权限期满,安东尼和屋大维加紧争夺权力,完全决裂了。亲安东尼的两名执政官在元老院责难屋大维,屋大维随即进行回击,迫使他们和 300 名元老逃往安东尼那里。不久,安东尼正式修书遗弃屋大维娅。屋大维进行报复,在元老院宣读了安东尼藏于维斯塔女神庙中的遗嘱,其中批准他对克娄巴特拉七世的领土赠与,指令两人死后同葬一起。遗嘱公布后,群情激愤。罗马元老院和公民大会以侵占罗马人民财产为由,对克娄巴特拉七世宣战,并剥夺了安东尼一切职权。公元前 31 年,安东尼和屋大维会战于亚克兴海角,安东尼大败。次年,屋大维进兵亚历山大里亚,安东尼自刎。克娄巴特拉七世被俘后不久,也自杀而死。托勒密王朝宣告结束,埃及并入罗马版图。至此,长期陷于内战和分裂的罗马重新统一起来。公元前 29 年,屋大维凯旋罗马。公元前 27 年,罗马元老院赠给屋大维"奥古斯都"称号,正式确立元首制,标志着罗马从共和时代进入帝国时代。

共和时期文化 早期罗马深受伊达拉里亚和希腊文化的影响。随着罗马对外扩张,它和地中海区域许多民族发生接触。特别是罗马兼并南意大利的希腊殖民城邦,后又征服希腊半岛,于是优秀的希腊艺术作品和各种科学著作大量传播到意大利,许多受过良好教育的希腊人自愿或被迫来到罗马,对罗马文化的发展产生了巨大的影响。因此,罗马文化的产生和发展是与外界影响分不开的,罗马人在吸收许多民族文化的基础上,才创造出独特的拉丁文化。

(一)宗教。罗马的原始宗教是多神教,保存着万物有灵的原始信仰。罗马起初没有神像,后来在伊达拉里亚和希腊宗教神话影响下,才出现了拟人化神像。罗马人信奉的神祇也多模仿希腊,如希腊的天神宙斯和天后希拉,被附会为朱庇特和朱诺,雅典娜被附会为米涅娃。后来由于与东方国家发生接触,罗马也出现了对东方国家一些神祇的崇拜,如埃及的司生育和繁殖的女神伊西丝等。然而,罗马人通常最信奉的却是战神马尔斯和灶神维斯塔,前者决定战争的胜负,后者保护家庭和国家的福祉。此外,罗马还长期盛行对祖先的崇拜,相信死者的亡灵是家庭和氏族的保护者。为了祭祀神祇,罗马人建造神庙殿堂,制定节庆仪规,供养祭司团体。罗马每逢发生重大事件,都要求神问卜,由占卜师通过观察空中飞鸟和雷电现象或动物内脏来预测吉凶。

(二)文学。罗马最早的文学创作是民间的歌谣、故事和谚语,但很少流传下来。公元前3世纪开始出现真正的文学作品。罗马历史上第一个诗人安德罗尼库斯(公元前284—前204年),是被释放的希腊籍奴隶,他首次将荷马史诗《奥德赛》译成拉丁文,又改编了希腊的悲剧和喜剧,使希腊史诗和戏剧在罗马传播开来。诗人尼维阿斯(公元前270—前200年)和埃涅乌斯(公元前239—前169年)不仅翻译多部希腊悲剧和喜剧,而且还创作罗马的历史剧和杂体诗。可惜,上述三位诗人的著作都没有完整地保留下来。

公元前2世纪,罗马出现了戏剧的繁荣。戏剧分为悲剧和喜剧两种,取材则模仿希腊戏剧,或反映罗马历史和现实生活。悲剧作家阿克齐乌斯(公元前170—前85年)一生写了40余部悲剧。著名的喜剧作家普罗塔斯写过130部剧本,保存至今的有20部,如《孪生兄弟》、《一坛黄金》和《吹牛的军人》等。泰伦提乌斯(公元前190—前159年)的喜剧以家庭生活为题材,代表作有《婆母》和《两兄弟》。

拉丁散文的开创者是加图(公元前234—前149年),他曾用拉丁文写了一部《创始记》,今只保存残篇。但他有一些演说辞和一部《农业志》保存了下来。瓦罗(公元前116—前27年)也是一位博学的作家,据说他有74种著作,但现存的仅有《拉丁语研究》和《农业志》。共和末期的文学家首推西塞禄,他的演说辞保存完整的有57篇，此外还有大量的书简、通讯和有关哲学的著作。西塞禄的文体被誉为拉丁文学的典范，对后世有着重要影响。凯撒的两部著作《高卢战记》和《内战记》，文笔洗练流畅，也被当作拉丁文的范本。

（三）史学。罗马最早的历史记载保存在大祭司的年代记中，但只不过是简单零碎的记事。历史著作迟至布匿战争期间才出现。第一位罗马的历史学家是法比乌斯·皮克托（约生于公元前254年），他曾用希腊文写了一部《罗马史》，惜已失传。罗马史学的真正奠基者是加图，他所写的《创始记》共7卷，前3卷追溯罗马城邦的起源，后4卷描述布匿战争的经过以及他生活时代的大事，但今仅留下残篇。杰出的希腊历史学家波里比阿（公元前204—前112年）著有《通史》，系以罗马对外扩张及其政制演变为中心，始自公元前218年，止于公元前146年。全书共分40卷，现仅存头5卷，其他均为残篇。波里比阿是他时代的见证人，且有较科学的写史方法，因而他的记载具有不可易移的价值。共和末期的历史学家萨路斯提乌斯（公元前86—前34年），写作了《喀提林纳阴谋》和《朱古达战争》，对共和后期罗马重要史事有翔实的记载。凯撒留下的《高卢战记》和《内战记》，也是研究共和末期历史以及高卢和日耳曼人历史的重要文献资料。

（四）哲学。在哲学思想方面，罗马人不像希腊人那样善于思辨，富于创造性，而是比较注重实用。他们摭拾希腊人的成就，加以阐发和改造，使之适应罗马社会的需求。共和后期，罗马人承袭希腊各派哲学中可取部分并调和各种思想，形成了罗马的折衷主义。西塞禄便是典型的代表人物。他把希腊各种唯心主义哲学，主要是斯多噶派、柏拉图派和怀疑主义的思想拼凑在一起，结合成混杂的思想体系。西塞禄的哲学著作主要有《论善与恶的定义》、《论神的本性》等。探讨人生哲理与修养的名篇有《论老年》、《论友谊》等。西塞禄宣扬神灵永恒存在和灵魂不死的观点，主张顺乎自然，"不生欲念"以求"心灵的快乐"。显然，这些都是希腊哲学家的观点，并无特殊贡献。

共和后期唯物主义哲学家的代表人物是卢克莱修（公元前98—前54年）。在长诗《物性论》中，他继承并发展了德谟克利特和伊壁鸠鲁的"原子论"，认为宇宙万物都是由原子所构成，并按物质本身所特有的规律发展。他力求使人们摆脱宗教迷信，主张人应按理性原则生活。在长诗的最后部分，他描述了人类社会起源和发展的图景。卢克莱修的学说在当时流传不广，但后来对唯物论的发展却有深远影响。

（五）法律。罗马最古老的成文法是公元前5世纪中叶制定的十二铜表法。十二铜表法基本上是习惯法的汇编，它后来成为罗马法发展的基础。公元前4世纪末，弗拉维优斯把诉讼程序和法庭术语汇编成册，公之于众，并公布了法庭开庭日和不开庭日，这就完全打破了贵族祭司对世俗法律和历法的垄断，使得法学家的活动成为可能,促进了法学的发展。主管司法的执法官产生后,法律又有所发展。执法官在就职时都要发布告示,提出裁判方针和办案原则,这种告示在实际上创制新的规范,不但在该执法官任期内如此,而且被继任者因袭和援引。所有新的规范长期积累下来,自成一套法规体系,也起到法律约束作用。另外,公民大会和元老院通过的决议,以及其他高级行政官员的命令,也是罗马法的渊源。

起初,十二铜表法以及其他的法律规范仅仅适用于罗马公民,居住在罗马的外邦人受不到法律保护,故称市民法。市民法在程序上带有浓厚的形式主义,履行法律手续必须遵循严格和公开的仪式,念诵既定的法律套语,完成特定的复杂动作,否则不发生法律效力。但是,随着罗马对外扩张以及国际交往和商业的发展,罗马公民同外邦人和被征服地区居民在法律上的矛盾和纠纷日益增多,同时产生需要局部承认外邦人等的合法权利并予以法律保护的问题,于是,执法官按照罗马奴隶主统治阶级的意志和愿望,在审理一切涉及外邦人讼争案件中,有意识地推动罗马法进一步发展,逐渐形成了万民法。万民法实际上是罗马统治范围内的国际法,其内容主要是调整财产关系,特别是有关所有权和契约关系的规范。它除了包含罗马法原有的部分规范外,还吸收了与罗马有贸易关系的其他民族和国家的法律规范。与市民法相比较,这种被罗马法学家称之为"各民族共有"的万民法,是以自然理性为依据的,颇为接近自然法的观念,没有市民法那样狭隘的民族性和形式主义的缺点,因而更能满足罗马奴隶主阶级的利益要求和整个社会的普遍要求。

第三节 罗马帝国的繁荣

元首制的建立 罗马共和政体是在城邦制基础上建立起来的。罗马从地处意大利一隅的蕞尔小邦,跃居为囊括地中海区域的奴隶制霸国,在阶级关系变化和阶级斗争加剧的情况下,共和政体已不适应当时罗马社会的发展,因而势必建立军事独裁以加强和巩固整个帝国范围内的奴隶主阶级的统治。屋大维战胜安东尼后,成为罗马唯一的最高统治者。但由于共和制度的影响和维护共和传统的势力仍然存在,他并未直接称帝,而是采用"元首"称号实行个人的军事独裁,①建立了元首制的统治形式。

屋大维在公元前32至公元前23年连任执政官。公元前29年,屋大维从东方返回罗马,举行盛大的凯旋式,获得"元首"称号。当年,他还被赋予监察官权

---

① 元首乃元老院中首席元老和公民中第一公民,享有很高声望。屋大维采用这一称号,显示自己忠于共和制,而非实行军事独裁。

力,次年即改组了元老院,在重新确定的元老名单中,屋大维名列首位,成为首席元老。公元前27年1月13日,屋大维在元老院发表演说,表示向元老院和罗马人民交卸大权,恢复共和国。元老院授予他"奥古斯都"(意为至圣至尊)的尊称和其他荣誉,并恳请他直接管辖高卢、西班牙和叙利亚3个行省,统率20个军团,为期10年,后来这个期限又得到延长。通过这次戏剧性的表演,屋大维非但没有隐退,反而合法地取得了帝国的军政大权。公元前23年,屋大维辞去执政官职务,但得到卸任执政官至高无上的统治权和保民官权力,前者使他对军队和行省握有最高权力,后者使他摆脱日常事务而又补偿了因放弃执政官而失去的对内政的控制权。公元前12年,他又担任作为宗教最高职务的大祭司长。公元前2年,屋大维重又担任执政官,并获得"祖国之父"的荣誉称号。至此,屋大维的权力达到顶峰。同时,屋大维的个人也被神化,在意大利和行省建造了供奉他的祭坛和神庙。

从表面上来看,屋大维统治时期共和制的各种政治机构和官职依然存在,他所拥有的各种职权都是由元老院和公民大会授予的,其中有些职务和权力在共和时代也不乏先例。其实,屋大维假共和之名,独揽国家大权,加上他在当时享有崇高的威望,使他凌驾于元老院和其他各种官职之上,成为罗马世界的最高主宰者。特别是他掌握着军队的领导权,保证了他对国家事务的最高决定权。所以,屋大维建立的元首制是披着共和外衣的帝制,实质上是隐蔽的专制君主制。

屋大维提高元老院的政治地位和社会荣誉,削弱其实际权限。公元前28年,他改组了元老院,把元老名额从1 000人减至800人,并规定了元老的财产资格。公元前18和公元前11年,又对元老院进行改组,把元老名额降为600人。通过改组,屋大维从元老院清除了不合格者,安插了大量亲信。元老院在名义上仍是国家权力机构,元老身居高位,备极荣耀,但其职权已今不如昔了。由于屋大维拥有以个人名义同外国签订条约的特权,元老院的外交权几乎丧失殆尽。元老院的军事领导权和财政权也大受削弱。行省分为元老院行省和直属元首的行省,前者包括业已安定的各省,由元老院任命卸任执政官治理,后者包括高卢、西班牙和叙利亚,埃及则属于元首的私产,不在行省之列。既然屋大维拥有至高无上的统治权,对行省军政掌握着最高权力,这种行省分治制度实际上仍是元首的一统天下。元老院名义上仍有财政权,掌管国库,但由于国库的主要来源是行省的税收,而各行省在财政上入不敷出,国库经常处于亏空状态,因此元老院的财政权也就名存实亡了。而屋大维对帝国财政掌握最后裁定权,他还建立帝国财政收支总账和元首金库,直接控制和调节全国财政收支。在立法方面,元老院的决议在共和后期实际上具有法律效力,而今其创制权和建议权往往掌握在元首的手中。元首还可以向公民大会提出法案,付诸表决通过,并有权直接颁布诏令。在司法方面,常设刑事法庭仍然存在,但涉及叛逆罪和牵连元老等级的重大案件,则由元首组成特别法庭或元老院审理。同样,各种官职和人员也都唯元首之命是从。此时,公民大会形同虚设,除了按照推荐法就所提名的高级官职人选进行表决以外,没有任何其他的作用。不仅如此,屋大维还开始创设中央集权的官僚制度。他设立的元老级咨询会议(元首顾问会议的前身),几经变动,后由元首亲属和执政官以及 15 名元老组成,在决策中起重要的咨询作用。又建立元首金库等办事机构,对管理财政的督察使及其手下的文职官员发给薪金,甚至任用被释放奴隶办理公务,迈出了建立帝国官僚制度的第一步。总之,经过屋大维 40 余年的独裁统治和经营,在罗马建立起了元首制统治形式,后经修补,一直保持到前期帝国结束为止。

屋大维的内外政策 屋大维的元首制政权是罗马奴隶主阶级统治的工具。当时,罗马大奴隶主基本上划分为元老和骑士两个等级。为了加强和巩固独裁统治,屋大维依靠这两个等级,提高他们的政治地位和社会荣誉,扩大他们的特权。他明确规定,元老必须出身贵族,服满规定年限的军役,具备 100 万塞斯退斯的财产资格。只有元老才可以担任执政官、行省总督和军团副将等要职。次于元老的是骑士,其财产资格为 40 万塞斯退斯。骑士不仅可以担任督察使等财务官员,而且还可以担任重要的军政职务,从舰队司令、供粮总监到埃及太守和近卫军长官。骑士可以候选元老,元老之子在进入元老院前列作骑士。这样,共和后期彼此争斗的这两个等级,在帝国社会中逐渐联合起来,共同支持元首制并成为其主要的社会基础。

当时罗马平民中的富裕农民和城市工商业者,特别是意大利自治市的中等阶层,属于小奴隶主范畴,也构成元首制的社会基础。可是,破产农民和流落城市的无业游民则为平民的多数,他们除了充当雇佣兵以外,别无生路。屋大维对他们采取软硬兼施的政策:一方面严格限制平民的政治活动,镇压他们的暴动;另一方面,则用各种施舍来收买他们。屋大维给 20 万城市平民每月无偿发放粮食,有时还发给钱款。并时而举办节庆娱乐活动,以转移平民对政治的注意力。城市无产者安于"面包和竞技"的寄生生活,已失去先前作为一个社会阶层所发挥的政治作用了。

屋大维竭力维护奴隶制,加强对奴隶的压制和镇压。他不仅对释放奴隶作了严格的限制,而且通过元老院重申罗马的旧法:凡奴隶杀死主人,在家奴隶闻声不救,则一律处死。还严令搜捕逃亡奴隶,镇压奴隶暴动。这些清楚地反映了元首制服务于奴隶主阶级的实质。此外,屋大维颁布了一系列法令,复兴古时淳朴风尚,健全家庭关系,奖励生育儿女,提倡节俭生活。他还恢复罗马古老的宗教崇拜和传统习俗,并大兴土木,兴建神庙、剧场、水道、浴池,使罗马城市面目焕然一新。他曾自豪地说:"我接受的是一座砖造的罗马城,却留下了一座大理石的城市。"

为了巩固新的政权和扩大统治基础,屋大维改善行省管理制度,调整了对行省的统治政策。他继承凯撒的政策,在行省中推行自治市制度,把罗马公民权授予行省上层分子。在行省中,城市依次分为罗马殖民地、自治市、享有拉丁权的城市和纳税城市四个等级,享受不同的权利。还实施凯撒业已开始的税制改革,对各行省实行人口和财产普查,在此基础上重新确定直接税。直接税分为土地税和非农业财产税,由地方当局直接征集,取消了直接税的包税制。间接税包括港口税、释奴税、奴隶买卖税、拍卖商品税和遗产税,仍采用包税制,但置于督察使监督之下,一定程度上限制了对行省居民的勒索行为。行省居民还得到直接向元首控诉的权利。另外,屋大维还在行省建立大约40个殖民地,安置大批退伍士兵。这些措施加速了行省的罗马化进程,促进了行省经济的发展。

军队是元首制的重要支柱。内战结束后,屋大维把他统率的60余个军团缩编为28个精锐军团,每个军团有5 500名步兵和120名骑兵,并辅以相应的辅助部队,组成常备军。军团主要是从罗马公民中招募,辅助部队约有15万人,来自行省居民和依附部落。军团士兵服役期限为20年,辅助部队为25年。他们驻扎在行省和边疆。海军舰只停泊于拉温那和墨萨纳等地。此外,还创设近卫军9个大队,每个大队1 000人,拱卫罗马和意大利。经过整顿和改编军队,屋大维使罗马军队最后完成了向职业常备军的过渡。他独揽军权,以军队作为其对内实行独裁统治,对外进行扩张侵略的工具。

屋大维依靠军队继续推行扩张政策。在东方,他利用帕提亚和亚美尼亚内部争夺王位的斗争,以军事力量为后盾采取灵活外交手腕,控制了亚美尼亚,并成功地使帕提亚归还了在以往战争中夺去的罗马军旗和其他掳获物。幼发拉底河被定为罗马和帕提亚的界河。为此罗马举城欢庆,屋大维的声望也随之大为提高。在西方,他对西班牙和高卢继续进行征服战争,扩展帝国的疆界。经过连年苦战,公元前19年才把西班牙西北部的山地部落完全征服。接着,进军多瑙河上、中游地区,建立了里底亚、诺里克、潘诺尼亚和米西亚行省。公元前12年,罗马军队又越过莱茵河,侵入莱茵河和易北河之间的地区,建立了日耳曼行省。其间,潘诺尼亚爆发大起义,罗马经过三年讨伐才把起义压服下去。不久,日耳曼人又掀起反抗斗争。公元9年,罗马统帅发鲁斯率领3个军团和9个辅助部队前去镇压,结果被日耳曼部落首领阿尔米尼乌斯诱入条陶堡森林中,遭到围攻而全军覆没,发鲁斯自杀身亡。据说屋大维为此痛心不已,时而以头撞门呼叫:"发鲁斯,还我军团!"以后,莱茵河以东地区重归日耳曼人,罗马向北扩张受到阻遏,帝国北部边疆就限于莱茵河以南。

专制统治的加强和各地人民的反抗斗争 屋大维死后,由他的养子提比略继位。从提比略起,经卡里古拉、克劳狄到尼禄,四个皇帝在帝国初期相继执政,称朱里亚·克劳狄王朝(公元14—68年)。在克劳狄王朝统治时期,帝国政权的发展趋势是加强中央集权,逐步建立官僚体系,巩固以皇帝为代表的罗马大奴隶主阶级的统治地位。但在专制统治下,大奴隶主阶级内部纷争不已,皇帝与元老贵族的斗争已不尽是帝制与共和残余势力的斗争,而且也具有统治者内部各集团间争权夺利的性质。同时,各地人民也掀起反抗罗马专制统治的斗争。

提比略(公元14—37年在位)继承屋大维的政策,在统治初期与元老院保持着和谐的关系。他把公民大会有名无实的选举权和立法权转交给元老院,保留推荐和直接指定部分高级官员候选人的权力,因而使元老院仅有决定部分人选的权力。在司法方面,元老院逐渐成为审理叛逆罪和牵涉元老与骑士的刑事案件的主要法庭。另一方面,提比略加强中央集权,使元首顾问会议成为较固定的机构,经常处理国家大事。同时,在骑士和被释放奴隶中拔擢任用官吏,管理政事和皇室事务。他恢复了"侮辱罗马人民尊严法",制裁任何对皇帝本人的抨击,奖励告密,进行叛逆审判,严厉镇压反对派。还把近卫军集中到罗马以保护皇帝的安全。从提比略时代起,争夺皇位继承权的斗争层出不穷,宫廷阴谋和政变的恐怖气氛开始笼罩罗马,近卫军则在废立皇帝过程中扮演愈来愈重要的角色。

卡里古拉(公元37—41年在位)乖谬无常,完全忽视和破坏了屋大维建立和提比略维持的皇帝与元老院的关系。他不仅剥夺元老的一些特权,而且还怂恿告发,进行叛逆审判,处死和逼死了一批元老,没收他们的财产,以弥补他挥霍耗费所造成的国库空虚。卡里古拉力图把元首制直接改为君主制,最明显的是他要求把他本人当作神来崇拜,并为自己建造了神庙。结果,卡里古拉在预谋的政变中被近卫军所杀。

克劳狄(公元41—54年在位)即位后恢复了与元老院的正常关系。但他也取消了元老担任一些行政官职的权力,还干预元老院行省总督的任命,并把元老院行省的财务监督权交给皇帝的督察使。因此,元老院的地位和作用进一步受到削弱,越来越从属于皇帝。不仅如此,克劳狄还把屋大维创办的皇家办事机构发展为中央政权机关,初步建立起一套官僚体系,为后来的帝国官吏制度奠定了基础。中央政权设三个部门:枢机处掌握内政、外交和军事;财务处经管财政和税收;司法处处理法律事务。各部门官员多由被释放奴隶充任,他们皆非意大利人,未曾受到罗马传统的浸染,与元老院毫无关系,唯皇帝之命是从。为了扩大帝国政权的社会基础,克劳狄广泛授予行省居民罗马公民权,允许高卢贵族担任罗马公职和进入元老院,还在行省中建立殖民地,发展自治市制度,推进行省的罗马化进程。此外,克劳狄改善帝国的财政状况,进行一些巨大的公共工程建设,如兴建奥斯提亚新港设施,修筑供应罗马用水的规模宏大的输水管道,还扩展罗马的城界,把阿芬丁和玛尔提斯校场的一部分也纳入城区。对外则继续扩张,不仅征服了非洲的西北部毛里塔尼亚和不列颠南部,置为行省,而且还把小亚细亚的吕西亚和色雷斯并入罗马版图。

克劳狄在宫廷阴谋中被毒死后,尼禄(公元54—68年在位)登上帝位。尼禄是罗马史上有名的暴君。在尼禄统治时期,宫廷阴谋频频发生,母后阿格里皮娜与尼禄争权,结果被尼禄杀害。尼禄残暴凶狠,放荡不羁,挥霍无度,终日沉溺于声色犬马和宴庆游赏之中。他自诩多才多艺,经常不理朝政,登台歌唱演奏,参加角斗竞技,甚至到希腊参加奥林匹克和科林斯赛会,长期进行公开演出,因博得希腊人的赞赏而赐给希腊自治权。公元64年夏,罗马发生大火,连烧6天,全城14个区只有4个区幸免于难。据传说,正当罗马城火光冲天,化为火海之时,尼禄却登楼观火,吟咏特洛耶毁灭的诗篇。大火之后,罗马留下一片废墟,他竟抢先修建奢华的"金宫"。当时罗马流传尼禄为建造新宫而故意纵火。尼禄为制止流言,大肆捕杀嫌疑犯,把纵火罪加在基督教徒身上,进行残酷迫害。

尼禄的骄奢淫逸和挥霍浪费,很快使国库枯竭,财政面临危机。他一方面增加苛捐杂税,并假借货币贬值进行搜刮;另一方面,则以"侮辱罗马人民尊严法"处死一些元老贵族,没收他们的财产。公元65年,罗马贵族以皮索为首组成谋杀尼禄的集团,但事泄未果。事发后尼禄处死了皮索等人,尼禄的老师辛尼加也被勒令自杀。这时,尼禄完全撕下元首制的伪装,把他自己和神等同起来,公开接受亚美尼亚国王尊奉他为太阳神,在铸币上镌刻尼禄戴着皇冠的头像,甚至把罗马城更名为尼禄城。

尼禄的倒行逆施引起了罗马各阶层普遍的不满,反抗斗争日益高涨。早在公元61年,在不列颠南部就爆发了以伊塞尼族女王鲍狄卡领导的反罗马的起义。起义者击溃罗马军团,占领了卡穆洛敦和伦丁尼姆等城,杀死了7万罗马商人和移民。后来罗马增派军队,击败起义者,鲍狄卡服毒自杀。公元66年,处于阶级和民族双重压迫下的犹太人起义烽火燃遍巴勒斯坦各地。起义者全歼耶路撒冷的罗马驻军。从叙利亚调来的罗马军队不敢贸然进攻耶路撒冷,最后也撤退了。不久,尼禄派遣大将韦柏芗率领5万军队前去镇压,但进展缓慢。犹太人起义尚未平息,公元68年高卢起义又起。鲁格敦努姆高卢总督文德克斯号召推翻"丑角元首",不仅得到备受压榨的高卢部落的支持,而且也得到一些西部行省总督和军队的响应,在他周围迅速集结了10万之众。虽然鲁福斯率领上日耳曼军团击败了高卢起义军,但不久他们也起来反对尼禄。这时近卫军背叛了尼禄,元老院宣布尼禄为公敌。被废黜的尼禄走投无路,最后在罗马郊外自杀。朱里亚·克劳狄王朝随之告终。

行省地位的提高和帝国的鼎盛 尼禄死后,行省军团纷纷拥立皇帝,互相战争,形成所谓四皇帝时代(公元68—69年)。结果,东部行省和多瑙河区军团拥立的皇帝韦柏芗战胜西部行省和近卫军推举的皇帝,建立了弗拉维王朝(公元69—96年)。

韦柏芗(公元69—79年在位)即位后,先派其子提图斯带领大军围攻耶路撒冷,残酷镇压了犹太人的起义,后又平定了高卢和莱茵河区行省的起义。为了加强皇权,扩大帝国的社会基础,韦柏芗采取了一系列措施。他迫使元老院通过全权法,赋予他广泛的权力。公元73年,韦柏芗使用监察官权力改组元老院,大量吸收行省上层奴隶主参加元老院。同时将高卢和西班牙等地千余户富有贵族迁至罗马,补充元老和骑士等级,又广泛授予行省居民罗马公民权和拉丁公民权。这些措施是克劳狄政策的延续,进一步扩大了帝国的社会基础。行省大奴隶主广泛参政任职,成为帝国的重要支柱,而帝国政权不再限于体现意大利奴隶主的利益,开始成为整个地中海世界奴隶主阶级的统治机构。此外,韦柏芗还改编军队,改善财政状况,任用骑士取代被释放奴隶管理皇室和帝国的一些机构。

韦柏芗死后由其长子提图斯(公元79—81年在位)继位,他只统治两年即病死。公元81年图密善(公元81—96年在位)继兄即位称帝,他基本上继续执行韦柏芗的政策,但他加强专制统治,以"主人和神"自居,藐视元老院,恢复叛逆审判,迫害元老贵族。结果,图密善在政变中被杀,元老院推举涅尔瓦(公元96—98年在位)为皇帝,开始了安敦尼王朝的统治(公元96—192年)。

安敦尼王朝自涅尔瓦起,历经图拉真(公元98—117年在位)、哈德良(公元117—138年在位)、安敦尼(公元138—161年在位)、马可·奥勒略(公元161—180年在位)和康茂德(公元180—192年在位),后五个皇帝全是行省贵族出身,他们在内外政策方面都采取有利于整个地中海区域奴隶主的措施。在安敦尼王朝统治时期,罗马帝国达到鼎盛,在罗马历史上被称为"黄金时代"。

涅尔瓦本是高龄元老,登位后虽与元老院修好,但无力应付政局的复杂变化,不得不把战功卓著的上日耳曼行省总督图拉真收为养子,立为继承人。这就打破了以血统为基础的大位继承制度,开创了以过继为基础的新皇位继承制度的先河。图拉真即位后,积极推行对外扩张政策,把帝国疆土扩展到前所未有的地步。公元2世纪初年,图拉真两次进兵达西亚(今罗马尼亚),达西亚人在德凯巴鲁斯领导下进行顽强抵抗,终因寡不敌众于公元106年被罗马征服,置为行省。同年,图拉真远征阿拉伯北部,占领了那巴泰阿王国,又置阿拉伯行省,控制了东方贸易的要道。图拉真统治末期,他对帕提亚发动大规模的战争,进军亚美尼亚和美索不达米亚,占领了帕提亚的首都泰西封,兵抵波斯湾。后因被征服地区发生起义,图拉真被迫放弃进一步征服帕提亚的计划,他也于归途中死去。至此,罗马帝国疆域扩大到极点:东起美索不达米亚,西至大西洋,北抵达西亚和不列颠岛,南达北非。但是,版图虽大,却难以持久,哈德良继位后不得不停止对外扩张,转攻为守。他与帕提亚媾和,退出美索不达米亚,并把亚美尼亚从行省变为藩属国,在北部边境和不列颠修筑边墙,以加强防守,巩固边疆。

哈德良致力于整顿内政。在他统治时期,皇权继续得到加强和扩大,官僚机构进一步完善,明显开始了元首制向君主制的过渡。元首顾问会议最后定型,它成为常设机构并增加了法学家为其成员。在帝国行政机构中,高级官职不再任用被释放奴隶,改为从骑士中选定。同时,骑士等级本身也有变化,凡具有一定服役年资的人皆可为骑士,不再受财产资格的限制。这样,骑士便被培植成专门的官僚等级。哈德良还设置新的官职,如元首金库律师和邮政督办等。随着官僚制度的发展,形成了一套官阶和官俸制度,官员按品级分类,并具有与品级相适应的荣誉称号和头衔。此外,哈德良委任著名法学家萨尔维乌斯·尤利安努斯把以前行政长官的一切敕令汇编成册,批准其为"永久敕令",作为帝国法律的基础,只有皇帝才有权对它进行修改和补充。从图拉真统治时期起,罗马的公民大会销声匿迹,立法权完全转到皇帝手中。在哈德良统治时期,逐渐形成这样一种法律规范,即皇帝的意志就是法律。这时,皇权甚至渗透到家庭内部,连罗马传统的家长权也遭到了破坏。

在图拉真统治时期,开始吸收东方行省的奴隶主充实元老院,哈德良继续实行这一政策,并广泛地授予行省居民罗马公民权。他还开始征募行省居民参加罗马军团服役。因此,行省奴隶主和罗马奴隶主逐渐融合,行省居民和罗马公民之间的界限也逐渐消失,帝国政权真正成为整个地中海世界奴隶主阶级的统治机构。从哈德良到他的继承者安敦尼统治时期,整个地中海区域保持了相对稳定,帝国达到极盛。安敦尼对外采取防御政策,边境平安无事;对内保持与元老院的良好关系,又整顿财政,兴修建设工程,加强对行省的监督和管理,促进了行省经济的发展和帝国的繁荣。可是,好景不长。及至马可·奥勒略统治时期,罗马帝国盛极转衰,奴隶制危机的征兆显露端倪。东方的帕提亚屡犯边疆,而当罗马出兵抗击时,北方的马科曼尼人等日耳曼部落又乘虚而入,越过多瑙河,进入帝国境内。西部的战争尚未结束,东方的叙利亚又发生叛乱。马可·奥勒略花费很大力量才制止了蛮族的入侵,最后允许一些蛮族部落移居帝国北部边境。公元180年,马可·奥勒略在战争中染疾而死,其子康茂德即位时,罗马帝国已临近3世纪危机的前夕,接着到来的便是混乱和衰落的时代。

帝国前期经济的发展 公元1—2世纪,罗马帝国出现了相对安定的局面,进入所谓"罗马的和平"时期。在此时期内,社会政治的相对稳定、交通的恢复、文化技术的传播和交流,以及行省和城市地位的改善,都有利于社会经济的发展。当时,在希腊和意大利北部出现了带轮的犁,在高卢出现了割谷器。水磨也在公元前1世纪由小亚细亚传入西方,得到推广。农业中普遍采用轮作制,并种植豆类以恢复土壤肥力。在意大利,因奴价和地价上涨、奴隶劳动效率的低落和行省廉价粮食的输入,谷物生产开始衰退;但各行省的农业却发展起来。北非和埃及扩大了灌溉网和耕地面积,每年供应罗马大量粮食。多瑙河地区各行省,特别是潘诺尼亚和米西亚成了罗马的新谷仓。希腊和爱琴海岛上的葡萄和橄榄栽培业恢复了起来,北非、高卢南部和西班牙东南沿岸也都开始栽培葡萄和橄榄,呈现经济繁荣景象。高卢北部盛产粮食,大量运销外地。

帝国前期意大利和行省的手工业也得到显著的发展。生产工具和技术较前有所改进,水磨在磨粉和矿业中逐步推广,建筑业开始应用复滑车和起重装置,矿山则使用排水器械。手工业生产部门增加,产品种类繁多,技术分工细密。庞贝城遗址中发现有呢绒、珠宝、石工、香料、玻璃、铁器、磨粉、面包等作坊,反映出当地手工业的发展状况。罗马的手工行业多达80余种。当时意大利手工业生产以中小作坊为主,雇工数人或使用奴隶作为帮手,这些作坊往往临街而设,前有店铺,便于销售。也有使用几十或上百名奴隶劳动的大作坊,如阿列提乌姆的制陶作坊,其产品运销意大利各地,甚至远销行省。伊达拉里亚城市的金属冶炼和制造业,坎佩尼亚的卡普亚等城市的玻璃和金属制造业,以及阿列提乌姆的制陶业,在当时都相当发达。这个时期行省手工业获得迅速发展。在东方行省中,素有盛名的传统手工业开始复兴,埃及的麻纱和珠宝,腓尼基的染料和玻璃器皿,小亚细亚的毛皮制品和希腊的青铜器等,都盛销于罗马世界。与此同时,西部行省的手工业也逐步兴盛,出现一些手工业中心。在高卢南部兴起了金属、纺织、制陶和玻璃等行业,产品行销西欧各地。高卢北部的手工业也开始发展起来。在当时,采矿业取得长足发展,西班牙的银、铜、铅、锡和铁矿,高卢的铁矿,多瑙河地区的金矿和铁矿以及不列颠的锡、铅矿等,都得到了开采。

帝国的统一使各地交往畅通无阻,商业活动活跃起来。行省经济的发展也促进了交换。交换的商品除奢侈品以外,还有大量的农产品和手工业原料及产品,这使得帝国内部的区域性贸易和对外贸易空前兴旺发达。海上航路、内陆河道、陆上通道和古老商道成为内外贸易的动脉,商队往来,络绎不绝。在西部,罗马和高卢商人沿莱茵河、多瑙河到达北海和波罗的海,同不列颠和斯堪的纳维亚等地进行贸易。东部的希腊和埃及商人则驶出红海,经阿拉伯到达印度和斯里兰卡进行贸易,以金银换取东方的香料、宝石、精致的工艺品和纺织品。在屋大维统治时期,罗马人便开始利用季节风远航印度。据斯特拉波记载,每年有百艘商船往返于埃及和印度。据说在尼禄时代,罗马与印度贸易逆差达6 000万塞斯退斯,大量贵金属流向东方曾引起老普林尼的抱怨。当时中国出产的丝绸在罗马享有盛誉,视为珍宝。罗马人称中国为"塞里斯",意即丝绸之国。中国丝绸经著名的丝绸之路运往欧洲,但当时由于安息据于丝绸之路的要冲,垄断贸易,遂使罗马商人通过海路换取丝绸。据《后汉书》记载:"桓帝延熹九年,大秦王安敦遣使自日南徼外献象牙、犀角、玳瑁,始乃一通焉。"①这是中国与罗马直接交往的历史记录。自此,中西海道开通,友好往来日益频繁,这条把中国和欧

---

① 桓帝延熹九年为公元166年。大秦指罗马,安敦即安敦尼王朝皇帝马可·奥勒略(公元161—180年)。日南位于今越南的中部。

洲连结起来的航路也就获得"海上丝绸之路"之名。

在手工业和商业发展的基础上,帝国前期的城市达到前所未有的繁荣。罗马和亚历山大里亚成为内外贸易的枢纽和商品集散地。意大利的普提奥里、卡普亚、奥斯提亚、拉温那、阿奎里亚和帕塔维乌姆等城市,颇为繁华。东方的城市以弗所、安条克、帕尔米拉等,更是繁华富庶。在西部行省中,新的城市纷纷兴起,成为手工业和商业中心,如西班牙的加迪斯,高卢的鲁格敦(里昂),多瑙河地区的文都波那(维也纳)和新吉敦(贝尔格莱德),不列颠的伦丁尼姆(伦敦),等等。新的城市也随着罗马建立的殖民地和在边防地区的要塞与营地而成长起来。这些城市一般都获得一定程度的自治权,仿效罗马模式组织政权机构和修饰城市面貌,还成立许多工商业公会,政权则掌握在地方显贵和富裕的工商业者手中。

奴隶制危机的征兆和隶农制的发展 罗马帝国前期社会经济呈现繁荣,奴隶制获得进一步发展,但在此时期,经济衰退和奴隶制危机征兆已见端倪。与行省经济兴盛适成鲜明对照,这时帝国的中心意大利开始产生农业衰落的现象。共和后期百年内战中大规模的屠杀、流放和没收财产,以及得胜将领犒赏退伍老兵和广建殖民地,使公元前2世纪以来大地产的增长暂时受到抑制,中小地产一度普及于意大利和行省部分地区。但随着帝国体制的确立,从公元1世纪后半叶开始,土地的兼并和集中过程再趋盛行,奴隶制大田庄在伊达拉里亚、意大利南部和坎佩尼亚与拉丁姆部分地区迅速发展起来,在意大利农业中占据着明显的优势。中等规模的奴隶制庄园在坎佩尼亚和拉丁姆一些地区也还存在,小农经济在亚平宁中部山区和波河流域仍有保存,但受到大地产的排挤和威胁,日趋衰落。同时,由于帝制的建立和皇权的扩大,皇室通过没收或馈赠和遗赠方式获得大量土地,在意大利和行省中,都出现了大片皇室地产和国有土地。

但是,意大利大地产发展面临着困难,主要是农产品滞销和奴隶劳动生产率低落。由于行省粮食大量输入,意大利特别是拉丁姆的谷物生产日益萎缩。许多庄园改种葡萄和橄榄,南部的庄园则改营牧场,纵然兴旺一时,但也受到行省的激烈竞争。另一方面,由于战争的基本停止和清剿海盗的成功,奴隶来源显著减少,奴隶价格日趋昂贵。据统计,普通奴隶的平均价格在公元前2世纪仅为300~600塞斯退斯,而在公元1世纪则提高到2 000塞斯退斯。奴隶消极怠工、破坏工具、逃亡甚至杀死奴隶主和发动暴动进行反抗的现象屡有发生。强制性的奴隶劳动效率低下,加上当时地价提高,农产品销售竞争剧烈,使得集中使用奴隶劳动的庄园不仅在经营管理方面存在困难,而且经济收益也日益降低,逐渐变得无利可图了。公元1世纪罗马农学家科鲁麦拉列举了使用奴隶从事农业劳动的害处,将农业衰落归咎于"把农业交给奴隶中最坏的奴隶,就像交给行刑吏去惩办一样"。他指出,要关心包括奴隶在内的生产者,奖励女奴生育,对待奴隶要有温和态度。还主张把不适于奴隶劳动的土地交给自由佃农耕种,即以租佃制部分地取代奴隶制。当时,有些奴隶主被迫改变对待奴隶的态度,给奴隶以一定的自由以提高他们的生产积极性。于是,释放奴隶日益增加,共和后期出现的授予奴隶"特许析产"的制度,即奴隶主分给奴隶经营或管理一部分财产而坐收其利,开始广为流行。在立法方面,也颁布法令,禁止奴隶主杀死奴隶。同时,对待奴隶的思想观念相应地也有变化。哲学家辛尼加说:"奴隶制是反自然的,是和本性及其固有的自由相抵触的。"这些说明奴隶制危机正在逼近。在这种情况下,作为奴隶制补充的隶农制便应运而生了。

隶农(又音译作科洛尼)最早在公元前2世纪出现于意大利,最初是指承租别人土地的佃户。这种佃户有大小之分,小佃户大多是失地或少地的农民;大佃户则是拥有雄厚资金和众多奴隶而以经营农业获利的人。他们都是享有公民权和其他法律权利的自由民。他们通过契约从土地所有者手中租用土地,地租一般支付货币,租约为5年左右。隶农可把租来的土地转租给别人,也可以在租地外耕种自己的土地。起初,小佃农承租土地限于偏远地区和山区各地,隶农制尚不流行。后来,由于受到斯巴达克起义的冲击,一些大奴隶主鉴于集中使用奴隶劳动存在危险,转而把一部分土地作为特许析产交给奴隶经营,或出租给隶农耕作。于是,隶农数量日益增多,存在范围较前广泛,但在农村中还没有成为一个独立的阶层。

公元1—2世纪,由于意大利土地关系的变化,奴隶制出现危机征兆以及劳动力来源紧张,隶农制在意大利逐渐盛行,并扩展到许多行省。当时,土地租佃的范围相当广泛,出租的土地有国有地、皇室土地、城市公地、私人大地产、城市议员和老兵的中小地产等,承租人仍有大佃农和小佃农之分,但以小佃农为主。科鲁麦拉在《论农业》中提到,大庄园中的生产者分为两种,"这些人是隶农和奴隶,就是不带枷锁的和带枷锁的"。这说明隶农制较前普及了。在帝国初期,隶农的身份仍是自由佃农,他们和地主的关系仍然建立在契约之上,其身份、地位、权利和义务均有一系列法律上的规定。后来,随着大庄园经济上自给自足和独立倾向的加强,商品货币关系的萎缩和隶农负担的加重,隶农的身份和地位也逐渐发生变化。从公元1世纪末起,在意大利隶农中实物地租逐步代替了货币地租。有关隶农权利和义务的契约与法律规定,在实践中也往往受到破坏。官府和有权势的地主通过经济或非经济的强制手段,对隶农加紧压榨和勒索,加重了他们的负担。而隶农作为小租佃者在经济上具有脆弱性,任何天灾人祸都有可能使其负债或破产。贫困的隶农依靠土地所有者提供的生产工具进行耕作,或因负债而将财产抵押给地主,因此逐渐固着于土地,出现强制租佃和承袭租佃的现象,他们和地主的关系逐渐变成不是靠租约规定,而是依靠习惯来调节。所有这些说明隶农的人身隶属和依附倾向日渐增强。公元3世纪危机则全面加剧了这一过程,使隶农在实际上丧失了自由民身份和独立的经济地位,终于导致隶农转变为罗马奴隶制解体时期介于自由民和奴隶之间的一种特殊类型的依附农民,乃至在某种意义上成为中世纪农奴的先驱。

帝国前期的文化 罗马帝国的建立,促进了地中海周围广大地区经济和文化的交流。在当时社会经济发展和政治相对稳定的基础上,帝国前期罗马文化吸收了许多民族的文化成果,进入了兴盛时代。

(一)自然科学。自然科学方面最有代表性的人物是老普林尼(约公元23—79年)。他参考2 000多种著作,写成《自然史》,共分37卷,内容包括天文、地理、历史、动植物、农业、医学、矿物、工艺、绘画和雕刻等。这是一部百科全书式的巨著,几乎把当时所知道的各科知识都包罗无遗。当时,罗马农业科学的成就很突出,它既总结意大利农业生产经验,又吸收了希腊和迦太基的成就。继共和时代农学家加图和瓦罗之后,公元1世纪出现了农学家科鲁麦拉。他著有《论农业》,分为12卷,不仅涉及农牧业生产技术和管理经验,而且论述了社会经济关系。

罗马军队四出征讨和商人长途贩运活动,为地理学的发展提供了条件。屋大维时代曾编制了地图。公元1世纪初,希腊人斯特拉波编著了一部《地理学》,共17卷,把当时西方所积累的地理知识作了总结,还绘制过一幅包括欧洲、非洲和亚洲的世界地图。公元2世纪托勒密所著的《天文学大全》,对天文学有所贡献,但他继承并完善了地心说天文学体系,其谬说后来统治欧洲达1400年之久。

罗马医学是在希腊影响下发展起来的。提比略时代的名医塞尔苏斯写过一部医学论著,残篇保存至今。公元1世纪中叶,提奥斯科里德斯所著的药书,论述了600余种植物及其药性。马可·奥勒略的御医盖伦(公元129—199年)著述甚丰,对解剖学、生物学、病理学和医疗学等均有建树,长期在西方医学界被奉为经典。

(二)哲学。帝国前期唯心主义占据着统治地位。新斯多噶派相当流行,它抛弃了早期斯多噶派的唯物论因素,宣扬宿命论和禁欲主义,主张以个人道德修养求得社会的和谐,完全蜕化为宗教伦理思想。其主要代表是尼禄的老师辛尼加(公元前4—公元65年)。随着帝国趋于衰落,新斯多噶派的思想更加消沉。马可·奥勒略皇帝也是一位新斯多噶派哲学家,在他的《沉思录》中反映出悲观厌世思想。同时,新柏拉图派和神秘主义思潮也在罗马繁衍开来。公元1世纪,亚历山大里亚的斐洛创立了逻各斯观念,并说逻各斯为神的最初启示和创造力,号召人们要克服物质罪恶,向神忏悔求救。这些唯心主义说教,反映了面临社会危机的奴隶主阶级的腐朽没落和悲观绝望的思想情绪,他们企图从哲学中寻求自我安慰,并用来欺骗麻痹人民群众。

公元2世纪唯物论哲学思想的代表是琉善(约公元120—200年),其主要作品有《神的对话》等。琉善推崇伊壁鸠鲁的唯物论思想,抨击宗教迷信,主张财产公有,人人平等。他的唯物论和无神论思想对后世颇有影响。

(三) 文学。屋大维统治时期被称为罗马文学的"黄金时代"。屋大维对诗人恩宠有加,诗人则为皇帝歌功颂德。著名的诗人有维吉尔(公元前70—公元19年)、贺拉西(公元前65—公元8年)和奥维德(公元前43—公元17年)。

维吉尔著有牧歌和农事诗,生动地描绘了意大利的田园风光和农民的生活情景。他在晚年仿照荷马史诗写成《埃尼伊德》,歌颂罗马,美化屋大维,把他说成是特洛耶战争中神话英雄埃尼亚斯的后代。贺拉西的《颂歌》歌颂罗马的光荣伟大,赞美屋大维的丰功伟业,堪称抒情诗的榜样。他的《讽嘲集》和《书简集》则是教谕诗的范本。奥维德擅长写作爱情诗,他的名著《变形记》在神话题材中穿插爱情故事,成为古代神话的宝库。他在流放中写的《悲歌》和《本都书简》等作品,则充满着对故土亲人的怀念之情。

帝国前期还有各种形式的散文作品。公元1世纪中叶,讽刺小说作家佩特洛尼乌斯著有《撒提里康》。后一世纪,阿普列优斯的《金驴记》也饶有风趣。

(四) 史学。帝国前期出现了不少著名历史学家和卷帙浩瀚的历史巨著。李维(公元前59—公元17年)竭毕生之力,写了《罗马建城以来的历史》,叙述始自罗马建城,止于屋大维时代末年。全书142卷,今仅存35卷及少数残篇。李维追述罗马历史发展之艰辛和伟大,进行道德说教,以激发爱国热忱。他的著作旁征博引,资料丰富,但内容过于庞杂,史料未予严格审别,有些记载明显有误。塔西佗(约公元55—120年)是共和思想的最后代表人物。他的主要著作是《编年史》和《历史》,分别叙述从屋大维统治末年到尼禄,以及弗拉维王朝的历史。他在《日耳曼尼亚志》中描述了日耳曼诸部落在氏族公社后期的社会概况。塔西佗的著作深刻揭露了罗马专制政治的黑暗和腐败,对后世反对专制统治有着强烈影响。与塔西佗同时代的希腊史学家普鲁塔克(公元46—120年),曾写了一部《希腊罗马名人传》,包括有50篇传记。他所写的传记,都是通过具体历史人物的生平事迹,来发挥他自己的伦理思想。这部传记虽欠严谨,浸透着英雄史观,但它取材宏富,文笔优美,保存着不少业已散失的史料,仍不失为古代重要著作。历史学家斯韦东尼阿斯(公元75—160年)著有《罗马十二凯撒传》,这部著作为传记汇编,从凯撒到图密善各有一篇传记。普鲁塔克和斯韦东尼阿斯的著作,开创了西方史学传记体的先河。

此外,阿庇安(约公元95—165年)用希腊文写了《罗马史》,共24卷,今仅存11卷,记述从王政时代到图拉真时代的历史。他在编写体例上按国别或重大事件来命篇,叙述其前因后果,本末始终,可算是西方史学中"纪事本末体"的创始者。他还能注意到历史事件的社会经济根源,把罗马共和时代的社会斗争归结为关于土地所有权的斗争,这在古代历史学家中确实是难能可贵的。罗马统治下希腊化地区另一位历史学家阿里安(约公元96—175年),著有《亚历山大远征记》等,对亚历山大东侵活动作了翔实而生动的描述。

(五)法学。帝国前期是罗马法发展的鼎盛时期。在帝国社会中,庞杂的法令需要加以编纂整理,同时,由于社会经济生活日趋复杂化,也要求在财产关系方面确切地规定权利与义务,因此,法学家的活动十分活跃。他们除了协助国家进行立法和汇编法令的工作,还担负着答复法律上的疑难问题,指导诉讼,编撰契约合同以及其他法律事项。屋大维曾赋予一些法学家以公开解释法律的特权。从公元1世纪起,法学家纷纷著书立说,法律教育和法学研究相当流行,蔚然成风。著名的法学家拉比奥和卡皮托分别对罗马法进行整理、分类和注释工作,他们的弟子还形成了普罗库路斯派和萨比鲁斯派两大派别,长期进行激烈争论。2世纪法学家盖约著有《法学阶梯》。在二三世纪之交,罗马先后出现了五大著名法学家:盖约、巴比尼安、包鲁斯、乌尔比安和莫迪斯蒂努斯。罗马皇帝曾颁布引证法,规定凡在法律上遇有难题而成文法无明确规定时,则依照他们的著作来解决。从3世纪起,由于罗马奴隶制社会陷入危机,统治阶级迫切要求将反映本阶级意志的现行法律固定下来,借以维持和巩固其统治地位,因而着手进行法律汇编工作。3世纪末和4世纪初,法学家编纂了《格里哥里安法典》和《赫尔摩格尼安法典》,前者包括3世纪下半叶的法律,后者包括294年以后30年的法律。到提奥多西二世时,颁布了《提奥多西法典》,这是帝国最早的一部官方法典。它包括4世纪以后皇帝敕令,共16卷。后来,在东罗马帝国皇帝查士丁尼时,则在前述基础上编成了集罗马法大成的《国法大全》。

(六)建筑艺术。罗马的建筑业在共和后期相当发展,到帝国前期取得了长足的进步。皇帝和贵族竞相兴建宏伟建筑和公共设施,以显示皇权的威严浩大和帝国的繁荣强盛。于是,许多神庙、宫殿、剧场、竞技场、议事厅、凯旋门、纪功柱,以及浴池和输水管道等,都陆续兴建起来。罗马的建筑采用希腊的营造法,但也有创新,即普遍采用石拱结构,使建筑物不仅坚固耐久,而且显得庄严肃穆。罗马最宏伟的神庙是供奉朱庇特等神的万神庙。韦伯芗至提图斯时代建造的大圆形竞技场,则是最大的一座建筑物,可容观众8万人。最壮观的一座凯旋门,是由提图斯在镇压犹太人起义后建造的,它由云岗石砌成,在拱门上铭刻着歌功颂德的文字和美丽的浮雕。图拉真在征服达西亚后树立了一个纪功柱,高约43米,柱面上雕刻着连环式浮雕,表现远征达西亚的情景。此外,罗马的驰道、浴池、输水管道和桥梁的建筑,也富有特色。罗马的宏伟庄严的建筑及其装饰艺术,对后世建筑艺术的发展产生了重要的影响。

第十三章　公元前 2 世纪至公元 2 世纪的帝国（下）

第一节　伊朗和中亚的帝国

一、安息帝国

安息国家的独立　中国古代史书上所说的安息,即外国史书上的帕提亚。它位于伊朗高原东北、里海东南一带。这里先后经历了波斯帝国、亚历山大帝国的统治,亚历山大帝国瓦解以后,又成为塞琉古王国的属土。公元前 3 世纪中叶,一支语言也属于伊朗语族的帕奈人游牧部落从北方的中亚草原来到这里,和当地人民一同发动了反对塞琉古王朝统治的斗争。公元前 247 年,正当塞琉古王国与托勒密王国发生争纷之际,帕提亚乘机独立。帕奈人部落首领阿尔萨息成了国王,建立了阿尔萨息王朝（公元前 247—公元 226 年）。中国史书因其王朝名称而简称之为安息。公元前 238 年,塞琉古王朝出兵东侵,企图恢复其统治。安息一度战败,但是塞琉古王国内部纠纷又起,退兵而去,安息国家的独立得以维持。

公元前 2 世纪时帝国的建立　公元前 3 世纪末叶,塞琉古王国统治者再次大举东侵。安息一度被迫称臣纳贡,但实际仍保持了国家的独立。到公元前 2 世纪初,西方的形势发生了巨大的变化,罗马人的势力迅速地向东地中海地区推进。公元前 192—前 189 年间,塞琉古王国一再受挫于罗马,从此罗马东侵之势已不可挡,塞琉古王国从此在东部也不可能再有所作为。于是伊朗西部各地区纷纷脱离塞琉古王朝的统治,建立起一些小的国家。

安息王密特里达特一世（公元前 170—前 138 年在位）乘此时机向西推进,约于公元前 155 年占领了米底,打开了通往两河流域的道路。塞琉古王国竭力抵抗,已经无效。密特里达特一世于公元前 141 年攻占了塞琉古王国在两河流域的最主要的城市——底格里斯河上的塞琉西亚。接着塞琉古王朝的势力被赶到幼发拉底河以西,巴比伦尼亚归入安息版图。在东方,密特里达特一世还从大夏人手中夺取了木鹿（今为麦尔夫）等重要城市。在密特里达特一世晚年,安息已经形成为一个东起中亚西南部（中间包括伊朗）西至两河流域的帝国。

公元前 130 年,塞琉古国王安条克七世集中全力进攻安息,开始比较顺利,占领了两河流域,进而攻入米底。可是次年他在米底人的起义中被杀,所率军队也被全歼。安息又重新占领了米底和两河流域。

在密特里达特二世(公元前123—前88年在位)统治初期,东方的塞种人又在移动,他阻挡了塞种人的西进,使他们南下到现在的锡斯坦(原意是塞种居住的地方)。相传他约于公元前115年占领了木鹿绿洲,使安息帝国东界达到阿姆河一线。到公元前1世纪初,密特里达特二世又向西北方面扩展影响,直至亚美尼亚。塞琉古王国只剩下叙利亚一带地方,苟延残喘。可是西进中的安息与东进中的罗马之间的争衡已不可避免。

安息与罗马的斗争 公元前1世纪初,塞琉古国家急剧衰落,北方许多领土为亚美尼亚所占,南部的犹太也独立了。公元前64—前63年间,罗马灭了塞琉古王国和犹太,建立了叙利亚省和犹太省,这样就与安息直接地接壤了。

公元前53年,罗马的克拉苏率领大军渡过幼发拉底河,并越过两河流域北部的草原追逐安息军队。两军相遇之后,安息骑兵猛攻一阵以后就撤退了。罗马军的一支乘势穷追,脱离了主力部队,结果全被歼灭。克拉苏想率军北撤至亚美尼亚,结果也未成功,他自己战死,大部军队被歼,只有少数残兵逃回了叙利亚。这一次战争使罗马东进受挫,奠定以后双方基本以幼发拉底河为界的格局。

公元前1世纪,罗马将军安东尼作为"后三头"之一统治罗马东方行省,安息就联合前来投靠的罗马共和派分子一同攻占了叙利亚、巴勒斯坦等地。安东尼反击得胜,公元前38年双方国界又恢复到幼发拉底河一线。可是当公元前36年安东尼转而侵入安息的时候,他又被打败了。

公元1世纪时,安息与罗马基本上处于相持状态。在三四十年代,罗马曾经支持安息内部的亲罗马派在两河流域争夺政权,结果没有成功。在五六十年代,双方又为争夺对亚美尼亚的控制权而发生过冲突,结果双方妥协,都保持了对亚美尼亚的一定影响。

公元1世纪末2世纪初,安息不断发生内乱,国势衰落。罗马皇帝图拉真于公元114—116年间大败安息人,占领了亚美尼亚和两河流域,在那里分别设立行省。公元117年,图拉真死。他的继位者哈德良就放弃了这些新的行省。公元161年,安息王又越过幼发拉底河侵入罗马统治下的叙利亚,形势一度有利。随后罗马人展开反击,夺取了亚美尼亚,并在公元164—165年间占领了两河流域。但是这一次罗马人仍然没有能守住这些新占领区。

安息与罗马的长期斗争弄得双方都精疲力竭,没有一方可以算是胜利者。

安息帝国的特点 安息帝国领土基本都在过去的波斯帝国范围之内。虽然版图比波斯小得多,但从领土的核心部分和居统治地位的民族的语言和文化来说,安息帝国在一定程度上都可以说是波斯帝国的后继者。安息帝国内部也有各地区之间经济发展不平衡的问题,农业、手工业和商业都已相当发达的两河流域地区与伊朗的山区和里海沿岸的草原的狩猎或游牧的部落相比,差别是悬殊的。不过安息帝国与波斯帝国也有不同之处。马其顿—希腊人入侵时期在里海东南和木鹿地区建立了一些城市。这本是为巩固他们自身统治地位的措施。可是当公元前2世纪中国汉代的张骞通西域以后,"丝绸之路"开始打通。于是处于这条路上的那些城市,都变成了在商业上有重要意义的城市,那里的手工业也有所发展。所以,"丝绸之路"的开通,不仅减轻了安息帝国东西之间发展不平衡问题,而且也使安息增加了一条联系东西部的经济纽带。

从帝国内部的政治结构情况来看,安息帝国的统一程度大概还不如波斯帝国。波斯在帝国内部普遍设立行省,派总督统治,虽然地方上仍然基本维持传统的自治,但不是作为属国形式存在的。安息帝国内则没有完全设立行省,有些小国只要称臣纳贡就可以继续作为属国存在。安息帝国内部还有一些大贵族,他们势力强大,对国王实际上也保有某些独立性。例如在公元前53年打败罗马侵略并杀死克拉苏的大将苏勒那,就是安息几家大贵族之一。据普鲁塔克说:"他出门办私事,也总要一千头骆驼运行李,二百辆车载妻妾,重装骑士一千人和更多的轻装骑士作护卫;他的骑士扈从和奴隶,总共不下一万人。"这样的有兵有钱的大贵族,在地方上也就是一个具有相当独立性的诸侯了。安息帝国的政治结构比较波斯松散,可是在抵御西方入侵势力时却比波斯坚强有力。这是因为,波斯帝国征服的地区比安息大,其内部民族矛盾也比安息多。在安息帝国中,只有两河流域在民族上与安息比较疏远,可是两河流域人民对于罗马人的反抗也更甚于其反对安息。所以,只要在罗马入侵的情况下,安息帝国内部的各部落和民族总是要团结起来共御外侮的。从国力的情况看,罗马强于安息,而双方斗争中罗马并不能大占优势,其主要原因即在于此。

安息帝国的衰亡　安息帝国的盛世在公元前2至公元前1世纪。约自公元前1世纪末开始,一支安息贵族在伊朗东部建立了一个半独立的公国。它的势力在东方扩展到印度西部,而它对安息帝国的独立性却越来越大了。公元1世纪时,贵霜国家形成,迫使安息的东北国境退出了阿姆河一线地带。

公元1世纪末至2世纪初,安息内乱频繁,国力削弱,两河流域地区一度为罗马人所占。此后安息内部稳定了半个世纪,国力稍有恢复,可是在2世纪60年代又与罗马发生了新的战争。安息帝国在与罗马的长期斗争中严重地削弱了自己的力量。公元3世纪初,安息统治者内部又起纠纷,国势越发不振。公元226年,安息王朝终于为萨珊朝波斯所取代。

二、大夏王国和贵霜帝国

大夏王国　中国古代史书上的大夏,即巴克特里亚,位于兴都库什山北麓及阿姆河上游一带。这里先后曾经历波斯帝国、亚历山大帝国及塞琉古王国的统治。公元前3世纪中叶,塞琉古王国在大夏的总督狄奥多特实行独立。独立后的大夏统治者们仍然是希腊移民出身的人,所以史书上又称之为希腊—大夏王国。在狄奥多特之子狄奥多特二世时,大夏北部地区的一个总督欧提德摩斯夺取了狄奥多特家族的政权,自立为王。公元前208年,塞琉古国王安条克三世向东进军,打败大夏军队,围攻大夏都城,但不能攻下。公元前206年,双方取得协议:欧提德摩斯仍保留大夏王号,但必须和安息王一样对塞琉古王国纳贡称臣。

欧提德摩斯的儿子地米特留斯(约公元前190—前167年)继位后,大举向南扩张,将大约相当于今阿富汗和巴基斯坦所在的地区纳入大夏版图。这是大夏王国的极盛时代。地米特留斯又将都城迁至呾叉始罗,使国家的重心移入古印度的西北部,并重视希腊文化与印度文化的交融。但是大夏的希腊人对他的这种政策颇有不赞成者。约公元前168年,一个希腊人贵族欧克拉德占据大夏,自立为王。于是希腊人统治的大夏国家一分为二:一在大夏本土,一在印度。以后两国各分为若干小国。希腊—大夏王国作为统一国家存在的时间,总共还不到一个世纪。

月氏的西迁与贵霜的兴起 大体与大夏王国分解的同时,又发生了从东北方来的游牧部落的迁徙。原来居住于中国河西走廊的月氏人,这时为匈奴打败,逐渐迁徙到葱岭以西、锡尔河一带。原来居住在这里的塞种人被迫迁入分裂了的大夏,希腊人在大夏的统治结束。

约公元前140年,月氏人又南下到大夏,迫使住在这里的塞种人向南迁入塞斯坦和印度西北部。希腊大夏人在这一地区的统治地位又为塞种人所取代。张骞出使月氏,来到大夏。那时月氏人刚占领大夏不久。据张骞说:"大夏本无大君长,城邑往往置小长。民弱畏战,故月氏徙来,皆臣畜之。"大夏是农业地区,月氏人到这里后逐渐由游牧部落变为农业部落。

当时月氏人共有五个部落,每个部落都有一个酋长,称为"翕侯"。约在公元1世纪初,五翕侯中的贵霜翕侯丘就却(约公元16—65年)消灭其他翕侯,统一五部落,建立起贵霜国家。丘就却还向南攻击喀布尔河流域和今克什米尔地区,初步奠定了帝国的基础。丘就却死,其子阎膏珍(约公元65—75年在位)继位。他又南向进兵印度,占领了恒河上游地区,任命一个将军进行统治。帝国都城则仍在中亚(《汉书》说是监氏城,《后汉书》说是蓝氏城,具体地点不详)。阎膏珍铸造了金币。从货币上的人像看,他是印度的湿婆神的信奉者。

迦腻色迦时期的贵霜帝国 迦腻色迦(约公元78—102年在位)是贵霜帝国最著名的君主。关于他的年代,学者有多种不同说法,而他与阎膏珍的关系也没有任何历史记载。大概他原来是贵霜帝国在印度的一个将领,在阎膏珍死后的王位继承的斗争中取得了胜利,由此而登上了王位。

迦腻色迦在西方打败了开始衰落的安息,向南又在印度进行征服。于是贵霜帝国的版图西起伊朗东境,东至恒河中游,北起锡尔河、葱岭,南至纳巴达河,国势臻于极盛。迦腻色迦又将都城迁至犍陀罗地区的富楼沙(即今巴基斯坦的白沙瓦),使这一地区成为帝国的统治中心。

在迦腻色迦时期,贵霜曾经与东汉发生过一次战争。据《后汉书·班超传》记载,汉和帝永元二年(公元90年),贵霜派遣其副王谢率兵7万人进攻班超。汉军人少,一时甚为惊恐。班超告谕部下说:"月氏兵虽多,然数千里逾葱岭来,非有运输,何足忧耶?但当收谷坚守,彼饥穷自降,不过数十日决矣"。谢攻超不下,四处抄掠又无所得。班超估量贵霜军粮将尽,会向龟兹求援,就派兵埋伏在要道上。谢果然派人向龟兹求援,结果全部被汉伏兵所杀。班超将这一消息告知于谢。谢自知已无出路,就派使者向班超请罪,要求汉军放他们生还。班超同意谢的请求,放贵霜军退去。两国关系又归于好。有些学者认为,这次被班超打败的就是迦腻色迦本人。但是《后汉书》中并没有提到迦腻色迦的名字。现在所能确知的只是,经过此次战争,贵霜军退回葱岭以南,东汉与贵霜两个帝国保持了和平相处的关系。

贵霜帝国时期的佛教 贵霜帝国的前三位国王中,丘就却信佛教,阎膏珍信婆罗门教,迦腻色迦又信佛教。其中以迦腻色迦对佛教的支持和宣扬尤为有力。

迦腻色迦与阿育王颇有相似之处。他们都是通过战争的暴力使各自的帝国达到极盛时期的君主,又都是热心宗教、弘扬佛法的佛教徒。为了巩固帝国的统治,需要缓和社会上的种种矛盾。从这个意义上来说,强调种姓差别的婆罗门教不如不承认种姓差别的佛教更为有效。这是迦腻色迦和阿育王崇信佛教的共同原因。另一方面,自从孔雀帝国瓦解以后,几乎所有从西北方侵入印度的外族统治者都信奉佛教而不信奉婆罗门教,因为在婆罗门教所强调的种姓制度中,他们不能占有适当的地位。迦腻色迦不是印度贵族出身,自然他会和其他侵入印度的异族君主一样,宁可崇信佛教。从这一点说,迦腻色迦比阿育王对佛教的崇信又多了一重原因。

迦腻色迦下令修建了富楼沙的大讲经堂,还雕刻了许多佛像。他把一批出色的佛教学者招致到自己身边。他们是胁尊者、世友、众护、马鸣等。相传马鸣原是中天竺的一位僧人,迦腻色迦出兵征伐中天竺,迫使那里的君主把一个佛钵和马鸣作为两件珍宝献给了他。马鸣是被他作为国宝看待的。迦腻色迦还在胁尊者的提议下,召开了一次佛教高僧大会。因为当时佛教内部已分为许多学派,对教义的解释各有不同。这次会议由世友主持(还有传说认为马鸣是副主持人),经过讨论,对佛教经、律、论三藏都重新作了解释。相传释迦牟尼去世后不久就开过一次类似的会,搜集整理佛陀的遗教成为经典,并作解释。以后一二百年时开了第二次会,阿育王时开了第三次会。迦腻色迦时召开的是第四次会,也是最盛大的一次会。贵霜帝国一时成为佛教的中心。由于贵霜帝国扼丝绸之路的要冲,与东方的汉代中国有密切的商业往来,佛教也就经由这条商道而传入了中国。

贵霜帝国时期也是佛教开始发生重大变化的时期。印度早期佛教在发展中分裂为许多部派,到公元1世纪时,佛教中又开始出现一个新的学派。这一学派自称其教义为"大乘"(Mahayana,意为大道),而贬称以前各派教义为"小乘"(Hinayana,意为小道)。大乘佛教和小乘佛教的区别主要表现在以下几方面:第一,早期佛教只以佛陀为导师,不以他为神,崇拜他的偶像;大乘佛教则以佛为神并有不同的化身和无边的法力,崇拜佛的偶像。这一变化是佛教受了其他宗教影响的结果。第二,早期佛教认为,要超脱生死轮回,就必须自己切实修行,甚至要出家过乞讨度日的生活;大乘佛教则认为,信徒可以作为居士,照常过家庭生活,照常经营生业,只要乐于布施,就算修了功德;甚至只要诚心念佛,也可以超脱轮回。这是因为当时佛教寺院早已有产化,它既要依靠富有的居士布施,又要用廉价的许诺在广大群众中扩大信徒队伍。第三,早期佛教认为,人们通过修行,可以超脱生死轮回,达到自救的目的;大乘佛教则认为,只要悟彻教理,人人可以成佛,不仅自救,而且要度人。这样,大乘就把佛教的宗教目的提高了一个层次,使它成为更为积极的传道的宗教。第四,早期佛教大体主张"我空法有",只否认主观的我的真实性,而不完全否认客观世界的存在;大乘佛教则主张"法我皆空",把整个客观世界都认为是虚幻的。这一变化是佛教在哲学上彻底唯心主义理论化的结果。

迦腻色迦对佛教采取大小乘兼容的政策。在他召开的宗教大会上有两个重要人物,世友是小乘佛学家,马鸣则是大乘佛学的一个先驱。佛教从贵霜传入中国时也是大小乘一同传来的。不过,从总的趋势来看,以后大乘佛教主要从北方传到中国,再进而传到朝鲜和日本;而小乘佛教则向南传入斯里兰卡,再进而传入东南亚诸国。

贵霜帝国的衰亡 贵霜帝国内部有着许多社会结构不同的地区(有商业发达的城市,有灌溉农业地区,也有游牧部落生活的草原)和许多文化传统各异的民族,它们之间并没有内在的统一的基础。面对不同地区的复杂情况,贵霜统治者也不得不采取不同的统治方法。对于中亚的一些小邦(如花剌子模等),只要其纳贡称臣,就允许其保持半独立的地位。对于印度河、恒河流域各邦,在征服后则往往杀其君长,任命副王进行统治。所以贵霜帝国本身并不是一个高度集中统一的政治整体,它要靠经常的反复征服来维持。

迦腻色迦征战一生,扩大了帝国的版图,也使人民受尽了战争之苦。他晚年时还想向北方进军,因为过去他在这一方面没有成功。可是,国内人民对于他的战争政策已经无法容忍。相传当他卧病在床时,人们用被蒙住了他,使他窒息而死。迦腻色迦一死,贵霜的极盛时期随之结束。公元2世纪时,帝国还基本上维持其统一。3世纪时,帝国分裂为若干小邦,从而失去了在历史上的作用。

第二节　秦汉时期的中国

秦汉历史概况　公元前221年,秦王政统一六国,改王号为"皇帝",自称为始皇帝,梦想以后二世、三世以至万世。这一年,秦始皇决定废除封建诸侯的制度,在境内彻底实行郡县制。他还下令统一度量衡,统一货币制度,统一文字。公元前215年,秦始皇命大将蒙恬率兵北攻匈奴。公元前214年,蒙恬击败匈奴,收取河套一带地方,置九原郡(郡治在今包头西);秦王朝将原六国北部长城连接为一,西起临洮(今甘肃岷县),东至辽东,是为"万里长城"之始。同年秦始皇派兵取岭南地,置桂林(郡治在今广西桂平西)、南海(郡治在今广州)、象郡(郡治在今广西崇左)三郡。并开凿灵渠,联结湘江和漓江,加强了与南方的联系。以上都是秦始皇维护与加强国家统一的措施。

公元前213年,秦始皇下令焚烧六国的史籍以及私人所藏的《诗》、《书》与诸子百家(医药卜筮之书在外)之书,违者严惩。公元前212年,秦始皇以妖言惑众罪坑杀儒生400余人。同年征发刑徒70万人修筑阿房宫与骊山陵(始皇墓)。秦的暴政引起民怨沸腾,人民逃亡者日多。

公元前210年,秦始皇死,二世胡亥继位,仍大量征发劳役。公元前209年,陈胜、吴广首先起义。次年陈胜、吴广被害,但各路起义势力已不可挡。公元前207年,项羽破秦军主力,刘邦攻入武关。公元前206年,刘邦军临咸阳,秦降,国亡。

秦亡以后,刘邦与项羽之间又发生战争。公元前202年,项羽兵败自杀。刘邦即皇帝位,建立了汉王朝,都城设在长安,史书上称之为西汉(公元前202—公元8年)。

西汉的历史大体可以分为三个阶段。

从汉高帝刘邦到景帝刘启(公元前202—前141年)的时代是初期。汉朝建立后,面临着三个严重的问题。第一,经过三年的反秦战争和五年的刘项战争,人民流离死亡,生产破坏,国家处于经济十分困难的状态。这一时期的统治者实行与民休息的政策,尽可能轻徭薄赋,使人民安心从事生产,逐渐改变了经济困难的状态。第二,刘邦在与项羽斗争的过程中不得不依靠韩信等大将的力量,不得不封他们为王。到项羽灭亡以后,刘邦就逐一收拾这些异姓功臣的王,而代之以自己的子弟,他以为这些同姓的王可以有助于巩固汉朝统治。可是以后同姓王的势力加大,他们又成了对中央政权的威胁。汉景帝时(公元前154年)平了吴楚七国之乱,这个问题才算大体解决。第三,这一时期匈奴势力强盛,一直威胁着北方。汉朝用和亲政策,避免双方发生大规模战争。

从武帝刘彻到宣帝刘询(公元前140—前49年)的时代是西汉中期。经过60年的休养生息,这时社会经济已经由恢复进而有所发展,"都鄙廪庾皆满,而府库余货财。京师之钱累钜万,贯朽而不可校。太仓之粟陈陈相因,充溢露积于外,至腐败不可食。"①可是从休养生息中得到好处的并不仅是小自耕农,而且更主要的是地主和商人。地主和商人在轻徭薄赋的宽松经济环境中迅速地扩大自己资产,同时把小自耕农当作自己兼并的对象。这样就又形成了汉代社会中的一个新的根本问题。

西汉中期也有三个问题。第一,各个王国的问题。武帝下"推恩令",让各个王国一方面由王太子世袭王位,一方面又把部分土地分给其余诸王子,使他们成为诸侯,而诸侯国是隶属于郡的。这样一来,各个王国的土地和势力迅速削减,从此不再成为威胁中央政权的因素。第二,边疆问题。自西汉建国以来,匈奴一直是北部边疆的一大问题。汉武帝凭借已经恢复和充实了的国力,于公元前127年、前121年、前119年,三次派兵遣将出击匈奴,收复了河套一带(设朔方郡)、打通了河西走廊(设武威、张掖、酒泉、敦煌四郡),迫使匈奴向西北远迁,不再能成为汉北边的严重威胁。以后匈奴内部发生分裂。公元前53年(宣帝甘露元年)南匈奴呼韩邪单于归附汉朝。北匈奴也曾遣使朝汉,因发现汉朝支持呼韩邪,后乃率众西迁。从此至西汉末,匈奴与汉一直和睦相处。汉武帝为了打击匈奴右翼,于打通河西走廊后又进军西域(古代"西域"一词主要指今新疆地区,但也包括了若干今国境外的地方),于轮台(今新疆轮台)驻兵屯田。公元前60年,汉宣帝又设西域都护府,府治乌垒(在轮台县东)。公元前112—前109年间,汉武帝向南方进军,设南海(郡治在今广州)、苍梧(郡治在今广西梧州)、郁林(郡治在今广西桂平以西)、合浦(郡治在今广西合浦西北)、儋耳(在今海南西北部)、珠崖(在今海南东北部)、交趾、九真、日南(以上三郡在今越南境内)等九郡,又向西南进军,设牂柯(郡治在今贵州黄平以西)、越嶲(郡治在今四川西昌东南)、沈黎(郡治在今四川汉源东北)、汶山(郡治在今四川茂县以北)、益州(郡治在今云南晋宁)等郡。西汉中期在边疆方面有了新的拓展。第三,地主、商人兼并小自耕农土地的问题。汉武帝长期用兵,也用尽了以前国库的余财。公元前119年,他下令禁止私营盐、铁,统归官营,并实行"均输"、"平准",对富商大贾打击甚大。同年又下令商人自报资产,按资产数额纳税;凡不报或所报不实者,人罚戍边一年,财产全部没收。凡有市籍的商人及其家属,皆禁止占有土地,违令者的土地与奴隶均被没收。公元前114年,武帝下令鼓励人们告发商人隐匿财产而不如实申报的行为,规定给予告发者以所没收财产之半。于是告发之风大盛,中产以上商人大都破产。汉武帝用这些方法解决了政府财政问题,也

---

① 《史记·平准书》。

沉重地打击了富商地主,一时间也抑制了他们对农民土地的兼并。可是武帝连年用兵,对农民也是十分沉重的负担,因此农民流亡日多,时有起义发生。武帝晚年自悔劳民过度,开始有所节制,并鼓励农业生产。在他以后,昭帝(弗陵)、宣帝又实行与民休息政策,把皇家苑囿、公田假借给贫民耕种,并减免田赋。于是阶级矛盾有所缓和,政局比较稳定。

从元帝(刘奭)到孺子婴(公元前49—公元8年)时代是西汉晚期。这时贵族地主与豪强地主势力迅速壮大,商人势力也重新兴起,土地兼并的问题日益严重。汉王朝陷入深沉的危机之中。

公元8年,专政已久的外戚王莽篡汉自立,改国号为新。王莽本来有意实行改革,他宣布"更名天下田曰王田,奴婢曰私属,皆不得买卖。其男口不盈八而田过一井(九百亩)者,分余田予九族、邻里、乡党。故无田今当受田者,如制度。"①他还用种种办法限制商人、高利贷者的活动,抑制他们对农民的剥削。王莽的计划遭到地主、商人的强烈反对,不能真正推行,而奸商却与官吏们勾结起来,给人民带来更多的痛苦。为了提高自己的威望,王莽又发动对边境少数民族的战争。这就更为加深了人民的灾难。从公元11年起,就陆续发生小规模人民起义。以后起义的绿林军、赤眉军势力逐渐强大。公元22年,王莽派10万大军攻赤眉军,结果失败。公元23年,绿林军立汉宗室刘玄为皇帝。王莽派42万大军围绿林军于昆阳(今河南叶县),刘秀带少数人到邻近地区求救兵。他率援军先头部队千余人连胜莽军外围部队,士气大振;然后率敢死队三千猛攻莽军中坚,杀其大将。昆阳城中兵亦外出夹击。莽军大败。绿林军乘胜进军长安。王莽在长安暴动中被一商人杀死。至此新朝结束。刘玄建都洛阳,派刘秀招抚黄河以北地区。刘玄派人说降了赤眉军,可是不久又分裂了。公元24年,刘玄迁都长安,迅速腐化。公元25年9月,赤眉军入长安,刘玄败降,不久后被杀。绿林军势力解体,赤眉军入关中后也大为削弱。

公元25年6月,刘秀在鄗(今河北柏乡)宣布即皇帝位,10月入洛阳,定都于此。史称东汉(公元25—220年)。

东汉的历史大体也可分为三个阶段。

从光武帝(刘秀)到章帝(刘炟)的时代(公元25—88年)是初期。这时东汉所面临的主要是恢复与巩固国家统一的问题。光武即位以后又用了十多年的时间才消除了各地的割据势力,恢复了西汉时的国家规模。但是各地的豪强地主不仅占有大量土地,而且控制大批农民,成为危害统一的因素。光武下令"度田",清查土地户口,虽遇抗拒未能彻底实行,但总算抑制了豪强力量。以后明帝(刘庄)、章帝基本继续这种政策,并把公田、苑囿土地假借给贫民耕种,缓解

---

① 《汉书·王莽传》。

农民所受豪强兼并之苦。因此这一时期的社会经济又有恢复和发展。光武又改变了西汉时握有实权的丞相制,代之以徒有虚名的三公(司徒、司空、太尉),而把处理大政的实权交给内朝的尚书台(皇帝身边的秘书处),因为这些官员地位不高,势力不大,便于控制。皇帝的专制权力进一步增大。在边疆,匈奴在王莽时与莽对抗,在光武前期也曾扰汉北边。公元48年,匈奴再次分裂为南北两部,南匈奴要求内附于汉,得到光武允许。公元73—74年,明帝遣将进军西域,复设都护。

从和帝(刘肇)到质帝(刘缵)的时代(公元88—146年)是东汉中期。这时期的各个皇帝即位时年龄都不大,一般初期都由母后临朝,外戚专权;到皇帝长大后又依靠宦官来消除专权的外戚。由此形成中央政权中外戚、宦官不断斗争的局面。这种情况也可以说是光武取消丞相,把大权集中于皇帝和内朝的结果。这一时期东汉在解决边境问题方面相当成功。公元89—91年,汉军连续三次大败北匈奴。北匈奴降者20余万人,损失甚重。北单于率部离开蒙古高原老根据地而向西远迁。此后匈奴不再成为东汉的严重问题。班超在西域(公元73—102年)30年,帮助西域人民反抗并摆脱北匈奴的奴役,也加固了西域与内地的联系。班超在西域的成功主要并非靠兵力优势,而是靠能够得到当地人的支持。在东汉国内,这一时期豪强势力迅速扩展,农民流亡日多,预示着社会危机的临近。

从桓帝(刘志)到献帝(刘协)的时期(公元146—220年)是东汉晚期。桓帝初立时也是太后临朝,外戚专权。后来他又依靠宦官消灭外戚。从此宦官占了优势,朝政日益败坏。于是大量农民流亡,时有暴动发生,至公元184年终于发生了黄巾军的大起义。这次起义的主力军虽在一年之内被击败,但各地余部很多。东汉已走上末路。公元189年,灵帝刘宏死,子少帝立。外戚何进准备消灭宦官势力,反被宦官所杀。豪强贵族又杀宦官。在混乱中,董卓领兵到洛阳,废少帝而立其弟,是为献帝。公元190年,各地贵族豪强起兵讨董卓,次年卓兵败退往长安,又次年被杀。但是东汉已国破势衰,各路贵族、豪强据地称雄,互相火并不已。公元196年,曹操出兵把献帝从洛阳迎至许昌,从此汉献帝只不过是曹操手中一张王牌,东汉名存实亡。

汉代中国及其同时的世界 这个问题可以从以下三个方面加以论述。

(一)公元前2世纪至公元2世纪时的世界形势 汉王朝兴起于公元前3世纪末,灭亡于公元3世纪初,前后延续了约400年。这个时期也是古代世界史上的一个重要时期。在这个时期到来之前的约一个世纪里,古代世界曾经先后经历了亚历山大帝国、孔雀帝国、秦代中国的兴衰。在这三个帝国解体以后,在西起地中海东至中国的广大区域中有一个秩序重建的问题。

从西到东来说,罗马自从在公元前3世纪末取得第二次布匿战争胜利以后,于公元前200—前190年的第二次马其顿战争中,于公元前192—前189年的对塞琉古王国的战争中,均取得了关键性的胜利。从此,希腊化各王国不再是罗马的对手,罗马已不可避免地要成为地中海文明区域的主宰,虽则这一点的实现是在约一个半世纪以后。因此,公元前2世纪至公元前1世纪基本是罗马帝国在发生中的时期:通过对外战争,罗马由地区性国家变为控制多区域的帝国;通过内战,罗马从共和国变成了君主独裁的帝国。公元1至2世纪是罗马帝国的盛世,到3世纪罗马帝国开始了危机时期。安息独立于公元前3世纪中叶,但是到公元前2世纪塞琉古王国衰落时,它才扩展成为一个强盛的帝国。安息与罗马对抗于幼发拉底河一线,在西方势不可挡的罗马在这里被挡住了。安息是游牧部落建立的国家,它用游牧人的骑兵战术在草原上能够抵御罗马的强大的军团。从这种意义来说,安息与罗马的长期争衡,不仅有东西方之间的对抗,而且有游牧民族与农耕民族对抗的特点。大体与安息同时独立的大夏,只是在公元前2世纪前半期一度比较强盛,拓境直至印度西北部,但随后就在游牧民族迁徙的潮流中被冲垮了。迁入的游牧民族月氏人在这里定居下来,公元1世纪至公元2世纪间形成了贵霜帝国。这是一个把中亚和印度部分地区结合起来的帝国,是游牧民族征服农耕民族后的结果。处于这一文明带最东端的是汉代中国。大约与西汉同时兴起的匈奴帝国不仅从北面威胁着汉朝,而且也威胁河西走廊和西域地区的各民族。月氏人正是在这种威胁下西迁,引起中亚塞种人的迁徙,最后形成了贵霜帝国。汉在与匈奴的斗争中终于获胜,公元1世纪末,南匈奴内附于汉,北匈奴向西远迁。南匈奴逐渐转向农耕生活,而北匈奴逐渐迁徙至欧洲,并在4世纪时推动了日耳曼民族的大迁徙。

（二）汉代中国与罗马帝国的异同 在公元1世纪至公元2世纪的罗马、安息、贵霜、汉四个大国中,就领土面积、人口数字、经济和文化发展水平而论,罗马与汉都大体旗鼓相当,而其他两国是不能与之相比的。因此,我们可以对罗马和汉作一个比较,看看这两个古代大国有些什么异同。

第一,罗马帝国和汉代中国都是在战争过程中形成的,但是罗马帝国表现为武力征服的结果,而汉代中国则表现为武力统一的结果。

罗马帝国的广大版图是在共和国后期的征服的基础上进一步扩大而来的。早在共和国前期,罗马作为一个城邦把本城和周围地区的人当作公民、把战败后与罗马结盟的拉丁人、意大利人当作同盟者,到公元前227年在西西里部分地区建立行省时,又把行省人民当作臣民。到共和国晚期,拉丁人和意大利人都获得了罗马公民权,行省数目大为增多。在罗马帝国形成以后,仍然保持了共和国时期的传统。罗马国家是征服者,罗马公民在法律上是国家权力的主体;行省臣民是被征服者,行省是"罗马人民的财产"。行省的城市往往享有不同程度的优待,一般有地方的自治权;行省城市的人民的地位约与同盟者相当,处于由臣民到公民的中间状态。公元1世纪至公元2世纪时,罗马公民权逐渐向行省更多的人开放。到公元3世纪初,罗马公民权被赋予了帝国境内的每一个自由民,但这时罗马帝国已在军阀统治之下,公民权已经没有多大意义,而且还是一种负担(如公民有从军作战义务等)了。

汉王朝是秦王朝的继承者。秦始皇灭六国时,并没有使秦的人民获得任何地位高于六国人民的特权。秦代中国中的一切自由民都称为"黔首",没有征服者与被征服者的区别。汉高帝刘邦是东方的楚人,率领东方的起义军打入关中推翻秦朝,又靠关中和汉中人民的支持打败了东方的项羽,最后又建都于关中的长安。刘邦既没有也不可能把楚人或秦人当成为征服者,而把其他地方人当作被征服者。因此,在汉朝国内,除了王侯贵族和奴隶,其他人都是"编户齐民"。编户是说他们都编入户籍,齐民是说他们地位是一样的。编户齐民既不像罗马公民早期那样有参政的特权,也不像罗马行省臣民那样被排除于政治权利之外。他们分布在不同的"爵"级之中:有低爵者只能为民,有高爵者就可以当官。尽管绝大多数有爵的齐民只能为民,但是爵级作为一种阶梯对于齐民至少在原则上是开放的。因此,对于各地的编户齐民来说,汉王朝的建立是一种统一,而非一种征服。

第二,罗马和汉代中国作为幅员辽阔的跨地区的大国,不可避免地都要划分行政区域加以统治。罗马广泛实行行省制,汉朝则广泛实行郡县制。二者都由中央派官统治地方,具有相似之处。可是具体地说,二者又有十分明显的区别。

在罗马帝国中,各个行省的情况差别很大,它们所受的待遇也不全相同。例如,对于设在西西里的行省,罗马派一个总督去统率那里的罗马军队,并掌握那里的最高审判权,另外派两名财务官主管财政税收。总督和财务官都是每年一任,他们的手下并没有整套的官僚机构。当地的事,仍然由从属于罗马总督的各个小邦自己管理。行省对罗马的最大义务就是向罗马纳税,西西里省的定额是交纳收成的1/10。又如埃及则属于皇帝的私产,由皇帝派总督统治。总督和财务官等高级官员由罗马人担任,人数很少,他们有一批希腊人出身的官吏和包税人作为帮手。在广大的基层,埃及人的原有机构则继续存在。在公元1至2世纪时,不少行省里都兴起了一批自治或半自治的城市,每个城市都有一片或大或小的土地。总之,在罗马的行省体制中,不同程度的地方自治相当广泛地存在着。

汉朝的郡县制则是中央直接统治地方的一整套行政系统。郡有郡守(后改称太守)和郡一级官员若干人。郡以下是县,县有县令(小县称县长)和县一级官吏若干人。他们都由国家任命,并按制度从国库领取俸禄。县以下为乡,乡的"三老"是由地方长官从当地民众中选拔出来的,受命管理本乡,也从国家领取俸禄。汉代中国没有任何自治或半自治的城市。汉武帝以后,诸侯王国也名存实亡了。只有在西域这样的边疆地区才没有推行郡县制度。因此,从中央对地方的控制程度来看,罗马帝国与汉代中国是难以比拟的。

第三,罗马帝国和汉代中国都是多民族的国家,各自也都有一个民族在政治上处于主要的地位。这是二者之间的相似之处。但是就具体情况来看,两个大国在民族构成上的区别是很大的。

在罗马帝国中,罗马民族在政治上处于主要地位。什么是罗马民族呢?那就是罗马人和意大利人。意大利人不仅在语言、经济和文化上与罗马人关系密切,而且是和罗马人共同打下帝国天下的核心力量。罗马人把意大利以外的人(希腊人作为罗马文化的前导者例外)称为"蛮族",这也说明他们把意大利人和自己视为同一民族,而其他人则是异族。这个罗马民族在帝国政治中无疑处于优势地位,但是他们又有其明显的劣势方面。首先,他们在整个帝国人口的比例中只占少数。据一种比较适中的估计,整个帝国人口约5 400万,意大利约有人口600万,只占总数1/9。二则,在罗马帝国中,有着悠久文化传统的是东方的各民族,有着杰出的文化贡献的是希腊民族,而罗马民族,除了在法学上作出突出贡献之外,在文化史上的建树是不大的。三则,在帝国中所谓的罗马化也是程度很浅的。在帝国东部,通用希腊语,是所谓希腊化的世界;在西部,通用拉丁语,才是所谓罗马化的世界。而且不论在东部或西部,拉丁语或希腊语(除在意大利或希腊外)只是通行于政府机关和城市之中,在广大农村则仍是各地语言的世界。罗马帝国在文化上实际是不统一的。

在汉代中国,汉族居于主要地位。汉族是由先秦时期的华夏族与夷狄各族融合而成的。原来在中原地区华夷杂处的现象相当普遍,在春秋时期还有华夷之间风俗不同的语言不通的问题。可是到战国时期,夷夏的区别在中原广大地区基本消失了。例如,中山国本是狄族一支鲜虞人所建,可是如从河北平山所发现的战国时期中山王墓中的铭文来看,那是看不出他们与华夏族有任何差别的。这个华夷交融而成的民族共同体到了汉朝就称为汉人,也就成为汉族的开端。在汉代中国,汉族人口占了全国总人口中的大多数。《汉书·地理志》中记录了公元2年(平帝元始二年)时中国人口的总数(59 594 978人),又记载了各郡国的人口数字。中原汉族居住各郡人口数字总和,比汉族和少数民族杂居的边郡人口数字总和显然多得太多了。再从西汉早期曾经严重威胁北边的匈奴族来看,"匈奴人众不能当汉之一郡"①。后来部分匈奴人内附汉朝,成为汉代中国的重要少数民族之一,可是他们在总人口中所占的比例就很小了。汉族人口在汉代中国占大多数,这是罗马帝国不能比拟的。汉族不仅在人口上是国家的主体,而且在文化上也是国家的中坚。先秦时期的灿烂文化和汉代文化是一脉相承

---

① 《汉书·匈奴传》。

的,而创造这一文化的主体民族也是前后一贯的。汉代统治者把儒家学说定为正宗,用统一的思想来维护国家的统一。这就更不是罗马帝国统治者所能做到的了。

(三) 汉代中国与西方的交通　古代东西方之间有一条重要商道,即"丝绸之路"。可是在公元前 2 世纪以前,只有葱岭以西一段业已开通,而葱岭以东中国境内一段却尚待开拓。公元前 138 年,张骞奉汉武帝之命出使月氏,中遭匈奴扣留,至公元前 126 年方归。公元前 121 年、119 年,霍去病、卫青两次大败匈奴,控制了河西走廊,使匈奴远走漠北,这时张骞又奉命出使乌孙(在今巴尔喀什湖东南伊犁河流域)。司马迁把他的两次出使称为"凿空",正是因为他第一次走通了前人未曾开通的道路。

张骞所走通的"丝绸之路"的东段,据《汉书·地理志》所记,有两个分支。"自玉门、阳关(今敦煌西)出西域有两道:从鄯善(今新疆若羌一带)傍南山(今阿尔金山、昆仑山)北波(循着)河(指二山以北诸河)西行,至莎车(今新疆莎车)为南道;南道西逾葱岭,则出大月氏、安息。自车师前王廷(今新疆吐鲁番西)随北山(今天山)波河(指今塔里木河)西行,至疏勒(今新疆喀什市)为北道;北道西逾葱岭,则出大宛(今费尔干纳)、康居(约在今巴尔喀什湖与咸海间)、奄蔡(约在今咸海至里海间)焉"(原作焉耆误)。这两条道都在天山以南,简单地说,北道在塔克拉玛干沙漠以北沿塔里木河西行,南道在塔克拉玛干沙漠以南沿阿尔金山、昆仑山北麓有河水之地西行。张骞第一次出使,去时从匈奴脱身经大宛、康居、大月氏而至大夏,所走可能是《汉书》所说的北道;回来时"并(傍)南山",则所走的肯定是《汉书》所说的南道。两道都由张骞开通。其实在这两道以外,天山以北还有一条道。张骞第二次出使,从内地直到乌孙,又从乌孙分派副使去大宛、康居、月氏、大夏。这样,他们就又走通了天山以北的一条道,只是在《汉书》里对于这一条道没有作具体的记载。东汉时班超经营西域,曾于公元 97 年派甘英使大秦(罗马)。甘英已经到安息西界,准备渡海,被安息西界船人所劝阻,未能实现。这是汉代中国使者在"丝绸之路"上达到的最西点。

"丝绸之路"开通以后,中国的丝绸大量运销于西方,在罗马成为贵族富人们普遍使用的衣服和帷幕材料。此外,中国的铁器、漆器等也输入西方。罗马帝国玻璃器皿、毛织品,印度的宝石、香料等也通过这条路而输入中国。此外,佛教也是经由这一大道而在两汉之际开始传入中国的,与佛教同时传入的还有犍陀罗艺术的风格。

除了陆路以外,《汉书·地理志》篇末还记载了一条汉通西方的水路。出发地是徐闻(今广东徐闻)、合浦(今广西合浦),船行约五个月,到都元国;又船行约四个月,到邑卢没国;又船行约二十余日,到谌离国;再步行十余日,到夫甘都卢国；又船行两个多月，到黄支国；"黄支之南有已不程国，汉之译使自此还矣。"这一条路上各个国家的具体地点，学者们考证兼推测的结果颇有不同；唯黄支国在今印度东南部马德拉斯附近和已不程国在今斯里兰卡，学者们大都是同意的。这样，这条海路大体可推定为从出发地沿中南半岛和马来半岛海岸南下，在马来半岛东岸某处登陆，到西岸再乘船西行至印度。印度的东南海岸和斯里兰卡，是西汉时中国航海家所达到的最远点。《汉书·地理志》所记这条路的回程，不再中经陆路，但总的行程时间加长，那大概是绕过马六甲海峡的缘故。这条海路是重要的，尤其在陆上"丝绸之路"不通的时候。例如印度（天竺）在汉和帝时曾多次派使节经陆路来中国。到东汉晚期西域路断，公元159年、公元161年，印度使节就改从海上来了。公元166年，罗马使节访问东汉，也是从海路来的。

张骞、班超的出使西域，罗马使节之来华，陆、海两路中西交通的开辟——这是具有划时代意义的大事，表明亚欧大陆的东西两端之间建立起了直接的往来，中国古典文明与西方古典文明的交流翻开了新的篇章。

第十四章　古代世界的衰落

第一节　罗马的3世纪危机和基督教的兴起

奴隶制的危机　从公元2世纪末到公元3世纪末,罗马帝国爆发了严重的社会危机,史称3世纪危机。危机表现为农业萎缩,商业萧条,城市衰落,财政枯竭,政治混乱,以及贫民奴隶不断起义和大批蛮族乘机入境,帝国政权陷于风雨飘摇、岌岌可危的境地。这种在罗马帝国社会中发生的全面而深刻的危机,究其根源,是由于奴隶制的衰落和奴隶制社会矛盾激化而造成的。

罗马的奴隶制在帝国前期获得高度发展,后即日渐腐朽,成为生产力发展的桎梏。奴隶被迫从事生产劳动,不仅缺乏劳动积极性,而且也妨碍使用先进的生产工具和推广先进的生产技术,加上奴隶以各种形式进行反抗斗争,奴隶价格又不断上涨,因此,生产的成本增加而劳动生产率相应降低,使用奴隶劳动已越来越无利可图了。在意大利,首先是农业出现凋敝之势,经营葡萄和橄榄业的奴隶制庄园入不敷出,大多改为牧场或任其荒芜,生产急剧萎缩。安敦尼王朝的皇帝为了遏止农业衰落,曾采取多种措施,如涅尔瓦设立低利贷款基金,并购买土地分给无地农民,图拉真规定元老必须以1/3的财产投资于意大利农业等,但都收效甚微。到3世纪,农业危机波及北非和高卢等行省地区,出现了全面衰退趋势。这时,大量使用奴隶劳动并与市场有着联系的大田庄,开始转变为主要剥削隶农和具有自给自足倾向的大庄园,在经济和政治方面的独立性越来越强。与此同时,在共和后期和帝国前期发展起来的意大利各城市手工业,也因为奴隶劳动生产率低下和行省手工业产品竞争和排挤而衰落下来。农业和手工业的衰退,必然导致商业萧条和城市没落,而社会动乱和交通梗塞以及帝国政府横征暴敛的财政金融政策,更是加剧了这一过程。

罗马帝国社会建立在奴隶制基础之上。居于统治地位的奴隶主阶级享用奴隶劳动创造的财富,生活日益腐化。他们不仅建造豪华的宫殿、别墅,将大量土地围成花园和猎场,过着骄奢淫逸的生活,而且挥霍大量钱财,举办各种庆典娱乐活动,寻欢作乐。据统计,1世纪中罗马节庆娱乐日每年为66天,2世纪时增加到123天,到4世纪则增至175天。另一方面,奴隶制给罗马社会留下了毒刺,使自由民鄙视生产劳动,在贫富分化加剧的情况下,大量破产农民流入城市,流氓无产者人数与日俱增。1世纪时,罗马流氓无产者约有20万—30万人,到3世纪、4世纪竟达80万人左右。他们游手好闲,完全依靠社会赈济和富人的施舍,过着寄生的生活,成为罗马社会的一大赘瘤。帝国国家机器维持庞大的官僚体系和军事力量,更是需要浩繁的经费开支。皇室和宫廷的奢侈浪费也耗费大量钱财。在经济衰退,财政负担加重和税收缩减的情况下,帝国政府强令各城市议会负责征集赋税,欠税则由市议员补足。许多市议员不堪重负,宁肯出售土地,释放奴隶,放弃市议员资格,降为小农,甚至有些市议员沦为隶农或逃亡他乡。这样,城市中等阶层便没落了,不复成为帝国的支柱。帝国政府另一个弥补财政亏空的办法是发行劣质货币。公元3世纪初期,金币成色减少17%,银币成色减少一半,后来甚至只含银5%。货币贬值引起物价飞涨,政府的货币开支随之扩大,于是便增加赋税,再发行更低劣的货币,造成了恶性循环。同时,货币危机破坏了正常的交换和商品货币关系,加速了商业萧条和城市没落,加强了农业经济的自给自足倾向,二者互相影响,致使经济衰败之势更加恶化。

在社会经济发生危机的情况下,罗马帝国社会矛盾尖锐起来。处于苛政、重税和战乱之下的小农,难以维持其地位,纷纷把土地献给大地主以求庇护,然后再从地主手中租种土地,变成佃农。因此庇护制逐渐盛行,成为贫苦农民向隶农转化的新途径。在高卢、北非和埃及等行省中,大批隶农即从庇护制中产生出来。在此时期,隶农制获得进一步发展,其来源除了贫苦农民和奴隶以外,又增加了迁入罗马帝国境内的日耳曼部落居民。日耳曼人进入罗马开始于马可·奥勒略时代,到3世纪则大批涌进罗马。其中,许多人后来被安置在帝国边境地区,在移居地逐渐沦为隶农。在当时,由于奴隶制生产关系和上层建筑逐步转为反动,隶农所受的压迫和剥削日益加重,地位日渐降低,渐渐丧失了原有的自由身份,加强了对大地主及其土地的依附性。这样,奴隶、隶农和贫苦农民的差别缩小了,他们的地位十分接近,这就为广大下层群众联合起来展开反抗斗争,创造了便利条件。

政治危机 伴随着社会经济的深刻危机,罗马帝国在3世纪又发生了严重的政治危机。这表现为政治混乱和内乱外患加剧,中央集权的帝国政府陷入瘫痪状态。安敦尼王朝末帝康茂德被杀后,罗马就发生争夺皇位的内战。近卫军在半年内换了两个皇帝,行省驻军也拥立皇帝,互相攻伐。经过四年混战,潘诺尼亚总督塞维鲁得胜,建立了塞维鲁王朝(公元193—235年)。

塞维鲁(公元193—211年在位)既然依靠军队起家,自然以士兵为其政权的主要支柱,建立军事独裁。他提高军饷,优待士兵,另建近卫军,任用军人为行政官员。同时又改组元老院,使元首顾问会议成为国家最高机关,任命骑士出身的官员对元老担任总督的行省实行监督,推行军队与官僚相结合的政策。塞维鲁东征帕提亚,西伐不列颠,最后死于不列颠战争中。据说,他在临死前嘱咐儿子们:"让士兵发财,其余的人可以一概不管!"

塞维鲁的儿子卡拉卡拉(212—217年在位)继位后,继续巩固军事独裁,并于212年发布敕令,把罗马公民权授予帝国境内全体自由民,史称卡拉卡拉敕令①。这一敕令是帝国时期扩大罗马公民权的结果,但在当时已无实际意义。卡拉卡拉敕令的主要目的在于扩大税源,使帝国境内一切自由民都和罗马公民一样担负遗产税及其他捐税,弥补财政空虚。不过,卡拉卡拉敕令的历史作用和影响在于:既然行省的所有自由民都享有罗马公民权,行省的地位则相应地提高,行省和意大利的差别也进一步缩小。卡拉卡拉在217年为近卫军所杀。代之而起的玛克里努斯(217—218年)仅统治一年多便死去。到亚历山大·塞维鲁(222—235年在位)时期,母后当政,向元老院让步,元老院组成特别委员会,在政治活动中起着重要作用。当时采取了一些挽救危机的措施,如紧缩宫廷开支,降低赋税,把土地、牲畜和奴隶分给边疆移民等。同时巩固奴隶制,准许20岁以上的自由民卖身为奴,并确定主人对隶农农具的所有权。因为财政拮据,国家不得不降低军饷,结果引起士兵哗变,亚历山大被杀,塞维鲁王朝宣告结束。

塞维鲁王朝灭亡后,罗马政局长期陷入混乱,统治集团内部纷争不已,混战不休。策动士兵哗变的马克西密努斯(235—238年在位)被宣布为皇帝,三年后也为部下所杀。元老贵族把13岁的戈尔狄亚努斯三世(238—244年在位)扶上皇位,但他在不久发生的兵变中丧生。近卫军长官、阿拉伯人菲力浦(244—249年在位)被士兵拥立为皇帝,他统治了五年即被戴基乌斯战败,取而代之。戴基乌斯(249—251年在位)统治时期,帝国北方边境受到蛮族严重威胁,他在抗击蛮族的战争中阵亡。接着,戴基乌斯的副将伽路斯(251—253年在位)被军队宣布为皇帝。252年伽路斯与哥特人签订了屈辱性和约,暂时保住了边境。不久,伽路斯在内战中为埃米利亚努斯战败,但埃米利亚努斯称帝三个月后被高卢和日耳曼行省军队的统帅瓦勒良击败,易位给瓦勒良(253—260年在位)。瓦勒良即位后,任命其子伽里恩努斯为共治者,分别应付帝国东西部边境的紧张局势。当时萨珊波斯帝国兴起,与罗马争夺亚美尼亚和两河流域等地。260年瓦勒良在对波斯的战争中惨败,罗马皇帝第一次被敌人俘虏而成为奴隶。据说,他被迫在波斯国王上马时俯身屈膝给前者当作脚蹬,后死于异国。伽里恩努斯成为罗马帝国唯一执政者后,内乱外患进一步加剧,各行省贵族策动军队哗变,推出自己的代理人,企图取代伽里恩努斯或与之并立,甚至脱离帝国宣告独立,以致全国各地出现所谓"三十僭主"。虽然这些僭位者在不久之后大多遭到失败,但在一些地区分裂势力持续了相当一段时间。波斯图姆斯建立了高卢帝国,包括高卢、日耳曼、不列颠和西班牙地区,拥有独立的军队和行政机关,自铸货币,完全脱离罗马存在了15年之久。同时,在叙利亚也出现帕尔米拉帝国,一度占据小

---

① 卡拉卡拉敕令把 Dediticii 排除在自由民之外,他们不得享受罗马公民权。许多学者认为,Dediticii 是指不久以前才被征服的部落,以及某些类型的被释放奴隶。他们在自由民中仅占少数。

亚细亚南部、阿拉伯北部和埃及部分地区,这个割据政权也存在了 10 年。罗马帝国处于四分五裂的局面。

伽里恩努斯后在政变中被杀,由骑兵长官克劳狄(268—270 年在位)继承皇位。克劳狄及其三位继任者奥列良努斯(270—275 年在位)、马尔库斯·塔西佗和普洛布斯(276—282 年在位),都是伊利里亚人,崛起于行伍,通常称为伊利里亚诸帝。他们采取联合元老贵族的政策,无情镇压人民群众运动,并采用以蛮制蛮的办法,吸收大量蛮族人加入军队,把蛮族移民安置于边境,逐渐制止了蛮族入侵的势头。割据的帕尔米拉帝国和高卢帝国,也先后于 272 和 273 年重新合并于罗马帝国。这样,到 3 世纪 80 年代初,罗马的政治危机渐趋缓和,分裂的帝国暂时重归统一。

人民反抗斗争和大批蛮族入境 罗马的 3 世纪危机使广大劳动群众遭受深重的苦难,激起他们不断进行反抗斗争,起义烽火几乎遍及帝国各地。早在塞维鲁统治时期,以布拉为首领的一伙被称作"强盗"的人,出没于意大利,杀富济贫。这些"强盗"的活动实际上是反对现存社会秩序,其主要成分是逃亡的奴隶和隶农,其中也有逃兵和失意的官吏。他们受到贫苦人民的同情和支持,坚持斗争达两年之久。公元 273 年,罗马城的造币厂工人和奴隶发动起义,得到城市贫民的响应,起初使政府军遭到严重损失,后被镇压下去。在西西里,公元 263 年爆发了奴隶起义,其规模近于过去发生的奴隶战争。公元 238 年当阿非利加行省地方割据势力反对罗马皇帝马克西密努斯时,也爆发了奴隶和隶农的起义。在"三十僭主"时期,北非又发生了一次隶农起义,其领袖为法拉克森。起义者和摩尔人联盟,声势浩大,毛里塔尼亚和努米底亚的许多地区都卷入了起义。在当时,小亚细亚也有被称为"强盗"的人四出活动。在埃及,从 2 世纪后半期起就发生"布科里"(牧人)起义,奴隶和隶农纷纷投奔起义队伍,起义者在尼罗河三角洲聚众抗敌,长期坚持斗争。

人民反抗斗争中规模最大、持续很久的是高卢的巴高达运动。巴高达之名源于克勒特语,意为战士。巴高达运动的队伍,主要由奴隶和隶农组成。运动兴起于 3 世纪 60 年代,起义者进攻鲁格敦高卢的奥古斯托敦城(奥登),经过七个月围攻,终于占领了该城,杀死了一些奴隶主贵族,夺取了他们的财产。这次运动坚持三年有余,后为罗马皇帝奥列良努斯扑灭。但巴高达并未停止斗争。到 80 年代,巴高达运动又以更大规模发展起来,这次运动仍以鲁格敦高卢为斗争中心。起义者组织了军队,以农民为步兵,牧人为骑兵,消灭了许多大庄园,攻克了许多城市。他们推举两位首领埃里安和阿曼德为皇帝,并自铸钱币。运动终为戴克里先皇帝的共治者马克西米安所镇压,但它为帝国晚期更加广泛的人民群众斗争运动揭开了序幕。

罗马帝国社会发生的危机,严重削弱了边防,日耳曼部落乘虚而入,突破边境防线大批涌入罗马境内。早在2世纪末,从北往南迁徙的日耳曼部落已对罗马边疆构成威胁。到3世纪中叶,法兰克人摧毁了罗马在莱茵河中下游设置的防线,进入高卢地区。另一支阿勒曼尼人继续南下,越过阿尔卑斯山,到达意大利北部。在帝国东部,哥特人等越过多瑙河下游和黑海,占据博斯普鲁王国和色雷斯,随后向南推进,屡次劫掠小亚细亚和爱琴海地区。这些蛮族的入侵后被罗马暂时阻止了,但造成了严重的后果。罗马采取以蛮制蛮的政策,导致罗马军队逐渐蛮族化,把大批蛮族部落居民以军事移民方式迁到罗马边境,又为后来蛮族大规模入侵开了方便之门。

基督教的产生 基督教大约产生于公元1世纪中叶,最早出现在罗马统治下的犹太下层群众中间,不久便传遍整个罗马帝国。它是受罗马统治的人民特别是犹太人民反抗罗马的群众运动的产物。罗马各地人民不断掀起反罗马的斗争,都遭到残酷的镇压,他们找不到出路,转而把希望寄托于宗教,于是产生了基督教并迅速传布开来。恩格斯曾经指出:基督教"最初是奴隶和被释放的奴隶、穷人和无权者、被罗马征服或驱散的人们的宗教。"①

基督教从犹太人中产生出来,是与其历史密切相关的。古代居住在巴勒斯坦的以色列—犹太人,是一个多灾多难的民族,曾先后遭到埃及、亚述、新巴比伦、波斯、马其顿、塞琉古王国的奴役和统治;到公元前63年又为罗马所征服。在罗马统治时期,犹太人屡次进行反抗,仅在公元66—70年、113—116年、132—135年就爆发了三次大起义,但都遭到血腥镇压。大批犹太人惨遭屠戮,或被逐走,散居于叙利亚、小亚细亚和埃及等地。犹太人民特别是流落异乡者深受国破家亡之灾,双重压迫之苦,在苦难重重和复国无望的情况下只有在宗教中求得一些精神安慰,于是在下层居民中便出现了一些秘密教派,原始基督教就是从这些秘密教派中逐渐形成的。

基督教最初是作为犹太教的一个支派或"异端"而出现的。它继承了犹太教的一神论和救世主观念以及创世神话,等等,同时接受犹太教的《圣经》而称之为《旧约》。但它与犹太教又有不同,信奉耶稣为救世主,说他是上帝之子,为了拯救人类降临世间,到处传道显灵,后被钉死在十字架上,但死后三天又复活升天。并宣称耶稣将复临人间,建立理想的"上帝之国"。所以,基督教把耶稣的神话传说作为基本教义,把耶稣受刑的十字架作为其信仰的标志。其实,耶稣的生平未见于公元1世纪的任何记载,《圣经·新约》中有关耶稣的记载,都是在2世纪才笔录成书,不足为信。历史上究竟有无耶稣其人,历来争论不休,至今未有定论。耶稣可能是犹太人中某个秘密教派的领袖,其事迹传说开来,被蒙上神话色彩,附会为神。所以,与其说是耶稣创立了基督教,不如说是基督教创

---

① 《马克思恩格斯全集》第22卷,人民出版社1965年版,第525页。

造了耶稣。基督教产生后,因其主张与犹太教传统教义相抵触,犹太教不承认耶稣为救世主,遂将此派教徒逐出教门。于是基督教便和犹太教分离,在地中海沿岸特别是在小亚细亚一带发展为一个独立的教派,其信徒多为犹太人,也有非犹太人。其信徒的社会成分有自由民,也有奴隶和被释放的奴隶,但主要以下层群众为主。

原始基督教的根本特点是打破了民族宗教的狭隘性,建立一种新的世界性信仰。基督教不分民族,不分阶级,只要信奉耶稣,遵守教义,都可成为教徒,得到上帝的拯救和赐福。加上基督教改革礼仪,废除了原始宗教大量献祭和繁琐仪式,为其在罗马城乡居民中尤其是社会下层中的广泛流传打下了基础。原始基督教既然作为群众运动自发的产物,他们起初在政治思想方面表现出对现实的强烈不满,既反对富人,也反对罗马的残暴统治。《圣经·新约》的《启示录》中把罗马比作巴比伦,诅咒道:"巴比伦大城倾倒了,倾倒了,成了魔鬼的住处和各种污秽之灵的巢穴。"《马可福音》反映出原始基督教徒对富人的憎恨,其中记述耶稣曾对门徒说:"那些爱钱财的人进天国是何等难呵!骆驼穿过针眼,比财主进天国还容易呢。"在社会观方面,原始基督教有着朴素的社会平等思想,主张建立人人平等、共同消费的理想社会和国家。他们的一些社团实行财产公有,彼此互助,一起聚会、听布教、祷告和享圣餐。

因为原始基督教徒具有反对阶级压迫和民族压迫的斗争精神,又不信奉罗马旧神,不礼拜皇帝,拒不服兵役,因此遭到罗马统治者的迫害和镇压。据塔西佗记载,尼禄皇帝把公元64年罗马发生大火归罪于基督教徒,进行大规模的迫害,惨无人道地害死了许多基督教徒。以后,罗马统治集团对基督教继续实行镇压,禁止教徒举行礼拜,没收他们的财产,屠杀传教者。政治迫害并未压倒基督教徒,基督教获得迅速发展,传遍帝国各地。然而,原始基督教虽然具有战斗气息和反抗精神,但它毕竟是一种宗教,不可避免地具有消极性、虚妄性和空想性,一开始就是下层群众自我麻醉的一种幻想,这就是基督教后来发生演变的内在原因。

基督教的发展和演变 基督教产生后,迅即广泛传播,不仅在巴勒斯坦、叙利亚、小亚细亚和埃及,而且在希腊乃至意大利半岛,都出现了基督教的组织。这固然由于基督教的教义和礼仪打破了民族和国家的界限与隔阂,具有世界性宗教的因素,但更重要的则是当时罗马帝国统治的残暴和人民生活的痛苦,以及旧的民族宗教信仰发生危机,使人们转向新的宗教领域寻求精神安慰。这些为基督教的发展提供了广阔的社会基础。另一方面,基督教平等博爱之说,信徒之间衣食互济,患难相恤的淳朴之风,以及对富人权贵的鄙视,对末日审判正义必胜和救世主行将降临世间的信念,对于受尽现世压迫和呻吟于奴隶制之下的广大劳苦大众,无疑具有巨大的吸引力。因此,基督教徒日益增多,声势日振。然而，随着基督教的广泛传播，其教徒的成分也趋于复杂化。不少富裕农民、工商业者和奴隶主，甚至社会上层人士，也都信奉基督教。有产者入教，不仅改变了原始基督教社会成分，而且使基督教的组织和教义也发生变化。他们向教会捐献财物，施加各种影响，加上他们在文化知识方面的优势，因而在教会中逐渐取得领导地位。起初，基督教的组织和活动均很简单，只有一些游方的使徒在分散的基督教社团中巡回传教，信徒们聚集一起进行宗教说教，共同用膳，并无固定的组织。后来，各地逐渐产生先由长老后为主教等神职人员主持的教会，规定了一套教规，设置了财库，正式形成基督教会。这些教会则被有财有势者所控制。

在基督教流传过程中，其教义也逐步变化。传说耶稣死后，其门徒继续传教。由于信徒人数众多，社会地位不同，在基督教内部出现了以彼得为代表的犹太基督教徒和以保罗为代表的非犹太人或称"外邦人"基督教徒。他们对原始基督教义的解释存在分歧，进行论争，结果保罗派占据上风，其思想观点在基督教经典中占有优势，成为正统，并在组织上控制了各地教会。保罗派成员中，不少是中等阶级，甚至还有达官贵人。他们在改造教义和编纂《圣经·新约》过程中，大量吸收了希腊罗马庸俗哲学，特别是吸收了斐洛学说和新斯多噶派的伦理思想。他们将斐洛学说中的逻各斯与救世主思想结合起来，演化为圣父、圣子、圣灵三位一体的教义，接受新斯多噶派的神主宰一切，以及忍耐顺从、精神忏悔、禁欲主义、宿命论等观点，作为基督教义的思想原素，从而使原始基督教义加入新的内容。但为了对社会下层保持吸引力，保罗派又不得不对彼得派有所让步。因此，体现在《新约全书》中的基督教义主要反映了保罗派的观点，但在同时又是两派互相斗争和妥协的产物，这就是《新约全书》中内容存在着许多矛盾的原因。这时，原始基督教那种反对阶级压迫和民族压迫的战斗精神与争取社会平等的思想渐趋淡化，而逆来顺受、爱仇如己、希冀来世的教义则被提到首要地位。它甚至宣扬君权神授说，美化皇权，承认现存社会制度和秩序的合理性，提倡服从主人，甘当顺民。这样，到公元2世纪中叶基督教正式形成后，便开始成为统治阶级愚弄人民的工具。

在3世纪危机中，基督教获得进一步发展，并继续演变。据统计，公元3世纪已有基督教徒600万人，许多大地主、富有工商业者和官吏、皇族也都加入基督教。教会日益增多，公元3世纪后半期罗马境内约有1 800多个教堂，遍及帝国各地。罗马、拜占庭、迦太基、亚历山大里亚等城市的教会逐渐发展为所在地区教会的中心，居于领导地位。这些教会掌握在有产者手中。2世纪至3世纪起，基督教会中开始出现一批神学家、著述家和护教学者，其中贡献较大和思想纯正者被尊称为教父。他们竭力宣传帝国和基督教利益的一致性，一再表白拥戴皇帝，愿为帝国效劳，力图向奴隶主政权靠拢，而罗马帝国的统治者也逐步了解基督教，对基督教由实行镇压迫害改为采取宽容政策。到帝国后期，基督教完全失去被压迫者宗教的性质,蜕化为奴隶主阶级进行思想统治的工具,最终实现了基督教与帝国政权的结合。

第二节 罗马帝国的衰亡

戴克里先的专制统治 公元 3 世纪末期,经过伊利里亚诸帝的统治,罗马帝国的政治危机有所缓解。284 年戴克里先登上皇位后,采取一系列措施,进一步加强中央集权,强化国家机器,以巩固帝国的专制统治。在他统治时期,皇帝的称号从元首改为"多米努斯"(意为主人),正式确立了君主专制制度。戴克里先头戴皇冠,身着镶有金边的紫袍,宫廷礼仪仿照东方专制国家的礼节,臣民觐见时须行跪拜礼。为了应付国内外紧张局势,防御波斯人的进攻和蛮族对边境的进犯,戴克里先以小亚细亚的尼科米底亚为驻跸地,而把帝国西部事务委托给马克西米安,两人成为共治者,都称为"奥古斯都"。他们分别镇压了埃及和高卢与非洲的起义。不久,两位奥古斯都各自任命一位副手,都称为"凯撒",并把自己管辖地区分出一部分交给凯撒掌管。戴克里先任命加列利阿为凯撒,拱卫伊利里亚各省;马克西米安在戴克里先同意下选定君士坦西阿为凯撒,管理高卢、西班牙和不列颠。这样,帝国由四个统治者治理,实行所谓"四帝共治制"。但帝国分而不裂,仍保持统一,戴克里先以君主地位握有最高权力。同时规定,奥古斯都在 20 年任期届满后交卸职权,让位于凯撒;两位奥古斯都将其属下的凯撒收为继子,并将女儿嫁给凯撒,以血缘婚姻关系保持世袭统治,防止非法篡位和宫廷政变。为了加强中央集权,削弱行省地方势力,戴克里先实行行政和军事改革。行省的范围缩小了,原有的 47 个行省重新划分为 100 个行省,分别归属于 12 个行政区。罗马作为特别行政区仍是帝国的首都,但已不再是皇帝的驻地。行省总督由文职人员担任,不兼军务。戴克里先把军队分成边防部队和内地机动部队,前者驻扎在边防要地,保卫边境,后者驻守内地,随时可供调遣。这两种部队合计有 72 个军团,共约 60 万人。鉴于当时边防形势日益紧张,国内兵源严重不足,戴克里先在征集隶农当兵的同时,大量招募移居边疆的蛮族入伍,罗马军队进一步蛮族化了。

帝国维持庞大的军队和官僚机构,开支浩大,而当时罗马税制混乱,税源缩减,国库空虚,改革税制成为迫切的问题。戴克里先统一帝国税制,实行新税法,在农村中征收以实物为主的人头税和土地税,在城市居民中则征收以货币为主的人头税。为了保证税源,戴克里先颁布法令,把自由农民和隶农固定在土地上,不准迁徙;把手工业者和商人固定于不同的行业,责成同业公会用连环保方式保证缴足税款和实物;市议员也被固定于市议会,他们必须以自己的财产来担保城市应缴的税额。各行各业都世袭其业,对逃亡者严加惩处。新税制的实施,暂时增加了政府的收入,但加重了纳税人的负担,加强了农民和隶农对大庄园主的依附性,加剧了社会矛盾和斗争。当时罗马由于经济衰落,货币不断贬值,物价迅速上涨。为了稳定经济和保证国家货币税收价值,戴克里先整顿币制,铸造新的金币,其法定含金量为1/60罗马磅,并发行银币和铜币。但是,新的货币被居民收藏起来不见流通,劣质货币仍然充斥市场,物价有增无减。公元301年,戴克里先为了抑制通货膨胀,颁行"限价敕令",对各种商品价格和各工种工资都规定了最高限额,违者处死。但是,这种脱离实际经济状况的行政命令未能奏效,反而助长投机活动和黑市交易,最后只能不了了之。在这些经济措施失败之后,戴克里先几乎放弃了全部货币税和货币支付手段,转向征收实物和实物供应的办法,这就加速了社会经济向自然经济的倒退过程。

戴克里先加强专制统治,在宗教上也寻求精神支柱。他尊奉朱庇特,自称朱庇特之子,神化个人。但在当时基督教流传甚广,已发展为独立于帝国的人数众多的宗教团体,他们不屑崇拜朱庇特,不承认皇帝的神性,拒不参军或在军中不服从纪律。戴克里先当然不能长期容忍基督教徒对帝国和官方信仰的蔑视态度,他在其统治末期颁布敕令,禁止基督教徒举行宗教仪式。随后又在各地逮捕、刑讯和处决了一些基督教徒,捣毁基督教堂,没收教会财产。基督教徒还被清除出军队和官吏的队伍。但是,戴克里先对基督教的迫害政策并没有得到统治集团共同支持。在基督教已在整个帝国形成一支巨大社会力量的情况下,企图用恢复旧教崇拜来对抗基督教的传播,显然已不可能。因此,在戴克里先退位后,这种政策就停止执行了。

戴克里先采取一系列政策措施,以加强专制统治来克服社会经济和政治危机,强化国家对社会经济生活的干预,对于帝国出现的社会危机固然起到暂时缓和的作用,但终究挽救不了罗马奴隶制社会的衰落。

君士坦丁的统治和基督教的质变　　公元305年,戴克里先和马克西米安同时退位。经过一番争夺帝位的混战,李基尼乌斯和君士坦丁分别控制了帝国东西部的政权,形成两个奥古斯都并立的局面。323年君士坦丁战败李基尼乌斯,成为全国唯一的奥古斯都。继戴克里先之后,君士坦丁继续加强中央集权的专制统治,在政治、军事和财政等方面推行一系列改革措施。他废除四帝共治制,委托自己的子侄治理帝国部分地区,从而把罗马君主专制制推到一个新的阶段。同时将帝国划分为高卢、意大利、伊利里亚和东方四大行政区,其下设行政区,行政区下辖各行省。他继承并完成了由戴克里先开始的把军队分为边防军团和内地机动军团的军事改革,以及在行省中实行军政分开的政策,并以宫廷禁卫队代替近卫军,把军事大权完全集中到皇帝手中。在君士坦丁统治时期,官僚机构进一步扩充,皇帝直接任命军政高级官员,帝国行政制度也彻底官僚化了。这些官僚以效忠皇帝为自己最高职责,他们按严格的等级制度冠以尊贵头衔,享有特权。当时罗马国家的重心已经东移。330年,君士坦丁把帝国首都从罗马迁到东方的拜占庭,取名君士坦丁堡,号为新罗马。他在新都建立了一个与在罗马的元老院并列的元老院,似乎共和制遗范犹在。其实两个元老院都无实际作用,此时君主专制制度已经最终确立。

君士坦丁顽固维护奴隶制,颁布法令重申奴隶主有权鞭挞奴隶致死,规定对逃亡奴隶及煽动奴隶逃亡者加重惩罚。还准许贫民出卖子女为奴,允许奴隶主将被释放的奴隶连同其子女一起重新变为奴隶。此外,君士坦丁制定法律,严禁隶农逃亡,规定隶农及其后代必须固着在主人的土地上,对逃亡隶农应带上镣铐解归原主,力图把隶农降到和奴隶相似的地位。还宣布市议员不得离开所在城市和免除所承担的义务。在君士坦丁专制统治下,中等阶层的自由权利遭到剥夺,广大劳动群众受到普遍奴役,生活状况急剧恶化。

与戴克里先不同,君士坦丁在利用宗教加强专制统治方面倾向于支持基督教。他依靠基督教会和蛮族军队力量,战胜竞争者,取得帝国西部的统治权后,进一步利用基督教作为帝国的精神支柱和思想统治工具。公元313年,君士坦丁和当时统治帝国东部的李基尼乌斯联合发布了"米兰敕令",正式承认基督教与其他宗教并存,使其取得合法地位,并归还从前所没收的基督教堂和财产。以后,他还颁布诏令,赐给基督教会许多重要特权,如教会有权接受遗产和馈赠,教会神职人员豁免赋税和徭役,等等。米兰敕令是基督教史上的转折点,标志着罗马帝国统治者对基督教从镇压和宽容相结合的政策转为保护和利用的政策,而基督教也开始与帝国政权合流,为奴隶主统治阶级服务。

在基督教广泛传播的情况下,由于在教义和组织等方面不统一,教派争端十分激烈。当时正统教会对教义有着严重分歧,主要分为两大派,争论不休。以阿塔纳西乌斯为代表的正教派,主张圣父、圣子、圣灵三位一体,圣父圣子同性同体;亚历山大里亚主教阿里乌斯则反对三位一体说,否认基督的神性。阿里乌斯派还主张基督教徒安于清贫,反对教会上层享受特权,聚敛钱财,因而反映了基督教下层教徒的思想。所以,教派之争实际上是社会斗争的一种表现形式。君士坦丁取得全国政权后,为了把基督教变为帝国政权可靠的支柱,便以皇帝权力来解决基督教内部的纷争,帮助教会统一教义和组织。公元323年,君士坦丁在尼西亚召集了318名主教举行会议,这是基督教历史上第一次宗教大集结。会议制定了所有基督教徒必须遵奉的教义即"尼西亚信条",确认基督与圣父圣灵同体,因而是永恒的,树立三位一体派为正统,斥责阿里乌斯派,并革除阿里乌斯教籍,予以放逐。以后,虽有反复,但阿里乌斯派在斗争中终归失败,后来仅流行于埃及和叙利亚以及一些蛮族居民中。经过尼西亚大会,基督教已具有统一的教义和组织,受着罗马帝国皇帝的庇护和控制,完全蜕化为奴隶主阶级进行统治的工具,因此,这次大会标志着原始基督教质变的最后完成。

尼西亚大会后,基督教在罗马皇帝朱里亚努斯统治时期(361—363年)曾一度受到压制,但不久便恢复过来,并取得进一步发展。及至392年,罗马皇帝提奥多西一世(379—395年在位)颁布法令,关闭一切异教神庙,禁止献祭活动。历史上一般以392年作为基督教正式定为罗马国教之年。随着罗马奴隶制社会的没落,基督教后来又成为欧洲封建社会的主要精神支柱,在近代又为资产阶级所利用。

罗马帝国在人民起义与蛮族入侵中衰亡 戴克里先和君士坦丁的专制统治及其改革措施,使帝国得到暂时的稳定,但无法挽救罗马奴隶制社会的没落。公元4世纪至5世纪,帝国社会经济日趋衰落,西部地区许多城市的工商业萧条不振,农村荒芜,人口锐减,呈现荒凉破败的景象;东部行省的衰落过程比较缓慢。在此时期,由于奴隶制危机日益严重,析产奴隶增多,他们大多领取土地耕作。隶农的来源和范围扩大了,地位进一步下降,其人身、法律和财产方面的权利相继被剥夺殆尽,生活十分困苦。另一方面,随着中小土地所有者的破产,城乡许多居民不堪重税负担和兵燹灾祸,纷纷托庇于大地主门下,大地产得到迅速发展,经济和政治上的独立性与日俱增。大庄园中自设手工业作坊和市场,建立武装和防御工事,甚至还设立法庭和监狱,奴役成百上千的奴隶和隶农。这些属于显贵的大庄园,在帝国境内俨如"国中之国"。

帝国后期在政治上更是混乱不堪。君士坦丁死后,统治集团内部发生争夺帝位的长期混战,后因内外交困也无法建立稳固的政权。提奥多西一世执政时,对蛮族采取怀柔政策,尊奉基督教为国教,一度恢复了帝国的统一,但在他死后却把帝国分给两个儿子,于是在395年罗马帝国正式分裂为以君士坦丁堡为都城的东罗马帝国和以罗马为都城的西罗马帝国。分裂后的罗马帝国已经奄奄一息,临近末日了。

从4世纪中叶起,奴隶、隶农和其他劳动人民的反抗斗争持续不断,起义烽火几乎燃遍帝国各地。与此同时,蛮族成群迁徙并大举进攻罗马。这两股力量彼此呼应,或汇合一起,猛烈冲击着腐朽的罗马奴隶制帝国。

人民起义运动先在帝国西部爆发,斗争十分剧烈。公元368—369年在不列颠发生了纳税人的暴动。上一世纪在高卢爆发的巴高达运动,这时余焰重燃,巴高达在高卢境内四出活动,使贵族不得安宁。公元4世纪末,西班牙又发生农民起义。在北非,4世纪30年代兴起了阿哥尼斯特运动①,参加者有奴隶、隶农和农民,还有反对罗马统治的土著居民柏柏尔人。阿哥尼斯特运动与多那图斯教有着密切联系,带有明显的宗教色彩。他们袭击大地主和高利贷者,摧毁大庄园,焚烧奴隶的名单和债券。运动在40年代发展到高潮,后为罗马军队镇压。

---

① 阿哥尼斯特,意为战士。

公元372年,毛里塔尼亚发生费尔姆领导的起义。由于费尔姆和阿哥尼斯特联合起来进行斗争,起义声势浩大,席卷毛里塔尼亚大部分地区。后经两年战争才被罗马镇压。

4世纪下半叶,匈奴人从里海附近的草原出发,向西突进,推动了日耳曼诸部落大迁徙浪潮。西哥特人躲避匈奴兵锋,于375年越过多瑙河,进入罗马境内避难。次年西哥特人不堪忍受罗马官员的欺压和勒索,愤然举行起义。当地的奴隶、隶农以及色雷斯的矿工,也都参加起义队伍。罗马皇帝瓦伦斯率军前去镇压,在亚德里亚堡决战中遭到惨败,瓦伦斯也丧了命。继位的提奥多西被迫与西哥特人订立和约,将色雷斯和马其顿的土地划分他们定居,供给粮食,起义才平息下来。4世纪末,罗马帝国分裂后,西哥特人在其首领阿拉里克率领下,横扫巴尔干半岛,然后进军意大利。沿途许多奴隶、隶农和农民加入西哥特人队伍,声势浩大。408年阿拉里克包围罗马,勒索了大量钱财,才暂时退兵。410年阿拉里克再次围困罗马,城内起义的奴隶打开了城门,放进了西哥特人,于是这座被誉为"永恒之城"的罗马城在奴隶和蛮族的内外夹攻下最终沦陷。西哥特人入城后大肆劫掠。不久,他们向西进入高卢南部,继而将前已占领西班牙的汪达尔人逐走,于419年建立了以土鲁斯为都城的西哥特王国。

汪达尔人在5世纪初越过莱茵河侵入高卢,后又南下西班牙。他们在西班牙被西哥特人打败后,渡海进入北非,于439年攻克迦太基城,建立了汪达尔王国。455年,汪达尔国王该萨里克率领大批舰队渡海北上,攻陷了罗马,又把罗马洗劫一空。劫后罗马仅存居民7 000人。

公元420年,法兰克人侵入北高卢,并不断向邻近地区渗透,扩大地盘。勃艮第人则占领了高卢的东南部。这时,巴高达运动重新高涨,他们一度控制了高卢西北部的阿尔摩利卡,后遭罗马镇压,巴高达转移到西班牙,仍继续坚持斗争。到5世纪中叶,高卢陷于四分五裂。

当日耳曼部落向西迁徙时,匈奴人又跟踪而至。5世纪初,匈奴人攻占了多瑙河盆地,到20年代建立了阿提拉帝国,日渐强盛。447年,匈奴人在阿提拉率领下进犯东罗马帝国,皇帝提奥多西二世被迫纳贡求和。不久,阿提拉挥师西进,向西罗马进兵。451年匈奴大军进入高卢,罗马联合西哥特人、勃艮第人和法兰克人共同抗击,于高卢北部的沙龙城附近发生激战,双方均损失惨重,阿提拉引兵而退。次年阿提拉又率军进攻意大利,后因军中发生瘟疫才撤走。到5世纪70年代,在人民起义和蛮族进攻的沉重打击下,西罗马帝国已经土崩瓦解。西罗马帝国已是蛮族的天下,西罗马帝国皇帝成了日耳曼雇佣军手下的傀儡。公元476年,日耳曼雇佣军首领奥多亚克废黜了西罗马帝国最后一个皇帝罗慕路斯,标志着西罗马帝国的最后灭亡。从此以后,西欧和北非奴隶制社会历史宣告结束,开始进入封建社会的历史阶段。而东罗马帝国由于历史情况不同,未与西罗马帝国一起覆亡,后来经过奴隶、农民起义和外族入侵的过程,逐渐转入封建社会。

第三节 魏晋时期的中国

历史概况 公元196年曹操掌握汉朝实权以后,开始翦灭各地割据势力,十年之中基本上统一了黄河中下游的中原地区。公元208年,曹操率大军南下荆州,准备消灭那里的刘备并进而消灭江东的孙权的势力,结果在赤壁战败于孙权、刘备联军之手。这样就实际开始了三分鼎足的局面。公元220年,曹操死,其子曹丕篡汉,国号为魏,建都洛阳。221年,刘备自称继承汉朝,在成都称帝,史称蜀汉。229年,孙权称帝,国号为吴,建都建业(今江苏南京)。三国局面正式成立。

最初蜀、吴联合对抗曹魏,后来吴、蜀为夺荆州而关系破裂。公元222年刘备伐吴失败,次年病死。诸葛亮辅佐刘备之子刘禅,重新联吴制魏,企图夺取中原,恢复汉室,但是未能成功即已病死。公元264年,魏灭蜀。266年,司马炎(武帝)篡魏,建立晋朝,史称西晋(公元266—316年)。280年,晋灭吴,重新建立起统一国家。

西晋之初,承多年战乱之后,户口大减,很多土地荒芜。所以当时统治者不得不对人民占田和纳税的制度作一些改革,使更多的农民回到土地上,恢复生产。这些措施也曾收到一定的成效。当时边疆上许多少数民族也纷纷要求内迁,归附于晋。晋统治者为了增加人口,也接纳了他们。

司马炎看到,曹魏政权被司马氏所篡夺是由于皇帝孤立无援。因此,他就大封宗室,共封王27人。每个王都可以任用本国的文武官员,还按王国的大小不同而各有一支大小不等的军队。这样非司马氏的大臣的确难以篡位了,可是又恰好为晋宗室诸王的自行其是和互相争夺准备了条件。

公元290年,晋武帝司马炎死。继位的惠帝(衷)是一个白痴。太后杨氏之父垄断了政权。皇后贾氏利用晋宗室的力量消灭了外戚杨氏,然后又杀宗室。晋宗室起兵杀了贾后,然后又自相残杀。他们在混战中还要求内迁的少数民族助战,这就使问题进一步复杂化。公元304年,匈奴贵族刘渊据左国城(今山西离石)自立,四年后称帝,国号为汉,建都平阳(今山西临汾)。晋宗室诸王间仍混战不已。公元306年,晋惠帝被毒死,怀帝(炽)继位。公元311年,晋宗室"八王之乱"中的最后一个王病死,同年首都洛阳被汉军攻占,怀帝被俘至平阳。313年,怀帝在平阳被杀,晋宗室司马业在长安即位,是为愍帝。316年,汉军入关中,愍帝降,西晋亡。

公元317年,晋宗室司马睿在建康(今江苏南京)称帝,是为元帝,东晋(公元317—420年）开始。八王之乱中,中原遭到严重破坏,北方大族纷纷南迁。东晋就是在南迁的北方大族和南方本地大族支持下建立起来的。东晋建立后,曾有祖逖这样的杰出将领,坚持北伐,收复中原,并且也取得初步胜利。但是东晋的皇帝只想苟安,尤其怕将军兵力强大之后夺取政权,所以不支持北伐,甚至设法阻挠。公元383年淝水之战以后,东晋乘机收复了中原一些地方。可是宗室内部以及宗室与大族之间矛盾又激化,发生内战。不堪晋统治者压迫与剥削的农民也发动了起义。刘裕在结束内战与镇压农民起义中崭露头角,终于在公元420年废晋帝而自立。刘裕建立宋朝,是为宋武帝。东晋至此亡,南朝开始。

"八王之乱"期间,刘渊建立了汉(以后改国号为赵,史称前赵);与刘渊自立同年,氐族人李雄在成都称王,国号成(以后改称汉,史称成汉)。西晋亡后,原为刘渊部将的羯族人石勒建立了后赵(319年),汉族人张茂建立了前凉(320年),鲜卑族人慕容皝建立了前燕(337年),氐族人苻健建立了前秦(351年)。中原分裂。前秦君主苻坚(公元357—385年)任用汉族大臣王猛,整顿内政,并灭前燕、前凉,统一了北方大部分地区。王猛死后,苻坚于公元383年大举进攻东晋,在淝水之战中大败,北方再次大分裂。先后建立了十个割据性的国家。加上前面提到过的六个国家,先后共有十六国。公元386年,鲜卑族人拓跋珪建立北魏,都盛乐(今内蒙呼和浩特西南),398年,迁都平城(今山西大同),称帝。公元439年,北魏太武帝拓跋焘再次统一北方,结束十六国时代,北朝时期开始。东晋和十六国时代是中国历史上少数最混乱的时期之一。

民族的冲突与融合 西晋初期大量少数民族迁居内地。由游牧逐渐转而从事农业,这本是有利于民族交融的事。可是西晋的官僚地主对少数民族实行了残酷的奴役和压迫。例如石虎早年就为汉族地主种过田,以后又曾被晋朝的官僚捉了卖为奴隶。这些情况自然激起少数民族的反抗情绪。石勒成了君主以后,把他自己的民族羯人称为国人,而称中原人为汉人,纵使羯人压迫汉人。石虎即位以后,比石勒更加残暴。石虎死后,汉人冉闵就联合汉人进行报复。他们不仅杀了石氏全家,而且杀了很多羯人。这种汉人与少数民族的互相屠杀,成了中国历史上民族冲突的悲剧。

但是也有少数民族和汉人联合起来反对西晋残暴的官吏的事例。公元3世纪末,关中发生饥荒,汉、氐各族人民被迫流亡,到了汉中地区,又要求到巴蜀(今四川)就食。在得到允许后,十余万流民进入了巴蜀。西晋益州(州治在今四川成都)刺史正谋割据自立,利用流民力量,又杀了流民首领。流民在首领李特(氐族)率领下攻入成都,阴谋割据者败死。晋又派罗尚为益州刺史。罗尚下令遣返流民,限七月上路。流民在蜀大都当雇工("为人佣力")糊口,听说州郡逼遣,"人人愁怨,不知所为"。李特向罗尚要求待秋收以后,获得一些食物再走。可是罗尚部下已准备对流民进行镇压。流民被迫起义,推李特为领袖。

"时罗尚贪残,为百姓患,而特与蜀人约法三章,施舍振贷,礼贤拔滞,军政肃然。百姓为之谣曰:'李特尚可,罗尚杀我'"。①李特之子李雄在父亲牺牲后,继续领导流民与罗尚斗争,终于攻下成都,建立成(汉)国。蜀人范长生在起义军困难时期曾以粮食资助,李雄胜利后曾拟迎范氏为君,范氏固辞。李雄在部下拥戴下称成都王,又在范长生劝告下称皇帝。"雄于是下宽大之令,降附者皆假复除。虚己爱人,授用皆得其才,益州遂定"。"由是夷夏安之,威震西土。时海内大乱,而蜀独无事,故归之者相寻。"②从李特、李雄父子的经历来看,在饥民流亡过程中,各族流民之间是亲密无间的,各族流民与少数民族出身的领袖之间也是互相支持的;在反对西晋官僚过程中,蜀地汉族和其他民族的人与李氏父子领导的各族流民之间是互相支持的,而成汉国的建立正是各族人民共同奋斗的结果,李雄的政策也体现了各民族的团结。唐代人修《晋书》时竟用"夷夏安之"作为对李雄的评语,可见当时民族融合之一斑。

当时民族趋同的倾向还表现在人们的观念上。当时人认为,匈奴族是夏王朝的后裔,鲜卑族是黄帝的后裔,羯族是匈奴族的一支,也就是夏王朝的后裔,氐族是曾经与夏禹的儿子启争夺过王位的有扈氏的后裔,羌族是虞舜的后裔。不论这些看法是否符合历史的真实,但这种看法本身说明一个事实,即各族人民自认为有共同的祖先,汉族与匈奴、鲜卑、羯、氐、羌都是黄帝的子孙。为什么会这样呢?一方面,先秦时的华夏族和汉以后的汉族都有把少数民族当作自己的兄弟的传统,例如先秦时把楚当作祝融氏的后裔,把吴当作太伯的后裔,把越当作夏禹的后裔,视蛮夷为华夏的兄弟,汉代又把匈奴当作夏的后裔,也是视匈奴为汉人的兄弟。另一方面,由于历史上关系的悠久,各少数民族也不把汉族完全当作外人。例如,刘渊是匈奴人,可是他的祖先早已姓了汉朝皇帝的姓。有偏见的历史家说他们冒姓刘。他们说自己是汉朝公主的后裔,也就是汉朝皇帝的后裔,应当姓刘。他们说的是历史事实,从母系说姓刘也确有理由。刘渊即位为汉王时又宣布汉高帝刘邦、东汉光武帝刘秀、蜀汉昭烈帝刘备为"三祖",说曹氏的魏和司马氏的晋都是汉代天下的篡夺者。而他自己则是汉朝的恢复者和正统的继承人。刘渊说这些话,当然有其政治动机,但是这件事至少说明,刘渊已经发现这种民族的趋同是合乎潮流而能得人心的。

儒学和佛教 在魏晋大动荡时期,儒学和佛教都曾经起了不小的作用。

汉代的儒家之学已不是诸子百家中的一家,而是成为独受尊崇的经学。经学在汉代大有发展,到东汉末年郑玄的手里已经集其大成(郑氏汲取综合前人成果,几乎遍注了各经)。魏、晋的学者认为汉人经学过于繁琐支离,于是对经

---

① 《晋书·李特载记》。
② 《晋书·李雄载记》。

书重新作注。如魏王弼注了《周易》上下篇,晋韩康伯又对《系辞传》以下诸篇作了注;晋杜预重新注了《春秋左传》,魏何晏重新注了《论语》等。魏晋人注经往往简明而有新意。但是,魏晋时期以老庄思想为主体的玄学已经兴起,王弼、何晏都是玄学家,他们已经在用老庄的思路来解释儒家经典了。玄学发展到了极点,西晋大臣如王衍之流竟清谈而不理政事。最后西晋灭亡,王衍之流玄学家被杀不少。东晋偏安南方,对于经书,除郑玄所注《毛诗》、《仪礼》、《周礼》、《礼记》以外,其余都用魏晋人的注本,维持了魏晋风气,继续兼用玄学。

  北方十六国的情况与东晋则不相同,那里的学者仍笃守汉代经学,许多少数民族出身的统治者也支持这种经学。刘渊自幼从经学家学习《毛诗》、《京氏易》、《马氏尚书》、《春秋左氏传》,深通汉代经学,而且博通子、史。他的族侄刘曜在位时在首都建立太学和小学,选百姓年13至25中可教者1 500人,让通经宿儒加以教育。慕容皝也建立学校,招收学生千余人,他还亲自"每月临观,考试优劣"。苻坚自幼好学,即位后兴太学,选通经学者为博士。"坚亲临太学,考学生经义优劣,品而第之。问难五经。博士多不能对"。他还明确坚持儒学的正统,"禁老、庄、图谶之学。"①苻坚对博士说,他的目标就是要继承汉武帝、汉光武帝尊崇儒学的传统。羌族出身的后秦君主姚兴也在首都长安立太学,请通经的名儒教授经学,从各地远来的学生数目达到一万几千人。有一个时期,洛阳有一位名儒讲学,很受学生欢迎。关中的一些学生也要去洛阳学习。可是当时洛阳还不属于姚兴统治,进出关是有限制的。姚兴给守关的军官下了命令说:"诸生咨访道艺,修己砺身,往来出入,勿拘常限。"②于是学者们都受了他的鼓励,后秦的儒学更加兴盛了。甚至以残暴著称而又不识字的石勒,在即位后也建立了太学、小学,亲自去主持考试,对于经义学得好的学生都给以奖赏。

  北方少数民族出身的君主们奖赏儒家经学,当然是为了巩固他们自己的统治。他们为什么要用儒学来巩固自己的统治呢?因为他们对儒学有不同程度的接触和了解,并且对之产生了一种信心。也可以说,他们已经在不同程度上受了儒学的影响。他们设立太学和小学,所教的学生不仅有汉族学生,而且有他们本族的贵族公卿的子弟。这也就是说,他们继续在扩大并加深儒学在各族人中的影响。以上所说的匈奴、鲜卑、羯、氐、羌各族出身的君主对于儒学的推广,在客观上起了促进民族融合的作用。晋代北方的民族迁徙和混战,在许多方面都与日耳曼各族在西罗马帝国境内的情形相似。但是,在日耳曼人中,没有刘渊、慕容皝、苻坚、姚兴这一类的人物,也没有与儒学类似的学术的传播。以后中国历史与罗马历史发展中的差异,看来与上述情况是不无关系的。

---

 ① 《晋书·苻坚载记上》。
 ② 《晋书·姚兴载记上》。

佛教最初传入中国,约在两汉之际,即公元1世纪初。到东汉晚期,随着社会矛盾的尖锐与人民苦难的加深,佛教作为一种精神的麻醉剂开始广泛传播。汉末三国时期,一些从西方来的僧人开始翻译出一批佛经。到两晋时期,佛教流传更为广泛。当时长期不断的混战不仅使所有的人民都不堪重负,而且造成了大量的人家破人亡、流离失所。寄望于佛法的保佑,幻想修一个好的来生,人们因此大量皈依了佛教。就社会上层来说,南方的高门士族喜欢谈玄,常常用玄学来理解佛学,用佛学来解释玄学。佛学说"空",玄学说"无",南方的名士们就以"空"说"无"、以"无"解"空",沟通或混同佛学与玄学。北方的少数民族出身的统治者们既想佛法保佑他们国运昌隆,又想用佛教缓和严重失望的人民情绪。所以,苻坚虽然重在崇儒,但是对佛教给予了相当的重视;姚兴一方面大兴儒学,同时也十分重视佛经的翻译和传播。

这时期出现了中国佛教史上一些著名的高僧。从西域来的高僧佛图澄以法术博得石勒、石虎的崇信,既帮他们做一些出谋划策的事,也劝阻或减少了他们对人民的残杀。佛图澄的大弟子道安兼通儒释之学,在南北方的威望都很高;苻坚很尊重他,有大事总要问他的意见。可惜苻坚未能接受他劝阻伐晋的意见,因而有淝水之战的大败。道安的弟子慧远也兼通儒、佛之学,在庐山修行讲经;他虽从不下山,但是对东晋的统治者也有一定的影响。从西域来的名僧鸠摩罗什提得到了姚兴的大力赞助,译出了很多重要的佛经。佛教成了当时南北方各民族的一个共同的宗教信仰,这在一定程度上也使民族的融合多了一种共同的精神因素。

佛教的传入还促进了中国与印度的文化交流。晋代高僧法显西行求法,前后经历15年。他不仅从印度带回了大批佛经并加以翻译,还把他的游学所见写为《佛国记》一书。这部书成了研究古印度史的珍贵文献,也成为世界文化交流史上一部不朽的名著。

后　　记

本卷编写分工如下（以章节先后为序）

第一章
　　第一、二节 ………………………………………… 毛昭晰
　　第三、四、五节 ……………………………………… 詹天祥
第二章
　　第一节 ……………………………………………… 周启迪
　　第二节 ……………………………………………… 易　宁
第三章
　　第一、三节 ………………………………………… 刘家和
　　第二节 ……………………………………………… 朱龙华
第四章 ………………………………………………… 周启迪
第五章
　　第一、三节 ………………………………………… 刘家和
　　第二节 ……………………………………………… 朱龙华
第六章 ………………………………………………… 周启迪
第七章 ………………………………………………… 刘家和
第八章 ………………………………………………… 朱龙华
第九章 ………………………………………… 杨巨平、王敦书
第十章 ………………………………………………… 施治生
第十一章 ……………………………………………… 刘家和
第十二章 ……………………………………………… 施治生
第十三章 ……………………………………………… 刘家和
第十四章
　　第一、二节 ………………………………………… 施治生
　　第三节 ……………………………………………… 刘家和

本卷主编者
1993 年 11 月 15 日

郑重声明

高等教育出版社依法对本书享有专有出版权。任何未经许可的复制、销售行为均违反《中华人民共和国著作权法》,其行为人将承担相应的民事责任和行政责任;构成犯罪的,将被依法追究刑事责任。为了维护市场秩序,保护读者的合法权益,避免读者误用盗版书造成不良后果,我社将配合行政执法部门和司法机关对违法犯罪的单位和个人进行严厉打击。社会各界人士如发现上述侵权行为,希望及时举报,我社将奖励举报有功人员。

反盗版举报电话　　(010)58581999　58582371
反盗版举报邮箱　　dd@hep.com.cn
通信地址　北京市西城区德外大街4号
　　　　　高等教育出版社法律事务部
邮政编码　100120